Hâfez

L'ORACLE DE CHIRÂZ

par

Borzou Faramarzi Licingoff

Mélanges Littéraires

San Francisco, USA, 2023

Najafizadeh Foundation
on
Mélanges Littéraires

1. Hâfez, l'Oracle de Chirâz

The volume is part of the "Mélanges Littéraires" collection published in San Francisco by Najafizadeh Foundation. The collection is directed by Mr. A. N. Zadeh, assisted by a committee composed of Mesdames Faramarzi Licingoff, P. Shoarian, and Messrs. A. N. Zadeh, Issa N. Zadeh, and H. Najafizadeh.

Najafizadeh.org on the "Philosophy and History of Science in Persian" has already published the following titles:

1. Werner Heisenberg: Physik und Philosophie
2. Werner Heisenberg: der Teil und das Ganze
3. Niels Bohr: Atomphysik und menschliche Erkenntnis, Band II
4. Jacques Monod: Le hasard et la nécessité
5. C.F. von Weizsäcker: Die Tragweite der Wissenschaft
6. Werner Heisenberg: Das Naturbild der heutigen Physik
7. Niels Bohr: Atomphysik und menschliche Erkenntnis (mit einem Vorwort zur Neuausgabe von Karl von Meyenn)
8. On the Philosophy and Religion (a collection of important lectures on philosophy and religion)
9. Niels Bohr: Atomphysik und menschliche Erkenntnis, Band I
10. Werner Heisenberg: Schritte über Grenzen (First Edition) Gesammelte Reden und Aufsätze
11. Werner Heisenberg: Schritte über Grenzen (Second Edition) Gesammelte Reden und Aufsätze
12. Niels Bohr: The Philosophical Writings, Volume 1, Atomic Theory and the Description of Nature
13. Max Born: Natural Philosophy of Cause and Chance
14. Paul Feyerabend and Ian Hacking: Against Method

Title:
Hâfez, l'Oracle de Chirâz par B. F. Licingoff
© Copyright 2023 by Najafizadeh.org, "**Mélanges Littéraires**" San Francisco, USA.
All Rights reserved.

ISBN: 978-1-7331083-9-3

*À mes parents, Marie et le colonel
Faramarz Khan Licingoff, l'une décédée à Chirâz,
et l'autre éteint à Téhéran, avant la deuxième
Guerre mondiale.*

*À Émilie, ma moitié qui a partagé avec moi mes années, mes jours
d'angoisse et mes heures de revers. Intelligente, parfaite ménagère,
elle est
également simple et active.*

et

*À ma fille aînée Chahine Faramarzi Licingoff,
licenciée ès Lettres de l'université de Téhéran.*

Sur l'auteur
Professeur B. F. Licingoff

Le professeur Faramarzi Licingoff[1] est né dans une famille francophone. Son père, diplômé de l'école militaire de Saint-Cyr[2], était officier supérieur dans l'armée perse. Son grand-oncle avait été ministre plénipotentiaire[3] de Perse en France quelques années auparavant. Le professeur Faramarzi Licingoff a terminé ses études en France puis est retourné en Iran. Il a enseigné le français à l'Université de Tabriz[4] où il a joui d'une grande popularité parmi les étudiants pour avoir écrit un manuel d'enseignement du français.

Sa passion pour le Divân de Hâfez remonte à ces années. Sachant qu'à cette époque il n'y avait que des traductions en prose ou littérales en langues européennes, il entreprit une œuvre de la même qualité que les grands auteurs français, et choisit de la traduire en vers alexandrins, ce qui représente une tâche ardue et laborieuse.

Au cours des années 1950, il se lance sérieusement dans la traduction de Hâfez, sans oublier de jouer de temps en temps du Chopin[5] au piano, son instrument de musique favori. Certains ghazals de Hâfez parurent à cette époque dans le bulletin de l'UNESCO d'Iran[6], alors sous

---

[1] Borzou Faramarzi Licingoff (1906-1992), fils de Faramarz Khan, dont le grand-père était le général Licingoff, officier russe au service de la Perse, mourut dans les guerres entre la Perse et L'Empire ottoman, enterré à Bachghaleh (باشقلعه) en Turquie d'aujourd'hui.

[2] Faramarz Khan, le père de l'auteur, mourut à Téhéran avant la deuxième guerre mondiale(مسگرآباد قبرستان), chef des finances, à Kermanchah dans l'attirail de Nézamol Saltaneh Mâfi.(نظام‌السلطنه مافى), voir aussi la note 4 du ghazal 267 et les annexes.

[3] Nazar Agha, (1827- 1912, Père Lachaise) - ou Yamin os-Saltaneh (وزیر نظراقا یمین‌السلطنه مختار ایران در فرانسه). Grand-oncle du professeur Licingoff). Le Professeur F. Licingoff a publié ses dépêches diplomatiques en 1976.

[4] Université de Tabriz (1951 à 1957) Voir : ۱۳۳۰ مجلّه دانشکدهٔ ادبیّات تبریز سال‌های, l'article écrit par professeur Faramarzi.

[5] Un pianiste, qui a composé lui-même des morceaux pour le piano.

[6] Commission Nationale Iranienne Pour L'U.N.E.S.C.O. کمیسون ملّئ تربیتى، علمى و فرهنگى ملل متّحد"یونسکو" در ایران, dont le Secrétaire Général était alors le professeur Zabihollah Safa.

la direction du Dr Zabihollah Safa[7]. Cette brochure[8] a incité le Dr Natel Khanlari, qui lui-même travaillait sur Hâfez, à préfacer un premier volume de cinquante ghazals. N'oublions pas de mentionner les blocages de certains soi-disant orientalistes qui croyaient que l'œuvre du professeur Licingoff éclipserait la leur[9]. Le premier volume est paru en 1961, et la suite tomba intentionnellement dans l'oubli.

Le professeur Faramarzi ne s'est pas découragé, et a poursuivi son travail en appelant tous les trente ghazals un Daftar (دفتر). Ce livre contient donc 10 « Daftars », le « Daftar 11 » ne contient que quelques odes éparses, le traducteur ne sentant pas dans ces années la force de compléter le Divân.

Son handicap physique l'a amené à confier ses précieux écrits et ouvrages de référence à sa fille aînée Mme Chahine Faramarzi[10]. Elle conserva les manuscrits[11] des ghazals pour les confier longtemps après à la Fondation Najafizadeh[12]. Cette Fondation, qui publie généralement des ouvrages sur la Philosophie des Sciences[13], et dirigée par M. Ali Najafizadeh[14], s'engage à en prendre en charge la publication. L'œuvre de l'auteur s'étendant sur plus d'un demi-siècle, il était difficile de déchiffrer les manuscrits de plus de 300 ghazals ayant de nombreuses modifications, corrections et ratures[15]. Au-delà des trois cents premiers ghazals, le reste est désordonné et dispersé.

L'auteur s'est conformé à l'édition persane de Ghazvini et Ghani[16]. Nous avons conservé les transcriptions[17] des noms propres utilisés par l'auteur

---

[7] Zabihollah Safa (1911-1999), Zabihollah Safa était universitaire et professeur émérite d'études iraniennes à l'Université de Téhéran. Il a contribué régulièrement à l'Encyclopaedia Iranica.

[8] L'Oracle de Chirâz, par B. F. Licingoff, accompagnée d'une préface par le Dr. P. N. Khanlari, Tome Premier, 1961. Le professeur Khanlari (1914-1990) était alors le Secrétaire Général de la Fondation de Culture Iranienne.

[9] La liste est longue et les machinations très compliquées.

[10] Dédicace de Hafez, page précédant le ghazal 31. Voir aussi annexes

[11] Voir annexes

[12] Najafizadeh Foundation, dont le siège est à San Francisco, ou Najafizadeh.org est une Institution qui promeut et prépare des ressources sur "l'histoire et la philosophie des sciences" en persan. Voir catalogues des œuvres publiés en annexes.

[13] Catalogue de Publications de Najafizadeh.org: Voir annexes

[14] Spécialiste de Cyber Security aux USA.

[15] Voir annexes

[16] دیوان خواجه شمس‌الدین محمّد حافظ شیرازی، به اهتمام محمّد قزوینی و دکتر قاسم غنی، کتابخانهٔ زوّار، ۱۳۳۰ شمسی

[17] Transcriptions sont écrites comme celles enregistrées dans les manuscrits du professeur Licingoff.

exactement comme celles adoptées par lui-même sans rien y modifier, même si ces noms pourraient bien s'écrire différemment aujourd'hui. Les tableaux indiquent la correspondance des ghazals de l'édition de Ghazvini-Ghani avec ceux du présent livre. Quelques photos du passé de l'auteur se trouvent également en annexe.

Certes, ce qui est resté inconnu pendant soixante ans pourrait devenir aujourd'hui une référence pour ceux qui apprécient la traduction unique du professeur F. Licingoff et ses efforts désintéressés.

Najafizadeh Foundation
San Francisco, June 2023
بنیاد نجفی‌زاده، سان‌فرانسیسکو، خرداد ۱۴۰۲

Préface à
L'Édition de 1961
par
B. F. Licingoff

Les difficultés que présentent l'intelligence des « Ghazals » de Hâfez sont assez sérieuses, pour que nous manquions, encore aujourd'hui, d'une traduction homogène, en vers ou en prose, de cette œuvre poétique.

Elles proviennent tant de la complexité grammaticale des vers que de la pensée, souvent indéterminée, du poète. Il faudrait y ajouter l'emploi continu de métaphores où, les yeux représentent des narcisses et où, la bouche et la fossette du menton sont prises pour la pistache et le puits. D'autre part, le calembour qui jouit d'une extrême faveur dans la poésie persane, abonde dans les odes de Hâfez : il accroît l'équivoque, amplifiant, au même degré, la difficulté de l'interprétation. Celle-ci devient encore moins aisée du fait du mysticisme de Hâfez. Ce mysticisme, qui ne ressemble en rien à celui de l'Europe, n'offre pas de limites propres, de sorte qu'on ne peut distinguer où il commence et où il finit. Les mystiques de l'Iran, dont Hâfez, partent de l'amour terrestre pour atteindre l'Amour divin. Ainsi, quand le poète de Chirâz parle de l'Aimée aux cheveux musqués, il s'adresse tout aussi bien à l'Aimé son « Ghotbe », le Guide spirituel, et par induction, à l'Aimé Absolu, Dieu. Le visible et l'invisible se confondent ainsi dans une vaste vision du poète où les « Aimés » se manifestent sous des visages différemment lumineux. Ceux qui prennent, donc, Hâfez pour un poète cynique, ne chantant que le vin et la femme, se trompent grossièrement dans leur ignorance de l'opération mystique orientale.

Hâfez voit la vie telle qu'elle est, un peu même embellie par l'imagination, avec ses beautés, ses côtés sublimes et ses licences. Sa philosophie est saine, franche et réaliste, l'inclinant vers la tolérance religieuse et le poussant à jouir, « la coupe à la main », des belles choses qu'offrent l'art et l'existence.

Elle l'incite donc à se cabrer devant le clergé qu'il accuse de rigorisme et à aimer autant que ses frères en religion, les guèbres et les chrétiens. Pour cristalliser son mysticisme humain et loyal, le poète choisit des termes sensibles dont il nous faudra saisir la clef, à défaut de laquelle il sera difficile d'interpréter justement sa pensée. Par exemple, Hâfez emploie le mot « vin » pour dire l'amour divin et le mot « ivresse » pour exprimer l'extase mystique. De même le « sourire de l'Aimé » figure une révélation faite au poète.

Les multiples éditions des « Ghazals » de Hâfez ne correspondent par les unes et les autres, ni en qualité, ni en quantité.

Les copistes et les éditeurs auraient surchargé les « Ghazals » de vers dont la facture et l'esprit imitent ceux de Hâfez. D'où la nécessité de distinguer entre ce qui est original et ce qui ne l'est pas. Pour arriver à un élagage, ou, pour ainsi dire à une épuration de l'œuvre de Hâfez, il faudrait établir une collation des différents recueils, en partant de l'époque la plus proche de celle où vivait le poète, en passant par d'autres intermédiaires pour arriver à l'époque contemporaine. D'une telle confrontation, il résultera que les exemplaires du 9ème siècle de l'hégire (époque la plus proche de l'auteur) ne dépassent pas les 400 « Ghazals », quelques-uns présentant même un nombre d'odes inférieur : 300.

Le manuscrit de séyed Abdol Rahim Khalkhâli qui a vu le jour en 827 de l'hégire, c'est-à-dire 35 ans après le décès de Hâfez (1424 de l'ère chrétienne), contient 496 ou 495 ghazals, si l'on supprime une ode répétée. Aux 10ème et 11ème siècle de l'hégire, les odes augmentent sensiblement de nombre et celles-ci de distiques. Au fur et à mesure qu'on s'éloigne de l'époque de Hâfez, le nombre des ghazals croît, s'élevant progressivement à 560 et 600 odes.

Cette progression semble, néanmoins, se ralentir au début du 12ème siècle de l'hégire, car c'est à partir de cette époque que la fièvre des ajoutés et des additions tombe pour disparaître complètement, à telle enseigne que les manuscrits de cette époque ne diffèrent pas, outre mesure, des exemplaires de la nôtre.

Un bref aperçu donnera une idée approximative des différences existant entre les manuscrits de l'œuvre de Hâfez aux différentes époques.

L'exemplaire manuscrit de Khalkhâli, paru en 827 de l'hégire (1423 de l'ère chrétienne), contient 495 gazals.

L'exemplaire manuscrit appartenant à la Bibliothèque de la Faculté de Théologie de Téhéran (Mosquée Sépahsalar), paru en 917 de l'hégire, (1511), réunit 517 ghazals.

Celui de la Bibliothèque Nationale de Téhéran, paru au 11ème siècle comprend 538 ghazals. L'exemplaire imprimé en caractère « nasta'aligh», paru en 1256 de l'hégire (1840), renferme 573 ghazals. L'exemplaire imprimé à Tabriz, en 1268, (1851), représente 591 ghazals et celui de Bombay, paru en 1322 de l'année lunaire, (1904), offre 597 ghazals.

Il semble, d'autre part, que la fureur des additions ait repris de nos jours. Certaines éditions contiennent en effet plus de 800 odes, c'est-à-dire un « enrichissement » de presque 300 ghazals que le poète de Chirâz n'a jamais écrits.

Deux éminents érudits ont, récemment épuré, l'œuvre de Hâfez des herbes folles qui ont poussé : le professeur Parviz Natel Khanlari, professeur de l'Université de Téhéran et Sénateur et groupe Mohammad Ghazvini - Dr. Ghassem Ghani.

J'ai suivi ces deux excellentes éditions : elles sont les plus sûres quant à l'authenticité des ghazals et des distiques qu'elles contiennent.

En terminant, je dirai deux mots de la vénération qu'ont les Iraniens, citadins ou paysans, jeunes ou vieux, lettrés ou illettrés, pour l'Oracle de Chirâz.

Ce sentiment presque religieux pour Hâfez, est tellement vif et profond que le peuple a pris dès l'époque la plus reculée l'habitude de consulter le poète comme on consultait jadis l'oracle de Delphes. La langue populaire persane a donné au poète des dénominations expressives, notamment l'épithète de « khadjeh qui parle la langue de l'invisible ». On consulte, aujourd'hui Hâfez pour connaître l'issue des moindres décisions. La divination par « Hâfez » est courante de nos jours : elle est pratiquée par toutes les classes de la population. On place le recueil fermé dans la main gauche, et avant de l'ouvrir avec l'index de la main droite, on invoque Hâfez, en murmurant « Ô Khadjeh Hâfez de Chirâz... Tu connais les secrets de tous les cœurs, dis-moi ce qui m'attend... ».

On ouvre alors le livre et on commence la lecture du premier « ghazal », par la droite. Un distique de l'ode explique le vœu formulé par le consultant : il est censé représenter la réponse du poète à la question posée intimement. On continue en lisant le ghazal suivant qui « témoigne » en faveur du premier.

De grandes personnalités européennes et orientales ont invoqué Hâfez et ont été frappées par les réponses qu'il a données. Le poète mystique indou. Rabindranath Tagore, qui à son passage à Chirâz visita le tombeau de Hâfez, fit ouvrir le volumineux manuscrit qui s'y trouve et l'oracle lui répondit par un ghazal qui traduisait de façon étrange la pensée du visiteur.

Je tiens, également à remercier sincèrement M. le Dr. Zabihollah Safa, professeur de littérature persane à l'Université de Téhéran et Secrétaire général de la Commission Nationale Iranienne pour L'UNESCO de son aide compréhensive et de son encouragement à faire paraître ma traduction de ghazals dans le bulletin bimestriel de la Commission Nationale Iranienne pour l'UNESCO.

J'ose espérer que ce travail trouvera l'accueil chaleureux du public, ami de l'Oracle de Chirâz, aussi bien que de la classe érudite.

Téhéran, 1961
Borzou Faramarzi Licingoff

Préface
à l'Édition de 1961
Dr. P. N. Khanlari
Professeur à la Faculté des Lettres de Téhéran et Sénateur

La popularité et la gloire dont jouit le poète de Chirâz sont presque uniques au monde. En Iran, vous ne trouverez personne qui ne sache son nom, et presque tout le monde sait par cœur au moins quelques-uns de ses vers. Depuis des siècles, les Iraniens ont pris l'habitude de recourir aux poèmes de Hafiz, pour y trouver une consolation ou bien une approbation de leurs joies passagères. Ses poèmes sont considérés comme de véritables oracles.

Les Hindous également, les Afghans, les Turcs, les habitants de la Mésopotamie et autres pays de langue arabe, chérissent aussi, plus ou moins le célèbre poète persan.

En Europe également, il est connu, mais principalement des gens de lettres, et cela, depuis à peu près deux siècles. Ce sont d'abord les Allemands qui le découvrirent. Le grand poète Goethe fut charmé par ses chants mélodieux, d'une finesse incomparable.

Les romantiques français ne tardèrent pas à se laisser séduire par les charmes de la poésie de Hafiz[18]. Hugo dans ses « Orientales », a subi cet enchantement. De même, Théophile Gautier, dans la préface des « Emaux et Camées », dévoile estime que ses contemporains avaient pour le grand poète persan. Depuis, les grands écrivains français n'ont cessé de l'admirer.

L'époque de Hafiz
Pour connaître l'homme, encore faut-il le replacer dans son temps.

Il est né dans la première moitié su XIV siècle de l'ère chrétienne. Nous ne savons pas la date exacte de sa naissance. Il avait peut-être dépassé la soixantaine quand il est mort, vers l'an 1389. S'il existait alors des rapports plus répandus entre l'Orient et l'Occident, il aurait pu connaître le poète italien Pétrarque.

Les princes qui régnaient alors sur le pays étaient pour la plupart de race étrangère. Leur fortune était souvent inconstante. L'avènement de chaque prince avait pour conséquence immédiate l'exécution des partisans de l'ancien régime et le malheur de leurs familles.

La fausseté et l'hypocrisie étaient de vogue. La libre-pensée était en proie à la duplicité. Les partisans du dogmatisme religieux profitaient

---

[18] Utilisé par Khanlari.

souvent de l'occasion pour se venger de leurs adversaires, les libre-penseur. La cruauté avait remplacé la générosité et la tolérance traditionnelle de l'esprit iranien.

Pourtant, il y avait toujours des gens qui résistaient obstinément à la corruption, souvent même au prix de leur tête.

Hafiz, l'homme

C'est dans ce cadre que s'est déroulée toute la vie de notre grand poète. Il se nommait Chams-ed-Dîn Mohammad. Le nom sous lequel il est connu, n'est en vérité qu'un titre. Hafiz veut dire, en effet, celui qui sait le Coran par cœur.

Que Hafiz ait été un savant religieux, personne n'en doute. Il l'a dit lui-même bien des fois dans ses poèmes. Il donnait aussi des leçons dans les écoles religieuses.

Nous savons, d'autre part, d'après les chroniqueurs anciens, qu'il était lié avec la plupart des princes qui régnèrent sur Chirâz, la capitale du Fârs, actuellement une grande province du sud de l'Iran.

Il remplit même, pendant quelque temps, vers le milieu de sa vie, des fonctions administratives à la cour du prince Mozaffaride Châh Chodja[19]. De là vient, à mon avis, son titre de Khadjeh, synonyme de « seigneur » en français, titre qui se donnait aux gens de la cour.

Les manuscrits de ses poèmes parcouraient, avec les caravanes, toutes les provines de l'Iran, alors gouvernées chacune par un prince indépendant. Les princes lui écrivaient, lui envoyaient des cadeaux, recherchaient son amitié.

Toute sa vie fut une lutte continuelle contre la corruption de l'époque. Après des jours de fortune auprès d'un prince, venait souvent la disgrâce. Son amitié pour des ministres qui lui étaient sympathiques lui valaient des persécutions lors des changements de fortune de ces derniers. À chaque changement politique, nombreux étaient ceux qui changeaient pour s'accorder au régime nouveau. Mais notre poète restait toujours le même. Il avait foi en l'honnêteté, en la sincérité, en l'humanité et il subissait patiemment les conséquences de sa constance. Ce qu'il avait surtout en horreur, c'était la fausseté. Malgré ses titres religieux, il était souvent en désaccord avec les autorités de la religion. Il ne pouvait supporter de voir tant de cruautés exécutées au nom de la foi. On l'accusa plus d'une fois d'hérésie. Mais lui, à son tour, accusait les autorités religieuses d'hypocrisie et d'avoir perdu le vrai sens de la religion. Il

---

[19] La même orthographe

garde toujours la foi en la beauté de l'âme, avec une sincérité sans pareille.

Il a très peu voyagé, n'aimant pas se risquer dans de longues et périlleuses entreprises. Mais la foi du poète en l'arrivée de jours meilleurs n'est pas vaine. Tout change ici-bas, et le poète le sait très bien, le répétant toujours. Vient le printemps où il y a plus de tolérance, plus d'humanité. Le poète célèbre alors ces beaux jours de délivrance bien que passagers.

Pour en terminer avec ce bref aperçu de l'homme, demandons-nous de quoi il vivait. De la générosité des princes et de hautes personnalités de l'époque le plus souvent. Mais il ne faudrait pas croire, pour cela, que la poète était un simple panégyriste, un exégète. Il demande de temps en temps, la générosité de ses protecteurs, mais respecte toujours sa propre dignité. Il ne menait sans doute pas une vie aisée, mais il savait se contenter du peu qu'il avait.

S'il est difficile de saisir le sens profond de la poésie de Hafiz, cela provient d'abord de son symbolisme. Chez lui tout est métaphore, allégorie, symbole. Mais il ne faut pas y voir une innovation, une originalité, comme plus d'un critique iranien ou européen l'a cru. Le symbolisme a des racines très profondes dans l'art persan. M. le professeur Massé a parlé sous le titre de « Tristan et Iseult en Iran » d'une légende persane mise en vers au XIIe siècle de l'ère chrétienne. Dans cette légende dont l'origine remonte probablement à quelques siècles avant l'Islam, nous rencontrons des chansons chantées dans les banquets qui sont du plus pur symbolisme.

Pour ne pas aller si loin, je me contenterai de rappeler Sanaï, poète du XIIe siècle qui composa un grand nombre de poèmes lyriques proprement dits, des ghazals.

Là, pour la première fois, nous rencontrons les métaphores et les symboles si familiers et si fréquents plus tard dans les poèmes lyriques de notre littérature. En a-t-il été l'inventeur ? Je ne peux le dire. Ce qui est certain, c'est que pendant deux siècles, entre Sanaï et Hafiz, ces images symboliques étaient devenues, à force d'être répétées, des clichés. Les poètes contemporains de Hafiz les ont employées aussi souvent que lui.

La traduction de Hafiz

Avant de conclure, disons quelques mots sur les traductions de Hafiz en français.

On a essayé, à maintes reprises, de traduire ses poèmes. Mais la poésie n'est pas traduisible et les poèmes de Hafiz, le sont encore moins.

Comment reproduire dans une langue étrangère tant de délicatesse de forme et d'idée ayant leur source dans le génie d'une langue et l'âme d'un peuple?

    M. le professeur Massé qui a donné la traduction française d'une vingtaine de poèmes de Hafiz, m'a confié, non sans modestie, qu'essayer de traduire Hafiz, c'est vouloir enfermer le clair de lune dans un vase.

    Mais il semble que la lacune va être comblée et que nous aurons une traduction complète, en vers alexandrins, se rapprochant le plus possible de l'original et de la pensée de Hafiz. Le traducteur, un professeur de français iranien, Borzou Faramarzi Licingoff, a entrepris de traduire Hafiz et de faire goûter aux lecteurs étrangers la beauté et la finesse incomparable des poèmes de l'Oracle de Chirâz.

Téhéran, 1961
Dr. P. N. Khanlari,

Introduction
B. F. Licingoff

Les difficultés que présentent l'intelligence des « Ghazals » de Hâfez sont assez sérieuses, pour que nous manquions, encore aujourd'hui, d'une traduction homogène, en vers ou en prose, de cette œuvre poétique.

Elles proviennent tant de la complexité grammaticale des vers que de la pensée, souvent indéterminée, du poète. Il faudrait y ajouter l'emploi continu de métaphores où, les yeux représentent des narcisses et où, la bouche et la fossette du menton sont prises pour la pistache et le puits. D'autre part, le calembour qui jouit d'une extrême faveur dans la poésie persane, abonde dans les odes de Hâfez : il accroît l'équivoque, amplifiant, au même degré, la difficulté de l'interprétation. Celle-ci devient encore moins aisée du fait du mysticisme de Hâfez. Ce mysticisme, qui ne ressemble en rien à celui de l'Europe, n'offre pas de limites propres, de sorte qu'on ne peut distinguer où il commence et où il finit. Les mystiques de l'Iran, dont Hâfez, partent de l'amour terrestre pour atteindre l'Amour divin. Ainsi, quand le poète de Chirâz parle de l'Aimée aux cheveux musqués, il s'adresse tout aussi bien à l'Aimé son «Ghotbe», le Guide spirituel, et par induction, à l'Aimé Absolu, Dieu. Le visible et l'invisible se confondent ainsi dans une vaste vision du poète où les « Aimés » se manifestent sous des visages différemment lumineux. Ceux qui prennent, donc, Hâfez pour un poète cynique, ne chantant que le vin et la femme, se trompent grossièrement dans leur ignorance de l'opération mystique orientale.

Hâfez voit la vie telle qu'elle est, un peu même embellie par l'imagination, avec ses beautés, ses côtés sublimes et ses licences. Sa philosophie est saine, franche et réaliste, l'inclinant vers la tolérance religieuse et le poussant à jouir, «la coupe à la main», des belles choses qu'offrent l'art et l'existence.

Elle l'incite donc à se cabrer devant le clergé qu'il accuse de rigorisme et à aimer autant que ses frères en religion, les guèbres et les chrétiens. Pour cristalliser son mysticisme humain et loyal, le poète choisit des termes sensibles dont il nous faudra saisir la clef, à défaut de laquelle il sera difficile d'interpréter justement sa pensée. Par exemple, Hâfez emploie le mot « vin » pour dire l'amour divin et le mot « ivresse » pour exprimer l'extase mystique. De même le « sourire de l'Aimé » figure une révélation faite au poète.

Les multiples éditions des « Ghazals » de Hâfez ne correspondent par les unes et les autres, ni en qualité, ni en quantité.

Les copistes et les éditeurs auraient surchargé les « Ghazals » de vers dont la facture et l'esprit imitent ceux de Hâfez. D'où la nécessité de distinguer entre ce qui est original et ce qui ne l'est pas. Pour arriver à un élagage, ou, pour ainsi dire à une épuration de l'œuvre de Hâfez, il faudrait établir une collation des différents recueils, en partant de l'époque la plus proche de celle où vivait le poète, en passant par d'autres intermédiaires pour arriver à l'époque contemporaine. D'une telle confrontation, il résultera que les exemplaires du 9ème siècle de l'hégire (époque la plus proche de l'auteur) ne dépassent pas les 400 « Ghazals », quelques-uns présentant même un nombre d'odes inférieur : 300.

Le manuscrit de seyed Abdol Rahim Khalkhâli qui a vu le jour en 827 de l'hégire, c'est-à-dire 35 ans après le décès de Hâfez (1424 de l'ère chrétienne), contient 496 ou 495 ghazals, si l'on supprime une ode répétée. Aux 10ème et 11ème siècle de l'hégire, les odes augmentent sensiblement de nombre et celles-ci de distiques. Au fur et à mesure qu'on s'éloigne de l'époque de Hâfez, le nombre des ghazals croît, s'élevant progressivement à 560 et 600 odes.

Cette progression semble, néanmoins, se ralentir au début du 12ème siècle de l'hégire, car c'est à partir de cette époque que la fièvre des ajoutés et des additions tombe pour disparaître complètement, à telle enseigne que les manuscrits de cette époque ne diffèrent pas, outre mesure, des exemplaires de la nôtre.

Un bref aperçu donnera une idée approximative des différences existant entre les manuscrits de l'œuvre de Hâfez aux différentes époques.

L'exemplaire manuscrit de Khalkhâli, paru en 827 de l'hégire (1423 de l'ère chrétienne), contient 495 gazals.

L'exemplaire manuscrit appartenant à la Bibliothèque de la Faculté de Théologie de Téhéran (Mosquée Sépahsalar), paru en 917 de l'hégire, (1511), réunit 517 ghazals.

Celui de la Bibliothèque Nationale de Téhéran, paru au 11ème siècle comprend 538 ghazals. L'exemplaire imprimé en caractère « nast'aligh », paru en 1256 de l'hégire (1840), renferme 573 ghazals. L'exemplaire imprimé à Tabriz, en 1268, (1851), représente 591 ghazals et celui de Bombay, paru en 1322 de l'année lunaire, (1904), offre 597 ghazals.

Il semble, d'autre part, que la fureur des additions ait repris de nos jours. Certaines éditions contiennent en effet plus de 800 odes, c'est-à-dire un « enrichissement » de presque 300 ghazals que le poète de Chirâz n'a jamais écrits.

Pour bien saisir le fond de la pensée de Hâfez et interpréter posément le sens de ses expressions, il faut se mettre au courant du vocabulaire lyrique et mystique qu'il a l'habitude d'employer : comprenant ses symboles, ses comparaisons souvent étranges, ses rapprochements inattendus, des allégories, des images frappantes, des métaphores audacieuses. L'arsenal de Hâfez est inépuisable à ce point de vue.

Il use de jeux de mots et de « djénass » qui ne sont que des calembours. Ces « djénass » sont des plus difficiles à traduire : si le même mot a deux sens en persan dans un certain « ghazal », il n'en est pas de même en français, pour la traduction.

Chacune des expressions et des métaphores de Hâfez a un sens allégorique, symbolique en quelque sorte parabolique. Le « vin » désigne l'amour divin ou platonique. L'« ivresse » que produit le vin c'est le ravissement, l'extase, l'exaltation de l'âme sous l'effet de la griserie spirituelle.

Le visage de l'aimé est comparé à la face ronde de la pleine lune (badr), ses joues à deux roses. Ses yeux sont semblables à deux narcisses (comparaison incompatible). Cependant la bouche de l'aimé (guide spirituel) est comparée à un bouton de rose ou à une pistache éclose enrobée de sucre. Ses lèvres sont assimilées à deux rubis écarlates ou à du sucre candi (âb nabât).

À quoi est assimilé l'accroche-cœur de l'aimé? Au maillet du joueur de polo, à cheval, qui taquine et fait rouler le cœur de l'amoureux ou la tête de l'épris (l'initié), comme le ferait le cavalier quand il joue au polo faisant rouler la balle sur le terrain.

Passons aux boucles de cheveux, à la torsade de l'aimé. Ils sont mis en parallèle à des chaînes destinées à lier les amoureux, à des pièges tendus pour capturer le gibier (en l'occurrence le mystique épris).

Et le grain de beauté à l'indienne (héndou)? Il est comparé à l'appât qu'on amorce dans le piège pour attirer l'épris.

Parlons de la fossette du menton : elle est comparée au puits où Joseph fut jeté par ses frères jaloux ou bien au traquenard où donne le gibier.

À quoi ressemblent les « yeux rougis par les pleurs »? À des grenades ou des pavots rouges. (La comparaison est certes exagérée et employée contre toute vraisemblance).

Hâfez, l'amoureux mystique, se compare lui-même à « une perruche friande de sucre »; le sucre représente, bien entendu, les lèvres de l'aimé.

L'épris mystique est identifié au « papillon » attiré, invinciblement par la clarté du cierge ou de la lampe allumés, et qui se brûle les ailes à la flamme autour de laquelle il tourne irrésistiblement.

Les « allégés debout sur le rivage » symbolisent les initiés mystiques que l'ascèse a purifiés.

Le « derviche » est un croyant pieux et humble.

Hâfez fait souvent allusion aux personnages historiques, bibliques et coraniques ou mythiques, à des traditions et à des légendes dont on doit connaître le récit.

« Joseph » (Youssef), fils de Jacob (Ya'aghoub) et de Rachel, vendu par ses frères jaloux à des marchands, qui l'emmènent en Égypte pour le vendre.

« Zoleykhâ » est l'épouse de Putiphar, maître de Joseph. Elle tombe amoureuse de Joseph et tente de le séduire. Devant le refus formel de celui-ci, elle l'accuse d'avoir voulu attenter à sa vertu, et le fait jeter en prison.

« Moïse » (Moussa) qui a la vision du buisson ardent sur l'Horeb (Sinaï), qui guide les Israélites à travers le désert, qui transforme son bâton en serpent et qui change la couleur de sa main brune ou hâlée, en couleur blanche.

« Jésus » (Issa) est un prophète à qui Dieu a octroyé le don de faire des miracles, de guérir les malades, de rendre la vue aux aveugles, de ressusciter les morts.

« Salomon » est le fils et successeur de David, roi d'Israël de 790 à 951 avant l'ère chrétienne. Sa sagesse est restée proverbiale en Orient. Le Coran et la Bible ainsi que les Évangiles en parlent. La Reine de Sabâ, appelée « Belghéyce », l'une des souveraines de cet ancien pays nommé « Chwa » en syriaque, alla visiter Salomon, attirée par le renom de la sagesse de ce roi.

« Khezr », contemporain de Moïse, acquit la vie éternelle en prenant de l'eau de Jouvence.

Hâfez parle élogieusement d'Abou Ishâk, de sa générosité. Le poète eut sous ce brillant règne un des plus fermes protecteurs de sa vie : le vizir Hâdji Kavâmod-Din qui fonda pour Hâfez un collège où il enseigna le Coran. Hâdji Kavam mourut le 11 avril 1353, au moment où son roi perdait son royaume. Cette année-là Mobârezod-Din ben Mozaffar enlevait Chirâz à bou Ishâk Indjou. Mobârezod-Din régna sous la tutelle de sa femme, Delchad Khâtoun qui fit fermer les tavernes et édicta des peines des plus dures contre ceux qui useraient du vin. Hâfez fait allusion, dans ses ghazals, à cet évènement.

Le fils de Mobârezod-Din, Châh Chodjâ, était au contraire un grand buveur. Il fit ouvrir les « temples du vin ».

Hâfez fait allusion à bien d'autres personnages qu'il nomme dans ses odes, les uns bienveillants et généreux envers lui, d'autres mal disposés et hostiles même.

Le mot « ghazal » est arabe mais il est passé en persan, en turc, en ourdou et s'est revêtu des caractéristiques propres à ces langues. Du Xème aux XIIIème siècles, le « ghazal » acquit son expression mystique et devint classique : c'est alors qu'il passa à un style symbolique raffiné. Sa'di et Hâfez sont, à cette époque, les auteurs de « ghazals » les plus connus.

Chez Hâfez l'objet du « ghazal » est le « ma'achouk » (l'aimé, l'amant), qui se confond parfois chez lui avec le « ma'ahboub », (l'adoré, l'aimé divin, Dieu) ou encore avec l'initiateur spirituel et aussi avec le « mamdouh » (le loué, l'exalté), objet traditionnel de la « kacida ».

Hâfez fait souvent intervenir, dans ses odes, la « rose » et le « rossignol ». Le rossignol symbolise l'amant éploré et insatisfait et la rose l'objet adulé parfois dédaigneux. Ce motif est le plus fréquent et le plus estimé de la poésie lyrique de l'Iran et surtout dans les odes de Hâfez. C'est ce poète qui décrit les jérémiades, les lamentations et les sanglots de cet oiseau épris :

« Un rossignol tenait en son bec un pétale de rose,
  Et poussait des gémissements plaintifs,
  Tout en le tenant en son bec. »

La « rose » est la beauté consciente d'elle-même. Elle raille le rossignol, le taquine, le persifle parfois, ridiculise son amour, se montre quelquefois pleine de dédain envers son amant. Cependant, en dépit de sa beauté merveilleuse, elle se fane et meurt dès qu'elle s'épanouit... Telle est la cause essentielle et double de la douleur du rossignol épris : la mort précoce de la rose et le refus de celle-ci de s'unir à lui.

Comme la prière de l'aube possède une valeur particulière, aussi les lamentations du rossignol se font-elles entendre au point du jour, semblable à la prière aubale.

Il y a encore un autre personnage qui entre en scène dans les « ghazals » de Hâfez : c'est « sabâ », écrit avec la lettre « sine » et qui veut dire « zéphyr », « brise printanière », souffle rafraîchissant d'un « vent doux », considéré comme le bon messager. Bien d'autres poètes avant Hâfez avaient déjà usé de cette image. Le zéphyr est également symbolisé par un oiseau, la « huppe », la bonne messagère, dont l'orthographe du mot « sabâ », (écrit avec la lettre « sâd »), le mot désigne l'oiseau du pays de « Sabâ » dont la reine « Belgheyce » envoya une huppe, en messager, au roi Salomon.

Il existe dans les poèmes de Hâfez une comparaison forcée : il s'agit d'une taille élancée et belle, d'un port noble et olympien, comparé à un « cyprès » (sarv). En tout cas, la comparaison est surprenante pour un lecteur européen.

Un autre personnage apparaît dans les « ghazals » : c'est le marchand de vin, le « mogh », le mot désigne le « tavernier », dans les « ghazals » de Hâfez. Bien plus, la crosse de polo (jeu équestre très prisé des Iraniens) avec sa courbure, désigne le « zolf », la chevelure, la boucle longue et noire comme la nuit, et la lune (comme déjà dit), n'est autre que le visage rond et brillant de l'aimé. Or le jeune « mage » (moghbatché) qui est certes l'assistant de l'initiateur du poète, possède la face ronde et gracieuse de la lune (de la pleine lune cela va sans dire).

En la voilant par espièglerie avec sa boucle noire en forme de crosse de polo, il fait rouler comme la balle, la tête du poète. Ces images bien que très prisées des lecteurs iraniens semblent toutefois un peu affectées aux occidentaux.

Toutes ces images les unes surchargées, les autres étranges mais frappantes, quelques-unes précieuses, quelques autres invraisemblables, mais saisissantes et lumineuses, s'entremêlent, accentuant encore plus les difficultés de la traduction des « ghazals » et l'interprétation des phrases.

Notons une anecdote présumée, conjecturée qui aurait mis en face l'un de l'autre Tamerlan (Teymour Lang 1336-1405) conquérant tartare qui ravagea l'Iran et l'Asie de Delhi à Bagdad, et Hâfez (1320-1389). Il faudrait peut-être placer cette rencontre en 1387, lors de la première entrée de Tamerlan à Chirâz. Le poète avait en effet chanté dans son troisième « ghazal » :

« Si ce Turc de Chirâz captive notre cœur,
  Je ferai don à son grain de beauté,
  Les villes de Samarkand et de Boukhara… »

Ayant fait comparaître devant lui le poète si « généreux », le conquérant aurait tonné :

« Aurais-je mis à sac mille pays pour embellir mes capitales de Samarkand et Boukhara pour que toi, va-nu-pieds, tu en fasses don au grain de beauté d'un Turc de Chirâz? »

« C'est justement à cause de cette libéralité que je suis réduit à cette misère que tu vois ».

Admirant la présence d'esprit de Hâfez, Tamerlan lui aurait fait un riche présent et des habits magnifiques.

Comme le dit si bien un proverbe italien : « Se non è vero, è bene trovato », ce qui veut dire : « si cela n'est pas vrai, du moins c'est bien trouvé. »

Il existe d'autres anecdotes qu'on attribue à la vie pourtant tranquille du poète de Chirâz.

Nous avons remarqué que la recherche est poussée chez Hâfez dans les mots et aussi dans les phrases. Les antithèses, les plus inattendues abondent dans les « ghazals » et les calembours (djénass) qui sont très prisés des lecteurs. Tout est métaphore dans les odes du poète de Chirâz où les images s'entrecroisent, étranges mais belles, fascinant l'esprit par leur invraisemblance.

En terminant, je dirai deux mots de la vénération qu'ont les Iraniens, citadins ou paysans, jeunes ou vieux, lettrés ou illettrés, pour l'Oracle de Chirâz.

Ce sentiment respectueux pour Hâfez, est tellement vif et profond que le peuple a pris dès l'époque la plus reculée l'habitude de consulter le poète comme on consultait jadis l'oracle de Delphes. La langue populaire persane a donné au poète des dénominations expressives, notamment l'épithète de « khadjeh qui parle la langue de l'invisible ». On consulte, aujourd'hui Hâfez pour connaître l'issue des moindres décisions. La divination par « Hâfez » est courante de nos jours : elle est pratiquée par toutes les classes de la population. On place le recueil fermé dans la main gauche, et avant de l'ouvrir avec l'index de la main droite, on invoque Hâfez, en murmurant « Ô Khadjeh Hâfez de Chirâz... Tu connais les secrets de tous les cœurs, dis-moi ce qui m'attend... ».

On ouvre alors le livre et on commence la lecture du premier « ghazal », par la droite. Un distique de l'ode explique le vœu formulé par le consultant : il est censé représenter la réponse du poète à la question posée intimement. On continue en lisant le ghazal suivant qui « témoigne » en faveur du premier.

De grandes personnalités européennes et orientales ont invoqué Hâfez et ont été frappées par les réponses qu'il a données. Le poète mystique indou. Rabindranath Tagore, qui à son passage à Chirâz visita le tombeau de Hâfez, fit ouvrir le volumineux manuscrit qui s'y trouve et l'oracle lui répondit par un ghazal qui traduisait de façon étrange la pensée du visiteur.

J'ose espérer que ce travail trouvera l'accueil chaleureux du public, ami de l'Oracle de Chirâz, aussi bien que de la classe érudite.

Téhéran
Borzou Faramarzi Licingoff

Ghazals de Hâfez
غزليّات حافظ

1

Échanson alerte, sers le vin et réplique[1]
L'amour, simple d'abord à présent se complique[2].
Quand la brise musquée[3] a caressé Ses traits,
Ses frisons flamboyants nous brûlent de regrets.
N'est point sûre l'étape, ami, eh bien écoute!
La cloche[4] en résonnant, constamment crie « en route »
Quand le Guide[5] le veut, souille de vin ta foi,
De la secte Il connaît, la coutume et la loi.
Nuit sombre! Peur des flots! Naufrages, épouvantes[6,7,8]!
Les gens du littoral[9] ignorent nos tourmentes.
Le gain de nos efforts, est la honte et c'est tout.
Comment garder secret ce qu'on crie partout[10].
Attention, Hâfez!... Si tu veux Sa présence,
Riche de Son amour, renonce à toute aisance.

Notes
1- Le premier et le dernier vers de ce « ghazal » (ode) sont écrits en arabe.
2- L'ascèse comprend plusieurs étapes difficiles à franchir, ensemble d'exercices physiques et moraux tendant à l'affranchissement de l'esprit et du corps. Ceux qui sont attirés par l'amour de Dieu croient qu'il leur sera facile de franchir les étapes, mais au fur et à mesure qu'ils vont de l'avant ils se rendent compte des difficultés à surmonter.
3- Le poète compare la « brise » à un marchand de musc qui ouvre la poche abdominale du chevrotin appelé « porte-musc. »
4- La « cloche » tinte pour annoncer le départ de la caravane de ceux qui vont de l'avant, vers la perfection : le bien Aimé, ou Dieu. Ce voyage épique vers le Créateur est celui de l'univers entier, y compris les hommes doués d'intelligence.
5- Dans le texte il y a « Pir Moghan » qui a trois sens différents : d'abord, au sens propre, c'est le « vieux mage », le sage versé dans l'astrologie et capable de lire l'avenir par le mouvement des astres; ensuite, au sens figuré, il veut dire le « cabaretier », le « tenancier de la taverne ». Il désigne, enfin comme dans ce distique, le guide spirituel, le « pôle » des derviches.
6,7,8- Par les mots : « nuit sombre », « naufrages », « épouvantes », Hâfez symbolise les obstacles qui entravent la marche en avant vers Dieu des mystiques et des hommes bien-pensants.
9- Les « gens du littoral » figurent ceux qui sont déjà arrivés au port d'attache et qui se trouvent au côté de l'Aimé.
10- La vérité ne peut rester longtemps cachée : elle éclate finalement au grand jour.

2

De votre bienséance à nous ivres, c'est loin
Que de distance, ô ciel, entre nous : que c'est loin[1] !
Je quitte le froc et le saint monastère :
Où donc le cabaret, où le vin : qu'ils sont loin!
Ils sont très loin, les vœux des licences publiques :
Du sermon et du prône aux plaisirs, que c'est loin!
Le cœur de l'ennemi hait les yeux de l'aimé :
De la lampe sans flamme au soleil, que c'est loin[2] !
La poudre de ton seuil est notre khôl, c'est sûr :
Où donc fuir, dis-le-nous? Pouvons-nous aller loin?...
Ta joue est la pomme, ta fossette un puits sombre,
Pourquoi cours-tu mon cœur, tu n'iras pas bien loin.
Que de notre union, doux en soit le rappel :
Ses charmes, ses rigueurs où sont-ils?... Ils sont loin!
N'envie pas ami, le repos de Hâfez :
Le calme et le repos, où sont-ils?... Ils sont loin!

Notes

1- Cette traduction imite le « ghazal » monorime de Hâfez.
2- Le « visage lumineux » de l'aimé blesse les yeux impurs de ses ennemis, des traîtres, des hypocrites, des fidèles du démon. Un cierge éteint, sans mèche, peut-il se rallumer si on l'expose aux rayons du soleil?...
Hâfez, comme tous les poètes orientaux, aime à user des comparaisons admises et courantes, compréhensibles aux lecteurs iraniens. Il compare avec préciosité, sans doute, la joue de l'aimé (de son guide) à une pomme vermeille, la fossette du menton, à un puits profond... Nous verrons, ailleurs, qu'il compare la face de l'aimé à la pleine lune, ses yeux aux narcisses, sa bouche à un bouton de rose parfumé ou à une pistache entrouverte, ses lèvres au rubis ou au sucre, ses boucles et ses frisons à une chaîne destinée à lier les fous de Dieu, son accroche-cœur (bout de mèche de cheveux aplati en boucle sur le front) au maillet dont le joueur de polo (l'aimé) se sert pour faire rouler la boule (qui en la circonstance est le cœur de l'amoureux), son grain de beauté, à l'appât qu'on place dans les pièges, sa taille au cyprès etc.!...

3

Si ce Turc de Chirâz me séduit, ce jour-là,
J'offre pour son beau grain : Samarkand, Boukhara[1] !
Sers le vin échanson : le paradis jalouse
Les bords de Roknabad et l'air de Mossallâ
Au secours! Les beaux yeux, fiers et ensorceleurs,
M'ont raflé tout le cœur, tels des Turcs un repas.
L'ami n'a pas besoin de notre amour, si faible :
Le beau visage ignore, et le fard et l'appas.
Les charmes captivants de Joseph, je le sais,
Ont fait faillir d'amour la chaste Zoleykhâ[3].
Insulte ou maudis-moi je te rends toujours grâces :
Le mot dur en ta bouche est très beau, n'est-ce pas?...
Écoute mon conseil, ô chéri de mon âme :
Le jeune, suit l'avis du vieux : il en fait cas.
Parle plutôt de vin, laisse-là les mystères :
L'esprit ne peut percer la nuit de l'au-delà.
Tes ghazals, ô Hâfez, sont des perles, va chante,
Ils constellent les cieux, infinis : hosanna!

Notes

1- On raconte, à ce sujet, que Tamerlan étant entré triomphalement à Chirâz en 1387, apprit qu'un poète célèbre de cette ville avait écrit « qu'il ferait don de Samarkand et de Boukhara au grain de beauté à l'indienne du beau Turc de Chirâz ». Mécontent de cette expression, il fit appeler Hâfez, lui reprochant durement : « Comment as-tu osé faire don de deux grandes villes du monde pour la conquête desquelles j'ai sacrifié tant de combattants et je me suis donné tant de peine? ».

Hâfez aurait répondu calmement : « Ce sont justement, ces sortes de libéralités, auguste souverain, qui m'ont réduit à la misère que tu vois » En ce disant, Hâfez aurait montré son froc en guenilles. On dit que le conquérant émerveillé par cette bonhomie et cette franchise lui aurait fait don d'une grande somme d'argent et des habits neufs.

2- L'intérêt que Hâfez porte, dans ses odes, à Chirâz, sa ville natale, est connu, à telles enseignes qu'il refusait toujours de la quitter et accepter les invitations pourtant prometteuses que lui adressaient les autres villes du Fârs. Il nomme souvent dans ses « ghazals » les bords verdoyants de Roknabad et Mossallâ (lieu de prière publique en dehors de la ville). Il ne quitta que deux fois, dans sa vie, sa ville natale, pour une courte durée.

3- Zoleykhâ, femme de Putiphar, maître de Joseph dont elle tomba amoureuse et tenta de le séduire.

* Le traducteur a reproduit dans les ghazals suivants, le mode spécial de versification persane où le mot, uniforme remplace la rime et se répète jusqu''à la fin de l'ode. Le mot qui fait figure de rime, toujours le même, tombe d'abord à la fin des deux premiers vers, puis il revient la fin du deuxième vers de tous les distiques suivants.

4

Tendrement dis, ô brise, à la douce gazelle
Qu'elle a, dans le désert[1], égaré le fidèle.
L'orgueil de ta beauté t'a-t-il donc défendu
De t'occuper du sort de l'amant éperdu?
On peut, par la douceur, apprivoiser le sage[2].
Mais non avec l'appât, prendre l'Oiseau volage.
Je ne sais depuis quand elles prennent cet air,
Les belles au port fier, aux yeux noirs, au teint clair.
Quand avec tes amis, tu trinqueras à table,
Souviens-toi des amants égarés dans le sable[3].
Nous faisons un reproche à ta grande beauté,
Car ton regard ignore, amour et vérité.
Plaise au bon Confiseur- qu'il ait longue vie-
D'avantager l'oiseau friand de sucrerie.
Rien d'étonnant Hâfez, tes chants prestigieux,
Font danser de plaisir, le grand Messie aux cieux[4].

Notes

1- Leylâ rendit désolé et démoralisé son amant Madjnoun qui, fou d'amour, alla vivre dans le désert. De même le poète se compare à Madjnoun et dit que l'aimé l'a égaré dans le désert.

2- « Ahlé Nazar » se dit d'un homme qui a du monde une vision, une opinion personnelle, qui est considéré par ses semblables comme quelqu'un qui a la vue exercée, qui ne répète pas l'opinion des autres. Nous avons traduit le mot par « sage ».

3- Dans le texte il y a : « Souviens-toi des amoureux dépourvus de biens. »

4- On lit dans le texte : « ... les chants vénusiens font danser au ciel le Messie ». « Zohré » ou Vénus, est l'étoile du matin, amie du berger qui joue de la flûte, étoile qui est également appelée « Nahid » en persan. Hâfez a parfois de ces expressions magiques que les poètes n'ont jamais eues avant lui. Le Messie dansant sa joie au ciel aux chants suaves de Hâfez, offre une image saisissante.

5

Je me sens défaillir : au secours, gens de cœur!
Mon secret se dévoile et s'ébruite : ô douleur!
Notre vaisseau dérive, ô bon vent souffle encore,
Car je voudrais revoir l'idole que j'adore.
Fi des dix jours heureux accordés par le sort :
Fais du bien aux amis et sois leur réconfort.
Le rossignol s'éprend du vin et de la rose :
Servez du vin, buveurs, et que l'on en dispose!
Ô cœur plein de noblesse, et source de salut,
Enquiers-toi du derviche épuisé et sans but.
Le bien-être total en ces termes s'exprime[1] :
Aux bons montre-toi doux, aux méchants, magnanime.
On m'exclut du quartier de renom : c'est trop fort!
Cela te déplait-il?... Eh bien change le sort.
Dans la coupe de vin[2], magique talisman,
Tu verras tout l'éclat de Darius[3] Codoman.
Sachez-le, vieux viveurs, imbus d'afféterie :
Les beaux parleurs persans dispensent force et vie.
Dans la gêne recours aux plaisirs de Bacchus :
L'Alchimie du sort fait du pauvre un Crésus[4].
Si Hâfez met ce froc tout souillé, qui l'entache
C'est bien contre son gré, que notre cheykh le sache.

Notes

1- Ce distique est devenu proverbial que les Iraniens citent par cœur.
2- Dans le texte il y a : « Le miroir d'Alexandre, ou le cristal d'Alexandre » qui est le pendant de « la coupe de Djam » dans le roi mythique Djamchid pouvait voir ce qui se passait dans le monde et où se reflétaient les évènements humains. La coupe de vin est assimilée à cette coupe magique.
3- Dans le texte il y a « Dara », forme persane adoptée par les auteurs arabes citant le roi achéménide connu sous la forme hellénisée de « Daress » ou « Darius ». « Dara » dérive du perse « Dârâyah vahab ».
4- Nous avons traduit « Karoun » par Crésus, roi de Lydie qui devait ses richesses fabuleuses à l'exploitation des sables aurifères du Pactole, rivière de ce pays. « Karoun » était lui-même très riche, qui selon le Coran était parent de Moïse. « Karoun », nom propre qui est le même que « Coré » de la Bible (Nombres XVI) est cité trois fois dans le Coran (XXVIII,76-82, XXIX,39-38, et XL, 25-24.)
Pour expliquer l'origine de ses fantastiques richesses légendaires auxquelles font souvent allusion les poètes iraniens, on a fait de lui à cause de sa science ésotérique, l'un des fondateurs de l'alchimie.
« Karoun » ayant accumulé de l'or et de l'argent fut, sur la prière de Moïse puni par « Yahvé » de l'arrogance que lui avaient inspirée ses richesses. Un autre personnage très riche de l'Antiquité arabe est le « Hâtam Tâï » que les poètes, dont Hâfez, citent souvent.

6

Qui peut dire au sultan ma timide requête?
« Ô Roi, ne chasse pas le mendiant qui quête! »
J'ai mon refuge en Dieu contre le vil rival,
J'attends de mon soleil[1] la cure de mon mal.
Si tes cils agressifs[2] ont décidé ma perte,
Toi, condamne leur crime, ô mon Idole, alerte!
Ta mine en s'empourprant embrase l'Univers :
Pourquoi laisser sans fruit, tes moments qui sont chers.
La nuit j'ai cet espoir, ô brise matinale,
Que tu viennes donner Sa réponse amicale.
Au cœur de tes amants tu mets un vif émoi :
Je te voue mon âme, Idole, montre-toi!
Désaltère Hâfez qui t'exalte à l'aurore[3],
Car l'oraison de l'aube a plus d'effet encore.

Notes

1- Il s'agit de l'initiateur spirituel que le poète compare au Soleil qui chauffe et vivifie. C'est le « pôle » (ou Ghotbe).

2 -Le poète compare les cils de l'aimé à des traits qui, une fois décochés atteignent l'épris. Dans l'usage classique occidental l'amour s'écrit avec une majuscule quand il désigne le dieu de l'Amour transperçant d'une flèche le cœur de l'amoureux.

3- La prière matinale a, selon la religion musulmane, un effet particulier.

7

Viens soufi, notre coupe est un miroir liquide,
Viens mirer la splendeur d'un vin rose et liquide.
Demande aux francs buveurs le sens du Grand Secret :
Le dévot haut placé n'y voit goutte et se tait.
Le Phénix[1] s'est sauvé, chasseur, ton rets tamise :
Il a glissé des mains aussi prompt que la brise.
Au cercle des buveurs sable un verre ou bien deux,
Et sors en oubliant l'éternité des vœux.
Le cours de ta jeunesse a passé, mais sans rose :
Bien que vieux ne crains pas qu'on te blâme : allons ose! ...
Profite du moment : les jours passent, jouis
Comme Adam qui perdit le divin Paradis.
Nous sommes prêts, ô Maître, à servir à ta porte,
Parle à ton serviteur, ta voix le réconforte.
Pour la coupe, Hâfez a mérité le dam :
Vent, dis mon sacrifice au grand Maître de Djam[2].

Notes

1- Dans le texte il y a « Anhkâ », oiseau fabuleux. Il est peut-être une réminiscence inconsciente, une crainte héréditaire, chez les hommes, des « ptérosauriens », reptiles adaptés au vol grâce à des ailes membraneuses soutenues par un doigt (ptérodactyles).
« Ankâ » est l'oiseau fabuleux arabe qui se rapproche du « Phénix » égyptien, sans doute du « Simorgh » persan, et plus tard à la suite d'additions ou de transformations, du « Pégase » latin et du « Garouda » de l'Inde.
La croyance en cet oiseau est très ancienne chez les Arabes. Certains auteurs ont déclaré que cette espèce d'oiseau est disparue, mais d'autres ont affirmé que les « Fatimides » (membres d'une dynastie arabe, 909-1171, qui se déclaraient appartenir à la descendance du Prophète par sa fille « Fatemeh », d'où leur nom), en possédaient des spécimens dans leurs jardins.
Le « ptérodactyle » aurait ainsi donné naissance au « Phénix », oiseau unique de son espèce qui vivait plusieurs siècles ou plus d'un millénaire, qui se brûlait sur un bûcher élevé par lui-même et ensuite renaissait de ses cendres pour voler de nouveau vers Héliopolis d'Égypte, centre du culte du Soleil.
Le « Simorgh », oiseau également fabuleux, aux dimensions gigantesques, éleva selon la légende iranienne le héros albinos « Zâl » et conseilla aux heures critiques, Rostam fils de Zâl (l'Hercule iranien). L'oiseau parlait le langage des hommes.
Le « Pégase » (en latin Pegasus) était selon la mythologie des Romains un cheval ailé. Le « griffon » était un monstre à corps de lion et aux ailes d'aigle et le « Garouda » était le cheval ailé de Vichnou : ces bêtes fabuleuses seraient peut-être dérivées du « Ankhâ ».
Les Arabes croyaient que la montagne où nichait « Ankhâ » se trouvait sur le territoire des « As'hâbol Ra'as » (habitants du puits), deux fois mentionnés dans le Coran (Sourate « La Loi, verset 3, Sourate « Ghaf », verset 12).
2- Hâfez fait allusion au poète de Djam, Cheykh Namki. Ce mot veut dire également « coupe à boire ». Il y a ici un jeu de mot « djénass ».

8

Remplis donc, échanson, notre coupe de vin!
Ensevelis nos maux et notre amer chagrin!
Pose-la, dans ma main qui hardiment s'apprête
À me débarrasser de cet habit d'ascète[1].
Bien qu'il soit insensé, selon le sens humain :
Que nous importe, à nous, l'estime ou le dédain.
De ce vin plein d'orgueil remplis encore ce verre.
Où l'esprit égaré s'abîme et s'adultère.
Le râle et les soupirs[2] de mon sein tout brûlant,
Déconcertent l'esprit du jeune soupirant.
Je ne vois nul ami parmi les connaissances,
Pour verser en son cœur mes soucis, mes souffrances[3].
Je ne puis être heureux qu'avec l'ami humain
Qui m'a pris tout mon calme et m'a conquis soudain.
Qui pouvait admirer sa stature de reine,
Dédaignerait de voir le cyprès en la plaine.
Patiente, Hâfez, et attends nuit et jour :
Tu sauras à la fin, assouvir ton amour.

Notes

1-Dans le texte il y a : « …ce froc bleu ». Les disciples du cheykh Azrakpouch (vêtu de bleu) portaient un vêtement bleu à l'exemple de leur maître et guide spirituel.

2- L'original porte : « La fusée du soupir de mon sein gémissant… », pour faire entendre que le cœur amoureux brûle et laisse échapper un filet de fumée en signe de la flamme intérieure.

3- Le « derviche » ne doit pas divulguer le « secret » de sa confrérie. Ne pas en parler c'est se taire et l'emporter avec soi à la tombe. En parler, c'est trahir la confrérie.

9

L'éclat du renouveau pare le paysage,
Et de la rose au chantre arrive le message.
Ô vent, dans la prairie, en frôlant les muguets,
Salue, de ma part, la rose et le cyprès[1].
Tous ces gens ont raillé les paillards et leur lie :
Je crains qu'en la taverne ils n'achèvent leur vie.
Prise l'homme de Dieu, car l'Arche de Noé[2]
A sauvé du déluge un limon négligé.
Refuse le secours de l'instable fortune :
Sa roue brisera nos têtes une à une.
Sous deux pouces de terre on doit un jour finir :
Pourquoi sous le soleil chercher à s'établir?
Tes boucles, faites de musc, retombent en cascade
Holà! Tu perds ainsi, sans espoir, ton nomade.
Beauté de Cannan[3], l'Égypte est ta maison,
Il est temps que tu fuies ta peine et ta prison.
Bois et jouis, Hâfez, honnêtement refuse
De faire du Coran le masque de ta ruse.

Notes

1- Dans l'original on lit : « Salue de notre part le cyprès, la rose et le basilic » (réyhan).
2- Hâfez parle souvent de l'Arche de Noé, patriarche biblique. Le déluge s'appelle « la tempête de Noé » (toufané Nouh). La soixantième « Sourate » du Coran a pour nom « Souréyé Nouh », ou la Sourate de Noé.
3- Il s'agit de Joseph dont la beauté était extraordinaire. Il fut vendu par ses frères jaloux à des marchands qui emmenèrent cette « beauté de Cana' an » en Égypte et le cédèrent à Putiphar dont la femme Zoleykhâ en tomba amoureuse.

10

Du temple à la taverne, hier s'en fut notre Maître :
Comment donc croire, amis, qu'Il ait pu se commettre!
Comment tourner les yeux vers notre Ka`ba[1],
Quand le Guide à l'auberge a dirigé Ses pas!
C'est dans le cabaret qu'est notre domicile,
C'est ainsi qu'a voulu le sort indélébile.
Si la raison savait que le cœur enchaîné,
Aux rets de Tes frisons, se sent tout fortuné.
L'homme sage et sensé voudrait, de préférence,
Faire siens tous non-liens, sienne notre démence[2].
Tes traits en révélant le sens caché des mots,
Imprègnent de clarté nos vieux textes pâlots.
Ton soupir, ô Hâfez, darde ardent dans l'espace :
Mets to âme à l'abri, gare-toi quand il passe!...
Nos appels déchirants, signes de la ferveur,
T'émouvront-ils jamais, cœur de roche : ô douleur!

Notes

1- Hâfez fait, sans doute, allusion, indirectement, à l'aventure de Cheykh de Sanaan (aujourd'hui Sanaa) capitale du Yémen. Ce saint homme tomba amoureux d'une chrétienne et vint s'établir à Césarée, pays de son aimée. Un jour il mit en gage son froc d'ascète dans une taverne pour recevoir en échange une cruche de vin qu'il porta à la femme qui lui avait demandé à boire.

Auparavant Cheykh Sanaan habitait la Mecque, honoré par de nombreux adeptes, entouré de prestige. Il avait tout abandonné par amour pour un être humain, la femme qu'il aimait. Ce récit d'une portée mystique, fait entendre que le vrai croyant doit tout abandonner sur la terre par amour pour Dieu, le suprême « Amant ».

L'histoire extraordinaire de ce Cheykh a été contée par plusieurs historiens ou poètes, entre autres, par Attâr dans son « Langage des Oiseaux ».

2- Ce distique est rendu par quatre vers au lieu de deux.

11

Fais rutiler de vin notre coupe, échanson,
Le monde nous sourit : allons, danse et chanson! ...
Nous avons vu les traits de l'Aimé dans le verre :
Tu ignores, naïf, notre ivresse si chère!
Ne meurt jamais celui dont le cœur vit d'amour :
Et Dieu veut au ciel bleu notre éternel Séjour.
L'allure et les traits de la beauté frivole,
Ne font que rehausser le port de notre Idole.
Si tu passes, zéphyr, par le pré endormi
De l'Aimé, donne-lui notre message ami.
Dis-Lui : « Pourquoi, sans cœur, Tu ne nous remémores,
Puisqu'un jour, en ton cœur, nous mourrons, tu l'ignores? »
Je crains bien qu'on ne dise au jour du jugement :
« Leur vin est pur ô cheykh, mais impur ton froment. »
Verse des pleurs, Hâfez, et pour lui fonds en larmes :
Pour l'attirer vers toi, cet appât a ses charmes.
L'océan bleu du ciel et la nef du croissant,
Prônent Hadji Ghavâm, nocher compatissant[1].

Notes
1- Il s'agit de Hadji Ghavâm, vizir du vice-roi de Chirâz qui combla de biens et d'honneurs le poète et fonda pour lui une école de théologie pour qu'il y enseignât.

12

Ta splendeur fait briller la face du soleil,
Ta fossette est un puits de cristal nonpareil.
Mon âme Te veut voir : mais elle s'étiole,
La rendre ou la garder?... Ordonne, mon Idole.
Je quête, ô mon Aimé, un regard, mais en vain :
Mieux vaut ne pas mêler ce ferment à mon vin.
Va-t-il donc s'éveiller notre sort endormi,
En voyant refleurir le rosier de l'Ami?
Expose au vent, pour nous, le bouquet de ton sein,
Pour sentir le parfum qu'exhale ton jardin.
Longue vie et bonheur, doux échansons, nos frères,
Bien que votre doux vin ait manqué à nos verres.
Ciel! ...mon cœur se mutine, alertez le gardien :
Sauvons, ô compagnons, votre cœur et le mien.
Quand sauront- ils s'étreindre, ô mon Dieu, par Ton ordre,
Nos désirs réunis, Ses frisons en désordre.
Ne rougis pas encore tes mains dans notre sang :
Tes victimes déjà se mettent sur le rang.
Zéphyr va dire à Yazd[1] que, pareil à la boule,
Son chef vil et ingrat sous nos mains tombe et
Bien que loin de tes yeux, je suis près de ton cœur.
Étant ton serviteur, ton vrai adulateur.
Ô très sage idole, haute Étoile propice[2],
Prosterné à ton seuil, j'invoque ta justice…
Silence, Hâfez, prie…et toi réponds amen,
Que ta divine voix soit notre dictamen.

Notes

1- Hâfez ne quitta que deux fois Chirâz qu'il chérissait particulièrement. Son premier voyage fut pour Yazd qui, à l'époque de Hâfez, était à trois journées de distance de Chirâz. Attiré par le souverain du pays, Mobarezod-Din, le poète se rendit à Yazd, où il ne resta que peu de temps en se plaignant du manque de générosité du roi de cette ville.

Les sables du grand « kévir » tourbillonnent sur Yazd quand soufflent les rafales. Cette ville a été, à l'âge du chameau, la plaque tournante entre le Fârs et le Khorassan. La ville est demeurée à travers quatorze siècles d'islamisation, le dernier refuge des Zoroastriens. Sa fonction économique lui valut d'être ménagée par les mongols, comme d'être épargnée au XIVe siècle (époque de son apogée) par Teymour Lang (Tamerlan). Son salut est également dû à son éloignement des grandes routes d'invasion. Yazd passa au XIVe siècle sous la souveraineté des Mozaffarides qui y construisirent de nombreux monuments.

2- Il s'agit toujours de l'initiateur.

13

L'aube pointe et fait fuir les nuages multiples :
À la coupe, à la coupe, amis et condisciples!
La tulipe s'abreuve au souffle du matin :
Allons, bois tout ton soûl, condisciple et copain!
De la prairie arrive une brise divine :
Allons buvez, buvez, la liqueur purpurine!
La rose a tapissé d'émeraudes son lit :
Vite au vin capiteux qui, comme un rubis, luit!
On vient de condamner sa porte, à la taverne :
Dis : sésame ouvre-toi, pénètres-en la caverne[1]!
Tes lèvres et ta bouche ont cet effet cuisant
Du sel sur la blessure du cœur agonisant[2].
En la saison qu'il fait, il nous paraît étrange,
Qu'on défende la taverne aux gars de la vendange!
Et toi, comme Hâfez, bois le vin enivrant,
Au gré de l'échanson au regard conquérant.

Notes

1- Les seconds hémistiches des distiques 1,2, et 3 sont en arabe. Celui du distique 5 est une formule coranique qui s'applique à Dieu.

2- Les poètes orientaux expriment la douleur de la séparation ou l'effet intense du regard et des lèvres de l'aimé sur l'épris dont l'espoir est trahi par le dédain, le mépris ou l'indifférence de l'objet aimé, en employant une comparaison palpitante où le « sel saupoudre » la « blessure » vive, produisant une extrême souffrance.

14

Je dis : « Roi des beautés, pitié pour l'étranger »[1],
Il me dit : « C'est le cœur qui l'égare, étranger! ».
Je Lui dis : « Reste un peu ». Il répondit : « Excuse,
Est-ce qu'un aborigène accueille l'étranger? ».
L'être charmant qui vit dans les coussins de vair,
Sait-il, si sur la ronce, est couché l'étranger?
Aux liens de tes frisons logent tes familiers :
Ces chaînes sont sans poids aux pauvres étrangers.
Le teint vermeil du vin rayonne sur ta joue,
Comme un fruit purpurin sur un arbre étranger.
Étranges, ces longs traits encadrant ton visage,
Mais notre art ne croit pas le trait noir étranger[2].
Je dis : « Ô noirs frisons, angoisse des cœurs pieux,
Gare à vous, le matin, quand prie l'étranger! »
Il dit : « Tes familiers sont surpris, ô Hâfez :
… Est-ce étrange, si las, fait halte l'étranger?

Notes

1- Le traducteur a imité Hâfez pour son 14ᵉ ghazal, qui ne présente qu'une seule rime.

En France aussi on trouve des pièces monorimes. Cette manière d'accumuler la même consonance finale remonte à une époque très reculée. Le « Franc » de Perpignan a inséré dans « Voyage de Languedoc et de Provence », une pièce sur le château d'If dont tous les vers sont terminés en « if ».

Dans le « ghazal » 14, le poète de Chirâz emploie la rime unique « gharib », signifiant « étranger ». Le traducteur a suivi le procédé monorime de Hâfez.

2- Dans l'original on lit « étrange est le trait de fourmi sur ta joue ». Le poète a, sans doute, voulu dire le trait noir, fin et filiforme. Il n'est pas inaccoutumé d'entendre dire « les traits musqués dans le négarestan ». On appelle négarestan l'atelier où Manès, fondateur du manichéisme que la tradition présente comme un peintre et calligraphe puissant et produisant de célèbres dessins. Le manichéisme se répandit jusqu'en Chine, c'est pourquoi on appelle son atelier « le négarestan chinois ». En même temps cette tradition fait entendre, tacitement, que l'art du dessin et la production de miniatures furent enseignés aux Persans par les peintres chinois manichéens de la Chine.

15

Qui t'ôtera le voile, ô séraphique ami,
Qui prendra soin de toi, divin oiseau chéri?...
Le sommeil fuit mes yeux, quand je songe, morose,
Quels bras ont pu servir d'étapes à ma rose.
Tu manques au dervis : J'infère de ce fait
Qu'il n'obtiendra de toi, ni grâce, ni bienfait.
Tes regards langoureux nous harcèlent en route,
Ce qui démontre bien qu'enivrante est ta goutte.
Les traits de tes beaux yeux n'ont pas atteint mon cœur,
Mais je crains leur retour, connaissant ton humeur.
Tu n'as pas écouté mes appels et ma plainte :
Idole, je le vois, bien haute est ton enceinte.
Le point d'eau fuit toujours : holà, dans le désert,
Le mirage trompeur en ruses est expert[1].
Que feras-tu, mon cœur, lors de la vieillesse,
Toi qui, si follement, as gâché ta jeunesse?...
Hâfez, ton dévoué, ne te fuit pas, Seigneur,
Faisons la paix, reviens, c'est assez de rigueur…
Ce palais enchanteur, séjour de tout bien-être,
Ne permets pas au temps, de le ruiner, ô Maître! ...

Notes

1- « Ghoul » veut dire démon, esprit malin, incube (ce dernier mot étant le masculin de succube). Selon la croyance populaire, le démon au désert (ghoulé biyâban), mot qu'on trouve dans le « ghazal », est l'esprit malin qui abuse, qui produit le mirage trompeur devant les yeux du voyageur.

Dans le texte il y a : « Sois sur tes gardes pour que le démon (ghoul) du désert ne te trompe pas par un mirage! ».

16

L'arc de ton gai sourcil, choisit son objectif :
Le cœur de ton amant misérable et chétif.
Les mondes n'étaient pas quand l'amour allait naître :
Ce n'est pas de ce jour que l'a conçu le Maître.
L'œillade où tu coulas tant de lasciveté
A mutiné les cieux par sa témérité.
Tu vas à la prairie, aviné : ton visage
Fait naître de la pourpre au cœur du coquillage.
Je fus hier soir, tout ivre, à la tête du pré :
Ta bouche avait ouvert son frais bouton pourpré.
La violette boucla sa frêle dentelure,
Quand le vent eut loué ta fine chevelure.
Mords-t'en les doigts, au vent, tout confus, ô jasmin,
Quand on te prête, à tort, ses joues de carmin.
Dévot, j'ai réprouvé la boisson et la danse,
Mais grâce aux moniteurs[1], j'y pense et j'y repense.
Je trempe dans le vin, rouge, ma dignité,
Ainsi Dieu l'a voulu de toute éternité.
Ton dénouement, Hâfez, se trouve dans l'ivresse,
Le vin et la taverne : ô divine largesse !...
L'univers évolue à mon gré, justement,
Et le Maître[2] du monde admet mon dévouement.

Notes

1- Hâfez désigne par le mot « mogh », le mage, le tavernier, mais ici le guide spirituel. Le mot « moghbatché », ou encore « khalifé » est le moniteur, l'assistant de l'initiateur, chargé de le remplacer en son absence.
2- Hâfez fait ici, allusion à Hadji Ghavâmod-Din Hassan, son protecteur et son bienfaiteur.

17

Ô cœur, loin de l'Amante, à petit feu je brûle[1],
Le contact du tison, dans ce foyer, me brûle.
Loin de Toi, mon esprit en regrets se consume,
Et mon âme séduite, à tes beaux yeux se brûle.
Mon âme, tout en pleur, va comme un papillon[2]
Au feu de la chandelle et, sans espoir, se brûle.
Il n'est pas étonnant que les amis me plaignent,
L'étranger pleure aussi sur mon amour qui brûle.
Le vin de la taverne a charrié mon froc :
Son effet enivrant et m'affole et me brûle.
Mon cœur tout repentant comme un verre se brise,
Et comme la tulipe, assoiffé, mon corps brûle.
Reviens, ô mon Aimé : la flamme de Tes Yeux
M'a fait quitter ce froc, qu'en offrande je brûle.
Reviens, ô mon Aimé : la flamme de Tes Yeux
M'a fait quitter ce froc, qu'en offrande je brûle.
Fi des fables, Hâfez, goûte plutôt ce vin :
Sans sommeil, des deux bouts, notre chandelle brûle.

Notes

1- Nous avons reproduit dans la traduction de ce « ghazal » le mode spécial de la versification persane, à rime unique, qui se répète jusqu'à la fin de l'ode. Le mot qui fait figure de rime, toujours le même, mais avec des sens différents, tombe d'abord à la fin des deux premiers vers formant un distique, puis il revient à la fin du deuxième vers de tous les distiques suivants.
Rappelons que les poèmes, surtout les « ghazals », à rime unique sont très fréquents, poèmes dont les poèmes occidentaux contemporains et surtout français n'ont pas fait l'essai. Il va sans dire que les vers qui se succèdent, formés par une rime unique offrent des images variées aux nuances musicales.

2- Les papillons nocturnes, munis de quatre ailes diaprées de couleurs vives et attrayantes sont « captivés » par la lumière de la lampe allumée et se brûlent en se jetant sur la flamme. Ainsi en est-il de l'épris mystique, de « l'âchek » affligé et déçu qui, irrésistiblement, attiré par le feu (autrement la face lumineuse et resplendissante de l'aimé) rend l'âme à ses pieds.

18

Échanson, soit heureuse : elle arrive la fête[1].
Souviens-toi, notamment, de la promesse faite.
Je m'étonne de voir que, bien que tout sevrés
De toi, tes soupirants sont toujours éplorés.
Transmets-lui mes respects, disant : « Ô fille digne
Des buveurs, reviens-nous, tu n'es plus à la vigne ».
Le festin bat son plein quand tu parais au seuil :
Qu'il meure de chagrin qui te veut voir en deuil.
Grâces à Dieu, le vent[2] n'a pas mis au pillage
Tes jasmins, tes cyprès, tes rosiers, ton feuillage.
Ne lâche pas, Hâfez, ton arche de Noé[3] :
Le déluge pourrait te submerger : ohé!
Fi du malin, idole : ils l'ont bien ramenée
Vers nos cœurs ton destin, et ta fortune innée.

Notes

1- La fête, le « Nowrouz », commence en Iran à l'équinoxe de printemps, c'est-à-dire le 20 le 21 mars. En France, elle commençait, jadis à Pâques, c'est-à-dire également en mars. Mais à l'avènement de Charles IX, un édit royal, en 1564, ordonna que l'année commencerait le premier janvier par respect pour le Christ, la nativité ayant eu lieu le 25 décembre, c'est-à-dire cinq jours plus tôt.

2- Le vent d'automne n'a pu emporter les fleurs et dessécher les feuilles des arbres. Les fleurs que nomme Hâfez sont en général la rose, le jasmin, l'amarante, le narcisse etc., et les arbres qu'il mentionne le plus souvent sont le cyprès, le buis, le sapin, le pin etc.

3- Hâfez fait souvent allusion à l'Arche de Noé, patriarche biblique qui construisit, par ordre de Dieu, l'Arche qui devait le préserver du déluge universel avec sa famille. Mais, ici, Hâfez parle de la coupe de vin qui a la forme d'une petite arche.

19

Ô brise matinale où se trouve la tente
De l'idole perfide, et sanguinaire aimante?
Le chemin du désert est sûr, mais il fait noir :
Où le buisson ardent, où l'Horeb, où l'espoir[1]?
Quiconque vient au monde est certain de sa perte :
Demandez aux buveurs à quoi sert d'être alerte.
L'initié comprend le sens caché des mots :
Nos messagers sont là, mais où sont les hérauts?
Chacun de mes cheveux par mille bouts t'approche :
Qu'elle est loin de nous deux la bouche qui reproche!
Demandez aux flots noirs de ses frisons nombreux :
« Qu'avez-vous fait du cœur impulsif et fiévreux? »
Ma raison va sombrer : où est ma camisole?
Le cœur nous fait défaut : où l'abri de l'idole?
L'échanson, la musique et le vin, tout est là!
Sans ami pas de fête : où l'intime, holà!
Ne te plains pas, Hâfez, du temps, de ses rapines :
Sincèrement, dis-nous, où la fleur sans épines?

Notes

1- Hâfez fait allusion à la montagne « Horeb », nom que les plus anciennes traditions bibliques et coraniques donnent au Sinaï où Moïse rencontra le buisson ardent. C'est là que Dieu parla à Moise et le consola de ses fatigues.

20

Le grand jeûne a pris fin, la Fête arrive, ô joie[1] !
Le vin des fûts fermente, il faut bien qu'on festoie !
L'heure des faux dévots, compassés, a pris fin :
C'est le tour des viveurs de faire, ici, festin.
Celui qui boit ainsi ne paraît pas blâmable ?
Quel péché peut commettre un viveur incurable ?
La franche beuverie est, certes, un défaut,
Mais aussi préférable aux feintes du dévot.
Loin de nous la discorde et la voie hypocrite,
Celui qui sonde tout, connaît notre mérite.
Quel mal faisons-nous, si nous buvons du vin :
Ce n'est pas votre sang, c'est celui du raisin.
Quel défaut est-ce donc celui qui change en vice ?
Et s'il en était un, quel homme est sans malice ?
Rendons à Dieu son culte et bannissons tout mal,
Ce qui n'est pas licite est pour nous illégal.

Notes

1- Il s'agit ici, du jeûne du mois de Ramadan, le neuvième mois de l'année musulmane. Il dure du lever au coucher du soleil et oblige de s'abstenir de nourriture, de boisson, de tabac, de relations sexuelles. Le jeûne se termine par la fête de la rupture du jeûne, « Id al-fêtr » consistant en réjouissances, félicitations et en renouveau moral et physique.

21

M'ayant ôté la foi, la belle idole blâme,
Me disant : « Pars d'ici, car tu perds aussi l'âme ».
Quel homme, en ce festin a pu rire un moment
Et ne pas le quitter chagrin et mécontent!
Si la mèche brûlant au bout de la chandelle,
Se moque de sa bouche et se vante à part elle,
Auprès de ses amants, durant toute la nuit,
Elle se mord la langue et, pleurant se réduit.
Le vent souffle tout près du cyprès, de la rose
Et vante son visage et sa taille et sa pose.
Tu passas enivré, et les anges des cieux
Ont bouleversé le Ciel pour venir te voir mieux[1].
Le cyprès s'humilie en sa haute présence,
Lui dont le front altier vers les hauteurs s'élance.
Jette ce froc, Hâfez, pour assurer la fin :
C'est sous ce vil abri que germe le malin.

Notes

1- Hâfez présente parfois de ces saisissantes images dignes d'un Dante. L'homme de Dieu, le guide spirituel- l'idole de Hâfez dans ce « ghazal »- ravi, en extase sous l'effet du « vin » de la foi, vient à passer dans un état d'exaltation. Sa vue jette le branle-bas dans la cohorte des anges qui, de là-haut, le contemplent fascinés, et croient que le jour du Jugement Dernier est arrivé

22

En entendant parler l'homme de sentiment,
Garde-toi d'affirmer qu'il se trompe ou qu'il ment.
Tu n'es pas pénétrant, mon cœur, et sans rancune,
Sache que c'est de là que provient la lacune[1].
Mon cœur devient rétif, car il est indévot :
Je rends grâces à Dieu qu'il trame son complot.
En mon cœur tout lassé je ne sais qui respire :
Je me tais mais c'est lui qui s'agite et soupire[2].
Je me sens suffoquer, holà musicien,
Fais entendre ta plainte, elle me fait du bien.
J'ai détaché mon cœur des soucis de ce monde :
Ton visage éclatant et me comble et m'inonde.
Le projet de mon cœur me ravit le sommeil,
Je vais au cabaret : le vin porte conseil.
Si je suis tant aimé dans le saint monastère
C'est qu'un feu transparent en mon cœur persévère.
Le sang pur de mon cœur a souillé le couvent,
Aspergez-le de vin : c'est agir justement.
L'écho de ton amour m'arrive en confidence :
Et le cœur de Hâfez vibre par résonnance.
Le chantre, à mots couverts, nous disait en ses chants :
« La mort vient, mais nos cœurs restent impénitents. »

Notes

1- Ce distique est rendu par 4 vers.
2- Bien avant Freud (1856-1939), le poète mystique de Chirâz, Hâfez (v.1320-v.1398), reconnut en son for intérieur la présence d'une seconde personnalité « inconsciente » et insoupçonnée, copie de celle qui était apparente et « consciente ». Cette seconde personnalité fut appelée par le psychiatre autrichien l'« inconscient », six ans plus tard, que le poète de Chirâz avait désigné par les termes de « je ne sais qui », une personnalité ignorée des simples mortels. L'« inconscient », selon Freud, est l'ensemble des processus dynamiques (souvenirs, lectures, scènes vécues) enregistrés inconsciemment agissant sur le caractère, la conduite de l'homme, mais échappant à la conscience.
« En mon cœur tout lassé je ne sais qui respire,
Je me tais, mais c'est lui qui s'agite et soupire » déclare Hâfez dans son fascinant « ghazal », faisant comprendre que même quand il ne dit rien, ne fait rien, se repose ou marche observant l'entourage, ce « je ne sais qui » vit de sa vie propre, enregistre, photographie en quelque sorte, et retient tout ce qu'il voit et entend, révélant quelquefois sa présence par ses soupirs et ses cris. Leibnitz (1646-1716) avait aussi attiré l'attention sur l'existence d'états « psychiques » trop faibles, trop confus pour être perçus d'une manière claire et distincte. Il les appela « petites perceptions » ...Ce « je ne sais qui » de Hâfez, « les petites perceptions » de Leibnitz et « l'inconscient » de Freud désignent tous les trois la même chose, le même état d'âme, cette seconde personnalité de l'homme; cependant l'appellation du poète de Chirâz est plus suggestive, plus éloquente.

23

L'image de tes traits partout nous accompagne,
Le parfum de ton corps nous étreint, ô compagne!
Le docteur interdit l'amour, mais justement
Ta beauté, qui convainc, nous est un argument.
Sais-tu bien ce que nous dit ta fossette : « En ma crypte,
Se sont agenouillés mille Joseph d'Égypte »[1].
Si nous n'atteignons pas tes frisons abondants,
La faute en est au sort : nos bras sont impuissants.
Va redire au Gardien du palais et l'exhorte
« Qu'un tel, des preux, s'est fait la poudre de Sa porte ».
Son visage serein nous est toujours présent,
Bien que le souvenir ne soit pas apparent.
Et si jamais Hâfez revient à cette place,
Ouvrez, depuis des ans, il voulait voir sa face[2].

Notes

1- Il s'agit de Joseph (Youssef) fils de Jacob (Ya'agoub), qui fut jeté dans un puits par ses frères jaloux, puis vendu à des marchands qui l'emmenèrent en Égypte.
   La fossette du menton de l'aimé est comparée ici par le poète à un puits.
2- Il s'agit de la face de l'aimé.

24

N'attends pas de l'ivrogne, œuvre, ferveur, droiture :
Je suis, depuis toujours, connu comme parjure.
J'ai, dans la source « Amour », fait mon ablution,
Et j'ai tout parjuré sans hésitation.
Donne du vin : alors, je t'apprends, ô mystère,
Quel parfum me rend soûl, quel Maître je révère.
La montagne est, ici, moindre que la fourmi,
Espère en Dieu, buveur épris de vin, ami.
L'Être aux yeux langoureux, loin de tout sortilège,
Est seul, sous ce dais bleu, digne d'avoir un siège.
J'offre toute ma vie à cette bouche, car
Au parterre de fleurs du beau jardin « Nazar »[1],
Le divin jardinier qui pare toute chose,
N'a jamais fait éclore un tel bouton de rose.
L'amour a fait de toi, Hâfez, un Salomon
Qui, par son union, commande à l'aquilon.

Notes

1- « Bagh Nazar » (jardin de Nazar) est un des plus anciens et des plus connus de la ville de Kâzeroun, se trouvant entre Chirâz et Bouchir. Pour aller de Chirâz au sud, à Bouchir par exemple, il fallait passer par Kâzeroun, mais depuis qu'une nouvelle route plus facile à suivre et moins accidentée a été construite pour mener de Chirâz à Bouchir, Kâzeroun est restée à l'écart.

25

Le rossignol s'éprend de la rose écarlate :
Soufis épris de vin, que votre joie éclate.
L'arme du pénitent à l'éclat de métal
Est brisée. - Par qui? - La coupe de cristal...
Du vin! Car devant Dieu, sont égaux et sans marque,
L'ivre et le tempérant, le garde et le monarque.
Le bien-être s'obtient par l'effort, la douleur,
Oui, l'accord éternel est le fruit du malheur.
Il faut quitter ce monde à deux portes, sans faute,
Qu'importe si l'échelle en est basse ou bien haute.
Ne te soucie pas de l'être ou du néant,
Car la mort est la fin de tout être vivant.
Le mythe, le Pégase et le Phénix, en somme[1],
Sont devenus du vent, sans profiter à l'homme.
Ne pousse pas si loin ton essor et ton vol,
Car le trait qui va haut retombe sur le sol.
Ta plume te sait gré, bon Hâfez, pour la touche
Et tes chants sans égal, passant de bouche en bouche.

Notes

1-Dans le texte il y a : « Le faste d'Assaf (le ministre et confident du Roi Salomon), le cheval ailé (que ce roi chevauchait pour voler comme le vent) et le langage des oiseaux (que connaissait Salomon); toutes ces choses furent inconsistantes et disparurent à la fin.

26

Les cheveux tout épars et le visage humide,
Ivre, ayant sur la lèvre un sourire lucide,
La chemise échancrée et tenant dans la main,
Tout en chantant des vers, une coupe de vin,
Le regard querelleur, l'ironie à la bouche,
Il vint[1] hier, à minuit, s'assit près de ma couche,
Il mit alors le chef tout près de mon oreille, alors,
Tristement, Il me dit : « Ô mon amour tu dors? »[2]
L'amoureux qui sait prendre un vin, si plein d'ivresse,
Parjure s'il ne met dans le vin sa tendresse.
Ce qu'Il nous a versé, nous l'avons bu d'un trait,
Nectar du Paradis ou vin de cabaret.
L'éclat vermeil du vin, les frisons de l'Idole
Ont tenté, tel Hâfez, plus d'un pécheur frivole.

Notes

1- Il s'agit du guide spirituel de Hâfez.
2 -L'homme qui entre chez Hâfez tout en chantant des vers est l'initiateur spirituel que le poète est allé consulter, le matin, pour qu'il lui explique un problème mystique ou philosophique. L'initiateur lui fixe un rendez-vous lui demandant de l'attendre la nuit, chez lui. À l'heure fixée, le guide spirituel, le « gourou » disons-nous aujourd'hui, arrive dans une attitude extraordinaire « les cheveux tout épars, le visage couvert de gouttes de sueur, chantant et tenant dans la main une coupe de vin ». Il s'aperçoit avec douleur que le disciple n'a su attendre et « veiller ». Il murmure tristement : « Ô mon amour tu dors? ».

Savoir « veiller », être vigilent est l'un des exercices auquel un mystique doit s'habituer. La veillée est une préparation morale à une épreuve, à une action difficile. Les chevaliers ne passaient-il la nuit à « veiller » avant d'être armés, cérémonie appelée : veillée d'armes?

Le dernier soir de sa vie terrestre, le Christ s'est rendu sur le mont des Oliviers accompagné de ses disciples. Il demande à ces derniers : « Priez et veillez… ». Puis, il s'éloigna d'eux et invoqua Dieu. Après avoir prié, il revint vers ses disciples, mais il les trouva endormis. Il leur dit : « Pourquoi dormez-vous? Levez-vous et priez pour ne point tomber en tentation! »

Les disciples de Jésus comme celui du guide spirituel (Hâfez), n'avaient su veiller. Il faut qu'un mystique soit toujours sur ses gardes, se surveiller pour ne pas se laisser aller à l'oubli de soi et de Dieu, et dormir du sommeil des incroyants.

27

Mon Aimé vient d'entrer au couvent, coupe en main,
Enivrant les buveurs de ses yeux pleins de vin,
Les fers de son cheval sont des croissants de lune[1],
Près de Lui le cyprès a la taille commune.
Le connaîtrai-je ô cœur?... Je ne le connais pas!
Comment ne point l'aimer?... Je l'aime et j'en fais cas!
Le feu du cœur décroît lorsque l'aimé se lève,
Les cris[2] montent au ciel lorsqu'il s'assied : ô rêve!
Pourquoi le musc sent bon?... Il frôle son nombril,
S'il arque, le vasmé[3], c'est qu'il oint son sourcil!
Viens voir Hâfez qui attend que tu viennes!
Quand le trait est parti n'attends plus qu'il revienne.

Notes

1- Le fer à cheval ressemblait par sa courbure à un croissant, le poète le compare à un croissant de lune pour faire l'éloge de l'aimé.
2- Les cris sont les acclamations qui retentissent lorsque l'aimé entre en scène.
3- Le « vasmé » est le pastel que les femmes se servent pour se teindre les sourcils et en faire ressortir l'arc bien dessiné.

28

Sur ton âme, khadjeh[1], et nos rapports anciens,
C'est bien vers toi que vont mes vœux quotidiens.
Le torrent de mes pleurs éclipse le déluge,
Sans submerger en moi ton amour, mon refuge.
Fais l'acquisition de mon cœur tout brisé[2] :
Il en vaut mille intacts, même ainsi divisé.
Les fourmis ont médit d'Assaf[3] et c'était juste :
Il avait égaré le sceau du Roi[4], l'auguste.
Ô cœur ne compte pas sur sa bonté sans fin :
Tu t'es vanté d'amour, preste, fais une fin.
Sois franc et le soleil éclairera ton âme :
La fausse aurore manque et d'éclat et de flamme,
Ton amour m'a poussé vers les monts et les mers :
Aie pitié de moi, viens détendre mes fers.
Ne te plains pas, Hâfez, des idoles frivoles :
Le champ n'est pas fautif si les herbes sont folles.

Notes

1- Hâfez s'adresse, ici, à Ghavâmod-Din Hassan, grand vizir du souverain de Chirâz, mécène, et protecteur du poète.
2- Le poète semble s'adresser aussi bien à Ghavâmod-Din qu'à son guide spirituel, l'aimé.
3- D'après la tradition musulmane, Assaf, vizir et confident du roi Salomon, perdit par mégarde le sceau royal qui lui avait été confié par son maître. Il alla consulter, à ce sujet, la reine de Sabâ, mais négligea ensuite de le chercher pour apaiser son angoisse.
    Chaque année les peuples tributaires, aussi bien humains qu'animaux, venaient à la cour pour offrir au roi sage leurs hommages et des présents. Or les fourmis venues en députation avec les autres envoyés des peuples pour saluer le grand roi dont le renom avait dépassé les frontières du pays, lui offrirent un brin d'herbe en s'excusant de leur pauvreté et incriminant la négligence d'Assaf. Le sceau perdu fut retrouvé grâce à la diligence des « génies » au service de Salomon.
4- Le roi dont il est question, ici, est Salomon.

29

Ivre de ton image, à quoi nous sert le vin.
Jarre, gare à ton chef, l'auberge fait festin.
La plus douce boisson, breuvage des dieux mêmes,
N'est que du fiel sans lui[1], qu'une amertume extrême.
L'aimé veut s'en aller…Je saisis mon pinceau,
Pour le peindre pleurant : coup d'épée dans l'eau!
Veille bien, ô regard : le relais qui sommeille,
Ne peut nous abriter des torrents. Allons, veille!
L'aimé s'offre à tes yeux, découvert et sans fard,
Mais voyant des intrus, il met son masque et part.
À voir cette fraîcheur sur ta joue qui brille,
La rose se consume en l'eau qu'elle distille.
La plaine refleurit, viens nous asseoir, mon cœur,
Près du ruisseau : le monde est mirage trompeur.
Notre for intérieur fuit le discours frivole :
Il retentit de sons de harpe et de viole[2].
Hâfez cherche l'amour et les plaisirs des gens :
Soit, mais ceci convient au but des jeunes gens.

Note

1- Il fait allusion au guide spirituel.
2- Hâfez cite dans ses « ghazals » plusieurs instruments de musique, entre autres : la harpe, la lyre, la flûte, la viole etc.

30

Ton frison par un fil enchaîna mille cœurs,
Barrant aux quatre points le chemin des chercheurs.
Pour que les amoureux rendent, au vent, leur âme,
Il montre le nombril et repousse leur flamme.
Je deviens fou : l'Aimé fait de l'œil et séduit,
Puis tel le croissant d'or se voile dans la nuit.
Notre échanson nous sert du vin multicolore :
Vois quels dessins charmants il verse de l'amphore!
Grand Dieu! Le carafon laisse engorger son cou
Du sang du fût blessé qui coule et fait glouglou[1],
Quel air le musicien a joué : Dans sa danse,
Le derviche a cessé ses soupirs[2] et sa transe.
Hâfez, vouloir s'unir sans l'amour, par Allah,
C'est aller l'âme impure à notre Ka`ba.

Notes

1- Hâfez a encore créé, ici une image expressive et vivante comme celle que le poète descriptif Ghâani du règne de Kadjars a intensément cultivée.
2- « Hou », cri poussé par les derviches quand ils invoquent Dieu, ou « hova », mot veut dire « Lui », c'est-à-dire Dieu ou encore « hovallâh ».

31

C'est ce soir que les pieux nomment « Nuit du Destin »[1],
De quelle étoile, ô Ciel, nous échoit ce beau gain?
Afin que l'homme impur ne profane sa tresse,
Chaque cœur prie Dieu l'invoquant en détresse.
Je me fais le martyr de ta fossette : adieu!
Mil cœurs portent le joug de ta gorge : c'est peu!
Mon royal cavalier a pour tiare Neptune[2],
Son coursier a pour fers le croissant de la lune.
Sur sa pommette on voit chatoyer la sueur :
Le soleil se consume à voir cette fraîcheur.
Je ne puis renoncer au vin, aux lèvres roses,
Par principe : dévot, prive-moi de tes gloses.
Lorsqu'on aura sellé le rapide Aquilon,
Peux-tu suivre, fourmi, le vol de Salomon[3]?
Le dard de ses beaux yeux transperce et glace l'âme
De Hâfez, mais sa voix le ranime et l'enflamme.
La verve coule à flots de son divin discours :
Le bec de mon roseau s'abreuve dans son cours.

Notes

1- Cette nuit (leylatol ghadr) était célébrée le 21, le 23, et le 27 du mois de Ramadan. C'est la nuit des prières, des supplications.
2- Dans le texte il y a « la couronne du soleil est le fer de son cheval ». Nous avons traduit le soleil par Neptune. D'ailleurs Hâfez nomme différents astres et différentes constellations dans ses « ghazals », ce qui indique que le poète avait des connaissances astronomiques et astrologiques. Du temps de Hâfez on attribuait une certaine influence aux astres sur le sort, le destin des hommes : d'où l'expression être né sous une bonne étoile.
3- Le roi Salomon, outre qu'il comprenait le langage des oiseaux, avait également le pouvoir de voler dans les airs.

32

Dieu qui marqua les traits de tes sourcils, idole,
M'asservit plaisamment à ton art qui m'immole.
Le Zéphyr délia mille nœuds en mon cœur
Et, du bouton fermé, la corolle, ô splendeur[1],
Lorsqu'il se fut mêlé, le cœur plein de sourires
Et de ton fol amour, à l'air que tu respires.
Dieu me noue à sa chaîne et ses mil liens subtils.
La trame est sans issue : elle en tient tous les fils.
N'enferme pas mon cœur tel le musc en la serre :
Il a fait avec toi le pacte qui libère.
Ô volage zéphyr, change d'amour…Pourtant
Mon cœur épris pensait que tu serais constant.
Il me murmure, pars Hâfez, « qui te retient, novice? »

Notes

1- Hâfez personnifie le zéphyr. Il expose qu'en soufflant, à partir de la demeure de l'aimé, il efface les peines du cœur de l'épris. Ensuite il fait éclore les fleurs du jardin.

33

Qui rêve dans le val dédaigne la montagne,
Tant que l'ami prospère, à quoi bon la campagne[1].
Le besoin qui te pousse à planer dans les cieux
Doit t'inciter, chère âme, à prendre soin des vieux[2].
Holà, roi de beauté, nous brûlons vifs : ô flamme!
Demande enfin aux gueux la peine de leur âme,
Bien que pauvres et nus, nous ne demandons rien :
Le maître qui sait tout peut nous faire du bien.
Si tu veux notre sang, dis-le-nous, sans ambages.
Et puisqu'il est ton bien, à quoi bon les pillages.
Le cœur de notre ami, grand miroir lumineux,
Reflète sans défaut nos besoins si nombreux.
À quoi bon aduler le plongeur du rivage,
Puisque la perle est là, fi donc du coquillage.
Loin d'ici, prétendant, je ne puis te loger,
Les amis sont chez moi, j'ignore l'étranger.
Pauvre amant éploré, la lèvre libérale,
Ce foyer de chaleur, de l'idole idéale,
A reconnu tes droits, c'est vain en vérité,
D'implorer, en ce cas, sa générosité.
Patience, Hâfez, ton génie prospère :
À quoi bon de discuter avec ton adversaire?

Notes

1- La rime se répète onze fois avec le mot « hadjat » ayant le sens de besoin, nécessité, indigence, sollicitation…

Quand le mot « tché » voulant dire quoi, à quoi, précède « hadjat », suivi du verbe « ast », signifiant « est », alors l'expression « tché hadjat ast », veut dire « À quoi bon?, quelle nécessité y a-t-il à faire une chose? Pourquoi faire, pourquoi solliciter ceci ou cela? ». Le poète joue avec virtuosité sur tous ces sens divers.

2- On remarque que toute une série de symboles défilent dans cette ode :
- L'ami est le guide spirituel.
- Le vieux est le soufi, Hâfez lui-même.
- Les gueux sont les derviches.
- La mer désigne la demeure du guide spirituel.
- Le marin indique le prévôt.
- La perle révèle l'aimé (l'initiateur).
- Le navire annonce l'autorisation accordée à Hâfez de circuler librement dans les parages de la demeure de l'aimé.

34

Le foyer de mes yeux dont les clartés sont tiennes
Est ta maison, approche, il faut bien que tu viennes[1].
Tes beaux traits et ta bouche ont ravi les penseurs :
Qu'ils sont hardis, ô ciel, tes appas ravisseurs!
La rose veut s'unir, lance ton trille ô chantre :
Sont tiens les chants d'amour dont la plaine est le centre.
Ta lèvre peut guérir la peine de mon cœur :
Il est tien ce trésor, ce rubis guérisseur.
Coupable, je ne peux entrer en ta demeure,
Je me réduis en poudre, à tes pieds et je pleure.
Les belles ne pourront prendre mon cœur, ton bien :
C'est un trésor scellé dont le cachet est tien.
Elle chante, ma douce et royale amazone!
Ta cravache a dompté le firmament, ton trône.
Malheur à moi, le ciel, ce grand magicien
Se prend aux faux-fuyants de l'astuce, le tien.
Au chant du renouveau les cieux entrent en transe :
Et les vers de Hâfez modulent ta romance.

Notes

1- Quand on veut, en persan, marquer l'excellence, la supériorité d'une chose ou d'une personne, on fait précéder les mots qui les désignent par le suffixe « Châh », qui veut dire « roi » sans doute pour plaire au souverain. Par exemple on dit « châhkâr » pour désigner un chef d'œuvre (travail exceptionnel), « châhrâh » pour marquer une grande route (route souveraine), « châhdâmad » pour nommer le nouveau marié (marié royal), « châhbeyt » pour désigner le meilleur distique d'un poème (distique remarquable), « châhgazal » pour désigner l'une des meilleures odes de Hâfez. L'ode XIX (19) est justement reconnue comme un « châhgazal ».

35

Cesse tes cris, prêcheur, réintègre ton gîte :
C'est moi qui meurs d'amour, toi qu'est-ce qui t'agite[1] !
Le milieu de son corps, vrai secret gordien[2]
Que le Ciel en rêvant a modelé de rien,
Donne naissance au nœud tout rempli de mystère
Que nul mortel encore n'a tranché sur la terre.
Que m'importe le monde et le divin séjour :
Tel le pauvre exalté j'aspire à son amour.
Tant que je n'ai goûté à ses lèvres vermeilles,
Les bons conseils de tous n'auront à mes oreilles,
Que l'effet du zéphyr courant confusément
Dans le bois de roseaux qui susurre à tout vent.
L'ivresse de l'amour m'éblouit et m'avine :
Mon cœur en sort plus fort : ô folie divine.
Ne gémis pas, ô gueux, des abus de l'aimé,
C'est lui qui condescend et c'est toi l'opprimé.
Allons Hâfez, tais-toi, assez d'extravagances
Dont tu gardes encore d'amères souvenances.

Notes

1-En apostrophant le « prêcheur », Hâfez ne veut pas laisser entendre qu'il est irréligieux ou opposé au clergé. C'est une manière courante, en Orient, d'exprimer sa douleur en prenant à témoin un deuxième personnage, notamment celui qui exhorte ou moralise. Qui recommande, en général, la résignation et la patience? C'est un prêcheur. Alors Hâfez s'adresse à ce dernier, un prêcheur fictif, déclarant qu'il désire qu'on le laisse tranquille, seul avec sa douleur intime. Il n'a pas besoin qu'on lui conseille la résignation, car il préfère souffrir silencieusement, dans l'espoir que l'aimé daignera lui sourire!
2- Ce distique a été rendu par quatre vers.

36

Lorsque tes longs cheveux se donnent à la brise
Mon cœur, plein de frisson, en deux morceaux se brise.
Sais-tu ce qu'en ta boucle est le grain de beauté?
Un point noir qu'on mettrait sous le « djim » moucheté[1].
Ton regard enchanteur est la magie noire :
Il fascine et soumet comme un puissant grimoire.
Qu'est devenu mon cœur qui te cherche fervent?
La poudre du chemin que disperse le vent.
Tes beaux cheveux glissant sur tes joues si lisses,
Sont un paon descendu dans le lieu de délices.
L'ombre qu'elle prodigue a, sur le pauvre errant[2],
L'effet de l'Esprit Saint qui ranime un mourant.
Comme une poussière, humble, mon corps de terre,
Git sans se relever à ta porte si chère.
Le Saint, en rappelant, tes lèvres de carmin,
Est allé s'installer chez le marchand de vin.
Avec ta peine, aimé, Hâfez, quelle gageure
A conclu son accord, qui, depuis longtemps dure.

Notes

1- La lettre « djim » est la sixième de l'alphabet persan. La valeur numérique est (3). Le haut de la lettre ressemble à une boucle et présente un « point » en dessous, pour la différencier de « tché » qui porte trois « points » en dessous de la lettre « hé » qui n'a pas de « point » du tout et de la lettre « khé », qui présente un point sur la boucle, en haut.

    Le poète compare le grain de beauté de l'aimé sous la boucle des cheveux au « point » se trouvant sous la boucle de la lettre « djim ».

2- Dans l'original on lit : « L'ombre de ta taille tombant sur mon corps, aimé dont le souffle guérit comme celui de Jésus, a l'effet d'une force… ».

37

Le palais de nos vœux a les bases fragiles :
Bois du vin, car nos jours sont du vent et futiles.
Je suivrai l'homme qui, sous le dais bleu du ciel,
Aura su s'affranchir du lien matériel,
Ma joie est grande : hier soir, le Verbe fatidique[1]
A visité mon âme en la maison bachique.
Royal faucon aimé, qui vis dans les hauteurs[2],
N'est point ici ta place, en ce coin de douleur.
On t'appelle d'en haut, de la sphère, ton siège :
Pourquoi rester alors sur la terre, ce piège.
Je te donne un conseil, qu'il te faut retenir,
Je l'ai reçu, ce mot, de notre saint fakir :
« Ne t'en soucies guère! ». Or, gardes-en ta mémoire,
Ce conseil précieux, fruit d'une longue histoire.
Ne mets pas ton espoir en ce monde inconstant :
Comme une fille, il change, à chaque instant, d'amant.
Quelle fidélité dans le ris de la rose[3] :
Gémis, ô rossignol, éperdument, sans pause.
Pourquoi tant m'envier, ô rimeur plein de fiel,
Car plaire et bien parler est un présent du ciel.

Notes

1- Dans le texte persan on lit : « Comment t'expliquer ce que la voix de l'invisible (l'ange qui nous guide) me promit, hier soir, alors que « aviné » j'étais en extase?... « Sorouche » que nous avons traduit par « verbe fatidique », signifie « ange » et plus particulièrement l' « ange Gabriel ».

2- Dans l'original il y a : « Ô faucon royal qui te places sur les cèdres élevés... ». Le faucon représente l'homme qui s'est purifié et qui plane dans les hauteurs.

3- La rose, cette dédaigneuse, cette hautaine, ne vit que quelques jours seulement; donc il est inutile d'attendre d'elle un engagement éternel.

38

Sans ta face mon jour s'enténèbre et se voile,
Ma vie se transforme en un ciel sans étoile.
J'ai tant versé de pleurs en te quittant, amour!
Sans ton rayonnement mes yeux perdent leur jour.
Ton ombre en s'éloignant semble dire en sourdine :
« Hélas, ce coin prospère est tombé en ruine ».
« Loin de toi, ce lassé, s'est éteint de chagrin »,
Ainsi dira bientôt, le concurrent[1] hautain.
Patiente mon cœur, pour souffrir ton divorce.
Comment patienter : Il n'en a plus la force!
Privé de toi, mon cœur sanglote de douleur.
Qu'il verse tout mon sang s'il est vide de pleur.
Hâfez ne sourit plus car son âme larmoie :
L'endeuillé pourrait-il s'adonner à la joie?

Notes
1- Le concurrent personnifie, ici, le compétiteur orgueilleux qui, sans avoir sondé le mystère de l'invisible, clame sa science ésotérique et se montre plein d'arrogance.

39

Mon jardin ne veut point de cyprès ni de pin :
Notre Buis[1] est plus svelte et son port est divin.
Quelle voie suis-tu, créature d'élite?
Tel le lait maternel notre sang t'est licite.
Si la peine revient, demande alors du vin :
Le mal étant connu, le salut est certain.
Pourquoi quitter le seuil du guide, notre maître?
La chance et le succès, c'est là qu'ils doivent être.
Chagrin d'amour? Vieux mot…N'est-il pas étonnant
Qu'il paraisse nouveau, chaque fois qu'on l'entend?
Il dit venir à moi, hier soir, dans son ivresse.
Mais, ce soir, dégrisé, tiendra-t-il sa promesse?
Chirâz, son doux zéphyr, son Roknabad altier[2].
N'en médis pas : ils sont l'éclat du monde entier.
L'eau de Khezr qui poursuit son cours morne et obscur,
Diffère de la nôtre : elle sourd claire et pure[3].
La gêne et le besoin, nous n'en rougissons pas.
Dis au sultan que Dieu nous tire d'embarras.
Quelle est douce, Hâfez, ta plume merveilleuse.
Ses fruits, tel le nectar, ont la saveur mielleuse.

Notes

1- « Notre Buis » désigne, ici, le guide spirituel.
2- Hâfez affirme dans cette ode son attachement à Chirâz, sa ville natale où coule Roknabad aux eaux pures et claires, plus efficaces que l'eau de Jouvence qui donne une jeunesse éternelle à celui qui en prend.
3- Dans l'original il y a : « L'eau de Khezr (de Jouvence) qui a sa source au fond des ténèbres, diffère de notre eau qui a sa source au pied de la « grande porte d' « Allah Akbar » (Dieu est le plus grand). C'est une exclamation qui marque l'étonnement, la surprise ou l'admiration. La grande porte (darvazé) qui donne accès à Chirâz s'appelle justement « Allah Akbar ». Elle se trouve au sommet d'une colline quand on vient d'Ispahan. Lorsqu'on passe sous la grande porte et qu'on la dépasse on découvre soudain la ville admirable d'une surprenante beauté avec ses jardins, ses minarets et ses belles maisons, de sorte qu'on ne peut se retenir de pousser cette exclamation débordante d'émotion et de surprise : « Allah Akbar! ».

40

Grâce à Dieu, la taverne est ouverte, aujourd'hui :
Je suis sûr d'y trouver apaisement, appui.
Le fût rempli de vin entre en effervescence :
La liqueur qu'il renferme est une « quintessence ».
Lui : c'est le beau dédain, l'ivresse et la hauteur.
Nous : c'est l'humilité, le besoin, la douleur.
Notre intime secret que nul n'a pu connaître,
Nous le lui confions, à l'aimé, notre maître.
Le récit plein d'attrait de ses cheveux croulants,
Ne peut être résumé, c'est celui des amants :
Les frisons de Leyla, Madjnoun et sa constance[1],
Les beaux traits de Mahmoud, Ayaz et sa souffrance.
Tant qu'ils seront tournés vers ta face, mes yeux,
Comme ceux du faucon contempleront les cieux.
Quiconque entre chez toi, ce divin sanctuaire,
Fait de ton beau sourcil, son « Qibla »[2] de prière.
Convives, demandez au cierge larmoyant,
De vous conter le mal de Hâfez, l'indigent.

Notes

1- Leylâ et Madjnoun sont deux jeunes amoureux arabes dont les amours ont été racontés par le grand poète persan, Nézami, dans une pièce en vers. Leylâ et Madjnoun sont les pendants de Roméo et Juliette dont les vies mouvementées ont été racontées par Shakespeare : Ce sont deux jeunes gens qui s'aiment éperdument en dépit de la haine féroce de leurs deux familles. De même, Mahmoud et Ayaz sont deux amoureux, célébrés par plusieurs poètes, notamment par Chamlou Anici.

2- Le « Qibla » est le côté de l'horizon qu'on doit avoir devant soi lorsqu'on prie, la face tournée vers La Mecque. Les deux « Qiblas » désignent La Mecque et Jérusalem, car les Arabes tournaient la face vers Jérusalem avant l'Islam, pour prier.

41

Certes, le vin égaye et le vent sent la rose :
Pas de harpe en buvant : le prévôt te l'impose[1].
Cache dans ton manchon la bouteille de vin :
Elle pourrait verser notre sang : ô destin!
Si tu trouves la jarre et l'ami désirable,
Bois, mais sois méfiant : l'heure est inexorable.
Lavons avec nos pleurs nos frocs souillés et vieux :
C'est l'heure maintenant d'être abstinent et pieux.
Escompter la faveur du destin, c'est folie...
Tu boiras le calice, entier, jusqu'à la lie.
Ce bouleversant ciel bleu crible, cruel, de sang
Le chef de Khosroès Parviz[2] et son haut rang.
Le Fârs, l'Irak sont pris. Tes beaux vers sont en quête
D'imposer à Tabriz[3], à Bagdad leur conquête.

Notes

1- Ce « ghazal » date de l'époque où Delchâd khâtoun, femme de Mobarezod-Din qui régna quatre ans, fit fermer les « tavernes » dans le Fârs. Elle fit également édicter la peine de mort contre ceux qui oseraient boire du vin. « Il faut craindre, dit Hâfez, que le prévôt (officier de police ou de gendarmerie) ne vous arrête! »

2- Khosrov Parviz est Khosrov II, dénommé « Abharvaz », c'est-à-dire le victorieux (590-628).

Quant à « kasra », le mot désigne « Anovchiravan le juste », dont la vraie prononciation est « Anouché Ravan » (à l'âme heureuse). Il régna comme roi sassanide, de 531 à 579.

3- Bagdad et Tabriz (ou Tauris) sont deux grandes villes, la première en Irak qui eut sa plus grande prospérité comme capitale des Abbassides, et la deuxième, en Perse qui fut et reste encore un centre commercial.

42

Te confier mon cœur en toute intimité,
Être ton confident : ce n'est que vanité.
Quelle naïveté d'essayer de soustraire
Une histoire connue au su de l'adversaire.
Vanité, de vouloir dans la nuit du Destin,
Chercher ton union jusqu'aux feux du matin.
Éprouver en expert, au cours de la nuit noire,
Une perle si fine : est un rêve illusoire[1].
Secours-moi cette nuit, Zéphyr du destin[2] :
Rien ne me servirait, si j'éclos le matin.
Désirer de mes cils balayer votre route,
Pour l'honneur seulement : illusion sans doute.
Souhaiter, tel Hâfez, consoler le rival
Par des chants généreux : quel vœu paradoxal!

Notes

1- Éprouver une perle fine, durant la nuit, c'est composer une belle ode, un « ghazal », pour le réciter le matin aux amis.
2- Le « zéphyr du destin » symbolise, ici, la grâce divine, que Hâfez implore.

43

Ton parterre de fleurs met en train et dispose,
L'entretien des amis calme l'âme et repose.
Que la rose ait son temps tout rempli de bonheur,
Elle qui rend heureux les loisirs du buveur.
Le zéphyr, chaque jour, épanouit notre âme :
Certes, au souffle ami, le cœur s'ouvre et se pâme.
Avant d'ôter son voile, il s'en va notre fleur,
Entonne, rossignol, tes chants empreints de pleur.
Veille donc rossignol, car l'amour seul demeure :
Rien de plus émouvant que l'amoureux qui pleure!
Le bazar de ce monde est triste : il faut choisir
D'y vivre dans la joie et dans le franc plaisir.
Le lis[2] en son langage à l'oreille murmure :
« Ici, les sans-le-sou ont la vie moins dure ».
Renonce à tout, Hâfez, suis la voie de l'honneur,
Ne crois pas que les biens procurent le bonheur.

Notes

1- « Notre fleur » désigne le guide spirituel, le « mogh » qui, en s'éloignant, plonge dans le désarroi, les mystiques. S'adressant à lui-même, Hâfez, clame « Entonne, rossignol, tes chants empreints de pleurs! »
2- Le lis ou (lys) est personnifié, ici. L'ensemble de ses étamines est assimilé à une langue. C'est ainsi que les poètes orientaux font parler cette fleur, symbole de candeur et de pureté. Dans ce « ghazal » le lis s'adresse aux va-nu-pieds et murmure : « Ici, les sans-le-sou, ont la vie moins dure ». Le mot « ici » désigne le monastère des derviches.

44

Holà, la rose exhibe une coupe éclatante,
Et le chantre en ses vers la bénit et la chante.
Prends tes « ghazals » et sort respirer en plein air.
Laisse-là, ton école et son fat magister.
Le « faghih[1] » de l'école a donné son « fatvâ »
Dans un état d'ivresse, annonçant : « Par Allah,
Prendre de la boisson est un acte illicite :
Il l'est moins que de prendre aux orphelins leur gîte. »
Tu ne peux décider de la lie ou du vin :
Ce qu'offre l'échanson, reçois-le de sa main.
Imite donc l'ankâ[2], retire-toi du monde,
L'âme du solitaire est sereine et profonde.
Tous ces faux empressés ont chacun leur métier :
Histoire du brodeur et du tisseur-nattier[3].
Ne parle plus, Hâfez, et cache tes finesses :
Les faussaires-changeurs font, ici, des prouesses.

Notes

1- Le « faghih » (ou fakih) désigne dans son sens non technique quelqu'un possédant la connaissance d'une chose. Par la suite lorsque le mot « fek'h » cessa de désigner une branche quelconque de la connaissance et devint un terme technique appliqué à la science de la loi religieuse (charia), et particulièrement à la science des détails qui en dérivent (forou), le « fakih » acquit l'acceptation technique de spécialiste de la loi religieuse. Dans plusieurs dialectes arabes, le mot sous des formes telles que « fki », « fiki » en est arrivé à désigner un maître d'école, comme dans le « ghazal » 44, ou le récitateur professionnel du Coran (Encyclopédie de l'Islam, page 774, tomme II).

2- L'« ankhâ » est cet oiseau fabuleux, comme le « simorgh », en Iran, le « Phénix » en Égypte.

3- Les tisseurs de nattes ont la prétention, dit-on de se présenter comme les confrères des tisseurs de brocart.

45

Dans le siècle présent, l'ami pur, sans travers,
C'est la cruche de vin ou le recueil de vers.
Marche seul : le salut offre une voie ardue,
Prends la coupe de vin, ta vie est sans issue.
Je ne suis pas le seul à vivre vain, ici :
Le savoir du docteur est sans œuvre aussi.
Le bon sens nous fait voir que le sort est hostile,
Et que l'œuvre du monde a la base fragile.
Étale dans ta main la chevelure brune
De l'aimé qui brille à l'instar de la lune.
Cesse de raconter que l'heur et le malheur
Nous viennent de Vénus ou de Saturne, erreur[1] !
Mon cœur avait l'espoir de s'unir à ta face :
Mais la mort, ce bandit, rafle nos vœux, rapace!
Jamais tu le verras en son état réel :
Notre Hâfez s'est pris de vin surnaturel.

Notes

1- Hâfez semble nier l'influence des astres ou des planètes sur les évènements terrestres et surtout sur l'avenir et le destin des humains. Le « faste » et le « néfaste » découlent, dit-il, de nos activités bonnes ou mauvaises, de nos décisions favorables ou de nos erreurs. Le bonheur ou le malheur émanent non de la conjonction (rencontre apparente dans la même partie du ciel de telles étoiles ou de telle ou telle planète). Hâfez dit, en effet, dans le « ghazal » 29 : « Cesse de raconter que le « faste » ou le « néfaste », le bonheur ou le malheur émanent de Vénus ou de Saturne! ».

Le faste (sa'd) signifie propice, porte bonheur, de bon augure. Vénus est aussi appelée « petite étoile faste » (sétaré sa'ad asghar), par rapport à Jupiter appelée « grande étoile faste » (sétaréyé sa'd akbar). Le contraire de faste est néfaste (Nahs, mot qui veut dire porte-malheur, de mauvais augure, nuisible.

Les deux planètes Mars (Bahram) et Saturne (Zohal) sont considérées funestes et néfastes. Elles sont appelées « Nahsan ou nahseyn ». On fait également allusion à la conjonction (syzygie) ou « kéran » en persan de deux étoiles ou planètes. Quand on parle de « kérané sa'adéyn » on fait allusion à la conjonction de deux planètes « fastes », en l'occurrence, Jupiter (Mochtari) et Vénus (Zohreh), comme dans le « ghazal » 29, où de deux planètes néfastes, porte-malheur, en l'occurrence Saturne, comme dans l'ode susmentionnée et Mars « Mérikh ».

46

J'ai la rose en mes bras, la coupe à ma portée
Et l'idole, ce soir, en ma chambre est entrée.
Or je le dis bien haut, en ce jour idéal,
Mon souverain du monde est devenu vassal[1].
Pas de feux, cette nuit : grande est notre fortune
Le front de l'aimé luit comme la pleine lune[2].
Selon notre doctrine, est licite le vin.
Il ne l'est plus, beauté, sans ton visage divin.
Ô mirage : la flûte et la harpe amoureuse
Les lèvres de carmin, la coupe généreuse!
N'épands pas de parfum au milieu de ce chœur,
Tes cheveux parfumés nous charment par le leur.
Du sucre et du nectar, ne prône pas l'essence :
Car ta bouche suave adoucit mes souffrances.
Tant qu'en mon cœur brisé gît ton amour, trésor,
Je reste en la taverne où je prospère encor.
Que dire de l'opprobre auquel mon nom s'attache?
Que faire du renom qui de honte s'entache?
Je suis buveur de vin, sans but, hardi mais franc.
Or, tous en cette ville, aux traits prêtent le flanc.
Ne me dénoncez pas au chef de la police
Car il aime jouir et cherche le délice[3].
 Hâfez, ne reste point sans ami et sans vin;
C'est la fête où éclot la rose et le jasmin.

Notes

1- Quand le guide spirituel, l'idole, honore le mystique de sa présence, le roi du monde prend aux yeux de ce dernier, la proportion d'un vassal, d'un sujet.

2- Le visage de l'aimé, rond ou ovale, est comparé à la pleine lune, brillante et lumineuse.

3- Les policiers qui arrêtent les buveurs sur les ordres de Delchad Khâtoun, sont eux-mêmes friands des « délices » que procure cette boisson.

47

L'homme qui sait trouver la taverne et sa voie
Sera mal inspiré s'il cherche ailleurs sa joie.
Le sort déconcertant anoblit le vilain
Pour qui l'honneur réside dans la coupe de vin.
L'homme de la taverne pénètre le mystère –
Mais grâce au vin qu'il boit- de notre monastère.
Celui qui sait percer le mystère des cieux,
Grâce à l'échanson aux traits prestigieux,
Sait aussi pénétrer le secret insondable
De la « Coupe de Djam[1] », par ta voie adorable.
Dites-moi seulement d'agir comme un dément :
« La raison, dit le Cheykh, est un égarement. »
Mon cœur n'implore pas celui qui verse à boire :
De ce Turc, il connaît l'usage et l'âme noire.
J'ai tant pleuré à l'aube, des rigueurs du destin
Que la lune et Vénus le surent à la fin.
Le bruit court que Hâfez cherche la coupe et l'aime,
Qu'importe au prévôt, le roi le sait, lui-même.
Ce roi si grand, si haut dont le dais glorieux
A servi de modèle à la voûte des cieux[2].

Notes

1- Les rois mystiques de l'Iran se sont succédé : après Tahmourès au cours du règne duquel on commença à pratique le culte du feu, Djamchid monta sur le trône : le nom de ce roi mystique est Djam, « chid » est un suffixe qui veut dire « brillant ». Il fut le souverain heureux sous le règne duquel il n'y eut ni maladie, ni mort, ni envie, ni faim, ni vice. Il domina les démons qui infestaient la terre et les repoussa dans l'enfer.

À cette époque, Djamchid, comme Adam, le premier homme, comme Yamma, le premier homme de l'Inde, étaient en rapports continuels avec Ahoura- Mazda. C'est lui qui enseigna aux hommes à manger la viande cuite en morceaux. La légende rapporte que Djam possédait une sorte de globe de cristal dans lequel il pouvait voir tout ce qui se passait dans le monde, lire l'avenir des hommes et prémunir des dangers.

À la fin du long et heureux règne de Djamchid, Ahoura-Mazda lui fit connaître qu'un hiver effroyable (une sorte de déluge universel), couvrira la terre de neige et fera périr l'humanité. Il lui ordonna de construire une vaste enceinte carrée (jardin) et d'y conserver le feu allumé, les semences des bestiaux, des bêtes de trait et des hommes, les graines des plantes et toutes sortes de mets. Ils devaient rester dans ce jardin appelé « Vara » jusqu'au moment où la pluie « Malkosan » dévasteraient la terre : ce récit est une autre version du déluge universel, de l'envahissement de la terre par les eaux selon Bible auquel seul l'arche de Noé aurait échappé.

Selon Ferdowsi la gloire de Djam rendit ce roi orgueilleux. Il se crut dieu et exigea que les hommes lui rendissent les honneurs divins. Quand il eut manifesté cette prétention blasphématoire, la gloire qui entoure les « rois », le fameux « far », le « hvareno », aura de la majesté royale, se retire de lui et son royaume tomba sous la coupe de Dahhak (Adji Dhahaaka), le « serpent infernal ».

2- Il s'agit ru roi Abou Is'hak Indjou.

48

Grâce au vin, le soufi sait des secrets intimes
À ce rubis puissant aux magies sublimes.
L'oiseau de l'aube, seul, comprend toute la fleur :
Quiconque lit un texte n'est pas commentateur[1].
Il me faut à présent craindre les fils de l'homme
Le prévôt en est aise : en secret il me nomme.
J'ai chassé ce bas monde et le ciel de mon cœur,
Seul, ton amour y reste et rien n'a de valeur.
L'idole ne croit pas bienséant le bien-être :
Il juge sans défaut, car il est notre maître.
Il saura transformer en agate et rubis
La terre la plus vile et les rochers en bris.
Quiconque aura saisi le sens qui vivifie
De l'esprit créateur qui souffle en Arabie.
Toi qui dans l'art d'aimer cherche le mot précis,
Je crains fort que la folle ait quitté le logis.
Apporte et bois du vin : Baghé Jahan[2] est vile
Pour qui connaît les rapts du vent qui mutile.
Ce joyau que l'esprit de Hâfez a conçu
Est le fruit des leçons du grand Assaf connu[3].

Notes

1- Quiconque sait lire n'est pas rhétoricien, ne peut commenter le Coran.
2- Baghé-Djahan est un magnifique jardin, à Chirâz. Il existe toujours.
3- Nous avons déjà cité « Assaf » comme ayant été le ministre du Roi Salomon. Il s'appelait Assaf b. Barakhya et était le grand ministre de Salomon. Quand l'épouse royale « Djarada » se fit idolâtre, c'est « Assaf » qui reprocha au roi d'avoir laissé l'idolâtrie s'installer à la cour.

49

Le jardin de l'Éden c'est le coin du derviche,
Et c'est en le servant qu'on devient grand et riche[1].
Le paradis terrestre au flamboyant gardien
N'est qu'un faible reflet du couvent édenien.
La porte du couvent plein d'un mystère étrange
S'ouvre devant le moine au regard pur d'archange.
Ce qui transforme en or les cœurs noirs asservis
C'est bien l'alchimie et l'éclat des dervis.
En voyant tout l'éclat du renom des derviches
L'orgueilleux se défait de ses lauriers postiches
La fortune à l'abri de tout revirement
C'est celle des dervis, sache-le, sûrement.
Les rois sont le « Qibla » des désirs de la terre
Mais aussi les servants du pauvre monastère.
L'idéal que les rois cherchent d'un cœur fervent
Apparaît sur les traits des moines du couvent.
Dans le vaste univers : la populace guigne,
De toute éternité, les dervis et leur signe.
Assez de morgue, ô riche, apprend-le derechef
Que tu tiens des dervis et ton or et ton chef.
Si Karoun[2] fut privé de ses trésors si riches
C'est pour avoir manqué de respect aux derviches.
Si tu veux, ô Hâfez, l'eau de vie, vraiment
Cherches-en la source, ailleurs, la poudre du couvent.
Je suis le serviteur d'Assaf de cette terre[3],
Prince par sa largesse, humble de caractère.

Notes

1- Ce « gazal » met sur le pavois, glorifie et pare d'une auréole les derviches qui cherchent leur bonheur en Dieu et dont la science réside dans le cœur et le cerveau.

2- Gharoun ou (Karun) est le Coré de la Bible. Il est cité trois fois dans le Coran : XVIII, 76-83, XXIX, 38-39, XL, 24-25. Il est le pendant de Crésus, dernier roi de Lydie (546-549) qui devait sa richesse à l'exploitation des sables aurifères de Pactole.

Pour expliquer l'origine des richesses devenues proverbiales de Karun, la légende a fait de lui l'un des fondateurs de l'alchimie. Elle rappelle que « l'œuvre » fut révélée à Moïse et à Aron par le Tout-Puissant et que celui qui opérait en leur nom était justement Karun, le mari de la sœur de Moïse. Celui-ci ayant accumulé beaucoup d'or et d'argent, fut sur la prière de Moïse puni de son arrogance par Dieu, de sa méchanceté et de son orgueil.

3- Assaf désigne, ici, Hadji Ghavâm, le bienfaiteur de Hâfez.

50

Mon cœur s'est pris aux rets de tes frisons, mon âme!
Le trait de ton regard et me glace et m'enflamme.
Si tu veux exaucer le souhait de mon cœur,
Agis vite, mon âme, assure mon bonheur.
Je jure, mon amour dont la bouche est si douce,
Que mon cœur dans la nuit se consume et s'émousse.
Tu veux parler d'amour? Eh bien sache, chanteur,
Que la rose rieuse est pleine de hauteur.
La rose ne veut pas du fleurant musc de Chine[1],
Elle en est le foyer et la source divine.
Ne va pas chez le maître arbitraire et sans cœur,
Car c'est en ton logis que t'attend le bonheur.
Hâfez qui se consume, à son amour s'immole :
Il veut rester fidèle et tenir sa parole.

Notes

1- Il y a dans le texte : « Le parfum de la rose n'a point besoin du musc de Chine et du parfum de « Tchegal », ce dernier terme désignant la contrée turque de Farakhan dont les poètes anciens ont chanté la beauté et non celle de ses habitants qui usaient de parfum exquis.

Hâfez veut dire, en même temps, que le poète qui possède pleinement son art n'a pas besoin de conseils et de secours car il se suffit à lui-même.

51

Rubis désaltéré de sang tout affamé,
C'est ainsi qu'apparaît la bouche de l'aimé.
Et pour le contempler infiniment : ô flamme,
Je me fais le métier de lui vouer mon âme.
Ceux qui savent déjà l'impression qu'il fait
Sur le cœur des amants en nient l'effet.
Devront rougir de honte et se faire timides
En voyant ces yeux noirs et ces longs cils splendides.
Chamelier, va tout droit au quartier favori,
Prends la route royale où loge mon chéri.
La chance me sourit : en ce monde infidèle,
Le cœur du zingari[1] me désire et m'appelle.
Le musc de ses cheveux, le parfum de la fleur,
Sont des échantillons de chez mon parfumeur.
Laisse-moi jardinier, cesse donc tes alarmes :
Ton jardin n'a d'éclat qu'arrosé de mes larmes[2].
Son regard, médecin de mon cœur déprimé,
Me donne un cordial : les lèvres de l'aimé.
Qui t'apprit, ô Hâfez, l'art divin des poèmes?
L'aimé dont les discours sont des perles suprêmes.

Notes

1- Les « zingaris » sont les nomades circulant entre Chirâz et Bouchir, passant par Kâzéroun. Aujourd'hui la nouvelle route asphaltée ne passe plus par cette ville.

2- Les yeux de l'épris (derviche) arrosent le parterre de roses (de larmes). Ce parterre symbolise les joues de l' « aimé » (le guide spirituel) pour lui montrer sa fidélité et lui démontrer sa foi jurée.

52

Depuis longtemps l'amour de l'Idole est ma loi,
Et le plaisir profond de mon cœur plein d'émoi.
Pour contempler ta face, il faut les yeux de l'âme.
Les miens voient le monde, ils sont froids et sans flamme.
Bien, mon aimé, l'attrait de la terre et des cieux
Provient de tes beaux traits et des pleurs de mes yeux.
Tant que ton grand amour m'apprend l'art de bien dire,
Le public sans réserve et me loue et m'admire.
Prodigue-moi, mon Dieu, la chance d'être gueux :
Ta faveur me rendra puissant et glorieux.
Sache-le, fier prêcheur, personnage de marque,
C'est en mon pauvre cœur que loge le monarque.
Quel homme heureux verra ce céleste parvis :
Les chardons du chemin lui seront comme des lis.
De Parviz, ô Hâfez, ne conte plus l'histoire :
Sa bouche aurait prôné mon doux Khosrov, sa gloire[1].

Notes

1- Dans le dernier vers du dernier distique « Khosrov » désigne le guide spirituel de Hâfez, l'aimé. Khosrov II abharvaz ou (abarvaz), ce dernier mot voulant dire « victorieux » est le Khosrov Parviz des Grecs, roi sassanide de perse (590-628), fils d'Ormuzd IV. À la mort de son père, il dut lutter contre l'usurpateur Bahram VI Tchoubine, avec l'appui de Maurice, empereur byzantin. L'appui de Constantinople mena Khosrov jusqu'au trône (590).

Prenant prétexte l'assassinat de Maurice par Phocas (602), Khosrov Abarvaz envahit la Mésopotamie et l'Arménie et fit conquérir par un de ses généraux Édesse, Antioche, Damas et enfin Jérusalem d'où il enleva la croix du Christ portée en triomphe à Ctésiphon (prononcé Tisfoun en persan). Le nom de Khosrov Parviz est associé à celui de sa favorite, Chirine, une Syrienne, dont les amours avec le roi sont restées célèbres et chantées par les poètes. Tombé malade à Vah-Ardéchir, Khosrov désigna son fils Mardan-Châh pour son successeur : Il avait eu ce fils de Chirine qui avait accompagné le roi dans ses chasses et ses combats. Cependant la noblesse perse préféra à celui-ci un autre fils de Khosrov, appelé Chirouyé qui fit disparaître son frère et jeter son père en prison. Le vieux roi y fut assassiné pour satisfaire une vengeance (628).

53

Le coin du cabaret est mon saint monastère,
L'oraison du vieux guèbre est celle qui m'est chère.
Si je manque de chant, de harpe et de festin,
J'ai, pour me compenser, les soupirs du matin.
Le sultan et le gueux, à mes yeux, sont sans marque.
Le pauvre et son seuil[1] est pour moi le monarque.
Dieu m'est témoin, c'est vous l'unique et seul objet
De mes assiduités au temple, au cabaret.
La mort m'aura forcé, si je plie bagage,
Sinon, quitter ton seuil, n'est pas mon usage.
Depuis que sur ce seuil j'ai reposé ma face,
Le trône du soleil est devenu ma place.
Et bien que ton péché ait été impulsif,
Poliment, ô Hâfez, avoue être fautif.

Notes
1- Le pauvre au seuil de l'aimé, c'est-à-dire de l'initiateur de Hâfez.

54

À force de pleurer, mes yeux sont pleins de sang.
À te vouloir, holà, les cœurs saignent à blanc.
Rappelant tes rubis[1] et tes yeux pleins d'ivresse,
C'est du sang que je bois à la coupe : ô tristesse!
Si là-haut, au levant, se lève ton soleil,
Mon bonheur est royal[2] et mon sort sans pareil.
Farhad[3] parle, en pleurant, des lèvres de Chirine,
Madjnoun songe aux frisons de Leylâ[4] et se mine.
Prise mon cœur : ton port de cyprès l'adoucit.
Parle-moi, car est doux et subtil ton débit.
Fais-moi boire à la ronde, apaise-moi d'un geste :
Échanson, j'ai souffert de la ronde céleste.
Il est loin de mes yeux, ce chéri de mon cœur :
Depuis, à mes côtés, coule un Djeyhoun[5] de pleur.
Comment serait-il gai, mon cœur triste à l'extrême,
Intentionnellement : c'est plus fort que lui-même.
En vain, Hâfez, demande un ami : quel abus!
C'est comme si le gueux cherchait l'or de Crésus.

Notes

1- Les « rubis » désignent les lèvres de carmin de l'aimé.
2- Le mot « royal » veut dire, ici exceptionnel.
3- « Farhad », ingénieur au service de Khosrov Parviz, tomba amoureux de Chirine, la favorite du roi sassanide, et se tua en se jetant du haut de la montagne Bissotoun où il creusait un canal.
4- Leylâ et Madjnoun sont, comme déjà dit, deux jeunes amoureux arabes que la haine réciproque de leurs familles a séparés pour toujours.
5- Djeyhoun (ou Amou Daria, l'Oxus des anciens) est un fleuve se trouvant en Transoxiane. Le fleuve baigne, aujourd'hui le Turkménistan et l'Ouzbékistan pour se jeter dans la mer d'Aral.
    L'exagération fait partie de l'art poétique persan et c'est pourquoi le poète exagérant sa douleur dit que son torrent de pleurs est aussi tumultueux et abondant que le cours de Djeyhoun.

55

Ta boucle tend un piège à l'impie, au fidèle :
Autre aspect par lequel ton grand art se révèle.
Pourrai-je fuir le trait de ton regard moqueur
Qui, constamment, épie avec son arc, mon cœur?
Ton charme ensorceleur tient du miracle, et même,
Ton coup d'œil langoureux du prestige suprême.
Mille et mille bravos à ces yeux noirs charmants :
Ils ont l'art infini d'immoler les amants!
Art étrange, l'amour, étrange astronomie!
Il baisse, au sol, le ciel: sublime antinomie[1].
Crois-tu, que le méchant s'en est allé sans mal?
Il a, pour le juger, l'ultime tribunal!
Méfie-toi, Hâfez, de sa tresse de flamme :
Elle a brûlé ton cœur, c'est le tour de ton âme!

Notes

1- Nous avons déjà rappelé que Hâfez emploie souvent des termes astronomiques dans ses odes ce qui implique que le poète de Chirâz, comme tant d'autres écrivains, s'est intéressé à l'astronomie et aux mathématiques, sans qu'il ait la prétention d'être un astronome.
    Manoutchehri Damghâni, attaché à la cour du sultan Mahmoud le Ghaznévide (IIe siècle) use aussi, comme Hâfez, de mots appartenant à l'astronomie. Il dit :
« Quand les cheveux du soir déroulent leurs frisons,
Les lampions du « mihrâb » flambent leurs lunaisons.
L'astronome vient prendre, à la phase opportune,
Au moyen du sextant, la hauteur de la lune. »
    On remarque dans les « ghazals » de Hâfez des vers où la mesure de la hauteur d'un astre est clairement mentionnée (rappelons que la hauteur d'un astre est la distance angulaire formée par le rayon visuel de l'astre et sa projection sur l'horizon. Dans une de ses odes Hâfez parle justement de la hauteur du soleil, puis s'adressant aux hommes, il leur recommande de ne pas essayer de la mesurer par rapport au niveau de leur vie, « car, dit-il, à quoi leur servirait de savoir en quel point de l'univers ils se trouvent, ce qu'ils y font, où ils étaient avant de naître, où ils iront après la mort? ».
    Il apparaît, à la suite de cette remarque, que si le poète emploie des termes astronomiques c'est dans le but précis d'un enseignement philosophique, ou pour brosser une belle image descriptive.

56

Son amour transcendant a pour foyer mon cœur.
Ma vue est le miroir reflétant sa splendeur.
Je fais front, intrépide, aux deux mondes, ces pôles,
Mais le poids de son joug est doux à mes épaules.
Toi, prises le « Toubâ »[1], mais nous prônons le port
De l'Aimé, car chacun est juge de son sort.
Certes rien d'étonnant, si Hâfez est infâme :
Le monde entier connaît la beauté de son âme[2].
Mais que puis-je être, moi, dans l'asile où le vent
N'est que l'humble portier du seuil de son couvent?
La prunelle s'emplit de sa vue, secrète,
Puisque c'est en ce coin que dure sa retraite.
Si dans le pré s'exhibe, avec éclat, la fleur,
C'est grâce à son parfum, c'est grâce à sa couleur.
Madjnoun[3] n'est plus déjà, c'est maintenant notre heure :
Chacun, durant cinq jours, en ce monde demeure.
Mes richesses d'amour, le trésor de mon cœur,
Tout ce que j'ai me vient de sa grande faveur.
Si moi-même et mon cœur sommes morts à sa porte,
C'est tout naturel, car, son salut seul importe.
Apparemment, Hâfez, est bien pauvre. En retour,
Son cœur est un trésor tout débordant d'amour.

Notes

1- Toubâ veut dire plus heureux. C'est aussi le nom d'un arbre du paradis.
2- Il s'agit du guide spirituel, que Hâfez loue de la sorte.
3- Maktabi de Chirâz (1404-1496) raconte dans son roman en vers « Leylâ-ou-Madjnoun » qu'à l'époque de ces amants célèbres, il y avait un « pir » (ermite), frère jumeau du ciel, retiré du monde, sur le flanc de la montagne, loin des hommes, près de Dieu.
 Quiconque se trouvait touché pat le souffle du « pir », obtenait de Dieu l'accomplissement de ses vœux.
 Le père de Madjnoun, chef Amérite, se rendit à la retraite du « pir » menant son fils avec lui. Il était triste et désolé car il n'avait pu obtenir pour son fils la main de Leylâ qui appartenait à une tribu hostile à la sienne, aux Amérites.
 Le père dit au « pir » : « Un trouble a envahi la raison de mon jeune homme. Soulage son cœur blessé par les traits de l'amour.»
 Quand l'ermite eut entendu parler de l'amour, lui qui connaissait l'insondable profondeur, trembla de telle façon que le mont et ses rocs en furent ébranlés. Le vieillard dit alors : « Il ne m'est pas permis d'exaucer votre prière! En présence de l'amour qui est un feu allumé par LUI (Dieu), les invocations et les incantations des deux mondes ne sont que du vent! Il lui faut rester dans les liens de l'amour car ce sont eux qui le mèneront au but. »
 Il s'écriait en pleurant : « Ô Tout-Puissant, ne délivre jamais ce jeune homme, cette âme noble de son mal. Accorde à Madjnoun la flamme éternelle… ».
 Le « pir » refusa donc de guérir Madjnoun de son amour, car il avait reconnu en lui l'ardeur de la flamme qui ne s'éteint jamais.
 Après cette rencontre, rien ne pourra plus détourner le jeune épris de sa profonde tendresse qui allait l'élever au sommet de la vertu et de la pureté. Il était passionné mais non sensuel; il était fervent, mais non lascif. Désespérant d'arriver à sa bien-aimée, Leylâ, il alla habiter le désert avec les animaux sauvages, se nourrissant de ronces, buvant l'eau de pluie…
 Quelques années plus tard, Leylâ qui avait été forcée de se marier avec un homme de sa tribu qu'elle n'aimait pas, vint à perdre le mari imposé. Libre enfin, elle se mit à la recherche de son ancien amant. Elle le retrouva dans le désert, pâle, décharné, affaibli par le jeûne et la souffrance. Elle lui dit : « Leylâ, celle que tu as aimée est maintenant à toi et pour toujours ».
 Le pauvre amant répondit : « Mon aimée vient me trouver quand je ne m'appartiens plus! ». Par ces mots Madjnoun voulait faire entendre qu'il appartenait à Dieu. Il voyait alors devant lui une beauté resplendissante, mystique et plus adorable que toutes celles qui existent sur la terre. Il divinisait ainsi Leylâ comme Dante Béatrice Portinari dans sa « Divine Comédie ». La souffrance loin de l'aigrir avait purifié Madjnoun et fait sentir à son cœur l'amour divin.

57

Notre beau brun qui donne au monde sa douceur,
Possède yeux langoureux, lèvres gaies, bon cœur.
Les paroles de miel font les rois en ce monde.
Il est, lui, Salomon et l'anneau le seconde[1].
En beauté, en candeur, en art spirituel,
Il surpasse les saints de la terre et du ciel.
Le grain de musc qu'on voit sur la joue du maître
Est le blé qui perdit le père Adam, l'ancêtre[2].
Mon aimé va partir, ô mon Dieu secours-moi!
Lui seul avait l'onguent de mon cœur en émoi.
À qui donc expliquer que cette âme endurcie
Nous tue alors qu'elle a le souffle du Messie[3].
Hâfez est un fidèle, occupez-vous de lui :
Son âme généreuse est du monde l'appui.

Notes

1- Salomon dont la sagesse fut légendaire en Orient possédait, selon la tradition, un anneau magique qui lui permettait de dominer les démons et les hommes. Ce « ghazal » fait l'éloge du guide spirituel.

2- Selon la tradition musulmane, Adam perdit le paradis terrestre en mangeant le « blé » défendu. Selon la bible (Genèse I-IV) et la tradition juive, le premier homme créé par Dieu et installé dans le paradis terrestre, fut chassé de ce lieu de délices en mangeant le fruit interdit de la science du bien et du mal.

3- L'esprit du guide spirituel a le souffle puissant du Messie et peut guérir tous les maux de l'âme et du corps. Mais Hâfez se sent dépérir à la suite de l'indifférence de son pôle.

58

Nous courbons notre front sur le seuil de l'élu...
Et si nous le levons, c'est qu'il l'aura voulu.
Que peut dire le vent de notre cœur en peine :
C'est un bouton serré gémissant en sa gaine.
J'ai mis comme miroir, la lune et le soleil,
Devant son beau visage qui était sans pareil.
Je ne suis pas, ici, le seul porteur d'amphore,
En ce coin où sont morts tant de gueux qu'on ignore,
Car des crânes, sans nombre, en ces vieux ateliers,
Ont servi à former des cruches, par milliers[1].
Dieu! Aurait-on peigné les cheveux de l'Idole :
La brise sent le musc et la terre en est folle.
La fleur se sacrifie à son joli minois,
Et le sapin s'immole, à ses yeux, dans le bois.
La langue est impuissante à célébrer mon âme[2] :
Que peut dire la plume au bout tranché, sans flamme.
Je rappelle ses traits, pour moi présage d'heur :
C'est que le bon augure implique le bonheur.
L'amour ardent, Hâfez, consume ta belle âme,
Tulipe impérissable, il brûle dans la flamme.

Notes

1-Ce distique comme tant d'autres est traduit par quatre vers au lieu de deux, et ce pour mieux en rendre le sens. Il a un parfum qu'en général dégagent les quatrains de Khayyam et les odes d'Horace.
2- « Mon âme » veut dire « mon aimé », mon guide.

59

Je fonde mon espoir en cet ami si bon :
J'ai commis un forfait, j'en attends le pardon.
Je sais qu'il passera sur ma vie de fange :
S'il est comme un génie[1], il est bon comme un ange.
Nous avons pleuré : l'homme considérant
Nos larmes s'écouler, croira voir un torrent.
Sa bouche est un néant, sans trace, intraduisible,
Sa taille est un cheveu, si fin indivisible[2].
Ses traits restent encor en mes yeux tout gravés
Bien que toujours, de pleurs, je les ai lavés.
J'ai perdu ton parfum, tout un siècle : ô prodige
Mon cœur en a gardé le tenace vestige.
Ton cœur souffre, Hâfez, il se sent déprimé,
Mais il sied de souffrir à cause de l'aimé.
Sans doute tes frisons embrasent notre humble âme :
Qui pourrait donc douter de leurs boucles de flamme?

Notes

1- Ce distique est traduit en quatre vers au lieu de deux, et ce, pour mieux en rendre le sens. Il a toutefois un parfum qu'en général dégagent les quatrains de Khayyam et les odes d'Horace. Dans le texte il y a « péri » que nous avons traduit par « génie », démon bienfaisant mais fantasque.

2- Le poète compare l'étroitesse de la bouche à quelque chose d'inexistant et la finesse de la taille de l'aimé à un cheveu. Cette exagération forcée dans la comparaison est prisée dans la poésie orientale. Pour décrire une taille très fine le poète français fera plutôt allusion à une taille de guêpe, et pour parler d'une bouche étroite, le Français rappellerait une bouche de miel, alors que l'écrivain iranien nous décrirait une taille mince comme un cheveu et une bouche si petite qu'elle semblerait invisible.

60

Le glorieux courrier, venu de chez l'aimé,
M'apporte le salut : son message embaumé,
Qui dépeint la splendeur, la gloire de l'Idole,
Qui décrit sa beauté, fait voir son auréole.
Je lui donne mon cœur, mais j'en suis tout confus,
Car l'offrande est modeste et je crains son refus.
Dieu merci, la fortune est déjà favorable :
Tout va selon le vœu de l'idole adorable.
Sont ses captifs, la sphère et la lune : vraiment,
C'est l'ami qui permet leur cours, leur mouvement.
Si même l'univers sombre dans la tourmente,
La lampe de nos yeux veillera, dans l'attente.
Apporte-moi zéphyr, le collyre estimé :
La poudre, qu'en passant, a foulée l'aimé.
Nous voilà, pleins d'amour, sur ton seuil et en quête,
Mais sur ton sein, ami qui posera la tête?
Et si, contre Hâfez, complote l'ennemi,
Qu'importe! ...Il est en grâce auprès du grand ami[1].

Notes

1- Le grand ami de Hâfez, est l'initiateur, le guide spirituel ou bien Ghavâmod-Din Hassan, le protecteur du poète et vizir au roi de Chirâz.

61

Zéphyr si tu passes au pays de l'idole,
Rapporte le parfum de sa tresse si folle.
J'offre à l'ami[1] mon âme et mon cœur caressant,
Si j'ai de lui, zéphyr, un mot compatissant.
Et s'il ne veut m'admettre en son palais, apporte,
À mes yeux larmoyants la poudre de sa porte.
Moi, le gueux, posséder l'ami? ... Dérision! ...
Je ne puis voir, hélas, qu'en songe l'union…
Nous ne sommes pour lui que misère, la pire.
Mais un de ses cheveux vaut pour nous un empire.
Puisse l'ami, Hâfez, rendre libre ton cœur :
N'es-tu pas son esclave et son vrai serviteur?...
Mon cœur pleure tout bas et tremble comme un saule,
Dans l'attente de voir la taille de l'Idole.

Notes

1- L'ami représente pour le poète l'être chéri, affectionné et vénéré. Tantôt il est « Hadji » (celui qui a accompli le pèlerinage de la Mecque), Ghavâmod-din Hassan, le protecteur de Hâfez, tantôt le guide spirituel ou un ami considéré comme le Cheyk Zeynod-Din Aboubakr Tayebâti. Par ailleurs, les termes que Hâfez emploie pour désigner l'aimé ou l'ami doivent désigner Dieu ou selon l'expression des mystiques le « Vrai Absolu ». De nombreux qualificatifs de l'aimé, de l'Ami dans les « ghazals » de Hâfez désignent Dieu alors que d'autres termes désignent nécessairement un être humain, étant donné que l'être suprême ne peut avoir des lèvres vermeilles, une taille fine et plus étroite qu'un cheveu.

« Qu'un ami véritable est une douce chose » s'exclame La Fontaine dans les « Deux Amis ». Quant à l'Amitié (dousti) c'est un sentiment d'affection, distinct de l'amour « Échk », unissant un être humain à l'autre.

62

Donne-moi son message, ô courrier, mon sauveur,
Et je voue à l'ami, comme offrande, mon cœur
Qui s'agite en sa cage, appelant son idole :
Je suis le chantre épris qui s'épuise et s'affole.
Ses frisons sont un piège et sa mouche un appas.
C'est dans l'espoir du grain que je tombe en son lacs.
Jusqu'à l'aube éternelle, à sa mort, peut survivre
Celui qui, comme moi, de la liqueur s'enivre[1].
Arrête de parler, car même en résumé,
Tu seras impuissant de dépeindre l'aimé.
Si j'arrive à l'ami, je fais de la poussière
De ses pas, un collyre, à mes yeux sans lumière.
J'aspire à l'union, mais l'ami veut l'adieu :
Je renonce à mon cœur pour exaucer son vœu.
Tu dépéris, Hâfez, sans espérer de l'aide :
Ton amour pour l'ami n'a ni fin ni remède.

Notes

1- Celui qui arrive à l'aimé a déjà franchi les étapes de l'ascèse et s'est uni à lui spirituellement et subtilement. Quiconque parvient à l'aimé a trouvé lui-même et ne peut périr, bien qu'il puisse devenir âgé : car être âgé n'est pas devenir vieux. L'homme qui s'est enivré de la liqueur offerte par l'aimé, ne peut mourir : il peut vivre et survivre jusqu'à l'aube éternelle. Qui s'est trouvé se possède et qui se possède commande à son physique et surtout ses cellules, les empêchant de vieillir, mais les incitant à se reproduire comme durant la jeunesse.

Le corps physique qui peut périr n'est que l'instrument de ce puissant terrassier qu'est l'âme et qui peut poursuivre inlassablement son travail de survie. Pour s'inculquer les suggestions de longévité, de longue vie de carpe, il faut que la conscience subliminale (l'être subjectif) qui dort au fond de l'être, qui dirige intérieurement, implacablement les fonctions physiques, jouent normalement, marchent correctement, travaillent comme il faut.

63

Nul n'a vu ton visage et mille amants sont là.
Tu n'es qu'un bouton clos, et tes chantres, les voilà.
Je réponds à l'appel, mais ce n'est point étrange[1] :
Mille étrangers aussi rallient ta phalange.
L'amour de la taverne et celui du couvent
Se rassemblent, sans heurt au fond du cœur fervent.
Partout où l'amour naît on y voit apparaître
Le reflet apaisant de la face du Maître[2].
Ce qui donne au couvent une marque de choix,
C'est la cloche, le prêtre et le nom de la croix[3].
Vers l'amant éploré l'ami, tourne sa face :
Le mal peut être absent, le remède est sur place.
Tu ne dis pas, Hâfez, des futilités,
Tes récits merveilleux sont pleins de vérités.

Notes

1- Hâfez joue sur le mot « gharib » qui veut dire en même temps étrange et étranger.
2- Ce distique a été reproduit par quatre vers au lieu de deux pour en rendre complètement le sens.
3- En lisant Hâfez on voit défiler devant les yeux les lèvres de carmin, les boucles sentant le musc, la taille mince comme un cheveu, de beaux yeux assimilés à des narcisses, le visage voilé de l'aimé qui est comparé à un bouton de rose non éclos, les poètes mystiques à des chantres dans le jardin, enfin la beauté intraduisible et divine : l'église et la mosquée.

Cette constatation éclaire jusqu'à un certain point l'attitude bienveillante de Hâfez envers les Guèbres et les Chrétiens qui, comme les Musulmans, croient en l'Être Suprême, l'Unicité de Dieu. Les différences religieuses, à vrai dire, n'ont pas de valeur pour les mystiques, car ils y voient la même vérité : la Croix, la cloche et le prêtre, mais ce qui la spécifie, la rehausse et la singularise c'est au fond l'Unicité (tovhid).

64

Certes, devant l'Idole, il est fort indécent
De vouloir exhiber et prouver son talent.
Or ma langue, sans plus, se tait et se confine,
Alors que dans mon cœur monte la voix divine.
Pas de fleur sans épine en ce monde déchu
Où le feu de Lahab[1] fuit celui de l'Élu[2].
Dieu! Le péri[3] se voile et le dive[4] se montre!...
Dieu! Je n'en reviens pas de cette malencontre!...
Tu ne sais pas pourquoi le monde aime les vils,
Ses largesses aussi sont des détours subtils.
Sont sans valeur pour moi les sérails et leur dôme;
L'urne et le cabaret me servent de royaume.
J'étais, royalement, honnête, intelligent;
Mais puisque je suis ivre, tl sied d'être indécent.
La fille de la vigne éclaire nos prunelles :
Elle est voilée, aussi, d'un cristallin, comme elles.
Apporte-moi du vin!... Comme Hâfez, sans fruit,
Je pleure jusqu'à l'aube et j'invoque à minuit.

Notes

1- Dans le texte il y a « la flamme de feu Lahab ». Bou Lahab était l'oncle du Prophète et un de ses adversaires acharnés.
2- « Mostafa ». Or « Mostafa » veut dire l'élu. Mostafa est l'un des noms donnés au Prophète.
3- « Pari », en persan, veut dire « fée », femme très belle. En français ont dit « péri ».
4- « Div », en persan, veut dire esprit malin, démon.

65

J'aime tant le printemps, les roses, le mot tendre! ...
Holà, viens échanson, pourquoi me faire attendre!...
Jouis des bons moments lorsqu'ils s'offrent à toi :
Personne ne connaît son destin, c'est la loi.
Ta vie, sache-le, dépend d'un fil extrême
Ne t'en soucie pas, d'abord pense à toi-même.
Pour nous « Eau de la Vie »[1], « Eram et son jardin »[2],
Sont : le bord de la source et la coupe de vin.
L'ivre et le tempérant ont la même origine.
À qui vouer mon cœur, lequel choisir, devine!
Le ciel coi ne sait pas le secret transcendant :
Pourquoi lui demander le fin mot, prétendant.
Si le désordre humain est passé sous silence,
Pourquoi parler alors de pardon, de clémence.
Le dévot veut « Kovsar »[3] et Hâfez veut le vin,
Mais quel sera le choix du bon vouloir divin?

Notes

1- Hâfez fait allusion à la fontaine de l'empire céleste, « l'âbé hayat », dont les eaux avaient la vertu de rajeunir ceux qui en prenaient.
2- « Eram » est le nom de la ville qui aurait été construite par Chadad et dont le jardin était semblable au paradis terrestre.
3- « Kovsar » est le fleuve du paradis.

66

Pleure donc rossignol, ô mon ami parfait :
Nous sommes deux épris, gémir est notre fait.
Au pays où le vent frôle ses boucles, gare
Aux nombrils pleins de musc du royaume tartare!...
Apporte-nous du vin pour teindre nos frocs bleus,
Nous sommes soûls d'orgueil et l'on nous croit heureux.
L'inconstant ne peut pas saisir ta chevelure,
Pour le faire il lui faut avoir la main très sûre.
Il est un point secret, foyer de volupté :
Ce n'est ni le rubis[1] ni le grain de beauté.
À quoi servent tes traits : yeux, boucles, joues, mouches,
L'important c'est l'amour, vraie pierre de touche.
Et le routier du vrai ne donne un sou, partant,
Du caftan de soie de l'homme sans talent.
Il est, certes, ardu d'accoster à sa terre,
Comme il l'est de gravir l'échelle de la sphère.
À l'aube, j'ai rêvé de ton œillade, amour :
La nuit est, à mes yeux, plus réelle que le jour.
Cesse de te peiner, allons, Hâfez, silence!
Le salut éternel provient de l'indulgence.

Notes
1- Le poète fait allusion aux lèvres de l'aimé, rouges comme deux rubis. Les poètes occidentaux disent, comme Molière, que la bouche est vermeille. Mais ceux de l'Orient comparent la bouche à un rubis.

67

De quel foyer jaillit la flamme qui affole?...
Elle a brûlé mon âme, où donc est mon idole?...
Après avoir gâché ma foi vive et mon cœur,
Elle offre à d'autres seins sa brûlante chaleur...
L'élixir de sa bouche : oh! qu'il calme mes lèvres!
Étanche d'autres soifs, apaise d'autres fièvres.
Dites, quel papillon aura l'extrême honneur
De se laisser brûler par son feu si charmeur?...
Chacun voudrait l'avoir par l'art de sa magie,
Dieu sait à qui son cœur se livre et se confie.
Qui jouit du joyau, du rayon de Phébus,
Qu'est ce regard royal plus brillant que Vénus[1]?
« Mon cœur fou, ai-je dit, sans toi souffre et délire ».
« Fou de qui, me dit-il dans un triste sourire? »

Notes

1- Dans le texte il y a : « Ô Dieu, ce port royal, au visage de lune, au front beau comme celui de Vénus, de qui est la perle unique et l'unique joyau? »... Cette tournure montre que Hâfez compare un beau visage à la pleine lune et aux traits brillants de Vénus.

68

Mon Amour est parti depuis une semaine :
Ce temps semble à mes yeux une année. Ma peine
Est inimaginable, et grande est ma douleur :
Nul ne peut en saisir la sombre profondeur[1].
Et lorsque la prunelle en sa joue se mire,
Elle croit y voir, nette, une mouche et l'admire.
Sa bouche, sucre et miel, sent le lait et le sein,
Mais chacun de ses cils est un maître assassin.
Toi qu'on montre du doigt pour ta bonté, en ville,
Ne sois pas pour les gueux si dur, si difficile.
Je ne douterai plus de l'atome infini[2],
Car ta bouche, en ce point, convainc à priori.
On nous annonce, Amour, ta prochaine visite :
Quel généreux projet, je n'en reviens, viens vite!...
Hâfez, peut-il tirer son monde de douleur[3],
Alors qu'il traîne un corps sans souffle et sans vigueur?

Notes

1- Le texte dit : « Mon aimé au visage lunaire est parti… »
2- Selon les philosophes atomistes de l'antiquité dont s'inspire souvent Hâfez (tels que Démocrite, Lucrèce etc.), l'atome est un élément constitutif de la matière indivisible et homogène. Le mot « atome » vient d'ailleurs du latin « atomus » qui veut dire indivisible. Hâfez compare la bouche de l'aimé à un point d'une extrême petitesse, à un atome indivisible.
3- La douleur que ressent Hâfez provient de l'absence de l'aimé, de son initiateur qui depuis une semaine, est parti.

69

Tout homme se voit pris par ses nattes : ces lacs,
Que de pièges tendus, au passage, ici-bas!
Et puisque tu séduis le cœur du solitaire,
Te suivre et tout quitter, ce n'est guère forfaire.
Ton visage, si pur, est un miroir divin.
Il ne peut réfléchir l'image du malin.
Le narcisse[1] effronté veut singer ton œillade :
Il a perdu l'esprit, le fou : quelle bravade!
Or pour l'amour de Dieu démêle tes cheveux,
Chaque soir, par le vent, nous t'adressons nos vœux.
Reviens-nous! Sans ta face, ô flamme familière,
Le banquet des rivaux est morne et sans lumière.
Loger les étrangers c'est être hospitalier :
Ignore-t-on chez vous, ce geste familier?
Il s'en allait. Je dis : « Et ta promesse, Idole? »
« C'est une erreur, dit-il, de croire à la parole. »
Si le guèbre devient mon guide, c'est tant mieux [2] :
Chaque être cache en soi le mystère des Cieux.
L'amoureux doit souffrir la critique importune :
Quel brave est à l'abri des traits de la fortune?
Au temple du vieux moine, au couvent du soufi,
L'autel de tous les cœurs est ton sourcil, Ami.
Tu trempes les deux mains dans mon sang pur, Idole :
Tu manques à Allah, au Coran, sa parole.

Notes
1- Le narcisse est assimilé par les poètes orientaux à l'œil humain.
2- Ce qui frappe d'admiration chez Hâfez est sa tolérance dans un siècle où ce sentiment était peu commun. C'est cette tolérance religieuse envers les « Guèbres », (les Zoroastriens) et les « Chrétiens » qui semble remarquable chez Hâfez dans la société musulmane du XIVe siècle.

70

Le regard amoureux ne voit que ton visage,
Et le cœur éperdu t'appelle en son langage.
Le pleur de mes deux yeux t'embrasse, clair-obscur,
Bien que le sang du cœur l'ait rendu tout impur[1].
Que le farouche oiseau soit l'hôte de ton piège,
Bien qu'il évite, ami, de voler vers ton siège[2].
Il aura, c'est certain, accès au haut cyprès,
Quiconque s'évertue de t'admirer de près.
Si le pauvre amoureux se dévoue et s'immole,
Oh! Ne lui en veux pas, il donne son obole…
Je ne veux point parler du pouvoir de Jésus[3] :
Ta lèvre aussi, ami, sait guérir les perclus.
Je me dis, cependant, ton grand amour m'obsède :
Prétendrais-tu, toujours, que ton fidèle est tiède?
Quand j'ai vu tes frisons je me suis cru charmé,
Car cette trame éparse est celle de l'aimé.
Ce n'est pas Hâfez seul qui t'a voué son âme :
Nul n'est sorti d'ici indemne de ta flamme.

Notes

1- La loi islamique spécifie que le contact du sang rend impur celui qui en est imprégné.
2- « Tâyer sadr », « Tayer Ghods » désignent le premier l'archange Gabriel et le second les anges. L'archange Gabriel est dit oiseau du Lotus.
3- Le souffle de Jésus pouvait guérir les malades les plus incurables par le toucher du prophète. Hâfez renchérit disant que les lèvres de l'aimé étaient capables de redonner force et vitalité à celui qui en était touché.

71

Le pieux superficiel ignore notre sort,
On ne doit l'en blâmer s'il nous condamne à tort.
L'adepte accueille bien ce qu'en l'étape arrive :
La voie droite, ô cœur, ne te perd, ni dérive.
Je ne peux être échec, tant que joue ma « tour »[1] :
Dans le jeu des viveurs, le « roi »[2] perd sans retour.
Quel stoïcisme, ô ciel, sublime conscience!
Notre blessure est vive et profond le silence.
Que veut ce dais si haut, tout couvert de dessins?
Nul n'en peut déchiffrer le mystérieux dessein.
S'il veut entrer, dis : « Viens! ». Dis : « Parle! », s'il réclame.
Raideur, orgueil, portier, sont exclus du programme.
Notre bon trésorier ne sait pas calculer[3],
Ce que nous ignorons, c'est l'art de libeller.
Aller au cabaret sied bien au franc viveur :
Les faux n'ont pas accès au marchand de liqueur.
Notre infortune vient de notre taille laide :
Tu n'as jamais manqué de nous marquer ton aide[4].
Je suis le serf du Guide à la sûre faveur :
Celle du grand dévot change selon l'humeur.
S'il se laisse aduler, Hâfez, c'est par décence :
Le gueux épris de vin n'aime pas qu'on l'encense.

Notes

1- Le poète fait allusion, ici à la pièce du jeu d'échecs.
2- Le roi est la pièce principale du jeu d'échecs. Le roi ou le joueur est « mat » (de l'arabe, movt, qui veut dire mort), quand la position du roi est en danger, sans pouvoir se mettre hors de prise.
3- Allusion à l'incapacité d'un certain Sâheb Divân; ce nom signifie « trésorier » et marque l'état de la personne visée.
4- Hadji Ghavâmod-Din, le protecteur de Hâfez, ayant un jour revêtu le poète mystique et lyrique d'un manteau d'honneur, le vêtement paru court, ce dernier ayant la taille haute. Hâfez aurait alors remarqué malicieusement « notre marque d'honneur est de l'ordre inférieur... »

72

Le chemin de l'amour n'aboutit à nul port.
Il n'offre, sans retour, qu'une escale : la mort.
Doux moment où le cœur à ton amour se livre.
L'œuvre pie ne veut qu'on consulte le Livre[1].
Du vin!... N'objecte, plus la loi de la raison :
La « police »[2], chez nous n'est guère de maison.
Demande à ton regard qui, d'un trait, nous immole :
Sont innocents l'étoile et le sort, mon Idole[3],
On peut l'apercevoir si le regard est pur,
Mais il est invisible à l'œil qui reste obscur.
Essaye de trouver la voie des derviches :
Elle ne s'offre pas comme celle des riches.
Les larmes de Hâfez n'ont pas d'effet sur toi.
Et ton âme de roche cause mon désarroi.

Notes

1- « Estékhâreh » est l'acte par lequel on consulte le Coran pour y trouver une indication propice, pour voir si l'on doit ou non faire la chose projetée. C'est comme si un Chrétien consultait la Bible pour y trouver une réponse à sa question intérieure.

2- Hâfez compare, ici, l'acte de la raison à celle de la police. Il dit que la « raison », cette intendante, n'a plus sa raison d'être pour qui cherche la voie.

3- Hâfez déclare que tout ce qui nous arrive est la conséquence de nos actes, de notre comportement, ici-bas. Il semble rejeter, de ce fait, l'art de prévoir le destin par l'étude des influences astrales. Il ne croit pas aux horoscopes, affirmant que notre bonheur et notre malheur résident en nous-mêmes. Il dit :
« Depuis des années mon cœur aspirait à la coupe de Djam »
« Or ce qu'il avait lui-même, il le demandait aux autres. »

73

Tes beaux traits lumineux, éclairent l'œil vulgaire,
La poudre de ton seuil le rend visionnaire[1].
Qui mire ton visage est un contemplatif,
L'éclat de tes frisons transporte l'intuitif[2].
Mes larmes ont coulé, si rouges, en silence :
Rougir devant l'aimé c'est chérir sa présence.
Pour que le vent ne souille, au passage, son sein,
Le torrent de mes pleurs relave son chemin[3].
Et pour que le zéphyr de ses cheveux ne jase,
Je me garde, avec lui, d'user de périphrase.
C'est de mon noir destin que je me plains, sinon,
Quand j'ai voulu te voir tu n'as jamais dit non.
Par égard à ta bouche à la chair si suave
Je fonds comme le sucre et me rends ton esclave.
Il n'est pas bon qu'on crie, en plein vent, les secrets,
Sinon rien de nouveau chez les gueux, ces pauvrets.
Le lion devient chacal en ton amour, Idole :
Ta voie est sans danger, mais qui la suit s'immole.
Les larmes de mes yeux ont aspergé ton seuil :
Ta porte, ainsi sacrée, aux humains fait accueil.
Il ne reste de moi ni renom ni vestige,
Mon corps est sans faiblesse et pourtant il s'afflige.
Hâfez n'est pas content de toi…mais sans ce trait,
Ton être manquerait de cachet et d'attrait.

Notes

1- Ce « ghazal » descriptif magnifie tour à tour le guide spirituel et le Tout-Puissant.
2- Les contemplatifs se sentent attirés par l'éclat et le charme qui émanent de Dieu.
3- Le poète s'adresse alternativement à son pôle et à Dieu.

74

L'œuvre de l'univers n'est pas ce que l'on pense
Du vin! ... car le bonheur n'est rien qu'une apparence.
L'âme et le cœur sont chers s'ils désirent l'Aimé,
Sinon, c'est du néant, un monde inanimé.
Il est dérisoire de chercher en ce sombre
Repaire terrestre le « Lotus » et son ombre
Ainsi que le « Toubâ »[1] : Tu vois bien, ô cyprès,
Que ce n'est pas l'objet qu'il veut quêter de près.
La fortune réelle est exempte de peine :
Si on l'a par l'effort, Ami, quelle déveine!...
Au cours de ces cinq jours, qu'on t'accorde, ici-bas,
Passe de bons moments : le temps mène au trépas.
Au bord du grand néant viens nous verser à boire;
Comble ce dernier vœu, le monde est illusoire....
Contre le jeu du sort, sois en garde, ô fervent,
Le chemin n'est pas long du tripot au couvent.
Ma douleur est sans borne et grande est ma misère :
Sans l'exprimer, soumis, je gravis mon calvaire.
La chance te sourit, ô Hâfez. Mais c'est vain
De parler aux buveurs de pertes ou de gain.

Notes

1- Le mot « Toubâ » qui signifie « bonheur » désigne également un arbre ombreux du paradis. L'expression « Toubâ âchyan » veut dire « qui a demeure au paradis ». Quant à « Sadré » qui est le « Lotus », il désigne aussi un arbre du paradis, dans le ciel, à la droite du trône de Dieu.

Il faut rappeler que ce distique a été traduit en quatre vers (ou deux distiques) pour mieux en rendre le sens et les détails.

75

Ce regard langoureux et notre pâmoison,
L'onde de tes frisons, ont chacun leur raison.
De ta bouche, jadis, sentant le lait je dis :
« Ce miel en son rayon[1], promet le paradis.
Je me dévoue, Idole, avec la certitude,
Que le dard de tes cils manque de gratitude.
Je pleure et je gémis, loin de toi, mon Idole :
Le vent court au jardin, sortant de sa maison,
Si tu pâlis, ô fleur, ce n'est pas sans raison.
Le cœur épris de toi cache au monde sa peine :
Hâfez, tes pleurs de sang coulent sans bruit ni haine.

Notes

1- Dans le texte il y a : « ce sucre autour de la salière » pour désigner les lèvres dessinant le contour, la ligne de la bouche. J'ai dû traduire par « ce miel en son rayon » pour donner plus de vraisemblance à la comparaison.

76

Je n'ai pour tout abri que le seuil de ta porte,
Et c'est là que, blasé, mon cœur se réconforte.
Lorsque notre ennemi met l'épée à la main,
Je mets bas la mienne et me rends : ô destin,
Étant bien entendu que notre seule épée,
Sont nos psaumes plaintifs et notre mélopée[1].
Pourquoi me détourner du sentier des buveurs :
N'est-il pas le meilleur, celui des francs buveurs?
Si le sort met le feu au foyer de ma vie,
Je dirai : « Brûle toute cette paille et la lie. »
Je suis le serviteur de son regard moqueur
Qui refuse, hautain, de rassurer mon cœur.
Ne nuis pas et fais ce que ton cœur désire :
Autrement c'est tomber dans le péché, le pire[2].
Bride un peu ton coursier, superbe souverain,
L'opprimé t'implore au tournant du chemin.
Je vois, partout, tendus les rets que je redoute,
Mais tes frisons, sauveurs, me guident sur la route.
Ne te rends pas, Hâfez, à tout grain de beauté :
Ton cœur d'or vaut bien mieux que le point moucheté[3].

Notes

1- Ce distique (deux vers) es rendu par deux distiques (quatre vers) pour ne pas trahir sa profondeur et l'importance de son sens, pour faire démentir autant que possible l'aphorisme italien « Traduttore, traditore », qui veut dire « traduire c'est trahir », signifiant que toute traduction est fatalement infidèle et trahit par conséquent, la pensée de l'auteur.
2- Ce distique est très connu et répandu en Iran. Il est souvent cité dans la conversation par les littéraires.
3- Hâfez cite les différents fards et compositions dont on se servait à cette époque (XIVe.s.) pour rehausser la beauté du visage et donner plus d'éclat au teint; tels que le « khôl » (ou kohol), collyre d'antimoine dont les Orientaux frottent leurs sourcils. Mouche, petite rondelle de taffetas noir que les dames se collaient sur la joue par coquetterie et que le poète attribue à l'aimé, « le grain de beauté », petite tache sur le visage, le « musc », substance odorante utilisée en parfumerie et produite par certains mammifères, en particulier par le cervidé « porte-musc » mâle, « ambre » résine fossile provenant de conifères de la période oligocène, etc.

77

Un chantre béquetait un pétale de fleur
Et poussait, triomphant, des plaintes de douleur.
Je dis : « Pourquoi ces cris? ... N'as-tu pas ton Idole? »
Il dit : « C'est sa splendeur qui me trouble et m'affole. »
En m'ignorant, l'aimé m'est encore indulgent :
Roi puissant, il pourrait exiler l'indigent.
L'idole est insensible au gueux qui se lamente.
Heureux donc le mortel à qui sourit l'amante.
Debout! ... vouons notre âme au grand Décorateur[1]
Dont le compas créa la sphère et sa splendeur.
Sois fidèle à l'amour, sans égard à ta gloire :
Songe au Cheykh de San'ân de célèbre mémoire[2].
Bénis soit le derviche qui ne pense qu'au bien,
Égrène, en méditant, le chapelet chrétien[3].
Que sont tes yeux, Hâfez, sous le toit de l'Idole?
Des cours d'eaux ruisselant sous l'auguste coupole.

Notes

1- Dieu, ce grand décorateur qui manie divinement le compas céleste, a créé l'espace infini où gravitent les astres du ciel.

2- Le Cheykh de San'ân, théologien réputé, entouré de nombreux disciples, était tombé amoureux d'une jeune chrétienne. Il dut abandonner son enseignement, sa chaire et ses élèves pour obéir à son aimée et habiter avec elle. Un jour, elle lui demanda du vin, et il n'avait pas d'argent pour lui fournir la boisson demandée, il alla mettre en gage son froc à la taverne contre une cruche de ce jus fermenté prohibé par l'Islam. Il rapporte ce récipient plein de vin à la femme qui le menait au doigt et à l'œil.

3- Pour le derviche ce qui compte fondamentalement est la soumission totale à Dieu qui voit le fond des cœurs. Le derviche peut même dire son rosaire sur un chapelet chrétien à condition d'aspirer de toute son âme à se joindre au Tout-Puissant. Ce qui lui importe, par-dessus tout, est l'amour pour le Très-Haut. Il dit d'ailleurs dans son fameux « ghazal » :
« Tout le monde quête l'aimé,
Qu'il soit conscient ou ivre.
Partout est un lieu d'Amour pour Dieu,
Que ce soit la mosquée ou la synagogue. »

78

As-tu su quel projet rumine notre Idole?
Nous peiner, froidement, manquer à sa parole….
Il a tué mon cœur, colombe de ce lieu
Sacré, épargne-le de ta foudre, mon Dieu[1]!
Si je suis malheureux, je m'en prends à ma chance,
Car envers moi, l'aimé n'est que don, prévenance.
Quiconque, devant lui, ne rabat sa fierté,
Ne sera par nul homme, à part lui, respecté.
Bon échanson, du vin : au prévôt va donc dire,
De ne pas condamner les buveurs de l'empire.
La voie qui ne mène à son seuil souverain[2]
Ne peut donc qu'égarer le pauvre pèlerin.
Reçois, Hâfez, le prix de ta haute éloquence :
Le rival n'a pour moi ni talent, ni science.

Notes

1- Dans le texte on lit : « Ne l'en blâme pas, Seigneur, bien qu'il ait tué mon cœur, comme une colombe, sans respecter la victime du « haram », l'enceinte des lieux saints.

2- L'enceinte sacrée de la Mecque est appelée « haram ». De même l'enceinte du sanctuaire de la mosquée de l'Imam Reza, s'appelle « haram »

79

J'entends souffler, déjà, le vent du paradis :
À moi, l'ami céleste et le vin de rubis!...
Sais-tu pourquoi le gueux au trône auguste aspire?
Le nuage est sa « Cour », le gazon son « Empire » …
Le pré vert reprend les chants d'avril, partant
Est fou qui vend à terme et achète comptant.
Prends du vin et sois gai, car les heures iniques
Feront avec tes os de la boue et des briques.
N'attends pas loyauté du rival. Sensément
Le feu de synagogue est impropre au couvent.
Oh! Ne me noircis pas, me disant réprouvé :
Qui connaît le destin que Dieu m'a réservé?
Quand Hâfez sera mort, viens honorer ses restes[1],
Bien que pécheur, il file au paradis céleste.

Notes

1- Les consultations divinatoires par les « ghazals » de Hâfez sont célèbres. Des personnages connus l'ont consulté et ont été frappés par ses réponses. L'oracle tiré par la consultation du poète de Chirâz fut de bonne heure en usage non seulement dans le Fârs mais aussi en d'autres provinces et même à l'étranger. Aujourd'hui encore on aime à consulter Hâfez sur l'avenir ou sur une affaire quelconque.

On raconte qu'un adversaire du poète ayant refusé de se rendre aux funérailles de ce dernier, quelqu'un de bien-pensant lui conseilla de consulter le « Divân » du chantre. La légende dit que la lecture offrit du premier coup le « ghazal « » 79 et le distique :

« Quand Hâfez sera mort, viens honorer ses restes,
    Bien que pécheur il file au paradis céleste. »

Frappé par ce dernier distique, l'ennemi aurait pris part aux obsèques.

80

Grâce aux buveurs, dévot, à l'âme sainte et haute :
On n'est pas prêt d'inscrire, à ton compte leur faute.
Qu'importe si mon nom est bien ou mal famé :
Chacun récolte, ici ce qu'il aura semé.
Tous cherchent leur Idole, ivrogne ou sobre en vogue.
Partout on peut aimer, mosquée ou synagogue[1].
Mon front pieux et soumis…le seuil du cabaret…
Tant pis, si le rival n'en saisit pas le trait!
Laisse-nous espérer en la bonté divine :
On ignore qui, Dieu, réprouve ou prédestine.
Je ne suis pas le seul, ici-bas, compromis.
Le père Adam aussi manqua le Paradis[2].
Si le jour de ta mort tu tiens la coupe, leste,
Tu passeras, Hâfez, au paradis céleste.

Notes

1- Partout on peut invoquer Dieu par la prière, partout il est loisible d'aimer l'Être Suprême et de l'adorer, que ce soit dans la mosquée, la synagogue ou l'église, d'autant, que l'Islam, le Judaïsme et le Christianisme enseignent et proclament la même chose essentielle : l'Unicité.

2- Selon la Bible et le Coran Adam est le père de l'humanité. D'après les récits juifs (Genèse I-Iv), chrétiens et musulmans, Adam est le premier homme créé par Dieu et installé dans le Paradis terrestre. Mais il aurait désobéi à Dieu qui lui avait enjoint de ne pas toucher au fruit défendu; il fut chassé ensuite de sa demeure sans pareille. Adam avait été créé d'argile selon le Coran (II-33; VII-12; XV-26; XVII- 64; XVIII-49; XX-116.). La sourate XV-27 dit : « Nous créâmes l'homme d'argile séchée, de boue noire pétrie; Adam et son épouse furent installés dans le jardin exquis pour y vivre heureux. Mais Satan fut cause qu'ils s'évadent du Paradis. Le démon leur parla de leur nudité et leur dit que le fruit leur avait été défendu pour qu'ils n'en mangeassent et ne devienent des anges. Ils mangèrent donc du fruit de l'arbre et s'aperçurent de leur nudité. Mais Adam ayant imploré son pardon, Dieu lui promit son assistance (II-7, 36; VII-6,24). Adam fut choisi par Dieu comme plus tard Noé (Nouh) et les familles d'Ibrahim (Abraham) (III-33). Ces prophètes furent choisis mais seul Issa (Jésus) fut créé d'une manière spéciale comme Adam (III-55). Ce verset déclare : « Oui, il en est de Jésus, comme d'Adam auprès de Dieu : Dieu l'a créé de terre, puis il lui dit : « Sois », et il fut. »

81

Le chantre, dit ainsi, le matin, à la rose :
« À quoi riment ces airs?... Es-tu la seule éclose? »
Elle sourit : « Le vrai ne me blesse jamais,
Mais quel amant reprend son idole tout exprès? »
Si tu veux ce rubis que ma bouche éternise,
Répands de ces joyaux que le cil expertise[1].
Qui ne touche du front le seuil du cabaret,
Jamais, ne sentira l'amour et son bouquet.
Dans le jardin « Eram »[2] où le vent d'une étreinte
Saisit les deux frisons de la fraîche jacinthe,
« Trône de Djam, criai-je où ta coupe? » Hélas,
Dit-il, de ma grandeur n'entends-tu pas le glas[3]?
La parole d'amour est intraduisible;
Verse à boire échanson, le moment est loisible.
Les larmes de Hâfez ont formé l'océan,
Peut-on cacher l'amour et en freiner l'élan?

Notes

1- Le poète fait allusion aux larmes qu'il compare aux perles que le cil perfore.
2- Châh Chodjâ avait fait construire, à Chirâz, pour son séjour personnel, un grand jardin qui existe encore aujourd'hui, qu'il avait appelé « Baghé Eram ». Ce nom rappelle celui du Paradis terrestre.
3- Ce « ghazal » est une élégie sur la mort de Châh Chodjâ, fils de Mobarezod-Din, qui avait fait fermer les cabarets, et que lui, grand buveur de vin, avait fait rouvrir.

82

Quel tort nous reproche-t-il pour rentrer à Khattâ
Ce Turc aux traits divins qui, hier soir, nous quitta[1].
Et quand je ne vis plus son beau regard sublime?...
Mais qui pourra sonder l'horreur de notre abîme!
Le feu qui consuma mon âme triste, hier soir,
Éclipsa la flamme brûlant dans l'encensoir.
Du coin de mes yeux, privé de ton visage
Coule un torrent de pleurs : on dirait un orage!
La douleur de l'absence a terrassé mon corps,
Manquant de remède, le mal nous tue : alors?...
Le cœur dit : « En priant, on ne peut pas le joindre;
J'ai passé tous mes jours à prier sans l'adjoindre.
Pourquoi pélériner[2] l'Ihram n'est guère là.
Pourquoi s'évertuer, est vide et nu Marva[3]!
Le médecin me voyant, me dit d'une voix triste :
« Hélas n'espère point que le Canon t'assiste. » [4]
Ami, enquiers-toi de Hâfez, va le voir,
Avant qu'on ne t'informe qu'il s'est éteint le soir.

Notes

1- Khattâ est un nom de ville dans le Turkestan chinois, célèbre pour son musc et ses belles femmes (Charafnameh de Moniri). Hâfez joue sur le mot « khattâ » qui présente un sens double. Il veut dire bévue, faute et tort, en même temps qu'il désigne un nom de ville. Le premier vers de ce distique peut se traduire aussi par « Par quel tort nous trouve-t-il, ce Turc pour prendre le chemin de l'erreur », (ou de la ville de Khattâ). Ferdowsi dit dans ce sens : « Il conquit par les bras des héros armés d'épées, toutes les vastes frontières de Khattâ et de Khotan. » Ce dernier nom, en chinois, « Ho-t'ien », est celui d'une ville en Chine, célèbre pour son travail de la soie, visitée vers 1275, par Marco Polo, et citée dans la poésie comme une ville de belles créatures.
2- Dans le vers de Hâfez il est parlé d'« ehram bastan », voulant dire « porter l'habit blanc des pèlerins », lors du pèlerinage de la Mecque.
3- Hâfez dit textuellement pourquoi effectuer la visite rituelle à la colline de Marwâ quand Safâ (autre colline sacrée) a disparu des lieux. Remarquez que Safâ veut dire aussi pureté et sérénité, ce qui fait que le poète a également voulu dire pourquoi visiter la colline de Marwâ lorsque la sincérité et la pureté l'ont quittée. Hâfez fait encore un « djénass », c'est à-dire, un jeu de mot en ce qui regarde « Safâ ».
4- Il s'agit, ici du « Canon de la Médecine », d'Ibn Sina (l'Avicenne des Occidentaux). Cet ouvrage devint populaire en Europe, et fut enseigné dans les facultés européennes jusqu'au XVIIe siècle.

83

Si ta noire chevelure[1] a commis une faute,
Si ton grain de beauté[2] m'a peiné, peu importe!
Si l'élan de l'amour a brûlé la moisson
Du pieux vêtu de lin[3], peu importe échanson!
Si le méfait d'un roi florissant et prospère
Se montre abusif envers le mendiant, que faire!
La voie[4] est au-dessus des abus, du chagrin,
Si tu es mécontent montre-toi tout serein.
Oh! L'amour en ses jeux exige la largesse,
Peu importe le sort, l'écart et la faiblesse!
Si le cœur s'écrase sous le poids du coup d'œil,
Si entre les amants surgit un trompe-l'œil,
Si un fait sépare deux âmes très éprises,
Peu importe cela, fi de cette méprise!
Les cafards délateurs ont causé tant de mal;
Mais si deux bons amis se fâchent, c'est normal.
Ne blâme pas Hâfez, car dans le monastère
On se montre exclusif, la liberté s'altère.

Notes

1- Dans l'original on lit « cheveux musqués » que nous avons traduits par « noire chevelure ».
2- « Hendou » veut dire indien. L'expression « Khâl hendou » signifie « grain de beauté à l'indienne, placé au milieu du front ou sur la joue ».
3- Dans le texte il y a « pachminé pouche » c'est-à-dire « vêtu de laine », désignant les derviches qui portent des vêtements de laine; le mot « soufi » lui-même veut dire « vêtu de laine ».
4- Le mot « tarikat » désigne la voie par laquelle on arrive au but cherché qui est celle qui mène à la découverte de soi-même, de son « moi » et à Dieu. Cette voie comprend des règles et des rites, des usages et des coutumes permettant au soufi d'atteindre la perfection (kamâl).

84

Échanson apporte du vin le mois de jeûne[1]
A pris fin. Donne donc la coupe à boire, ô jeune
Échanson, car le temps du renom, de l'honneur
De la réputation, du succès, du bonheur,
Est passé. Le beau temps n'est plus, viens qu'on s'abouche :
Oui, toute notre vie a pris fin sans la cruche,
Ni le hanap à boire…Enivre-moi au point
Qu'au fond de mon rêve je ne distingue point
Qui est vraiment entré et qui enfin me quitte.
Et nous qui espérions la gorgée bénite
De ta coupe, t'avons attendu, sans espoir,
Tout en faisant des vœux, le matin et le soir.
Le cœur était bien mort, mais l'âme bien vivante.
Quand l'odeur de son vin l'effleura lancinante.
Le dévot vaniteux et superficiel,
Viveur et jouisseur s'en est allé au ciel.
Mon cœur s'est monnayé pour le vin, or mon âme
Était noire, aussi bien, il s'est rendu infâme.
Jusqu'à quand donc brûler comme du bois d'aloès
Pour toi…Donne du vin, la vie est un kermès.
Ne reprends pas Hâfez, l'homme qui, au passage,
A perdu sa vie sans qu'il devienne sage.

Notes

1- Dans le texte il y a le mot « siam » désignant le jeûne. Ce mot dérive du syriaque « soma », qui a le même sens. « Mahé siam », ou le « mois de jeûne », désigne le mois Ramadan, le neuvième mois de l'année lunaire.

85

Sans nous laisser goûter au nectar de sa bouche
        Vermeille, il partit[1].
Et sans nous faire voir son beau visage farouche
        Splendide, il rompit[2].
Il partit tout blasé de mon long entretien
        On eut dit qu'il fuit.
Il se mit en route, si preste, aérien!
        Or rien n'y fit!
Ni notre « fâtéha[3] » et ni le phylactère,
        Ni notre air confit,
Ni la Sourate « Ikhlâs »[4], ne tardèrent guère
        Son départ subit.
On vint nous annoncer qu'enfin tu daigneras
        Nous revoir, fortuit :
On n'entendit jamais ni ta voix ni tes pas
        Car tu t'es dédit.
Et il se pavana, en son monde de grâce,
        Sublime, il partit.
En son roseraie nous n'eûmes pas de place,
        Hélas! Quel dépit!
Comme Hâfez, tous les soirs, nous n'eûmes que des yeux
        Pleurant, sans répit.
Hélas! Nous ne pûmes, lui faire nos adieux,
        Pour nous tout finit.

Notes

1- Il s'agit du guide spirituel, du « ghotb », qui entreprend un voyage.
2- Dans le texte, il y a « visage lunaire ». Les poètes iraniens et orientaux comparent une ravissante et belle figure humaine à la face ronde de la pleine lune.
3- La sourate « fâtiha » ou la sourate « Hamd » est la première du Coran qu'on récite en certaines circonstances, soit pour conjurer un mal qu'on redoute, soit pour la paix des morts.
4- La Sourate « Ikhlas » où on dit la phrase « Ghol hovallah ahad » qui signifie : « Dis, Dieu est unique ».
Nous avons essayé, dans cette ode, d'imiter la versification à rime unique. Il est, certes, difficile de rendre en français cette manière de composer un poème, mais nous l'avons quand même entrepris pour donner une idée sur la manière de composer une ode qui souvent est monorime. Cependant un vieux poète français, Collin d'Harleville a composé un poème de 17 vers, terminés tous par la rime « ment ».

86

Échanson approche, l'ami ôte son voile,
La fortune au reclus resourit et s'étoile.
Le cierge ravivé resplendit ses beaux traits,
Et ce vieillard âgé a repris ses attraits.
L'aimé se pavane et la piété s'envole;
La faveur de l'ami, de l'ennemi frivole,
Radoucit la haine…Prends garde à ce fiel
Semblable à la pistache confite dans du miel[1].
Le poids du grand chagrin écrasait, et sans peine,
Terrassant notre corps…Un Christ à la pure haleine
A été envoyé par Dieu, le Tout-Puissant,
Qui nous a délivrés de ce poids harassant[2].
Les tailles, les têtes, émules de la lune,
Du soleil, te voyant ont pâli une à une.
Et les sept coupoles retentissent du chant[3] :
« Pauvres à la vue courte à qui tout est néant! »
Hâfez qui t'a appris ces vers que la chance
A sertis dans l'or pur avec tant de puissance.

Notes

1- Le poète compare la bouche de l'injuste, juge ou prévôt, à du fiel, à une pistache faussement confite dans du miel.

2- Pour alléger ou pour guérir complètement le chagrin terrassant le corps et le cœur de l'épris, Dieu a envoyé un autre guide dont le souffle, comme celui de Jésus, fait des miracles.

3- Le chant d'amour retentit dans le monde et s'adresse aux hommes terre à terre, profanes et nageant dans la négligence.

87

Ta grâce jointe encor à tes traits, champion,
Ont conquis l'univers… Oui, avec l'union
On pourrait conquérir l'univers tout entier…
Un cierge divulguait le secret familier
Du cloître… Dieu merci, la pointe de sa mèche
Fut alors raccourcie par le feu qui l'émèche.
Cette flamme secrète enfouie en mon cœur
Est un soleil brûlant qui brille plein d'ardeur.
Dans le ciel, la rose, s'avisait de décrire
Le teint et le parfum de l'aimé et tout dire,
Mais ses mots en sa gorge furent étouffés
Par le courant du vent, hachés et essoufflés.
Calme, tel le compas je traçais, comme un chantre,
Un cercle, mais le sort me rejeta au centre.
Et ce jour-là l'amour de la coupe de vin[1]
Me brûla quand je vis le visage divin
De l'échanson…J'irai tout heureux voir les mages[2]
À cause de ces troubles endeuillant les parages.
Prends du vin car celui qui médite à sa fin
Oublie ses petits maux, non la coupe de vin.
Le sang des fleurs rouges sur la rose éclate :
Celui qui a compris prend du vin écarlate.
Hâfez, comme l'onde, tes poèmes sont aimés
Comment peut-il le faux les cingler et blâmer.

*Note*s
1- Dans l'original on lit : « le feu de la coupe brûla ma moisson de blé… ». Cette expression veut dire « me ruina, me perdit, m'égara… ».
2- Dans le texte il y a « kouyé moghan », ou le quartier des mages, la rue des mages pour dire le « cabaret ».

88

Le vieux de Canaan[1] a dit un mot sensible :
« L'absence de l'idole fait un mal indicible ».
L'effroi du jour dernier que décrit le prêcheur
N'est qu'une allusion au départ du lâcheur.
Je demande au passant l'adresse de l'idole :
Tout ce qu'il dit le zéphyr le hache et batifole.
Hélas! Car mon aimé infidèle, inconstant,
A très facilement laissé ses assistants!
J'obéis maintenant, merci à l'adversaire,
Mon cœur aime souffrir et poursuit son calvaire.
Chassez le vieux chagrin avec un vin ancien :
Oui, le bon remède réside en ce moyen.
Ne te lie au vent bien qu'il aille à ta guise,
Il dit à Salomon le mot dur qui dégrise.
Du chemin que tu suis ne dévie un instant :
Qui t'a dit que ce Zâl a laissé son Dastân[2]
Ne révoque en doute ce que te dit le maître,
Et en bon serviteur, suis-le de tout ton être.
Qui prétend que Hâfez est sorti de ta loi?
Oh! Qui m'en accuse, qui le dit est sans foi.

Notes

1- Le mot « pir » veut dire, vieux ou vieillard. On l'emploie dans différentes expressions, par exemple « pir sarandib » désigne Adam, le premier homme, « pir tarighat » (le vieux de la voie) désigne le guide spirituel, « Pir zâl » se dit d'un homme très âgé, « pir falak » (le vieux du firmament) désigne Saturne, « pir moghan » est le cabaretier, et « pir Cana'an » (le patriarche de Canaan) désigne Jacob, père de Joseph.

2- Zâl, l'albinos, roi du Zabolistan est le père de Rostam, héros d'une force extraordinaire, champion chanté dans le « Livre des Rois » de Ferdowsi. Dastân est une épithète qu'on applique à Rostam et veut dire « homme plein de finesse ».

89

Ciel, fais en sorte que l'idole[1], saine et sauve,
Me revienne, fidèle, et des blâmes me sauve.
Donnez de la poudre foulée par son pied,
Pour que je saupoudre mes deux yeux comme il sied.
Au secours! De six points on m'accule, on m'assaille :
Vois ses mouches, ses traits, son visage et sa taille!
Aujourd'hui, que tu m'as prodigué tes faveurs,
Demain sur ma dépouille à quoi servent les pleurs?
Ô toi pour qui l'amour n'est qu'un vain sortilège,
Je te laisse à ton sort, que le ciel te protège!
Derviche ne gémis point des coups de l'amant :
Il rançonne ses morts, dans le sang les traînant.
Brûle ton froc car l'arc du sourcil de l'idole
Fait crouler du prêcheur toute sa parabole.
Jamais je ne voudrais gémir de tes rigueurs :
Les abus de l'aimé sont aussi des faveurs.
Hâfez ne cessera de louer tes frisures,
Dont la chaîne s'étend sans fin, sans brisure.

Notes
1- Le poète prie Dieu que son initiateur qui est absent, peut-être en voyage, revienne sain et sauf, pour mettre fin au bavardage des profanes sur son départ.

90

Ô huppe[1] zéphyrienne[2] en Sabâ[3] je t'envoie,
Oui, regarde-la bien, elle est longue ta voie.
Cet oiseau féérique est trop beau pour ce sol :
« Je t'envoie d'ici, à ton nid, prends ton vol. »
La voie de l'amour ignore les distances,
Je te vois sans fard et, je t'adresse mes stances.
Ce sont des hymnes purs que je t'offre, sans fin,
Sur l'aile du zéphyr chaque soir et matin.
Et pour que ta légion de chagrins et de peine
Ne consume mon cœur, la terre et le domaine,
Je t'offre ma vie comme un butin précieux,
Et je te l'adresse, ô prince victorieux.
Toi qui es loin des yeux et cependant tout proche
Du cœur, je te bénis, car tu es sans reproche.
Contemples-en tes traits l'art sublime de Dieu :
Je t'envoie un miroir qui reflète les cieux.
Pour qui ces ménestrels te décrivent? Ma joie?
Ce sont mes beaux « ghazals », mes vers que je t'envoie.
Un sentiment[4] me dit : « Espère en l'avenir,
Patiente avec tes maux, je t'envoie un élixir ».
Hâfez, en notre cercle, on te chante, on t'exalte,
Je t'envoie un coursier, viens donc sans faire halte.

Notes

1- La huppe est un oiseau populaire en Iran. L'apparition de la huppe, en quelque lieu que ce soit, est de bon augure. C'est un oiseau dont le chant particulier annonce la bonne nouvelle.
2- et 3- Hâfez joue sur l'homonyme de « sabâ ». Quand ce mot s'écrit avec la lettre « sad » qui a le son de « ç » désigne le territoire où régna la reine de Sabâ dont le roi Salomon reçut la visite. Mais « sabâ » avec la lettre « sine » qui a le même son, signifie zéphyr. L'oiseau zéphyrien est celui de Sabâ.
4- Dans le texte on lit « hâtef ghéyb » qui est la voix intérieure symbolisée par l'esprit invisible ou « hâtef ghéyb », qu'on entend mais qu'on ne voit pas. Nous avons traduit le mot par « sentiment ».

91

Je te confie à Dieu, loin des yeux mon amour,
Tu as brisé mon cœur, je t'aime sans retour.
C'est lorsqu'on m'aura mis, en linceul, dans la tombe
Que je te quitterai, ô ma douce colombe.
Dévoile le « mihrâb »[1] de ton sourcil sacré
Afin que dès l'aube, je t'invoque à mon gré.
J'irai voir à « Babel »[2] Marout[3], afin que j'obtienne,
Par l'effet des charmes, que tu me reviennes.
Je sens que je mourrai avant toi ; médecin
Infidèle viens me voir, je sens venir ma fin.
J'ai formé cent ruisseaux avec mes pleurs, chère âme,
Pour arroser en moi le germe de ta flamme.
Il[4] a versé mon sang me sauvant des chagrins
De l'amour : je sais gré aux coups d'œil assassins.
Si je pleure en versant des pleurs si pleins d'ivresse
C'est pour que germe en moi le grain de ta tendresse.
Daigne me recevoir pour que mes yeux pleurants
Déversent à tes pieds leurs gemmes, à torrent.
Hâfez, le vin, l'amour, et aussi la débauche
Ne te conviennent pas car tu es sans reproche.

Notes

1- Le « mihrâb » (niche placée au milieu du mur de fond, dans les mosquées indiquait la direction de la Mecque), est voûté, ce qui a induit le poète à comparer la courbure du sourcil de l'aimé à la voûte arquée de cette niche.

2- « Babel » désigne Babylone.

3- Dans une admonestation aux Juifs, le Coran s'exprime ainsi : « Les fils d'Israël ont suivi ce que leur communiquaient les démons sous le règne de Salomon. Salomon ne fut pas incrédule, mais les démons le furent, ils enseignaient aux hommes la magie et la sorcellerie par l'entremise des deux anges « Harout » et « Marout ».

La vue des péchés des hommes avait en effet induit les anges « Marout » et « Harout » à formuler des remarques désobligeantes sur les humains. Les deux anges acceptèrent de la part du Tout-Puissant de faire mieux que Lui. Ils descendirent donc sur la terre, leur étant interdit toutefois de se livrer à des péchés graves : l'usage du vin, la fornication, le meurtre et surtout l'idolâtrie.

Cependant les deux anges s'éprirent d'une femme dont la beauté les éblouissait. Pris sur le fait du moment où celle-ci leur accordait ses faveurs, ils tuèrent la femme parce qu'elle était un témoin indésirable. Mis par Dieu en demeure de choisir un châtiment dans le monde et une peine éternelle dans l'enfer, ils préférèrent expier ici-bas. Ils furent mis en prison, dans un puits, pendus par les pieds, à Babylone.

4- Le pronom personnel « Il » désigne le pôle de Hâfez, son guide spirituel.

92

Mon émir ta démarche est celle des seigneurs,
À t'attendre, incertain, je m'étiole et je meurs.
Oui ta grâce, en marchant, se rend plus opulente,
T'admirant, je passe par la mort rude et lente[1],
Tu m'avais dit un jour : « Peux-tu mourir pour moi? »
Tu avais ajouté : « Comment, quand? ». Mais pourquoi
Cette grande hâte, tes questions sont badines.
Je mourrai bien avant que tu ne l'imagines.
Je suis un amoureux à l'esprit embrumé,
Échanson, où est donc l'être aimé?
Dis-lui qu'il avance de sa touche si belle
Qu'en voyant sa taille j'expire devant elle.
J'ai vécu ma vie, abattu besogneux,
J'aspire à son regard, mourant devant ses yeux.
Sa lèvre vermeille remédie ou affole :
Rétabli ou blessé, je meurs pour mon idole.
Quel air gracieux, mon Dieu, et que le mauvais œil,
T'épargne…je voudrais trépasser sur ton seuil.
La place de Hâfez n'est pas en ta demeure,
Mais il te suit partout, aujourd'hui, à toute heure.

Notes

1- Nous avons de nouveau traduit ces deux vers par deux distiques (4 vers) pour pouvoir rendre tous le sens des deux vers.

93

Le bout de votre plume, ô bonheur! Quelle chance!
Rappelle mon service à votre bienveillance[1].
La pointe du « kalam »[2] trace un mot de salut[3]
Que le Ciel tourne et tourne, qu'il te paie tribut.
Ce n'est par erreur que tu me remémores,
En épelant des noms, te trompes-tu encore?
Ne me sache pas gré de ton si grand succès,
Le bras de l'Éternel te permet ce progrès.
Viens, avec tes frisons, je passe un protocole,
Et leur fais l'offrande de ma tête, ô idole.
Ton cœur ne connaîtra le mal qui lui arrive,
Que quand des tulipes auront poussé, vives,
Du sol rouge du sang qui les fait fleurir.
C'est là que nous, pour toi, sommes venus mourir[4].
Étanche donc la soif de notre âme mesquine
D'une gorgée d'eau de Jouvence, eau divine
Que prit dans la coupe de « Djam », Khezr, laquelle
Donna à ce dernier la vie immortelle[5].
Tu as su insuffler au cœur las, en naufrage
De Hâfez une vie, une ardeur sans nuage.

Notes

1- Hâfez laisse entendre qu'il écrit, de nouveau, à un sien ami, qui pour une raison quelconque non précisée, ici, avait tardé à lui donner de ses nouvelles.

2- Le « kalam » est la plume de roseau taillé.

3- Le « salut » veut dire dans ce vers le « salam », marque de civilité donnée en saluant.

4- Ce distique (2 vers) a été rendu par deux distiques (4 vers) pour que la traduction en fut complète.

5- Selon certains ouvrages anciens « Khezr » aurait été l'un des prophètes d'avant l'ère chrétienne et l'un des compagnons de Moïse. Il aurait pris de l'eau de Jouvence dans la coupe de Djam et acquis la jeunesse éternelle

    Le mot « Jouvence » n'est usité en français que dans les expressions de « Fontaine de Jouvence », fontaine et eaux fabuleuses, auxquelles on attribuait la vertu de rajeunir. Selon de nombreux auteurs latins « Juventa » nymphe d'Italie, aimée de Jupiter, dit la Mythologie latine, fut changée en une fontaine qui avait la propriété de rajeunir ceux qui s'y baignaient. Dans les romans du Moyen-Âge, la Fontaine de la Jouvence, douée de la même vertu, joua un rôle immense. Les chevaliers errants la cherchèrent en vain à travers le monde.

    C'est donc en buvant de ces eaux miraculeuses que « Khezr » aurait trouvé une jeunesse qui ne finit jamais. Le prophète, dit encore la légende se serait fixé pour mission de secourir et de guider dans le désert ceux qui s'y seraient égarés.

94

Mes « mercis » à l'ami ignorent le faux-jour :
Saisis donc mon récit si tu comprends l'amour.
Très désintéressés ont été nos services :
Préserve-nous, mon Dieu, des ingrats, des sévices!
Qui donnera à boire aux buveurs incompris?
On dirait que les pieux ont quitté le pays[1].
Ne te prends pas, ô cœur, à sa boucle en taillade :
Tu y verras tranchés, des chefs purs... son œillade,
Ses yeux charmeurs ont bu tout mon sang à dessein;
Il ne sied point, chère âme, épauler l'assassin.
J'ai perdu ma voie en ces nuits tristes, noires,
Fais-toi voir, bonne étoile, mets fin à mes déboires.
Partout où je porte mes pas loin de ton seuil,
Je vois mon alarme s'accroître à vue d'œil.
Garde-toi du désert, de cette longue route
Qui se poursuit sans fin, qu'on craint et qu'on redoute[2].
Ô prince des bontés, un feu brûle en mon cœur,
Rien qu'une heure mets-moi à l'ombre, ô seigneur!
Où conduit ce chemin? Nul ne pourrait le dire?
Car cent mille relais l'embrouille, à vrai dire.
Malgré tes offenses, je dirige mes yeux
Vers ton seuil car l'affront d'un ami vaut bien mieux,
En ce monde grouillant de sournois, de vipères,
Que les égards voyants, les respects des faux frères[3].

Notes

1- Les gens qui ignorent ce que c'est un pieux personnage ont quitté ce pays, le Fârs, cette ville, Chirâz. Qui sont ces pieux personnages? Ce sont justement les buveurs, les derviches épris.

2- et 3- Ces deux distiques ont été étendus, chacun, par quatre vers.

95

L'odeur de tes frisons m'enivre constamment,
Le charme de tes yeux me trouble à chaque instant.
Mon regard ne pourrait que se réjouir, guide,
À voir l'arc sacro-saint de ton sourcil splendide.
Ton regard m'est très cher, car dans sa pureté,
Il me rappelle aussi ton grain noir de beauté.
Si tu veux à jamais embellir ce bas monde,
Dis au vent d'enlever ton voile une seconde.
Si tu veux, en ce monde, donner le coup de grâce
Au néant, dis au vent de dévoiler ta face.
Afin que tes frisons, un à un, laissent choir
Mille âmes de leur bout, comme d'un encensoir[1].
Et moi et le zéphyr, nous sommes deux nomades
Égarés au désert, tout à la débandade :
Moi ivre de tes yeux, déprimé et à jeun,
Lui ivre, chancelant de ton troublant parfum[2].
Quel zèle que le tien, Hâfez; dans les deux vies
Tu n'auras que sa poudre en ta vue ravie.

Notes

1- Ce distique qui présente une saisissante image, originale et hardie, a été rendu par quatre vers.
2- Le poète personnifie, ici, le zéphyr. Ce distique, comme le précédent, est exprimé par quatre vers au lieu de deux.

96

Notre mal n'a guère de remède, au secours[1]!
Notre exil est sans fin : il durera toujours!...
Ces beautés nous ont pris la foi, puis l'existence,
Contre leur mal, ô Ciel donnez votre assistance!
Ces splendeurs exigent notre vie et nos jours
En contrepartie d'un baiser : au secours!...
Ces charmeurs dont le cœur est dur et sans pitié[2]
Nous ont bu tout le sang : Musulmans charité!...
Jour et nuit, notre Hâfez, sans soutien, en disgrâce,
Gémit amèrement : pitié, ô ciel, de grâce!...

Notes

1- La locution « al ghiâce » veut dire « au secours! », « miséricorde! », « pitié! », « aidez-nous! », est répétée comme rime unique à la fin du premier distique et du deuxième vers des distiques suivants.

2- « Kâfer » signifie impie, infidèle, mécréant, sans foi… « Kâfer délan » désigne les gens au cœur impie, au cœur dur et sans foi.

97

Tu es la couronne des belles : c'est l'usage
Qu'elles payent tribut et te rendent hommage.
Tes deux yeux ont troublé l'Éthiopie et Khattâ[1],
À tes frisons cèdent la Chine et Calcutta.
L'éclat de ton visage émerveille et stimule,
L'ombre de tes boucles ressemble au crépuscule.
La grâce de ta bouche éternise nos jours[2],
Tes lèvres si douces sont faites pour l'amour[3].
Je ne guérirai point de cette maladie,
Si par ta tendresse tu ne la remédie.
Mais pourquoi brises-tu, idole de mon cœur[4],
Ce cœur plus fragile que le verre : ô douleur!...
Ta lèvre confère une vie éternelle[5],
Ta bouche[6], une sève aussi sempiternelle,
Ta taille est un cyprès, ta ceinture un cheveu[7]
Et ton corps aussi blanc que l'ivoire, par Dieu!...
Si tu avais mon Dieu, peu ou prou de tendresse,
Hâfez pourrait te voir, ô ma douce princesse!...

Notes

1- Dans le texte on lit : « L'Inde et la Chine ».
2- Dans l'original il y a : « Eau de Khezr », qui donne la vie éternelle. Khezr est le prophète Élie (Éliace selon la Bible).
3- Dans le texte on trouve : « Tes lèvres sont plus douces que le sucre d'Égypte. »
4- Le texte dit : « Djâné man », forme vocative voulant dire « ô ma vie ».
5- Dans le texte : « Ta lèvre est un Khezr », personnage dont nous avons déjà parlé et qui aurait pris de l'Eau de Jouvence. Il est le patron des gens égarés dans le désert.
6- Dans le texte il y a : « Ta bouche est une eau de vie (« âbé hayât », autrement, âbé heyvân »).
7- Les poètes orientaux comparent une taille svelte au cyprès et la ceinture fine à un cheveu ténu.

98

Si selon ta doctrine il est bon de répandre
Le sang des amoureux, répands-le sans attendre,
Car ce qui nous agrée, à nous, tes amoureux
C'est de nous conformer constamment à tes vœux[1].
Tes boucles d'ébène ont été enfantées
Par l'art du Créateur de nos nuits enchantées,
Et ta face opaline est ce qu'Il fit de mieux,
Quand l'aube de ses traits illumina les cieux.
Nul n'échappe au lasso de ton frison subtil[2],
Aux traits de tes yeux, à l'arc de ton sourcil…
Quel marin passera, à la nage, la nappe
Torrentielle et vaste qui de mes yeux échappe?
Ta lèvre, Eau de Jouvence, affermit notre cœur
Contre les angoisses : ô divine liqueur!
Il faut cent prières pour qu'enfin tu me donnes
Un baiser, et mille autres, afin que tu te donnes.
Et tant que se suivront l'aube et l'obscurité,
Mes lèvres prieront mon amour exalté.
Ne demande à Hâfez, ni repentir, ni zèle,
Peut-on en demander au fou même fidèle?

Notes

1- Ce distique et le suivant ont été rendus par quatre vers (avec deux distiques chacun) pour qu'ils soient intégralement traduits et aussi pour plus de clarté.
2- Les poètes persans, et en général orientaux, comparent les boucles de cheveux de l'aimé au « lasso » et, dans le vers suivant, la courbe du sourcil à un « arc » et le regard des yeux à une flèche.

99

Mon cœur en l'entourage épars de Farrokh[1]
Rappelle les cheveux tout flottants de Farrokh.
Et sa tresse indienne est la seule, la seule,
Qui ait pu caresser le visage de Farrokh.
Le nègre[2] est bien heureux d'être, continuellement,
Le seul confident, à genou, de Farrokh[3].
Et le cyprès se sent un saule tout tremblant
En voyant la taille si svelte de Farrokh.
Échanson, verse-moi de ce vin purpurin
Afin de boire au nom[4] enchanteur de Farrokh.
Ma taille est arquée par un constant chagrin
Comme l'arc du sourcil si gracieux de Farrokh.
Or la brise qui sent l'essence des Tartares[5]
Rougit de honte au vu des frisons de Farrokh.
Si le cœur de chacun sent l'appel de quelqu'un,
Le mien est attiré par celui de Farrokh.
Je servirai celui qui, semblable à Hâfez,
Se fera l'esclave docile de Farrokh.

Notes

1- Cette ode est composée à la louange d'un personnage, ami intime de Hâfez, appelé « Farrokh ». La rime est unique dans cette ode, et nous l'avons adoptée telle qu'elle se présente dans le texte original pour donner une idée de la manière de composer en Orient.
2- Il s'agit de l'esclave nègre du personnage en question.
3- « Farrokh » est un nom propre d'homme en même temps qu'il peut être un adjectif voulant dire : fortuné, heureux, prospère, beau. Hâfez joue sur le mot et le nom propre avec une extraordinaire virtuosité.
4- Dans le texte il y a : « Aux yeux enchanteurs de Farrokh ».
5- Les parfums des Tartares furent célèbres. D'origine turque, descendants des Mongols de la Horde d'Or, les Tartares ou Tartars, s'établirent au XIIIe siècle sur le cours moyen de la Volga et fondèrent le khanat de Kazan. Ce pays fut célèbre pour l'exportation de ses précieuses essences.

100

Hier le vieux tavernier dit : « Prends du vin, prends du vin,
Fais mourir en ton cœur la peine et le chagrin ».
Je dis : « Le vin salit, abaisse, et cætera ».
Il dit : « Suis mon conseil, advienne que pourra »[1].
Comme tu dois quitter tes biens, bénéfices et pertes,
Laisse donc tes soucis, c'est le plus sage, certes.
Si le monde est néant, prends du vin, ô terrien,
Dans un monde où le trône de Salomon n'est rien[2].
Si l'avis des sages ne te fait pas envie
Coupons court, Hâfez : adieu et longue vie!

Notes

1- Ce vers rappelle le proverbe : « Fais ce que tu dois (ici bois du vin), advienne que pourra ».
2- Ce distique semble évoquer les vers de Ronsard (Hymne à la mort) :
   Si les hommes pensaient, à part eux, quelquefois,
   Qu'il nous faut, tous mourir, et que même les rois
   Ne peuvent éviter de la mort la puissance,
   Ils prendraient en leur cœur un peu de patience...
   Sommes-nous plus divins qu'Achille ni qu'Ajax,
   Qu'Alexandre ou César, qui ne surent pas
   Défendre du trépas, bien qu'ils eussent en guerre,
   Réduit sous les mains, presque toute la terre? »

101

Le vin, la ripaille? C'est une chose bonne
Pour les fines mouches…Que le ciel me pardonne!
Rassérène ton cœur, fi donc du ciel tournant[1]
Nul ingénieur n'a pu défaire à l'avenant
Ce nœud…Ne t'étonne pas des avatars du monde :
Il en a vu bien d'autres[2] sur cette mappemonde.
Tiens poliment la coupe, faite du crâne humain
Des rois tels que Djamchid[3], et Ghôbad[4] et Bahmane[5].
Et le roi Key Kâvous, qu'est-il donc devenu?
Qui sait comment l'éclat de Djam a disparu?
Aspirant ardemment aux lèvres de Chirine[6]
Farhad faisait pousser des tulipes sanguines.
Sachant l'inconstance du frivole destin
Elle se fit « coupe »[7] chaque soir et matin.
Viens, viens donc, compagnon, nous enivrer une heure,
Et vivre fortuné d'ici à la male heure[8].
Ils ont mis le holâ, à mon départ : Allah!
Le cours de Roknâbâd le vent de Mossallâ[9].
Bois du vin, Hâfez, au son de la lyre,
Blotti en ton cocon, meurs avec le sourire.

Notes

1- Il fait allusion au dôme céleste.
2- Il a vu bien d'autres choses étonnantes.
3- Djam est le diminutif de Djamchid, roi mythique de l'Iran de la quatrième dynastie des Pichdâdians. Il a également le sens de grand roi.
4- Roi sassanide qui monta sur le trône grâce au général Zarmihr.
5- Souverain iranien. Ce mot désigne, de même, le onzième mois de l'année solaire coïncidant avec le mois de janvier.
6- Chirine, favorite chrétienne du roi sassanide Khosrov Parviz (en pahlavi, Abharvaz mot qui veut dire le « victorieux »). Khosrov l'avait épousée au début de son règne. Elle n'abandonna pas le roi durant les heures qui précédèrent son assassinat. Des légendes se sont formées sur les amours de Khosrov Parviz et de Chirine. Après l'occupation de l'Iran par les Arabes, le premier texte en langue arabe qui mentionne Chirine et ses amants est la « chronique » de Tabari. On lit dans son adaptation en persan par Bal'ami à ce sujet : « Farhad tombe amoureux de Chirine. Le roi punit cet homme en l'envoyant extraire des pierres à Bissotoun. Désespéré, Farhad se serait précipité du haut de la montagne et se serait tué par amour pour Chirine. Ferdowsi et Nézami ont célébré ces amours aussi connus en Iran que Roméo et Juliette, Tristan et Iseult, en Europe.
7- Farhad fit pousser des tulipes écarlates de ses larmes. Une tulipe ressemble à une « coupe ».
8- À la male heure signifie au moment de la mort.
9- Les Roknabad et Mossallâ que Hâfez cite dans ses odes. Le premier est un cours d'eau et le second un vaste lieu de prière publique en plein air. Le Roknabad prend sa source au pied de la porte d'Allah Akbar, « Porte du Coran » d'où l'on découvre soudain la beauté de Chirâz en venant d'Ispahan et qu'on ne peut ne pas pousser l'exclamation « Dieu est grand » ou (Allaho Akbar). Le poète dit dans une de ses odes : « Verse donc, échanson, du vin rouge qui reste
Car tu ne peux trouver, au paradis céleste,
Ni la fraîche allée du divin Mossallâ,
Ni les bords verdoyants de Roknabad : Allah!
    Hâfez personnifie dans l'ode Roknabad et Mossallâ disant qu'ils lui interdisent de les quitter et de s'éloigner de Chirâz.

102

Hier dans la soirée, le zéphyr m'a remis
De l'aimé éloigné le message promis.
Je livrerai aussi mon cœur à la rafale,
Advienne que pourra, oui tout m'est bien égal[1]…
J'en suis venu au point que, comme confident,
J'ai l'éclair du couchant, la brise et le vent.
Claustrée en ta boucle, mon âme, ta victime,
Ne se rappelle plus sa demeure intime[2].
Je sais gré, aujourd'hui, aux bons conseils des morts,
Que Dieu leur prodigue, la paix, le réconfort!...
Mon cœur pleure, et je pense à toi, ô fleur éclose,
Quand le vent délie le bouton de la rose.
Mon être débile allait mourir enfin :
Il se remit à l'aube, en sentant ton parfum[3].
Ton bon cœur, ô Hâfez, fait ton succès, sans doute,
Il sied que les âmes s'immolent pour toi, toutes…

Notes

1- Ce distique a été rendu par quatre vers.
2- La demeure de Hâfez est le monastère où se déroule l'ascèse.
3- L'effet puissant du parfum opère des miracles.

103

Qu'il est doux le rappel des beaux jours où, unis
On s'aimait tendrement : ô souvenirs bénis!...
Le chagrin comme un fiel altère tout mon être
En rappelant les jours, de joie et de bien-être.
Bien que mes vieux amis ne pensent plus à moi,
Mais en me les rappelant, j'ai le cœur plein d'émoi.
Je me sens assailli de malheurs et de peine :
Bénie soit la main secourable et humaine!
Cent rivières coulent[1] constamment de mes yeux
Que la pluie tombe pour les planteurs, des cieux!
Ton secret, ô Hâfez, tu n'as pu le dire :
Quel malheur si celui des gens discrets transpire[2] !

Notes

1- L'exagération fait partie intégrante de la poésie orientale. Elle est admise et même recommandée comme art littéraire.
2- Les mystiques sont tenus de ne pas divulguer les secrets de l'arcane. Ceux qui le font en pâtissent cruellement, comme Hallâdj, qui fut condamné à mort et exécuté pour ses idées mystiques et à cause de ses prédications publiques.

104

Ta beauté attire, comme un astre, les yeux,
Et grâce à ta bonté, tes traits sont plus radieux.
Que sous ta serre d'aigle, ô puissant gypaète[1]
Le cœur des souverains soit ta bonne conquête.
Celui qui ne dépend de ton frison voilé,
Que son commerce s'emmêle et qu'il soit désolé.
Mais celui qui n'est pas épris de ton visage
Qu'il meure de chagrin et qu'en son sang il nage.
Lorsque du coin de l'œil tu décroches des traits,
Que mon cœur tout meurtri, soit ta cible, ton jouet.
Quand tes lèvres vermeilles[2] accordent un baiser
Mon être sent qu'il va se griser, s'embraser.
Chaque instant tu fais don d'une tendresse nouvelle,
Que chaque heure ta splendeur soit plus grande, plus belle.
De toute son âme, Hâfez, voudrait te voir
Fais donc cas de ceux qui aspirent à t'avoir.

Notes

1- Homa est le gypaète, totem des Achéménides; le mot « homayoun » voulant dire « majesté », en est dérivé.
2- Dans le texte on lit : « Quand ton rubis », pour désigner les lèvres du guide spirituel.

105

Si donc le soufi[1] boit avec mesure, soit,
Sinon qu'il renonce, et qu'il se morde les doigts...
Celui qui de ta part me versera à boire,
Qu'il tienne en ses bras, son aimé, sa victoire,
Sinon le Guide; est pure toute œuvre d'Allah,
Vive donc l'élégant aux habits de Khattâ[2].
Le roi des Turcs admet le blâme et le reproche[3],
Honni soit le bourreau qui occit Siavoche[4].
Bien que l'arrogante ne me dît un seul mot
Je donnerai mes jours pour un discret bécot[5].
Mes yeux comme un miroir reflètent sa figure,
Mes lèvres enlèvent des baisers : ô gageure!
J'admire ses deux yeux, pleins de langueur, soit...
Mais si elle absorbe notre sang, quelle loi!
Hâfez est bien connu comme ton valet servile.
Ta boucle de cheveux est son anneau, civile!

Notes

1- Le mot « soufi » désigne le mystique de l'Islam. Il découle de l'arabe « souf », voulant dire « laine » à cause du vêtement de laine de ces ascètes.

2- Le poète joue dur le mot « khattâ » qui veut dire erreur, faute et sur son synonyme « Khattâ » qui doit être l'ancienne province de « Ho'T'Ien » ou Hétian du Turkestan produisant des étoffes de soie, d'où l'expression du poète faisant allusion au roi des Turcs (ou Touraniens) qui selon l'histoire mythique iranienne fit injustement verser le sang de Siavoche, son gendre, un Iranien.

3- Afrasiab, ennemi déclaré des Iraniens, est le roi des Touraniens.

4- Siavoche est le fils du roi mythique Key Kavous, insidieusement accusé par sa belle-mère d'avoir voulu la soumettre à ses désirs. Il se justifie par l'épreuve du feu, celle de l'ordalie.

Ayant battu les Touraniens avec l'aide de Rostam, leur roi Afrasiab demanda la paix, demande à laquelle Siavoche concéda. Key Kavous refusant de ratifier le traité conclu par son fils, celui-ci après avoir rendu les otages décida de passer dans le camp des Touraniens, trouvant indigne d'un prince kiyanide la rupture d'un pacte.

Afrasiab lui fit bon accueil et lui donna sa fille Faranguiz en mariage. Devenu l'époux d'une princesse touranienne, celle-ci lui donna un fils, le futur Key Khosrov.

Accusé faussement d'insoumission par un félon, Siavoche fut exécuté par ordre de son beau-père. Ces indications sont utiles pour la compréhension des odes de Hâfez qui fait souvent allusion aux rois mythiques de l'Iran.

5- Dans le texte il y a « pour sa discrète pistache », ce fruit entrouvert représentant pour les poètes, la bouche de l'idole.

106

Que ton corps soit exempt des soins de médecin,
Que ta trame si fine ignore le déclin.
La santé des mondes dépend de la tienne :
Que nulle maladie en ton être ne vienne.
La beauté de tes traits est louée partout,
Que ton corps ne soit triste et ton cœur soit absout.
Lorsque dans ce pré vert ravagera l'automne
Qu'il épargne le pin et sa taille mignonne.
Là où ta majesté se mit à éblouir,
Il n'y a plus de place pour jaser, enlaidir!
Celui qui te regarde avec un œil infâme,
Qu'il brûle sur le feu comme la rue sur la flamme[1].
Cherche ta guérison dans l'ode de Hâfez,
À quoi te servirait le candi, le kermès[2]?

Notes

1- On brûle la semence de « rue » des prés sur le feu afin de détourner l'effet du mauvais œil sur quelqu'un.
Cette plante est également utilisée comme emménagogue. Les fleurs sont jaunes et les feuilles sont divisées et toute la plante a des poches à essence dont l'odeur est forte et le goût amer.
On croit, en Iran aux effets néfastes du mauvais œil et l'on brûle de la semence de rue sauvage sur l'homme, la femme ou l'enfant que cet effet néfaste afflige. Les beaux enfants, un beau cheval, une belle femme peuvent faire l'objet du mauvais œil. Quand on loue quelqu'un on ajoute « machallah » pour éloigner l'effet du mauvais œil.
2- Dans le texte il y a : « l'eau de rose, le sucre ».

107

Que ta grande beauté nous tienne sous son charme,
Que ta face, chaque an, nous fasse fondre en larmes.
Et les yeux qui n'ont pas des tiens l'éclat brûlant,
Il sied que leurs larmes soient des gouttes de sang.
Que ta voix pour charmer le cœur des hommes, certes,
Soit fertile en magie, en alchimie experte.
Tout cœur qui palpite d'amour et pense à toi,
Qu'il se trouble d'angoisse et déborde d'émoi.
Que la plus belle taille en ce monde défaille
Se réduisant en « noun[1] » devant ton « I » sans faille.
Le cœur qui n'est guère rempli de ton amour,
Qu'il soit à jamais exclu de ce séjour.
Que ton rubis[2] si cher à Hâfez, le profane,
Ne soit jamais offert aux féaux d'Ahrimane[3].

Notes

1- Dans le texte il y a : « Se transforme en « noun », lettre arquée persane (l'équivalente de la lettre française « n »). Devant la lettre « aleph » qui correspond à la lettre française « a », l'aleph de la taille de l'aimé est droite, la lettre persane « aleph », étant droite comme un « i ».

2- Les lèvres vermeilles sont comparées au rubis, pierre précieuse, transparente et d'un rouge vif, nuancé de rose, de pourpre, teintes qui s'adaptent aux lèvres aussi. C'est la comparaison qui ne choque pas le lecteur européen.

3- Ahrimane est le prince du mal, opposé à Ormuzd, le prince du bien et de la lumière, dans la religion zoroastrienne.

108

Ô Khosrov[1], que le ciel soit la boule à ton mail,
Que l'Univers devienne, ici-bas, ton sérail.
La dame Victoire[2] de ton geste est éprise,
Et que sur l'Univers s'exerce ton emprise.
Ô toi Mercure[3] relate les exploits
Que le Grand Esprit[4] soit, ton chancelier, de droit[5],
La très svelte « Toubâ » de ta taille est jalouse[6],
Que le beau paradis devienne ta pelouse.
Les bêtes, les plantes, aussi les autres ordres,
Que tout, en ce monde, soit aussi à tes ordres.

Notes

1- Cette ode aurait été composée à la louange de Châh Mansour que le poète compare au roi persan mythique, Khosrov.
2- Hâfez personnifie la victoire, en disant « la dame victoire ».
3- Les Persans désignent Mercure par le mot « Otârod ». Ils emploient de même le terme persan « Tir » pour désigner la même planète.
4- « Aghlé Kol » est l'Intelligence absolue, l'âme universelle, Dieu.
5- Les termes « Toghrâ kèche » désigne le chancelier, le fonctionnaire à qui sont confiés les sceaux du monarque.
6- Le mot « toubâ » est le féminin de « tayeb », voulant dire plus pur. La « Toubâ » est aussi l'arbre qui pousse au paradis. Les femmes se donnent également le nom propre de « Toubâ ». Un homme qui aurait une demeure au paradis, qui aurait agréé au ciel se dit « Toubâ Achian », termes voulant dire : « qui a son nid au paradis. ».

109

Depuis longtemps l'Aimé[1], m'a laissé sans message,
Il n'a pas envoyé un salut comme gage
D'amitié. Quant à moi, j'ai écrit mille plis,
Mais mon beau cavalier[2] m'a laissé dans l'oubli…
Il savait que l'oiseau qui gazouille en mon cœur
Serait, s'il m'écrivait, pris en ses rets charmeurs.
Hélas! Mon échanson aux douces lèvres, voire
Saoul, me sachant gris, ne m'envoya pas à boire.
J'ai conté des craques, j'ai fait le rodomont,
Je crie : point d'échos, personne ne répond…
N'objecte pas, Hâfez, sois déférent et sage,
Si le roi au sujet[3] n'envoie de message.

Notes

1- Il s'agit d'un ami que Hâfez n'a pas rencontré depuis des années.
2- Dans le texte il y a « cavalier », celui qui va à cheval étant plus considéré que celui qui va à pied.
3- Dans le texte il y a « esclave ». Un sujet est celui qui est soumis, qui est gouverné. Saint-Exupéry dit que pour les rois, tous les hommes sont des sujets. Les États démocratiques ont des « citoyens » et ceux qui sont gouvernés par un souverain autocrate, ont des sujets.

110

Mon vieux cœur rappelle son amour de jeunesse :
Et son secret intime se trahit, et me blesse.
Le bel oiseau du cœur dans l'air serein, a pris
Son vol…Voyez dans quel piège il est pris!
Hélas! Le porte-musc[1], aux grands yeux d'ébène
Fait suinter du sang à mon vieux cœur en peine.
Le zéphyr sent le musc en soufflant ce matin,
Car il a effleuré tes cheveux de satin.
Lorsque tes cils sortent leurs lames, mon idole,
Un grand nombre de cœurs se dévoue et s'immole.
Nous avons tant souffert en ce monde de pleurs!...
Mais qui s'opposera aux buveurs, quel malheur!
Malgré tous ses efforts le silex ne peut guère
Devenir un rubis car sa nature est pierre.
Hâfez, mon idole, ce soupirant jaloux,
Ne renoncera pas à tes charmes si doux.

Notes

1- Hâfez compare le port de l'aimé à celui aérien du chevrotin et son parfum à celui du porte-musc. Le mâle du porte-musc qui habite les pentes les plus sauvages des monts altiers de l'Asie, porte une glande en forme de sac, placée sous la peau de l'abdomen et dont l'orifice débouche en avant de celui de l'organe génital. C'est pourquoi les poètes iraniens ont pris cet orifice pour le nombril de l'animal. Une sécrétion brune, d'une odeur tenace, d'un extraordinaire pouvoir de diffusion, s'accumule dans cette glande et constitue le musc. La parfumerie utilise le musc, en grande quantité, pour la fabrication de différents parfums.

Zola, dans « Nana » écrit : « Le musc des fards mêlé à la rudesse fauve des chevelures… ». Il y a des mots dérivés de musc, exemples : « muscadin », ou Dandy qui se parfume au musc, « muscat » dont l'arôme rappelle l'odeur du musc, « raisin muscat » qui sent à peu près le musc.

111

Quand ton beau visage brille dans le miroir
Le soufi enivré manque à tout son devoir[1].
Et dès que tes beaux traits se voient dans la glace,
Un grand nombre de rêves voit le jour, fugace.
Toutes ces images de l'idole et du vin
Sont un reflet obscur du charme si divin,
Que la coupe pleine renvoie à sa surface :
Les traits de l'échanson, la beauté de sa face[2].
L'amour discret, profond, fait taire les absous,
Néanmoins leur secret est bien connu de tous.
Je ne vais pas de gré du temple à la guinguette
De toute éternité la chose m'a été faite.
Qui suit le bon cercle du temps, ici-bas,
Doit tracer sa ligne comme un juste compas.
Mon cœur est descendu en ton puits[3] rempli d'ombre
Attaché aux boucles de tes cheveux si sombres,
Mais il en est sorti, ô douleur, rescapé,
Pour tomber dans les rets d'un piège anticipé[4].
Il m'arrive ce qui se trouve en ma retraite :
J'ai là mon échanson, ses lèvres, ma guinguette.
Sous l'arme du chagrin, il faut aller dansant,
Celui qui meurt pour Lui[5] meurt en le bénissant.
Chaque instant qu'il m'accorde a son effet insigne :
Regarde donc ce gueux[6] qui se croit grand et digne.
Le soufi est de taille, même un peu bruyant,
Seul Hâfez, sans raison, est pris pour un truand.

Notes

1- Dans le texte on lit le mot « âref » qui veut dire pieux et sage.
2- Ce distique est rendu par quatre vers, c'est-à-dire par deux distiques pour mieux rendre les détails et les images.
3- La fossette du menton est comparée, ici, à un puits sombre.
4- Ce distique a également été rendu par quatre vers pour plus de clarté.
5- Le pronom Lui désigne Dieu.
6- Dans le texte il y a « mendiant ». Hâfez se désigne par ce terme.

112

Celui qui prodigua à tes traits le carmin,
De la belle rose et le teint du jasmin,
Peut aussi accorder, à moi dans la déveine,
Le courage, le calme et la fin de mes peines[1].
Celui qui enseigna à ses frisons cruels
Le jeu tyrannique de lier les mortels,
Peut généreusement mettre fin, en ce monde,
Au tort immérité qui me frappe et m'innonde[2].
Farhâd m'a assagi, l'amoureux de Chirine[3] :
Il n'atteignit jamais aux lèvres purpurines.
S'il te manque un trésor, sois sobre comme un preux :
Il le donne[4] aux rois, mais rien aux besogneux.
Le monde est une belle, au moins en apparence,
Celui qui la possède commet une imprudence.
J'aspire à la taille de cyprès, au passe-temps,
D'autant plus que le vent m'annonce le printemps.
Le bon cœur de Hâfez tout saignant, en sourdine,
Soupire en l'absence du grand Ghavâmod-Din.

Notes

1- Pour rendre normalement les images que contient ce distique concis, j'ai eu recours à deux distiques, ou quatre vers.
2- Pour la même raison ci-haut mentionnée, j'ai dû traduire le distique par quatre vers.
3- Chirine veut dire « doux ou douce ». Ce nom propre est porté par l'épouse favorite du roi perse Khosrov II, de la dynastie des Sassanides qui régna au VIIe siècle. On a dit que Chirine était la fille de l'empereur byzantin Maurice (donc chrétienne) qui attaqua les Perses (583-591) et restaura Khosrov II, chassé de son royaume, contre compensations territoriales : annexion d'une partie de l'Arménie, de Dara et de Martyropolis. Le vrai nom de Chirine aurait été « Marie » ou « Séréna ». L'histoire des amours de Khosrov et de Chirine, ainsi que l'aventure amoureuse, mais inassouvie, de celle-ci avec Farhâd, un ingénieur du roi, chargé de construire un barrage ou de creuser un canal à Bissotoun, est racontée par Ferdowsi, dans son Châh-Nâmeh (Livre des Rois). Le récit fut repris et développé par Vahchi de Bâfgh (mort en 1846) dans son roman en vers « Farhâdo-Chirine », et par Vassal de Chirâz mort en 1846, dans son roman également intitulé « Farhado-Chirine ». Cette indication s'imposait pour la bonne compréhension des expressions employées souvent par Hâfez où il se compare à Farhâd, creusant un canal avec sa pioche, dans le granit, par amour pour Chirine, mais n'arrivant jamais à avoir accès à sa bien-aimée, ou versant des torrents de larmes à cause de sa séparation d'avec la favorite.
4- « Il » désigne Dieu qui prodigue des trésors aux rois.
5- Hadji Ghavâmod-Din, protecteur de Hâfez fonda pour le poète une école à Chirâz pour que celui-ci enseignât le Coran qu'il pouvait réciter par cœur.

113

La violette, hier soir dit à la rose, si belle :
« Toutes mes frisettes sont le don d'une telle ».
Mon cœur innombrable était un grand trésor,
Renfermant des secrets et des mystères. Or
L'implacable destin en referma la porte,
Et en livra la clef au cœur qui me transporte[1].
Exténué, vieilli, je me porte à ton seuil
Médecin, guéris-moi le cœur en peine, en deuil.
Que le corps reste sain et l'esprit plein de joie :
Il [2] donne d'une main, et de l'autre Il broie.
Va te guérir toi-même, ô donneur de conseils :
Le vin et l'échanson sont des dons sans pareils.
Elle vint, déclarant aux rivaux : « ô déveine!
Hâfez, le pauvre gueux, a fini dans la peine! »

Notes

1- Pour plus de clarté, ce distique a été traduit par quatre vers.
2- « Il » désigne, ici, le Destin, cette force mystérieuse qui élève les déshérités et abat les grands de ce monde : cette sorte de justice immanente qui règne et semble diriger tout. Il s'agit de cette volonté voilée et impénétrable qui règle d'une manière inéluctable les évènements et la marche de l'humanité. Il s'agit donc de Dieu, de cette force créatrice, intelligente et finaliste qui dirige tout, ici-bas.

Les Romains adoraient le « fatum » (parole divine, expression d'une décision inéluctable), la « Fortune » (bonne ou mauvaise), dont les mortels sont l'objet.

Pascal écrit dans ses « Pensées » : « Il s'agit de nous-mêmes et de notre tout. La destinée humaine, voilà une question principale que l'homme se pose depuis qu'il pense et s'efforce de résoudre ».

Philosophiquement parlant, le destin est la puissance qui rend certains évènements inéluctables. Il supprime le libre arbitre qui n'est plus, alors qu'une illusion. Cette puissance est conçue soit comme transcendante (par exemple comme la mythologie antique), soit comme immanente au monde même. C'est dans ce cas la « force des choses », ou l'ensemble des lois nécessaires et mathématiques qui constituent la structure de l'univers. La question est toujours de savoir si l'homme dispose d'une puissance qui lui permette de s'opposer au destin, de lutter contre lui. Or Hâfez ne semble pas croire au destin, à cette force mystérieuse qui dirige les êtres humains, mais aux actes bons ou mauvais de l'homme qui ont pour conséquence la bonne ou la mauvaise fortune.

114

L'oiseau du paradis[1] donnera dans nos rets,
Si par notre demeure tu passes désormais.
Je saisis ma coiffe, tout joyeux, et la jette,
Si ton beau visage dans ma coupe se reflète.
La nuit où l'étoile[2] de mes vœux apparaît,
Puisse son reflet choir, sur nos toits, s'il lui plaît.
Quand l'aquilon même ne peut frôler la rive,
Il est d'autant plus vain qu'un beau jour j'y arrive.
Quand je vouai mon âme à ses lèvres, j'ai cru
Qu'un brin de leur nectar me serait dévolu.
Elle dit : « Ne fais pas de ton cœur en ce monde,
Un moyen pour toucher à ma frisure blonde,
Car un pareil gibier, tout épris comme toi
Tombes-en mon traquenard, nombreux, en désarroi[3].
Ne quitte pas ce seuil déçu, espère encore :
Puisses-tu, de nouveau, voir briller ton aurore.
Chaque fois que Hâfez parle de ta maison,
Il croit sentir déjà ta douce floraison.

Notes

1- Dans le texte on lit « homâ » qui est le gypaète, aigle protecteur des Achéménides, symbole de bonheur, comme la colombe (oiseau de Vénus) est le symbole de la douceur et de la paix.
2- Dans le texte il y a « la nuit et la lune ».
3- Le distique est rendu par quatre vers pour la raison déjà formulée.

115

Plante, mon bon ami, l'arbre de l'amitié,
Car il se couvrira d'un fruit très apprécié.
Déracine du cœur celui de la rancune :
Il ne te donnera que peine et infortune[1].
Tels que les vieux du tripot, favorise les gris[2],
Sinon tu récoltes embarras et mépris.
Profite de la nuit qui bon conseil te porte,
Puisqu'en son cours fatal la vie nous emporte.
Fais en sorte, mon Dieu, que le caravanier
Menant le palanquin au désert, routinier,
Conduise inconsciemment, Leylâ[3], la bien-aimée,
Vers Madjnoun amoureux, cette tête embrumée.
Aspire au printemps de la vie, mon cœur,
Car ce pré verdoyant couvert de tant de fleurs,
Fera résonner l'air de chants, de mille trilles,
Laissant pousser aussi, cent et cent jonquilles.
Comme mon cœur blessé a conclu un traité
Avec ses longs frisons : avec fidélité,
Elle livre promptement ses lèvres purpurines,
Comme le prévoit le pacte et il l'entérine.
Le vieux Hâfez voudrait, au jardin enchanté,
S'asseoir au bord de l'eau, l'idole[4] à ses côtés.

Notes
1- Nous grouperons dorénavant, en une strophe (deux distiques), le distique de deux vers que nous aurons traduit par quatre vers.
2- Les gris (les avinés), désignent, ici les mystiques illuminés.
3- La légende amoureuse de Madjnoun a été racontée par le grand poète lyrique iranien Nézâmi, dans son roman en vers intitulé « Leylâ-ou-Madjnoun », peut-être son chef d'œuvre. Il y décrit les amours de deux enfants bédouins arabes, amours qui comme ceux de Roméo et Juliette, finissent dramatiquement.
4- Il s'agit de l'aimé platonique de Hâfez, c'est-à-dire, son initiateur.

116

Celui qui contemple les beaux yeux de l'aimé[1]
Peut, lors, voir un tableau, sublime, animé.
Nous suivons sa main, douce, et sa plume courante
Qui est bien pourvue d'une lame tranchante[2].
Celui qui vole à toi se brûle, toutefois,
Tel l'insecte au cierge changeant de bout cent fois[3].
Celui-là espère que tu le réconfortes
Qui a toujours le front prosterné à ta porte[4].
Je suis las des bigots, apporte du vin pur,
Car son doux arôme me réveille, c'est sûr.
Si le vin te paraît un rien, une sottise,
N'est-ce donc pas assez qu'il t'ôte la hantise[5]?
Celui qui écoutait la voix du minaret,
Va maintenant tout droit vers notre cabaret[6].
Mais le cœur tout brisé de Hâfez, porte en terre,
Comme une tulipe, son rêve solitaire[7].

Notes

1- Il s'agit du guide spirituel de Hâfez.
2- Le roseau, le « kalam » dont le bout se taille avec un canif pour écrire ou calligraphier.
3- Le poète veut dire que l'aimé trouve toujours - comme le cierge un nouvel insecte, un nouveau papillon à brûler - une nouvelle victime à immoler. Le cierge présente, à chaque instant, un nouveau bout de mèche et brûle les ailes d'un nouvel insecte, comme l'amante à l'humeur changeante qui désire trouver, à tout moment, un nouvel amoureux martyr. Cette image est, certes, compliquée pour les Occidentaux, mais elle est appréciée par les Orientaux et les poètes qui aiment ces tours de force poétiques.
4- Dans le texte il y a : « Celui-là seul peut espérer baiser ses pieds, qui a toujours la tête prosternée à ta porte en signe d'adoration ».
5- Dans le texte on lit : « N'est-ce pas assez pour toi que le vin t'éloigne pour quelques instants des séductions de l'intelligence? ». Par ailleurs, le mot « vasvâsse », employé par le poète, veut dire, « tentation » que nous avons traduit par hantise.
6- Le poète emploie le mot « cabaret » pour désigner le monastère, le vin pour dire « extase ».
7- La tulipe est le symbole du martyre, du sang versé volontairement dans la voie de la religion, pour la défense du pays, ou pour l'amour de l'aimé. Il est de tradition que le sang qui coule sur le sol fait pousser des tulipes rouges.

117

Entourant ta face, nous sommes loin du pré,
Pieds et poings bien liés, avec un teint pourpré,
Comme la tulipe. Notre chef ne se courbe
Et ne se prosterne devant le noir arc courbe
Des sourcils de nul être…Oui, tout est poudre et néant
Pour les solitaires. Je blâme en attendant,
La rose qui mime tes frisons, mignonette.
Promène-toi au pré, vois comme la violette,
Telle une reine auguste, affichant sa grandeur,
Est assise heureuse sur son trône de fleurs,
En tenant dans la main, empourprée de joie,
Une coupe de vin qui scintille et rougeoie[1]…
Moi et le cierge aubal, il sied que nous pleurions
Car tous deux nous brûlons, privés de ton union.
Dans la nuit, au désert, c'est l'échec, la déroute
À moins que ta face[2] n'éclaire notre route.
Il sied que sur le pré je pleure, le matin,
Comme le nuage du mois froid de bahmane[3].
Entends-tu soupirer le nid de notre chantre?
La pie y jacasse et y couve : diantre!
Le cœur douloureux de Hâfez, au couvent,
Un amour tout brûlant le déchire et le fend.
Il ne trouve rien beau, tout lui est futile,
Il ne veut respirer l'air du jardin fertile.

Notes

1- Les trois premiers distiques (6 vers) ont été traduits à la queue leu leu, avec enjambement, par 12 vers, étant donné qu'il était impossible de faire autrement si on voulait présenter une bonne traduction, sans choquer l'harmonie, le goût et la logique.
2- Dans le texte on trouve : « À moins que le flambeau de ta face n'éclaire ma route ».
3- La syllabe finale « mane » du mot « bahmane » se prononce comme les mots « chemin » et « fin ». Bahmane est le onzième mois de l'année iranienne : il a remplacé le « Dalv », l'ancien mois de l'Iran, qui est aussi le onzième signe du zodiaque : le « Verseau ». Il va du 21 janvier au 15 février. Il neige et il pleut au cours du mois de Bahmane.

118

Celui qui tient en main une coupe de vin,
A l'empire de Djam[1], éternel et sans fin.
L'eau de vie que Khezr[2], ici-bas, a trouvée
Tu la trouveras dans la coupe rêvée.
Mets ton cœur en la coupe, elle est le fin cordeau
À pouvoir enfiler ta perle de belle eau.
Pour nous le vin, la treille! Aux bigots la croyance!
On verra qui, des deux, aura bien de la chance.
Sauf ta lèvre, vois-tu, il n'y a, échanson,
Rien qui puisse assouvir le désir, le frisson.
Le narcisse[3] a appris de ton œil les manières,
Et la grâce avinée qui te sont coutumières.
L'éloge de tes traits, de tes frisons lutins,
Me monte aux lèvres, le soir et le matin.
Ta lèvre purpurine et aussi ton œillade
Ont tout l'effet du sel sur une estafilade.
Dans la fosse, idole, que tu as au menton,
Tu as pris, comme Hâfez, deux cents captifs, dit-on.

Notes

1- « Djam » est le vrai nom de Djamchid (chid voulant dire brillant et servant, ici, de suffixe). Djam est selon le Châh-Nâmeh de Ferdowsi, le quatrième roi de la dynastie des Pichdâdians. Il est le symbole d'un grand roi.

2- « Khezr » est le nom d'un des prophètes cités dans les légendes. On raconte qu'il a été l'un des confidents de Moïse. Il aurait trouvé l'Eau de Jouvence, en aurait bu et aurait été doté d'une vie éternelle.

3- Le narcisse, plante à fleurs jaunes et blanches, munies d'une sorte de couronne dorée, est comparé par les poètes persans à un œil ravissant. Tout au contraire, les écrivains français, assimilent cette fleur à un homme amoureux de lui-même. Cette assimilation dérive du nom du personnage mythologique, célèbre par sa beauté. Il s'éprit de sa propre image en se regardant dans les eaux d'une fontaine, au fond de laquelle il se précipita. Il fut métamorphosé en la fleur qui porte son nom.

119

Le cœur d'or qui voit Dieu, qui possède la coupe
De Djamchid, si jamais, il décroît et se coupe
D'une pièce[1], peu importe … Eh bien, certes donner
Aux pouilleux le trésor du cœur c'est le ruiner.
Il faut le confier à un être loyal
Qui saura l'honorer, se montrer cordial.
Tout arbre ne peut point bien supporter l'entorse
De l'automne… Un cyprès résistant et au torse
 Fort le peut. Arrive le temps et la saison
Où, comme le narcisse aviné, la raison
Livre six pièces[2] à la si bonne coupe
Qui assouvit l'homme, qui attire le groupe.
Dépense largement ton argent pour le vin,
Comme fait l'amoureux, car notre esprit divin
Pourrait le soupçonner de mille défauts internes…
Qui connaît le mystère?... Assez de balivernes!
Quel initié aura accès à ce saint lieu?
Tu te crois détaché et tu crois dire adieu
À tout, mais, si tu te prends au parfum, accroche-cœur,
Du zéphyr…Qui peut donc rasséréner mon cœur.
Il n'y a en la ville une âme bien sereine,
Ou un seul confident à qui dire ma peine.
Que tirer du froc blanc de Hâfez? Ma parole,
Tu cherches l'éternel et tu trouves l'idole.

Notes

1- Une pièce d'argent.
2- Tout ce que la raison possède comme moyens intellectuels, totalement, pour acquérir du vin. Le mot « chèche-dâng » désigne l'ensemble total d'un immeuble ou d'une propriété, qui est considéré comme partagé en « six » parties: or chaque partie est un « dâng ».

120

Mon idole qui est belle, comme la rose,
Pavoise son ombrelle : une jacinthe éclose.
Le printemps de sa joue est tel un beau grenat
Et il est bien plus vif qu'un gainier incarnat[1].
Comme j'étais épris, je voulais la victoire,
Je sus que mon projet était la mer à boire.
On ne peut échapper à ton œil dans le parc,
Tu es là, à l'affut, la flèche dans ton arc[2].
Il[3] déplie sa tresse ayant eu la magie
D'attirer tant d'amants…C'est avec énergie
Qu'il dit au zéphyr bavard et indiscret :
« Garde-toi d'en parler, ceci est mon secret. »
Laisse couler la coupe sur la terre et écoute[4]
Ce que pensent les pieux : elle pourra sans doute
Évoquer à tes yeux les exploits et les faits
De Jamchid le brillant, de Khosrov à souhait.
Si la rose sourit, ne te rends pas à elle
On ne peut s'y fier bien qu'elle soit très belle[5].
Dieu, venge-moi du chef du festin, car il boit
Avec d'autres, aussi, m'ignorant de surcroît.
Leste, tu apprêtes ton lasso…Oh! De grâce
Chasse-moi promptement : tout retard peine et lasse.
Ne prive pas mes yeux de ton port de cyprès,
Tu as la taille haute, et je coule à tes pieds.
Rassure-moi contre tes rigueurs, tes sévices,
Et l'œil[6] du malveillant sera sans maléfices.
Ma déveine est grande : ce charmeur est tout miel,
Il a rempli Hâfez d'amertume et de fiel.

Notes

1- Ces quatre vers forment un distique dans l'original.
2- La flèche représente le « cil » et l'arc le « sourcil » arqué de l'aimé.
3- Il s'agit, ici du guide spirituel des derviches, du « pôle ».
4- Le poète se compare à la source qui coule aux pieds de l'idole à la taille de cyprès. On dirait, en français, « à la taille de guêpe ».
5- Le proverbe français dit à ce sujet : « Souvent une femme varie, bien fol qui s'y fie ».
6- Le poète fait allusion à l'œil « mauvais » qui porte malheur.

121

Celui qui estime le monde et ses amants,
Le bonheur et le sort lui seront bien cléments.
L'amour du ciel divin assure la survie :
Celui-là y parvient qui fait fi de sa vie.
La douce bouche étroite possède le pouvoir
De Salomon, c'est que son rubis[1] peut avoir
Le monde à sa merci, comme l'anneau magique[2]
Du roi qui commandait aux démons, à leur clique.
Lèvres purpurines, cheveux noirs : et voilà
Mon idole a les deux, et ceci et cela.
Ne déprécie pas les pauvres de la terre
Ô riche, car ils sont les fleurs de ce parterre.
Vivant, apprécie la vigueur, car il faut,
Savoir que la faiblesse a des bas et des hauts.
La prière du pauvre épargne à l'existence
Le fléau...Mais celui qui manquant d'indulgence,
Défend aux bons glaneurs d'amasser en son champ
Des épis, est un dur et un cœur bien méchant.
Ô brise dit au roi des bontés, que Djamchid,
Et cent autres Khosrovs, sont ses valets timides.
S'il dit qu'il refuse d'avoir comme amoureux[3]
Un pauvre tel Hâfez, réponds-lui : « Malheureux,
Un sultan peut priser la bonne compagnie
D'un gueux, d'un mendiant que tu vilipendies. »

Notes

1- Le mot rubis est employé, ici, à la place de la « bouche ».
2- L'anneau magique de Salomon, dit la légende, conférait à ce roi biblique et sage, le pouvoir de commander aux hommes, aux animaux, à la nature entière et aux démons.
3- Le mot « amoureux », « amants », « épris », signifient, selon les mystiques, « disciples », « initiés », et adeptes ».

122

Quiconque a des égards envers les hommes pieux
Dieu le protègera de tout mal, en tous lieux.
L'histoire de l'aimé[1] je la souffle à l'oreille
De tout homme discret qui se surveille.
Tu veux que l'aimé ne rompe pas son accord :
Garde à ton tour, le tien, sois fidèle d'abord.
Ô cœur, comporte-toi toujours de telle sorte
Que si tu défailles l'ange te réconforte[2].
Si tu vois, ô zéphyr au bout de ses cheveux
Mon cœur, dis-lui : « Garde ce nid si duveteux! »
Et lorsque je lui dis : « Fais que mon cœur te serve. »
Il dit : « Que puis-je, dis-moi, que Dieu te préserve! »
Que ma tête, mon or, que mon cœur soient offerts
À l'homme fidèle que j'aurais découvert.
Que la poussière de ta marche céleste
Tombes-en la prunelle de Hâfez, et y reste.

Notes

1- Il s'agit du guide spirituel.
2- Le poète fait allusion, ici, à l'ange gardien. Tous les peuples ont admis l'existence, au-dessus de la Divinité, d'êtres invisibles, bienfaisants et secourables, supérieurs à l'homme. Ils ont pour mission essentielle de louer et de bénir Dieu. Outre leurs autres missions, la foi suggère la députation spéciale d'un ange auprès de chaque être humain pour le préserver du mal. C'est sur cette croyance que se base la doctrine des anges gardiens.

123

Musiciens, l'amour a de merveilleux accords,
Chaque corde qu'il pince a un jeu juste, et mord.
Le monde ne soit pas, dépourvu de tendresse,
Ce manque l'enchaîne, l'enchante, le caresse.
Le vieux du cabaret[1], bien que pauvre et chétif,
A le cœur sur la main, l'esprit coercitif.
Respecte donc mon cœur cette mouche qui quête,
Folle de miel, et devient un puissant gypaète.
Il est juste et loyal si un roi s'enquiert
Du pauvre, son voisin, sans qu'il le requière.
J'ai versé des larmes auprès des médecins :
Ils m'ont dit que les maux du cœur ont leurs vaccins.
N'abuse pas l'épris comme fait la sirène :
Tout acte a un salaire ou comporte une peine.
Il a bien dit, l'enfant chrétien, épris de vin :
« Souris à la face de l'homme franc, humain[2]. »
Ô mon roi, ton Hâfez, c'est bien toi seul qu'il prie,
Il veut que tu le combles ou que tu l'expropries.

Notes
1- Le mage, le cabaretier, c'est le guide spirituel du poète.
2- Hâfez parle des Zoroastriens, des Juifs et des Chrétiens avec sa compréhension, sa largesse d'esprit coutumière. Il les considère comme étant les créatures de Dieu et par conséquent capables d'aller vers Lui.

124

Celui dont les boucles déferlent, sentent bon,
Malmène ses épris, les brime sans façon.
Tu passes tel le vent devant l'âme asservie :
Que faire, il te faut bien te hâter, c'est la vie.
Sa face qui brille sous ses traits ombrageux
Est un astre voilé par un ciel nuageux.
De ses yeux coule à flot un déluge de larmes
Pour rafraîchir ton port de cyprès plein de charme.
Ton coup d'œil malicieux me sacrifie, soit,
J'accepte d'être victime et le sort qui m'échoit.
Oui, si l'Eau de Jouvence est ce que ta lèvre,
Mon aimé, laisse voir, il est clair qu'il se sèvre
Khèzr[1], et n'a eu comme part qu'un mirage trompeur
Croyant avoir acquis la vie en profondeur[2].
C'est la chair de mon cœur que ton regard convoite,
Ton Turc[3] plein de vin veut me rôtir : exploite!
Tu ne t'enquis guère de mon cœur souffrant, viens!
Est heureux l'abattu dont l'ami se souvient.
Daigneront-ils tes yeux choyer l'âme mesquine
De Hâfez, eux qui ont accumulé des ruines?

Notes

1- Nous avons déjà indiqué que Khezr avait acquis la jeunesse éternelle en s'abreuvant à la Fontaine de Jouvence.
2- Ce distique a, de même, été rendu par deux distiques (4 vers) pour la fidélité de la traduction.
3- Le Turc aviné désigne, ici la convoitise acharnée.

125

N'est pas beau qui le veut avec ses noirs cheveux,
Et sa taille svelte…Sois l'esclave amoureux
Du port et de l'aspect de celui qui possède
Un visage enchanteur[1] qui charme et qui obsède.
Les « houris », les « péris » sont plaisantes à voir,
La grâce est à un « tel » qui sait nous émouvoir.
Ô rose rieuse, alimente la source
De mes yeux. Grâce à toi son eau coule, éclabousse.
Au polo, à cheval où tu brilles au jeu[2],
Même l'astre du jour se sent faible et sans feu.
Ma parole plaît donc car tu la ratifies :
Celle qui sort du cœur, va au cœur, vivifie.
L'arc de ton beau sourcil, maître de l'art de combat,
Désarme le rival, entrant dans le débat.
Qui peut donc comprendre l'amour et ses mystères?
Or chacun les conçoit calqués sur ses critères.
Auprès des mystiques ne te vante donc pas
De tes grands miracles…Si tu sais où tu vas
En parlant aux épris, chaque mot a sa place.
Le point doit être mis sur la lettre qu'on trace[3].
Se méfie du pré l'oisillon de bon sens,
Sachant que l'automne suit de près le printemps.
Pourquoi, ô vaniteux, te porter au pinacle?
La plume de Hâfez sait faire des miracles.

Notes

1- Dans le texte original le poète emploie le mot « ân », sorte d'auréole, attrait qui entoure le guide spirituel. Dans la Perse antique, les souverains étaient entourés de « far », aussi sorte d'auréole, que l'Avesta appelle « hvareno ».
2- Le polo (mot anglais emprunté au tibétain), est un jeu de balle qui se joue à cheval avec un maillet. Le jeu est très prisé en Iran.
3- Ces deux vers ont été traduits par deux distiques.

126

Quand l'aimé est sans traits, l'âme est faible : et voilà,
Qui manque de ceci, manque aussi de cela.
Personne ne m'a donné l'adresse, ou bien un signe,
Du ravisseur du cœur…Ou bien je suis indigne
D'être mis au courant, ou c'est lui, en tout cas
Qui manque de logis ou d'adresse, ici-bas[1].
La rosée, en la « voie »[2] est la mer démontée.
Hélas! Cette énigme ne peut être traitée.
On ne peut faire fi du relais apaisant[3],
Ralentis chamelier, l'endroit est reposant.
La harpe au col courbé te convie à la fête,
Écoute les bons vieux, leur conseil est honnête.
Le prévôt t'apprendra l'art d'être ivre, ô prochain,
Même ivre nul ne croira qu'il est un sac à vin[4].
Raconte le récit des richesses perdues
De Kâroun[5] - ce Crésus - sa peine inattendue.
Au cierge qui t'en veut cache bien ton secret,
L'éméché est bizarre, il est trop indiscret.
Personne ne possède un esclave si minime
Tel Hâfez! ... Qui possède un seigneur magnanime[6].

Notes

1- Ce distique est rendu par quatre vers au lieu de deux.
2- Il s'agit de la voie (tarikat) que suivent les mystiques pour se perfectionner et devenir des surhommes.
3- Le relais, au XIXe siècle, représentait des chevaux frais et préparés, de distance en distance, pour remplacer les chevaux fatigués. Dans l'ancien temps il désignait les haltes de la caravane à une oasis, pour reposer les chameaux et les faire boire.
4- Le poète veut parler de l'hypocrisie du prévôt.
5- « Kâroun » correspond au « Coré » de la Bible. Il est cité trois fois dans le Coran (XXVIII,76-82; XXIX,38-39; XI,24-25). Il apparaît avec Hamân auprès de Fer'on (pharaon), et tous les trois se conduisent présomptueusement envers Moïse, le qualifiant de magicien. Kâroun fait grand étalage de ses richesses et il est englouti par la terre avec ses somptueux palais. Il est cité en général par les poètes comme un personnage immensément riche, tel Crésus, dernier roi de Lydie qui devait sa richesse à l'exploitation des sables aurifères du Pactole, petite rivière de son pays qui roulait des paillettes d'or.
6- Le seigneur magnanime est, certes, Hâdji Ghavâmod-Din Hassan, le mécène de Hâfez.

127

La lune[1] n'a guère l'éclat de ton visage,
La rose devant toi pâlit, au paysage.
Ma demeure secrète est au coin du sourcil,
Le tien, et aucun roi n'eut un coin si gentil.
Mon cœur plein de brume ne voit que ton visage,
C'est un miroir si pur, exempt de ternissage.
Ce narcisse[2] est hardi qui devant toi, éclot :
L'effronté est sans honte : quel sans gêne falot !
J'ai bien vu de mes yeux ton regard qui opprime,
Ne connaissant, ici, ni ami, ni intime.
Donne pleine la coupe, ô disciple fervent,
Pour boire à la santé du grand cheykh sans couvent[3].
Souffre donc, reste coi, car ce cœur si gracile
Ne peut souffrir les cris : la plainte l'horripile.
Dis : « Va-t'en et lave dans le sang du cœur
Tes péchés, toi qui veux t'approcher de ce cœur. »
Suis-je le seul charmé par les traits de sa bouche ?
Chacun a la marque de sa vive escarboucle.
Si Hâfez s'incline devant toi, ne dis rien :
L'impie de l'amour, n'est pas un païen.

Notes

1- Le poète fait allusion à la pleine lune. Comme nous l'avons déjà dit, les poètes iraniens comparent un visage éclatant de beauté à la pleine lune dont l'éclat charme les yeux.

2- L'œil est généralement comparé au « narcisse » dans la poésie persane.

3- Le poète désigne un des mystiques dont il a subi l'influence morale et ésotérique : le cheykh Attâr. Il ne s'agit, certes pas, de Faridod-Din Attâr, poète mystique qui vécut vers 1119, Hâfez étant venu au monde vers 1325 ou 1317. Il s'agit sans doute du maître spirituel de Hâfez, le cheykh Mohammad Attâr, derviche de Chirâz. Hâfez et son maître eurent un grand rival en la personne du Cheykh Hassan « azraghpouch » qui portait un froc bleu, le mot lui-même signifiant qui porte un vêtement bleu. Il est à rappeler que les derviches qui portaient le froc bleu « azraghpouch », furent en général, malmenés dans les odes de Hâfez. Le cheykh Attâr n'avait pas fondé un monastère, car il disait que Chirâz, le monde, l'univers étaient son couvent.

128

Je ne trouve, en la ville, une idole qui charme.
La trouverai-je ailleurs, si la guigne désarme?
Quel rival vaniteux[1] devant sa charité
Ne se sent tel l'épris confus et exalté.
Je te vois, jardinier, sans peur du vent hurleur
Gare au jour où la bise emportera ta fleur.
Le destin, ce voleur, ne dort pas, et toi veille :
Il ravira demain l'être humain qui sommeille[2].
Dans le monde idéal je livre ces beautés
À celui qui possède un cœur plein de clarté.
La science et la vertu qu'âprement j'ai acquises
J'ai peur que son regard langoureux me les grise.
Si l'idole t'appelle, eh bien, détourne-toi :
Mais personne ne peut lui résister, ma foi.
Serre le hanap bleu qui dissipe la peine,
Avant que le torrent du chagrin ne t'entraîne.
Le sentier de l'amour abonde de brigands,
Mais celui qui l'emprunte doit avoir le cœur grand[3].
Hâfez, si tu cherches les charmes de l'idole,
Laisse-la te ruiner et qu'elle te désole.

Notes

1- Dans le texte on lit :(aviné, ivre), que nous avons traduit par « vaniteux ».
2- Le destin cette force mystérieuse, cet enchaînement d'évènements, est comparé par Hâfez à un voleur. Il faut être éveillé, sur ses gardes, ne dormir que d'un œil dans la vie, pour faire face aux évènements imprévus et contraires, pour ne pas se laisser prendre au dépourvu.
3- La voie des mystiques est semée de difficultés, tant morales qu'ésotériques. Il faut armer son cœur de courage et de patience pour la suivre jusqu'au bout.

129

Si le vin ne chasse le spleen de notre cœur
Le destin ennemi nous liquide, vainqueur.
Si ivre, non lucide, on lève la bonne ancre,
Le vaisseau sur l'écueil s'écrase et s'échancre.
Oh! Le ciel nous fait perdre à nous tous le pari :
Personne ne gagne dans ce grand jeu pourri.
Voici les ténèbres : Khezr[1] montre-moi la voie
Car le feu de mon cœur déjà brûle et flamboie.
Mon cœur frêle me pousse au pré, à l'enclos vert,
Mais la mort m'enverra au diable vauvert.
Médecin donne-moi du vin, ma panacée[2],
Qui guérit à loisir, apaise la pensée.
Hâfez meurt et personne à l'idole ne le dit,
Peut-être le zéphyr lui fera le récit.

Notes

1- Khezr, en buvant à la Source de Jouvence trouva la vie éternelle...Hâfez fait souvent allusion, dans ses odes aux histoires saintes se rapportant à Moïse, à Jésus, à Karoun, à Noé, à Joseph, à Salomon, à la reine de Sabâ, à Assaf, le ministre de Salomon, à Kèzr etc.
2- Panacée, ou pierre philosophale, est l'un des chefs-d'œuvre de l'alchimie. Hâfez compare le vin à la panacée. L'alchimie, cette science, se proposait de découvrir l'« arcane » de la vie dans les règnes animal, végétal et minéral et imposait en ce but, une recherche difficile – celle d'un certain ferment qui fixerait cet « arcane » et empêcherait ainsi la dégradation des corps, tout en provoquant dans la matière, une chaîne de « mutations ». Liquide, cet agent était d'l'élixir de longue vie, ou panacée. Solide ou pierre philosophale, il était introduit dans le plomb en fusion et mutait celui-ci en argent, puis en or.

130

Le chantre[1] a confié, à l'aurore, au zéphyr :
« L'amour de la rose me brûle et me déchire ».
À voir son teint, le sang tourne soudain,
Dans le cœur désolé de mon être incertain,
Or je suis, à présent, de sa flèche inhumaine
La victime zélée et le martyr sans haine[2].
Je suis le serviteur du cœur franc, sans détour
Qui fait, ici, le bien sans bruit ni tambour[3].
De tous ces étrangers, je ne veux point me plaindre :
Mon mal vient des amis, il est vain de me geindre.
Si j'ai bien espéré les dons du roi : erreur!
Si j'ai cru à la foi du bien aimé : horreur!
Qu'il soit encor béni le vieux zéphyr du globe
Qui guérit les âmes, qui souffle jusqu'à l'aube.
Le rossignol épris, se lamente et gémit :
« Souffle donc, ô zéphyr, durant toute la nuit,
Dévoilant la rose, délaçant la jacinthe
Et faisant éclore les boutons d'une étreinte. »
Voilà, bonne nouvelle, ô vendeur de vin,
Hâfez s'est repenti d'être un faux calotin.
Les grands de la ville m'ont été favorables,
Ils m'ont comblé d'honneurs, ils ont été affables[4].

Notes

1- Le chantre, ici le rossignol qui, d'après les poètes orientaux, s'est épris de la rose. Il est capable de s'offrir en holocauste pour elle.
2- Ce distique a été traduit par quatre vers.
3- Le poète fait l'éloge du désintéressement, de l'amour du prochain, de l'oubli de soi-même, fustigeant indirectement l'hypocrisie et la fausseté.
4- Hâfez fait allusion à la générosité des mécènes de Chirâz qui l'ont toujours admiré et comblé de biens.

131

Le Turc[1] du ciel rafle le repas des jeûneurs,
Le croissant rappelle la coupe des buveurs.
Le jeûne et le grand « hadj »[2] sont l'œuvre des fidèles :
Du temple du vin ils forment la clientèle.
Notre place, la vraie, est au fond du couvent,
Dieu bénira celui qui le bâtit fervent.
Quel est le prix du vin de carmin, pure essence :
L'homme en profite qui boit sans défaillance,
Qui invoque ce « mihrâb », ce doux sourcil songeur,
Fait une ablution[3] avec le sang du cœur.
Ô douleur! Notre cheykh, à l'œil plein de malice,
Méprise les buveurs, les regarde en coulisse!
Vois les traits de l'aimé, pleins de subtilité,
Que ton œil les suive plein de sagacité.
Écoute les conseils de Hâfez sur l'amour,
Non ceux du grand prêcheur qui use de détours.

Notes

1- Les poètes ont l'habitude d'attribuer aux Turcs, notamment après l'invasion de Gengis Khan (Tchanguis Khan) et des Seljoukides, un penchant au pillage. En tout cas, cette expression a pris corps et aujourd'hui, elle ne signifie nullement que les Turcs sont pillards.

2- Le jeûne se fait, durant le mois de Ramadan, (le neuvième de l'année musulmane). Le jeûne durant le « ramadan » est obligatoire pour tous les Musulmans. Il dure du lever au coucher du soleil et oblige de s'abstenir de nourriture, de tabac, parfum et relations sexuelles. Du coucher du soleil à l'aube (au moment où l'on peut distinguer un fil noir d'un fil blanc) les interdictions susnommées tombent. Ceux qui fument cherchent d'une main tremblante une cigarette pour fumer au coucher du soleil. Le « ramadan » se termine par la fête dite de rupture du jeûne : « Id al Fêtr », consistant en réjouissances et congratulations. Ce jour-ci les administrations sont congé.

Quant au « hadj » (mot arabe signifiant pèlerinage à la Mecque), il s'impose à tout croyant, au moins une fois dans sa vie, s'il n'est pas trop pauvre ou infirme. Il peut payer un autre musulman pour le faire à sa place. Mais la croyance et la foi sont si ferventes, si tenaces parfois, qu'on voit des miséreux qui vont du fond de la Chine ou de la Guinée, en mendiant, pour atteindre la Ka'ba. Ceux qui ont accompli le pèlerinage des villes saintes de l'Islam (La Mecque et Médine) ont droit au titre de « hadji ». Ce qualificatif s'énonce avant le nom propre, prénom ou nom de famille.

3- Ablution signifie dans le culte musulman, purification religieuse, consistant à se laver les mains, les bras, les pieds, le visage et l'occiput, avant de prier.

132

Avec le vin l'« aref »[1] fit son ablution,
Quand, tôt, à la taverne il eut sa station.
La coupe du soleil, une fois disparue,
Le croissant de la fête autour du vin se rue.
La prière et le vœu de l'homme gris de vin,
Sont reçus quand, en pleur, il prie le Divin.
L'imam[2], notre maître, dont la prière est digne,
A lavé son froc blanc dans le sang de la vigne[3].
Mon cœur pour son frison achète la douleur :
J'ignore par quel froc il s'est fait acquéreur.
Si l'imam le veut bien en sa soumission,
Hâfez avec le vin fera l'ablution.

Notes
1- « Aref » est celui qui connait et adore Dieu, qui est versé dans les sciences religieuses. C'est une personne qui est compétente en matière de « coutume » (orf), par opposition à celui qui connaît la loi, qui se qualifie « âlem ». Le mot désigne l'homme qui est très croyant.
2- Le poète parle de l'imam, chef de la communauté, de l'ensemble des croyants d'une ville. Certes, l'« imamat » est une autre chose : l'établissement d'Abou Bakr comme vicaire du Prophète, après la mort de celui-ci, fut l'affirmation du maintien de l'unité (wahdat) de la communauté musulmane sous un chef unique. L'imam (mot arabe) qui désignait d'abord le conducteur de caravanes signifie ensuite le chef religieux. On voit donc que le sens du mot a changé avec le temps. Simple guide, au début, l'« imam » est devenu celui qui se tient devant les fidèles, dans la mosquée ou ailleurs, lors de la prière publique et dont ils imitent les mouvements.
3- Dans le texte on lit : « Le sang de la fille du raisin », périphrase pour le vin. Le français abonde en périphrases, en voici quelques-unes : Le jus de la treille, (le vin). Le vaisseau du désert, (le chameau). Le matin de la vie, (la jeunesse). Les perles du matin, (la rosée). La déesse de la beauté, (Vénus). La saison des fleurs, (le printemps).

133

Le soufi mit sa nasse et usa d'artifice
Envers le firmament si fécond en malice.
Le sort brisa un oeuf[1] en son bonnet plié,
Car il avait jonglé avec les initiés.
Il vient notre échanson, le compagnon des saints,
Faisant encor du charme et d'éclat tout empreint.
Quel est ce ménestrel, venant sur l'air d'Iraque,
S'en alla sur celui du Hédjaz élégiaque.
Viens ô cœur, nous cherchons l'appui du Tout-Puissant
Qui nous protègera contre le mal blessant.
Ne crois pas que celui dont l'amour m'est sincère
Verra, jeté à bas son ardeur, ô frère!
Quand demain[2] paraîtra toute la vérité,
Rougira de honte l'homme sans sainteté.
Ô perdrix[3] au beau port, où vas-tu donc, arrête :
Le chat sournois est là qui saintement te guette.
Ne blâme nul pécheur, Hâfez, en vérité,
Dieu nous a dispensés de tortuosité.

Notes

1- Le poète semble faire allusion aux tours d'adresse des jongleurs. Il attribue, poétiquement, cette adresse, cette jonglerie au destin, au sort qui joue de nous. Ici le mot « il » signifie le soufi.
2- « Demain » signifie le jour de la résurrection, le Jugement Dernier.
3- Le poète rappelle, ici la fable bien connue où un chat fait semblant de prier avec ferveur, attira autour de lui des perdrix innocentes qui prirent le change et dont quelques-unes furent les victimes de leur ingénuité et de leur crédulité.

134

Le chantre[1] s'immola pour posséder la rose :
L'épine le meurtrit, la fleur à peine éclose.
La perruche voulut du sucre savoureux,
Mais tout d'un coup le sort détruisit tous ses vœux.
Prunelle de mes yeux[2], mon fils je me rappelle
Que tu me laissas seul, me quittant à tire d'aile.
Chamelier, mon bagage est tombé, au secours!
Je te demande, ici, ton aide, ton concours!
Mon visage blafard, et mes pleurs, tiens-en compte,
Car le sort est habile en détours et refonte.
Je crie ma douleur car le jaloux destin
M'a arraché mon fils au regard si humain.
Tu as perdu, Hâfez, l'occasion est passée,
Ainsi le veut le sort, telle est mon odyssée.

Notes

1- Dans l'original il y a « le rossignol » que les poètes orientaux décrivent comme étant l'amant éploré de la rose et qui désespéré, s'immole pour elle.

2- Comme Hugo, au XIXe siècle, rappelant la mort de sa fille en un poème élégiaque, Hâfez se lamente à l'occasion de la mort de son fils survenue le 24 décembre 1363, au XIVe siècle. On pourra tout naturellement, rappeler ici, « La consolation à du Perrier » de Malherbe, stance adressée à l'avocat du Parlement d'Aix, son ami :
   « Mais elle était du monde où les plus belles choses,
      Ont le pire destin,
   Et rose elle a vécu ce que vivent les roses,
      L'espace d'un matin. »
En persan le père et la mère appellent « prunelle des yeux » leurs enfants comme en français, les parents les appellent « chair de ma chair ». Paul Rouget dit : « L'enfant qu'elle avait porté en son sein, la chair de sa chair... ». En tout cas le mot prunelle se dit d'une personne ou d'une chose à laquelle on tient beaucoup.

135

Tel le vent je vole vers l'abri de l'aimé[1],
J'embaumerai mon souffle sur son sein parfumé.
Sans le vin et l'aimé la vie est inutile;
Je travaille et je trime: assez du temps futile.
Tout ce que j'ai acquis, renom et science: bon!
Sur ma foi, mon savoir, je lui en ferai don.
Oui, l'amour, ce soleil, à l'aube m'illumine;
Je finirai ma vie où je suis et chemine[2].
Je fondrai en larmes en pensant à tes yeux,
Je consoliderai notre pacte si vieux.
Brise, va lui dire que j'offrirai mon âme
Chaude comme le sang à sa boucle de flamme.
La ruse et la fraude ne calment point le cœur :
Je me ferai, Hâfez, amoureux et trinqueur[3].

Notes

1- Il s'agit du guide spirituel de Hâfez.
2- Le poète ayant choisi la voie des mystiques, entend y rester jusqu'à la fin de sa vie.
3- Les biens du monde acquis par une voie tortueuse ne satisfont pas l'âme, mais la recherche de Dieu calme et apaise le cœur.

136

On ne peut point toucher ta double cadenette :
Qui peut croire le vent et ta promesse faite?
Je doublerai l'effort pour arriver à toi :
Peut-on changer le sort, le destin? C'est pourquoi
Quand le pan¹ de l'aimé est saisi avec peine,
On ne peut le lâcher même si l'hoste dégaine.
On ne peut comparer son visage éclatant
À la lune² : le fait est bien déconcertant.
Lorsque l'aimé au port de haut cyprès danse³
On croit voir son âme montrer sa transcendance.
L'aimé montre sa face, le regard franc et pur,
C'est un miroir uni, non un miroir obscur?
L'énigme de l'amour se moque de ma science,
On ne peut la percer par l'inexpérience.
Le dépit me tue, tous t'aiment : il le faut;
Mais peut-on tenir tête aux hommes du Très-Haut?
Que puis-je, que faire, ta finesse est si grande?
Qu'on ne peut, ô douleur, te donner notre offrande.
Le « mihrâb »⁴ de Hâfez est ton sourcil, le tien,
Je n'adore que toi, ainsi le veut mon bien.

Notes

1- L'expression persane « saisir le pan du vêtement de quelqu'un », veut dire « obtenir ses faveurs, sa bienveillance ». De même l'expression française « s'attacher au pan de l'habit de quelqu'un », veut dire le retenir, le supplier.
2- Le visage de l'aimé (du guide spirituel) est si beau qu'on ne peut même pas le comparer à la lune qui est pourtant l'image, chez les poètes, des traits ravissants.
3- Il s'agit de la danse des derviches leur permettant d'arriver à l'extase.
4- Le dictionnaire persan « Amid » écrit que le « mihrâb » est la place où officie l'imam de la prière publique. Le « mihrâb » est la niche de la mosquée où se place le célébrant, « pichnamâz », ayant la face tournée vers la Mecque. On remarque dans le dictionnaire de Paul Robert 1 : « Le mihrâb est une niche pratiquée dans la muraille d'une mosquée, orientée vers la Mecque.

137

Il rafla tout mon cœur, puis cacha son visage.
Quel manège, ô mon Dieu, quel subtil badinage!
Dans ma solitude la nuit fondit sur moi,
Mais sa douce image chassa mon désarroi.
J'ai le cœur tout sanglant comme l'a la tulipe,
Puisque son narcisse[1] me dédaigne et me fripe.
À qui dire mon mal si âpre et si cruel :
Mon médecin me tue en me versant du fiel.
Il m'a brûlé comme le cierge qui clignote,
Si bien que la coupe pleure et le luth sanglote.
Ô zéphyr aide-moi, c'est juste le moment;
Ma détresse est très vive, elle me rend dément.
Puis-je dire aux amis affectueux et tendres
Que l'aimé m'a trahi, qu'il m'a réduit en cendres?
L'hoste n'a pu porter à Hâfez les balafres
Venant des traits de l'arc[2] de son sourcil : quelles affres!

Notes
1- Les yeux sont comparés à deux narcisses par le poète persan. C'est au lecteur de dire si la comparaison est justifiée, si l'image est vraisemblable.
2- Le sourcil arqué est comparé à l'arc et le regard à un trait que décoche l'œil.

138

J'attendis sur la route : il ne vint pas me voir
J'attendais cent faveurs : il ne voulut rien savoir.
Le torrent de mes pleurs n'éteignit pas sa haine :
La goutte entame-t-elle un granit de la plaine?
Ô mon Dieu protège ce jeune homme, si hardi
Qui a bravé les pieux, leur sanglot et leur cri.
Mes plaintes ont troublé le ciel et la terre[1],
Voyez ce vaniteux, froid envers ma misère!
J'aurais voulu finir comme un cierge brûlant;
M'a-t-il seulement frôlé comme le zéphyr courant?
Idole[2] quel homme au cœur dur incapable,
N'exposera son âme à ton trait implacable?
La plume de Hâfez, tronquée, sans effort,
Cachera son secret jusqu'au jour de la mort.

Notes

1- Dans l'original il y a « les poissons et les oiseaux » que nous avons traduit par « le ciel et la terre ».
2- Dans le texte on lit « ô mon âme », comme on dirait en français, « ô mon amour ».

139

Le bien aimé partit, sans rien dire aux amants,
Aux rivaux de la ville et aux confrères aimants.
Ou c'est mon destin qui dévie et fourvoie,
Ou c'est lui qui en route dérive de sa voie.
Je crus donc que mes pleurs l'adouciront, enfin,
Ils n'eurent pas d'effet sur ce cœur dur et fin.
Assez de bons conseils, car l'oiseau de mon âme
Cherche encore l'amour, l'amorce qui enflamme.
Qui a vu ta face a baisé mes deux yeux,
En la fixant, les yeux ont été ingénieux[1].
J'étais debout brûlant de lui offrir ma vie :
Il passa sans frôler mon âme inassouvie.

Notes

1- L'image de la face de l'aimé se reflète dans les yeux de Hâfez. En posant leurs lèvres sur les yeux du poète, les épris (les derviches) croient embrasser la face de l'aimé.

140

As-tu su, ô mon cœur, quel mal l'aimé m'a fait?
Comment il m'a quitté, moi son épris parfait?
Ah! Quel éclair lance cet oeil[1] plein de magie,
Quel mal fait au sobre ce soûl non assagi!
Les rigueurs de l'aimé ont empourpré mes pleurs :
Voyez donc mon destin, mon malheur, ses ampleurs.
Un éclair a jailli de chez Leylâ[2], à l'aube,
Calcinant la maison de Madjnoun, nu sans robe!
Passe-moi la coupe, échanson nul ne sait
Ce que le grand artiste occulte nous a fait[3].
Qui sait ce que l'artiste, auteur de cette voûte
D'émail bleu, a tracé dans ce monde en déroute.
Apprenez les grands maux que Hâfez a subis
De la part de l'aimé, vieux amant de jadis.

Notes

1- Dans le texte il y a : « le narcisse » au lieu de l'œil; les poètes persans comme nous l'avons déjà dit, comparent les yeux de l'être humain à ces fleurs jaunes ou blanches, munies d'une sorte de couronne dorée.

2- Leylâ et Madjnoun sont les personnages d'aventures romanesques et amoureuses célèbres dont nous avons déjà parlé. Les romans d'amours célèbres de l'Iran sont ceux de « Leylâ-ou-Madjnoun », de « Farhad-ou-Chirine », de « Veyce-ou-Ramine ». Les romans connus des autres pays sont ceux de « Youssof-ou-Zoleykhâ »,(Égypte), de Roméo et Juliette (Italie), de Tristan et Iseut (Moyen-Âge), de Herman et Dorothée (Allemagne), « Abélard et Héloïse », (France) de « Memmo et Zina » (aventures romanesques kurdes), de « Bijan et Manijé », (amours tragiques racontés dans le Livre des Rois de Ferdowsî), de « Philémon et Baucis », (couple légendaire de la mythologie antique) etc….Il faut rappeler que toutes ces amours célèbres, tragiques ou retentissantes, mouvementées et déconcertantes ont tenté la plume des créateurs, des compositeurs et des poètes tels que Goethe, Ferdowsi, Nézami, Wagner, Shakespeare, Berlioz, Gounod etc.

3- Le grand artiste, le grand horloger, l'Alpha et l'Oméga, l'idole, enfin Dieu, qu'on appelle encore d'autres noms, cette Cause universelle qui a créé le monde, dispose entièrement de notre vie ici-bas et dans l'au-delà. Il faut donc profiter de nos jours passagers pour nous perfectionner dans un monde plein d'embûches.

141

La fille de la vigne[1], amis, s'est dévoilée,
C'est qu'elle ne craint plus après s'être exilée[2].
Elle vient au banquet : essuyez sa sueur[3]
Pour qu'elle soit, ici, à l'abri des noirceurs.
Bonne nouvelle, ô cœur, puisque la bayadère
S'émèche maintenant et ne point se modère.
On ne peut point blanchir avec sept eaux, cent feux,
Le froc blanc qu'a souillé le vin rouge, mousseux.
Au souffle de la brise est éclose ma rose;
Le rossignol trille de plaisir et transpose.
Ne renonce, ô Hâfez à ton humilité,
L'envieux se prive, de tout, par vanité.

Notes

1- Le vin est poétiquement appelé par Hâfez « fille de la vigne ». On dit par périphrase « le lait des vieillards » ou « le jus de la treille » pour désigner le vin. Dans le sud de l'Italie on appelle le « vin muscat » « lacrima christi », mots latins signifiant « larmes du Christ ». La périphrase consistant à exprimer en plusieurs mots ce que l'on aurait pu dire en un seul, les poètes iraniens abondent en cette forme d'expression.

2- La « fille de la vigne » avait été interdite à Chirâz par Delchad Khâtoun, femme de Mobârezod-Din Mozaffar. Elle fit fermer les tavernes et édicta des peines sévères contre ceux qui useraient du vin. Hâfez fait allusion à la fermeture, puis la réouverture des tavernes : le mot « dévoilée » puis le terme « exilée » le montrent clairement. Le fils de Mobârezod-Din, qui succéda à son père, crut de son devoir de rouvrir les cabarets et les tripots étant lui-même grand amateur de boissons fermentées.

3- Par métaphore la « sueur » est le symbole du travail et de l'effort. Mais elle peut être aussi le résultat de l'effroi, comme le dit Barrès : « Une sueur d'effroi couvrit tout son corps », ou de la honte. Les « sueurs froides » désignent la peur et l'angoisse. Hâfez dit que la « fille de la vigne » après avoir été vilipendée durant quelques années, est de nouveau invitée aux festins de la ville et qu'il faudra essuyer la sueur que fait perler la honte sur son visage, pour que le blâme cesse chez les mauvaises langues.

142

Depuis longtemps déjà, mon cœur ascétique,
Espérait la coupe de Djamchid, roi mythique.
Il convoitait l'avoir en consultant autrui,
Il cherchait ailleurs ce qu'il avait en lui[1].
La perle enfermée dans sa nacre insondable
Implorait les noyés de la mer implacable.
Et je soumis, hier soir au « pôle »[2] mes projets,
Lui qui par son savoir tranche tous les sujets.
Je le vis plein d'entrain, tenant en main sa coupe,
Y mirant des milliers de mondes et de groupes.
Je lui dis : « Depuis quand tu tiens cette coupe, ô savant?
Il me dit : « Depuis que le ciel bleuissait ci-devant. »
Un épris qu'en tout temps Dieu protégeait, suprême,
Ne l'apercevant pas, le priait à l'extrême.
Et tous ces prodiges qu'espère la raison,
Moïse les faisait : « main blanche » et « bâton »[3]…
Il reprit : « Cet ami qui subit la potence,
Prêcha en divulguant les secrets de l'essence.
Si l'esprit[4] voulait bien l'accorder, d'autres, tel
Jésus, accompliraient des faits surnaturels. »
Je lui dis à quoi sert les rets de ta bouclette?
Il dit : « C'est pour prendre Hâfez à l'aveuglette ».

Notes

1- Ce distique est rendu par quatre vers au lieu de deux. Quant au sens intime des deux vers persans, Hâfez laisse entendre qu'il faut chercher la vérité (la coupe de Djam) en soi-même. Quelle est cette vérité? C'est la « voyance » à laquelle on n'accède qu'en se connaissant soi-même. C'est pour arriver à ce degré de perfectionnement que Socrate fit sienne la maxime gravée sur le fronton du temple de Delphes : « Connais-toi, toi-même ». Il est question ici, de paranormalité, consistant en une vision surréelle. Elle pourra être exprimée en symboles, langue de l'inconscient. Ce pouvoir reste tributaire de la glande pinéale. À défaut de l'écran intérieur sur lequel se reflètent les évènements présents et futurs, certains lui substituent la « boule de cristal » ou « miroir particulier », même une coupe remplie d'eau limpide.
  Les pouvoirs paranormaux, jadis plus répandus, les dons naturels de l'homme n'étant pas encore dénaturés, se sont raréfiés en fonction de l'évolution, du progrès matériel, de l'élargissement de certaines zones dormantes du cerveau et de l'engourdissement de certaines endocrines. En tout cas ce pouvoir paranormal réside en nous-mêmes, au fond de l'inconscient, non ailleurs. Il faut la chercher en nous-mêmes cette vérité, cette coupe de Djam, la découvrir en appliquant la formule géniale de Socrate : « Connais-toi, toi-même. »
2- Dans un miroir magique, par voyance.
3- Le poète fait allusion à Moïse qui, en présence de pharaon accomplit des prodiges pour confondre les magiciens du souverain égyptien : il transforma son bâton jeté sur le sol, en serpent, et changea la couleur de sa main, la présentant blanche comme la neige.
4- Les secrets de la « gnose » ne doivent pas être mis à la disposition du public, sous peine de mort. Hallâdj, mystique qui divulgua les « secrets », paya de sa vie sa dérogation.

143

Celui-là peut sonder la coupe de Djamchid[1]
Qui a de ses larmes souillé le sol candide
Du tripot[2]. Ne reste donc pas sans vin, sans chœur,
Sous le ciel, pour calmer et apaiser ton cœur.
Le bouton de tes vœux fleurira à sa guise
Quand tu l'auras flatté comme le fait la brise.
Être gueux au tripot c'est être un élixir. Or
Si tu agis ainsi tu changeras en or
La terre… Vers l'amour fais un pas et sans doute
Tu auras des profits si tu prends cette route.
Toi qui de ce monde terrestre ne sors point,
Comment donc pourrais-tu en sortir à pieds joints?
La splendeur de l'aimé ne se sert point de masque :
Tu devrais supplier pour le voir, ô fantasque!
Viens donc car le transport et la félicité
Ne peuvent être atteints que par la sainteté.
Comme tu veux l'amour et le vin qui dispose,
Ne sois pas cupide, sois meilleur, allons ose!
Ô cœur si tu perçois sa clarté, en chemin
Comme le cierge, alors, tu t'éteindras en un clin.
Et si Hâfez, tu suis l'avis de la sagesse[3],
Tu atteindras le vrai, son éclat, sa noblesse.

Notes

1- Nous avons déjà eu l'occasion de parler de cette coupe merveilleuse, magique et mystérieuse, de sorte que nous ne jugeons pas opportun de nous étendre sur l'explication de ce mot.
2- Le tripot symbolise, ici, le monastère où l'on se livre à l'extase, sorte d'ivresse sacrée en s'aidant du « vin » de la prière.
3- Pour arriver à la vérité et à la sagesse, il faudra suivre une voie semée de difficultés, dompter ses mauvais penchants, sa nature de bête violente et cupide, mais voie noble et généreuse qui mène à la perfection.

144

Souviens-toi de celui qui s'en fut, ô mon cœur,
Et qui n'apaisa point, d'un adieu, ta douleur.
L'homme au jeune avenir, aux actes pieux, ce brave,
Pourquoi n'affranchit-il, alors, son vieil esclave[1]?
Lavons avec le sang le caftan de papier[2],
Le ciel n'a pas, ici, daigné nous justifier.
Et mon cœur espérant ton appel, ô compagne,
Versa plus que Farhâd[3] des pleurs dans la montagne.
Quand ton ombre[4] quitta la prairie, depuis
L'oiseau ne nicha plus dans la toison du buis.
Le vent est dépourvu de ta grande vitesse :
Donne-lui de surcroit, des leçons de prestesse.
Quiconque refuse d'admirer sa splendeur
Jamais il ne verra la face du bonheur.
Musicien entonne le mode[5] de l'Iraque,
C'est par là que l'âme s'apaise et bivouaque.
Ces ghazals irakiens[6] pour Hâfez sont splendides :
Ils sont ensorcelants, attrayants et fluides.

Notes

Le poète joue sur l'opposition des mots « jeune » et « vieux ».
1- On lit dans le texte « Ce vêtement de papier ». Ceux qui voulaient porter plainte contre l'injustice dont ils avaient fait l'objet se mettaient un « caftan de papier ». La coutume voulait qu'on brûlât ce vêtement devant le magistrat en signe de prestation de serment de ne dire que la vérité.
2- Chirine (la douce), la favorite du roi Khosrov II Parviz, protégea les Chrétiens établis en Iran, fit construire pour elle-même le palais de « Ghasré Chirine », à quelques kilomètres de Kermanchah et désira ensuite la construction d'un canal. On lui désigna un jeune ingénieur appelé Farhâd. Chirine étant venue un jour inspecter les travaux, ils eurent tous les deux (Chirine et Farhâd) le coup de foudre. Khosrov, informé de cette aventure, fit amener Farhâd pour le dissuader, mais le trouvant ferme dans sa passion, il lui ordonna de percer le mont Bissotoun et de renoncer à rencontrer Chirine. Mais celle-ci revint vers son amant. Le roi fit annoncer faussement la mort de Chirine à Farhâd qui se précipita, de désespoir, du haut de la montagne et se tua.
3- En persan, le mot « sayé » ne veut pas dire seulement ombre, mais aussi protection, assistance. On dit couramment à un homme qui vous oblige : « Que votre ombre ne se retire pas de dessus notre tête », dans le sens « que votre protection ne nous manque pas ».
4- Le mode irakien est l'un des aspects secondaires de la musique iranienne. Cette musique comprend 7 modes (dasgâh) principaux et 5 secondaires, ces derniers dérivant des deux modes principaux : « chour » et « homâyoun ». La texture de ce dernier mode s'identifie à la gamme mineure de la musique classique occidentale. Le mode « chour » est l'un des 7 principaux, l'un des plus anciens de la musique iranienne. Il a été adopté par les populations tribales. Les 4 modes secondaires : « dachti », « abou atâ », « bayat zand », « afchâri » découlent du mode « chour ». Le mode « homâyoun » sert de base à un mode secondaire, connu sous le nom de « avâz » ou « bayât esfahan ». Le mode « navâ » est l'un des 7 principaux, son expression est grave et suggestive. Le « ségâh fait partie des 7 principaux. Le « tchâhârgâh » est l'un des modes principaux de la musique iranienne. Le mode « mâhour » est également l'un des sept modes principaux et fait partie de la gamme majeure. Il exprime des tons gais, pleins d'allégresse. La musique iranienne est l'expression des sentiments par lesquels l'homme extériorise ses états d'âme. Le souffle de la brise, le froufrou des feuilles, le chant des oiseaux, le murmure des ruisseaux sont les premières notes de la musique. La tristesse et la joie, le désespoir et le rire, l'amour et la haine sont d'autres aspects des sentiments que la musique essaye d'exprimer par les sons, les rythmes et les accords.
6- Selon le style de l'Arak 'Adjam, région de l'Iran.

145

Je ne sais quelle ivresse a saisi mon cœur vain,
Qui était l'échanson qui me donna ce vin?
Trouve-toi du vin et gagne la campagne,
Le rossignol chanteur appelle sa compagne.
Ô cœur, ne te plains pas, tel un bouton de fleur,
D'être bloqué, la brise apaise ta douleur.
Les jonquilles sont là offrant leurs bienvenues,
La violette égaye, le jasmin porte aux nues.
La brise du matin apporte de là-bas,
Comme l'oiseau royal[1] le parfum de Sabâ[2].
L'attrait de l'échanson guérit et intercède :
Lève-toi, le toubib te rapporte un remède.
Je suis le serviteur du vieillard du tripot[3],
C'est lui qui a parfait ta promesse, ô dévot!
Je blâme l'attaque de ce Turc stratégique,
Le gueux n'a que l'âme : c'est un butin modique!
Le ciel est l'esclave de Hâfez, aujourd'hui
Qui, gisant sur ton seuil, implore ton appui.

Notes

1 et 2- Sabâ désigne, dans la géographie ancienne un État antéislamique de l'Arabie du Sud-Ouest. La reine de Sabâ d'après l'Ancien Testament (I Rois, 10), souveraine de ce pays, attirée par la sagesse et la gloire du roi Salomon, se rendit en Palestine avec une grande caravane. À la suite d'une entrevue avec Salomon et un échange de présents, elle retourna dans ses États.

Le Coran lui donne le nom de Belgheyce; les Abyssins se sont emparés de cette histoire en l'enjolivant. Par ailleurs la huppe est l'oiseau royal et annonce toujours de bonnes nouvelles. Elle est chargée de messages salutaires agréables au cœur que l'idole envoie à son amoureux sur les ailes de la brise matinale.

Attâr en parle dans son « Mantéqot-Teyr » en tant qu'un oiseau courtois, avisé, connaissant l'étiquette de la cour.

3- Dans le texte il y a : « le doyen des mages », désignant le tenancier de la taverne, symbole du guide spirituel des derviches.

146

La brise m'apporta le parfum de l'aimé
À l'aube, ravivant mon cœur tout déprimé.
J'arrachai ce cyprès[1] du sol de ma tendresse,
Le voyant, la rose frissonna de tristesse.
Je voyais la Lune honteuse, rudement,
De l'éclat du soleil dans le grand firmament.
J'ai occulté mon cœur, redoutant son pillage[2],
Mais il saignait toujours, tourné vers son visage.
Écoutant les danseurs et l'échanson, enfin
Je l'attendis dehors, mais hélas, ce fut vain.
Les dons de l'aimé sont son secours et son aide,
Quand il veut condescendre pour nous ou lorsqu'il plaide.
Si l'arc de son sourcil m'a rendu tout malade[3],
Toutefois il voulut me voir sans dérobade.
Je m'étonnai de voir qu'il me donnât du vin,
Je ne l'en prévins pas, son geste était divin.

Notes

1- Hâfez veut dire qu'il s'est efforcé d'arracher de son cœur l'amour qu'il portait pour son aimé à la taille de cyprès.
2- L'aimé rafle les cœurs par la puissance de son âme. Il les pille.
3- Le sourcil en forme d'arc bandé de l'aimé lance des traits qui blessent le cœur des fidèles.

147

La brise de l'aube, hier, m'apporta l'assurance
Qu'a pris fin la saison de peines et de souffrance.
Offrons aux ménestrels robes et coupes de vin,
Car la suave brise annonce le matin.
Viens beauté céleste, montre sans artifice
Au cœur qui soupire l'éden, lieu de délice.
Je retourne à Chirâz grâce aux faveurs du ciel[1],
Avec un compagnon sûr, confidentiel.
Lutte pour notre amour, car ce chapeau bohème
Peut un jour devenir un brillant diadème.
Que de pleurs j'ai versés sous le bleu firmament
En me remémorant son visage charmant.
De Mansour[2], ô Hâfez, tu as suivi l'exemple :
Tu te voues à Lui[3], L'adores, Le contemples.

Notes

1- On sait que Hâfez quitta seulement deux fois sa ville natale. La première fois il se rendit à Yazd; mais s'en retourna vite à Chirâz en se plaignant de l'avarice du châh de Yazd, sans doute Mobârezod-Din qui n'avait pas encore pris Chirâz.
Le second voyage de Hâfez eut lieu dans les derniers jours de son existence tranquille. Mohammad Châh Bahmany, roi de Dekkan, invita Hâfez à sa cour et lui envoya grande somme d'argent pour effectuer le voyage jusqu'à Dekkan, partie péninsulaire de l'Inde.
Cependant arrivé à Ormuz (Hormoz), une terrible tempête s'étant déchainée, Hâfez trouva un prétexte plausible pour ne pas continuer son voyage. Il dit qu'il avait oublié de prendre congé d'un ami et s'en retourna à Chirâz. C'est, probablement, au bout de l'un de ces deux déplacements qu'il revint à Chirâz.

2- Hossein ibn Mansour al Hallâdj est un soufi célèbre. Son emprisonnement tragique, son procès par les ulémas de Bagdad, enfin sa mort ont fait de lui une haute figure mystique. Mansour naquit à Tour (Fârs), près de Beyzâ, en 244 de l'Hégire (857 de l'ère chrétienne). Il entretenait de bonnes relations avec le médecin Râzi. Hallâdj se mêla au peuple pour lui prêcher la vie spirituelle. Il parcourait le Khorassan, enseignant et s'attirant des disciples, mais aussi des ennemis. En 294 (908), Hallâdj se rendit pour la troisième fois à la Mecque, puis revint s'installer à Bagdad.
Dans son enseignement, il affirmait que le but, l'objet pour tous les hommes, est l'« union » avec Dieu qui ne se réalise que par l'amour (échk). Ces pensées neuves ne manquèrent pas de susciter des oppositions. Les « canonistes » lui reprochèrent sa doctrine de l'« union », remarquant qu'elle confondait le divin et l'humain, aboutissant au panthéisme.
Hallâdj avait, à vrai dire, rompu la discipline de l'arcane en divulguant les « mystères » divins, les secrets auxquels Hâfez fait souvent allusion. À la fin de compte, les politiciens qui l'accusaient de semer le trouble dans les esprits et les tenants de la jurisprudence islamique qui blâmaient ses conceptions « hétérodoxes », obtinrent contre Hallâdj, un « fatwa ». Emprisonné durant huit ans et sept mois, il fut finalement mis à mort crucifié, en 309 (922).

3- Lui désigne Dieu.

148

Lorsque mon idole[1] prend dans sa main la coupe,
Le train des idoles se brouille et s'entrecoupe.
Celui qui remarque son œil ivre et grisé,
Dit qu'aucun argousin n'est assez avisé[2]
Pour s'en saisir…Comme un poisson en mer
Je me perds jusqu'au jour où l'être aimé et cher
Me seconde … À mes pieds je tombe sur la grève :
Y a-t-il une main aimable qui m'élève?
Heureux soit le cœur qui, comme Hâfez mortel,
Se tape une coupe du breuvage éternel.

Notes

1- Il s'agit, bien entendu, de l'aimé, du guide spirituel de Hâfez.
2- Mot à mot, le texte dit : « Où est le prévôt assez habile pour aller appréhender cet ivrogne? »

149

Mon cœur ne désire que l'amour des traits fins,
Je le chapitre bien, sans cesse, mais en vain.
Cesse donc les conseils, plutôt passe la coupe,
C'est la bonne idée que conçût notre groupe.
Viens ô bel échanson avec ton vin vermeil,
Car rien n'est plus enivrant que ce vin nonpareil.
Je cache ma cruche qu'on croit un fascicule :
Étrange que le feu de ce vin ne le brûle.
Je brûlerai un jour ce froc de puritain
Qu'un marchand refuse contre un verre de vin.
Les amants se grisent en prenant un vin pourpre,
Parce que seul le vrai s'y reflète et s'empourpre.
Ton visage et ton chef sont charmants et tu dis :
« Va-t'en! », mais ton ordre est un vrai gazouillis.
Le prêcheur des braillards va contre la fortune,
Son âme est donc fausse, tout pleine de rancune.
Le prêcheur, des buveurs, déprécie l'étoile :
Son cœur est si blessé qu'il s'étiole et se voile.
Je ris tout en pleurant comme un cierge allumé
Dont la langue brûle : mon feu est embrumé.
Tu as chassé mon cœur par ton regard tout ivre,
Nul n'a capté si bien l'oiseau fou qui se livre.
Moi je suis besogneux, l'idole ne l'est pas :
À quoi sert la magie, elle ignore l'appât.
J'aurais bien le cristal, semblable à Alexandre[1],
Si mon art un jour monte, et ne veut redescendre.
Ô riche fais du bien au derviche bénin :
J'ignore d'autre seuil, ne suis d'autre chemin.
Je demande pourquoi pour ma précieuse perle
Le roi ne couvre pas Hâfez d'or, ne l'emperle?

Notes

1- Dans son « Eskandar Nâmeh » (Livre d'Alexandre), le grand poète iranien Nézami (1140-1203), nous montre Alexandre, le macédonien, fabriquant un « miroir magique », ou bien se complaisant à s'entretenir avec le semi-légendaire Balinas (Apolonios de Thyane). Dans ce distique Hâfez fait allusion à ce mystérieux miroir d'Alexandre, aussi étrange que la coupe de Djam.

150

Quand le bel échanson passe, la coupe emplie,
L'initié conscient boit le vin et sa lie.
Il cache sa mouche sous sa boucle, si bien
Que l'habile savant[1] tombe encore dans le lien.
Heureux soit l'ivre qui, à l'ennemi en fête,
Ne livre, inconscient, son turban ou sa tête.
Ce dévot qui renie et la coupe et le cru,
Deviendra averti s'il prend du vin du cru[2].
Œuvre toujours le cœur, ce miroir plein de flamme
Qui s'enivrant le jour, se ternit et s'étame.
Le moment pour boire le bon vin auroral
Est l'instant où le soir disparaît, intégral.
Ne prends guère ton vin avec le prévôt, frère :
Il boira ton vin, puis il brisera ton verre[3].
Si tu as, ô Hâfez, la chance d'être uni
À l'idole, plane dans le ciel infini[4].

Notes

1- Dans le texte il y a : « l'oiseau du savoir », de l'« intelligence », pour dire savant, homme de science.
2- Mot à mot : il deviendra « cuit » (pokhté) signifiant aussi éprouvé, connaisseur, s'il a l'amour du vin. Le vin « cru » est celui qui se trouve à la cave et mousse encore. Ensuite, le vin est « cuit » quand il a fini de fermenter.
3- Ce distique est souvent cité au cours de la conversation quand il s'applique bien à la situation.
4- Dans l'original on lit : « ô Hâfez élève ta tête au-dessus du disque du Soleil, si la chance te sourit en cette pleine lune. »

151

Puisqu'on souffre, ici-bas, à qui sert ce bas monde?
Vends ton froc pour le vin car l'ivresse est féconde.
Le bon marchand de vin l'évalue à son pot,
Le tapis des dévots ne vaut pas un écot.
Le rival : « Relève ta tête de sa porte »[1],
Moi : « Ma tête vaut moins que la poudre, qu'importe! »
Porter une couronne est doux malgré ses maux,
Mais si on perd sa tête, à quoi elle équivaut[2].
Parut d'abord bénin l'océan qui déferle,
Méprise! ... L'ouragan ne vaut guère cent perles.
Il te vaut mieux cacher ta face aux amoureux :
Conquérir est très beau, jouter est malheureux[3].
Contente-toi de peu, comme Hâfez, évite
Les vils, car leur contact ne vaut mille pépites[4].

Notes

1- De la porte de l'aimé, du guide spirituel.
2- La couronne est comme l'épée de Damoclès. La porter suscite des ennuis, comporte des dangers.
3- Avoir trop d'amoureux ne vaut pas la peine qu'on subisse leur rivalité et leur joute. Il vaut mieux les éloigner, cacher la face qui les fascine. Hâfez s'adresse, ici, à l'aimé.
4- Sois sobre et austère (comme Hâfez), sinon tu seras obligé de courber l'échine devant les vils. Or être obligé de s'incliner devant les méprisables et les misérables ne vaut pas deux cents « mana » (environ 3 kilos) d'or, ou de pépites d'or.

152

De toute éternité ta beauté féconde
Flamboya, et l'amour consuma tout le monde.
Ton visage ravit, sont fascinants tes yeux,
Un feu naquit, brûlant les hommes sous les cieux.
Le sage voulut faire de ce feu, une lampe,
Mais l'éclair la souffle et l'orage la trempe.
Le rival décréta venir voir mon secret,
Mais la main occulte vint gêner ce décret.
Les autres ne cherchent que les plaisirs du monde
Alors que mon âme, de souffrance, s'inonde.
L'âme pure envie le puits[1] de ton menton,
Désire ta toison[2], ses replis, ses festons.
Ô Hâfez ta lettre sur l'amour fut écrite
Quand ta plume ceignit ta tête décrépite.

Notes

1- Le puits du menton désigne la jolie fossette du menton de l'idole. Elle est chantée, cette fossette, par les poètes comme célébrés par eux le grain de beauté, l'arc du sourcil. Il ne faut pas s'étonner quand un poète persan compare l'œil au narcisse, les lèvres au rubis, la taille au cyprès, le regard à la flèche que décoche l'œil etc., car cette manière d'écrire et de s'exprimer est conforme au langage fleuri des Orientaux.

2- La toison ne désigne pas ici, celle d'or, du bélier fabuleux de Jason que les Argonautes allèrent conquérir en Colchide, mais une chevelure très abondante. Aragon, poète et un des fondateurs du surréalisme écrit :
« Sur ses épaules nues, il y avait une toison fauve. »

153

Quand, au petit matin, se mettant en campagne
Le Soleil fit flotter sur la haute montagne
Son fanion, mon aimé, désireux de me voir
Vint frapper de sa main à ma porte : ô espoir[1] !
Et lorsqu'il fit très clair, que l'astre en son ardeur
M'éblouit, un rire mit fin au grand bonheur
Des fêteurs ... L'idole, sans arrière-pensée
Venant au cénacle, consentante et pressée,
Pour danser[2], défronça les sourcils, contractant
Et resserrant le cœur des épris, palpitant[3],
Il parut convenable, alors de laver juste
Les mains avec mon sang, quand son regard auguste
Plein de vin, invita à lui, les conscients
Et les gens vertueux[4] et son esprit prescient,
Lui apprit des forfaits : dès la première tranche
De sa vie il suivit ceux qui passent nuit blanche.
Il se fit cavalier et devint généreux
Ô Dieu préserve-le, car il soutient les preux.
Pour le teint de ses traits nous donnâmes notre âme
Dès l'abord il visa les épris pleins de flamme.
Vêtu d'un froc[4] de laine, est-il possible, mignard,
De le piéger ? ... Ses cils sont autant de poignards.
C'est donc par la faveur du roi, de sa largesse,
Que ton foyer, Hâfez, se remplit d'allégresse.
Le roi des rois, Chodjâ fils de Mozaffar,
Prodigue sa splendeur comme le nénuphar[5].
Et dès l'heure où sa main tint la coupe remplie
Les buveurs laissèrent leur prière, leur complie.
Pour la fine pointe, son exploit audacieux
Tout comme le Soleil éclaboussa les cieux.
Demande à Dieu, ô cœur, la durée efficace
De ses jours, du trône, car cette faveur passe.

Notes

1- En astronomie, le Soleil s'appelle « Khosrov de l'Orient », comme dans le texte de ce « ghazal ». Par ailleurs ce distique est rendu par quatre vers.
2- Il s'agit de la danse sacrée qui permet aux mystiques d'entrer en extase. Cette danse s'appelle le « somâ ».
3- Ce distique est également rendu par quatre vers au lieu de deux.
4- Les derviches sont vêtus d'un froc de laine blanche.
5- Cette ode est composée à la louange de Châh Chodjâ, fils de Mobârezod-Din Mozaffar. Châh Chodjâ acheva les conquêtes de son père et prit, en 1375, Tabriz et Bagdad. C'est lui, qui grand amateur de vin, rouvrit les tavernes, ces « temples de vin » comme les appelle Hâfez.

154

Choisis-toi un rôle qu'on puisse t'assigner;
Déclame un poème qu'on puisse accompagner
D'une coupe de vin… Et si l'on met la tête
Sur le seuil de l'aimé, l'on pourra en sa quête
Crier sous le grand ciel sa gloire…Mon ami
Notre vieux corps arqué crève l'œil de l'ennemi[1].
Les secrets de l'amour filent du cloître. Voire,
On ne boit qu'avec ceux qui vraiment savent boire[2].
Le derviche n'a point les parures du roi :
Nous portons un vieux froc qu'on brûle sans émoi.
L'homme fin, exercé, perd d'un coup les deux mondes :
L'amour le fait vivre sous la bleue rotonde.
Et si ton union peut assurer un gain,
Des milliers de têtes se prosterneront, soudain,
Sur ton seuil…Oui l'amour, la jeunesse lyrique
Représentent le but, et quand la rhétorique
Fait sa preuve, on pourra pontifier, discourir…
Ta boucle est devenue un brigand à ravir
Du salut de nous tous. Il est vrai, sans chicane,
Qu'avec les pirates on pille la caravane.
Bannis en toi, Hâfez, tout mensonge, bas désir,
Pour jouir, ici-bas, d'un moment de plaisir.

Notes

1- En formant un seul groupe de trois distiques (six vers), le traducteur a eu l'intention de ne pas interrompre le fil du discours. De la sorte les images et les idées défilent normalement, s'enchaînent mieux et se font comprendre en se complétant.

2- Dans le texte on lit : « on ne boit magiquement qu'avec les vrais mages … ».

155

Si je le suis encore, l'émeute se déchaîne,
Si je ne le suis pas, je suscite sa haine.
Si comme la poussière, en son chemin poudreux,
Je me lève, il fuit, tel le vent va peureux.
Si même je demande un demi-baiser, mille
Refus[1] délicieux s'égrènent à la file.
L'astuce que je vois au fond de ton œillade,
A dû ternir l'honneur[2] de toute une pléiade.
Les tours et les détours du désert de l'amour
Cachent tous les pièges : quel cœur de lion, ce jour
Peut en faire abstraction? ... Et toi demande à vivre
Car le ciel réserve mille tours et enivre.
Soumets-toi, ô Hâfez, approche son terroir,
Car si tu regimbes tes jours seront bien noirs.

Notes

1- Dans le texte il y a : « Mille hélas ! ».
2- Dans le texte il y a l'expression « l'eau du visage », qui veut dire en bon persan : honneur, prestige dont on jouit auprès des autres. L'expression « sauvegarder l'eau du visage de quelqu'un », c'est sauvegarder son honneur ». Pour dire « acquérir de l'honneur, du respect » on écrit : « acquérir de l'eau du visage ».

156

Nul n'égale l'aimé par l'éclat arbitraire,
Tu ne peux, en cela soutenir le contraire.
Bien que le fanfaron se pavane, béat,
Nul ne peut surpasser notre aimé par l'éclat,
De nos longs entretiens, secrets, pleins d'innocence,
Nul encore n'a sondé la profondeur, l'essence.
Le talent[1] peut créer mille traits éclatants
Dont nul ne peut valoir ceux de l'aimé pourtant.
Mille pièces viennent, ici, sous la coupole,
Mais nulle n'a l'aloi de celles de l'idole.
Oh! La caravane de la vie, à ce soir,
Est traînante et ne peut atteindre le terroir.
Ô cœur ne crains pas les jaloux, sois confiant, solide :
Celui qui espère, fait fi du mal sordide.
Vis en sorte que si tu n'es rien, en chemin,
La poudre de tes pas n'incommode nul humain.
Hâfez se consume; je crains que le monarque[2]
Fortuné ignore le malheur qui le marque.

Notes

1- Dans le texte il y a : « La plume du talent. »
2- Hâfez désigne, sans doute, Abou Is'hâk Indjou, fils d'un ancien gouverneur du Fârs, sous le mongol Ghazan. Ce prince s'empara de Chirâz en 1342. Hâfez parle avec admiration du règne brillant mais court de ce roi, de sa justice et de sa générosité. C'est sous ce règne que le poète eut un ferme et constant protecteur: le grand vizir Hadji Ghavâmod-Din.

157

Oui, celui qui s'éprend de ta beauté, préfère
Ne plus se déprendre tant qu'il vit sur la terre.
Comme la tulipe[1] qui pousse hors du sol
Tomba, je porterai ta marque rouge au col.
Ô ma perle unique où est donc ton refuge :
Ton départ fait couler de mes yeux un déluge.
De chacun de mes cils l'onde coule : reviens,
Si tu cherches un bord de ruisseau vénusien
Un bel spectacle aussi…Comme une fleur[2], dévoile
Un instant ta beauté…Est morte notre étoile.
Que ta protection[3] couvre nos chefs, longtemps,
Car elle cache aussi un éclat de printemps.
Ton regard dédaigne Hâfez, par mignardise;
Le dédain est le fait de l'œil charmant qui grise.

Notes
1- La tulipe est le symbole de ceux qui donnent leur sang pour défendre leur patrie et leur religion. Le sang qui arrose la terre où tombe le combattant fait pousser, dit-on, des tulipes écarlates. Sous l'ancien Régime français on donnait le surnom de « tulipe » aux soldats pleins d'entrain. « Fanfan la Tulipe » fut un héros populaire, type de soldat français brave et gai, se battant pour la gloire. Ce surnom était très répandu dans les armées du XVIIe siècle.
2- Dans l'original il y a : « comme la rose … »
3- Dans l'original il y a « ton ombre », ce mot voulant dire, en persan, « ta protection ».

158

Moi abjurer le vin? En voilà une histoire!
J'ai trop de bon sens pour opter cet exutoire.
J'ignorais encore cette longueur extrême
Du chemin du bistrot, notre foyer suprême.
Pour les pieux, le bigot: prière, vanité.
Pour moi : besoins, ivresse; qui est le mieux doté[1]?
Si le dévot ne sait se montrer fin, habile,
C'est que l'amour exige une ascèse subtile[2].
Tant de nuits j'ai suivi la voie qui inspire
La vertu aux accents du tambour, de la lyre.
Mais virer maintenant, retrouver le chemin,
Ne sied pas à Hâfez, poète sac à vin[3].
Je suis le serviteur du « vieux » de la taverne
Qui m'éclaire toujours en ce qui me concerne.
Tout ce que notre « pir »[4] fera à cet effet,
Sera l'expression d'un ouvrage bien fait.
Je n'ai pas dormi, hier, car un ami a dit :
« Si Hâfez s'avine, ce sera un délit! »

Notes

1- Dans ces deux vers et les vers précédents, Hâfez s'attribue des défauts qu'il n'a pas en réalité. Il se les reproche pour éviter de les reprocher aux bigots, aux ivrognes. Il s'adresse, indirectement, avec astuce, à ces derniers en ayant l'air de s'accuser, de s'attribuer leurs vices.

2- Il s'agit de l'amour du « derviche » qui, sous la direction éclairée d'un guide spirituel, d'un initiateur, d'un « pôle », comme disent les mystiques, se perfectionne, s'élève peu à peu, mais sûrement, vers l'idéal, se corrige de ses défauts, se régénère en quelque sorte, épure son cœur, se ramène dans le droit chemin, se rachète aux yeux de Dieu.

3- Dorénavant le distique qui aura été traduit en deux distiques (ou quatre vers) sera donné dans le texte en quatre vers qui se suivent, nullement séparés par les uns des autres. Ils formeront ainsi un « groupe » de quatre vers. Chaque fois que le groupe de quatre vers aura été reconnu par le lecteur, il devra se dire qu'il s'agit là d'un seul distique qui représente deux vers (distique) de Hâfez.

4- Le « pir » est le vieux de la taverne, guide spirituel. Le mot « pir » veut dire en persan : vieux. Le vieux de la voie (pir tarikat) désigne le chef d'une confrérie, le guide spirituel. De même « le vieux de Sarandib » désigne Adam, le premier homme. Sarandib, signifie, par ailleurs, l'île de Ceylan.

159

Les pièces du soufi ne sont guère sans blâme :
Que de frocs corrompus sont dignes de la flamme!
Notre soufi, ivre de crédos du matin,
Regarde-le le soir, tu le verras badin[1].
La pierre de touche de la bonne expérience
Confond en un instant le menteur qui s'encense.
Et si notre échanson prête, aimable, le flanc,
Des millions de visages rougiront dans leur sang.
L'homme choyé, flatté, n'aura, dans son domaine
Pas d'amis car l'amour fleurit dans l'âme humaine.
Jusqu'à quand t'affliger des peines d'ici-bas?
Prends du vin, c'est triste qu'un cœur savant, tout bas
Se désole… Oui, le froc, le tapis de prière
De Hâfez sera bien la richesse – ô misère!
Du vendeur de vin si ce marc, ce jus chéri
Me vient d'un échanson aux beaux traits de péri.

Notes

1- Quand on observe le vocabulaire de Hâfez, par exemple que le « soufi » est le religieux fanatique et entêté et que le « derviche » désigne le religieux humble et soumis à la volonté de Dieu.
Hâfez était lui-même le disciple d'un derviche, célèbre et écouté à cette époque-là : le cheykh Mahmoud Attâr.

160

Il est bien agréable le lieu de privilège
Quand l'ami est le mien et que non, comme un cierge,
Il brille en l'assemblée ; et moi pauvre, en ce lieu
Je souffre constamment, me brûlant à son feu.
Je ne veux pas payer un denier l'amulette
De « Chlimoun »[1] que le diable aura mise en vedette
Au doigt…Dieu ne permets que lors de l'union,
Le rival mène à bien sa noire rébellion.
Recommande à « homâ »[2] qu'il ne plane et ne veille
Sur un monde où le paon[3] vaut moins que la corneille.
Point n'est nécessaire d'afficher son amour :
Le feu du cœur diffère de celui des discours.
L'image de ton seuil ne s'efface de mon âme :
L'étranger, interdit, se rappelle et réclame
Son foyer…Si Hâfez possédait, tel le lis[4]
Dix langues pareilles aux boutons de l'iris,
Il resterait bien coi et fermerait la bouche,
En voyant ta beauté, avec ses fards, sa mouche.

Notes

1- En araméen on donne le nom de « Chlimoun » au roi Salomon.
2- Le « homâ » est, comme nous l'avons déjà noté, un aigle appelé « gypaète », protecteur de la dynastie achéménide. Il a donné aujourd'hui son nom à la compagnie d'aviation iranienne. Le « homâ » annoncerait la fortune, la richesse et l'élévation à la personne au-dessus de qui il aura plané.
3- Dans le texte il y a perroquet que nous avons traduit par paon pour donner plus de vraisemblance à l'idée. Le perroquet est un oiseau prisé, en Iran, tant pour son beau plumage que pour ses dons qui lui permettent d'imiter le langage humain.
4- Les poètes iraniens comparent les étamines du lis à autant de langues. Ils usent fréquemment de cette métaphore dans leurs distiques (beyt).

161

Celui-là est poète dont le cœur est artiste;
J'ai dit tout ce qu'il faut dire et le reste est simpliste.
Et si de ton rubis[1] je fais un vrai chaton
De bague, attention, j'aurai, pauvre jeton,
Cents bleds de Salomon, tous ensemble et en vague,
À venir rendre hommage, et soumis à ma bague.
Il ne faut pas t'attrister des lazzis des jaloux :
Peut-être que ton bien s'y trouve : donc tout doux!
Celui qui ignore ce pinceau fantastique
Ses dessins rateront, même s'il est l'unique
Dessinateur de Chine[2]...Et la coupe de vin
Et les maux sont donnés par le sort à chacun.
Le sort veut que la rose, ainsi que l'eau de rose,
L'une reste au foyer, l'autre au bazar s'expose.
Croyez-vous donc, Hâfez, corrigé désormais?
Le passé toutefois, il le garde à jamais[3].

Notes

1- Le « rubis » désigne les lèvres de carmin de l'aimé.
2- Les dessinateurs, miniaturistes et peintres chinois avaient acquis une grande renommée dans leur art, en Orient, jusqu'en Iran. Parallèlement au courant artistique traditionnel, se développait en Chine un nouveau mouvement à l'époque « Han » (dynastie chinoise qui régna du IIe siècle avant l'ère chrétienne, au IIIe siècle après J.C.), la découverte du papier et l'amélioration du pinceau entraîna le développement de la calligraphie et de la miniature. Lors de la défaite des Hans (IIIe siècle), l'aristocratie fuyant devant les envahisseurs barbares, se réfugia dans une région pittoresque où elle découvrit les beautés de la nature qu'elle exprime à l'aide du pinceau. Ainsi naquit le « paysage » féérique chinois. L'homme, devant le spectacle de la nature communia avec l'univers...C'est au milieu du VIIIe siècle que les artistes chinois assouplirent le « cerne » et donnèrent vie au « trait ».
3- Dans le texte il y a : « ... il le garde jusqu'au jour de la résurrection ».

162

Bienvenue à la rose, et rien n'est plus divin
Que de voir en ta main une coupe de vin.
Profite, profite du bon moment qui passe :
Peut-on trouver, toujours, la perle en sa place,
Dans l'huître? Jouis donc, prends du vin, aux jardins
Les fleurs n'y seront plus dans les instants prochains[1].
Ô toi qui as rempli la coupe sans paille
D'or, pardonne à l'homme qui n'a pas l'or qui vaille.
Viens donc, ô cheykh[2] et prends, dans notre vieux taudis,
Le vin que tu ne peux trouver au paradis[3].
Laisse-là tes notes si jamais tu veux vivre[4] :
La science de l'amour n'a pas besoin de livre.
Écoute-moi, ami recherche la beauté
Dont l'éclat soit exempt d'ornement apprêté.
Donne-moi de ce bon vin qui dégrise, honnête,
N'entraînant nullement l'ennui, le mal de tête.
Je suis du fond du cœur l'esclave bien soumis
D'Oveyce[5] bien qu'il ait oublié son ami.
Il ceint la couronne du monde, si belle,
Qu'elle éclipse l'astre quand elle étincelle.
Celui-là critique les odes de Hâfez
Qui manque de bonté, qui ne fait pas florès.

Notes

1- Les vers de cette belle ode rappellent les mots d'Horace (Ode I. II, 8) qui font entendre que la vie est courte et qu'il faut que les êtres humains se hâtent d'en jouir…Horace dit : « Carpe diem », paroles signifiant : « Mets à profit le jour présent ».

Hâfez aussi recommande la jouissance, mais laquelle? Toute la question est là. Derviche mystique, initié aux mystères de la « voie », le poète recommande certes, la jouissance spirituelle. La courte vie qui nous est donnée doit être mise à profit pour connaître soi-même et atteindre la vérité.

2- Nous écrivons le mot comme il se prononce en persan et non pas « cheik » d'après l'orthographe française.

3- Mot à mot, dans le fleuve (Kovsar) qui coule au paradis.

4- Dans le texte on lit : « Si tu es notre condisciple ».

5- Les roitelets qui succédèrent aux Mongols attirèrent à leur cour les poètes et les savants : à Chirâz, Bagdad, Tabriz, Hérat etc. Certains sultans, tels que Châh Chojâ, à Chirâz, Sultan Oveyce, à Bagdad, se distinguèrent comme poètes. Hâfez loue, dans cette ode, le Sultan Oveyce pour ses talents littéraires alors qu'il n'a pas manqué de critiquer Châh Chodjâ qui avait soumis au poète la composition d'un de ses poèmes.

163

La rose sans les traits de l'aimé est morose,
Le printemps sans le vin est une morne chose.
La verdure du pré, le verger attenant
N'apaisent pas le cœur sans un visage charmant.
La danse du cyprès[1], l'éclat de la rose
Ne sont pas bien plaisants sans le chant qui repose
Du chantre[2]; et notre aimé aux lèvres de carmin
À la taille de rose est banal sans un brin
De baiser. Et tout trait dont la raison raffole
Ne peut être aussi beau que celui de l'idole.
La vie est chère et vaine, ô Hâfez : il ne sied
En digne holocauste qu'on l'offre à ses pieds[3].

Notes

1- Il est fait allusion à l'aimé, sous-entendu, à la taille de cyprès.
2- Dans l'original il est dit « le chant du rossignol ».
3- Ce « ghazal », d'un lyrisme soutenu, est l'un des plus beaux poèmes de Hâfez.

164

Le souffle du zéphyr embaume le logis;
Déjà ce vieux monde rajeunit ses glacis.
La coupe de pourpre et d'agate, d'office,
S'offrira au jasmin; et les yeux du narcisse
Mireront la tulipe…Oh! Ce cri, en ce coin
Que le chantre[1] lança alors qu'il[2] est bien loin,
Se fera entendre jusqu'au voile qui cache
La rose suave, se tenant en sa cache.
Si de la mosquée je m'en fus au tripot
Ne dis rien, la prêche s'éternise, ô dévot.
Si tu mets à demain l'allégresse actuelle
Tu perdras ton comptant pour l'image irréelle.
Ne laisse la coupe tout au long de Cha'bân[3] :
Ce soleil brillera bien jusqu'à Ramadan.
La rose est très chère, mire-la, de la sorte
Qu'elle est là vivante, mais elle s'en ira morte.
Ô danseur entonne tes chants, tes vers, ce soir,
Ne dis pas : « Tout passe, il n'y a plus d'espoir! »
Hâfez est né pour toi seulement, mon idole :
Viens le voir, fais un pas avant qu'il ne s'immole.

Notes

1- Dans le texte il y a : « Ce rossignol ».
2- « Il » désigne le guide spirituel.
3- Cha'bân est le huitième mois de l'année lunaire. Il s'agit, ici, du mois pendant lequel le Prophète de l'Islam quitta la Mecque pour Médine, effectuant le « hégire », date qui constitue le début de l'année musulmane.

C'est après ce mois de Cha'bân que vient le mois de « Ramadan », consacré au jeûne religieux.

Ce mois est, de même celui où l'Imam Hodjat ibn Hassan vint au monde, le jeudi 15 Cha'ban de l'année 156 de l'hégire. L'Imam Hodjat est le douzième Imam de la lignée de Ali et de Fâtemeh, fille du Prophète. Il est le fils du onzième Imam de l'Islam chiite : l'Imam Hassan Askari. On lui donne de nombreuses dénominations, entre autres celle de l'Imam promis, Mahdi, Kâêm, le Maître du temps etc.

Il est notamment l' « attendu », car non seulement les Musulmans, mais aussi tous les peuples de la terre, lassés de voir tant de crimes impunis dans ce monde, attendent qu'un homme, un saint, un prophète vienne à la fin des temps, rétablir la justice et mettre fin aux monstruosités et à l'infamie humaine.

Il est aussi le « promis » car Dieu, les prophètes, les saints et le Prophète de l'Islam l'ont promis, prophétisant qu'il fera son apparition ici-bas pour châtier les méchants et récompenser les bons, faire régner la justice et la paix parmi les hommes.

165

Le rayon des yeux noirs s'enracine en ma tête;
Ainsi le veut le sort, la vie est ainsi faite.
Le rival fait le mal sans l'ombre de regret :
Le soupir de l'aube monte au ciel, si discret.
On me créa viveur[1] dès le début du monde :
Où vous pousse le sort, c'est là qu'on vagabonde.
Dieu pardonne au prévôt : au son du tambourin
Et du fifre, l'instrument du plaisir superfin.
Car la foi, ne peut être à l'abri, exempte
De cette légende sans mesure radiante.
Je n'ai l'occasion que d'aimer, en secret[2],
Sans le baiser, l'étreinte et sans un mot discret.
Le vin, le foyer sûr, une idole dispose,
L'échanson : ô coeur[3] pourrai-je avoir ces choses?
N'efface pas, ô cœur dans le sein tout défait
De Hâfez le dessin de la peine : il est fait
Par le fer de la lame aigüe de l'idole
Sans la couleur du sang de l'être qui s'immole.

Notes

1- Nous avons traduit le mot persan « rénd » par « viveur ». Hâfez appelle « rénd » les gens qui aiment se montrer « libres » de tout préjugé, bons viveurs, affranchis des préceptes trop sévères. Ce type particulier d'homme s'adonne volontiers au « jus de la treille », s'amusant franchement sans se cacher comme font les hypocrites. Mais, en même temps, les « viveurs », (les rénd) savent se montrer pleins de finesse, habiles, animés de sollicitude envers les pauvres et les besogneux...La franchise et le courage étaient les qualités dominantes de ces finaux. Ils parlaient sans détour, à cœur ouvert, agissant sans dissimulation aucune, pensant hardiment, sans équivoque. La liberté était l'objectif essentiel de leur vie, tenant à l'indépendance de l'esprit et du langage, férus de franc-parler, exécrant les contraintes dans les paroles.

2- Hâfez entend dire, par-là, qu'il adule en secret « l'aimé ».

3- Hâfez s'adresse souvent à son cœur comme il se serait adressé à lui-même. Apostropher son cœur est une habitude fréquente, une manière de s'exprimer usuelle dans le langage et la littérature persane.

166

La séparation, son absence[1] ont pris fin
Je viens de consulter la marche du destin[2],
Toutes ces tristesses que l'automne et sa bise
Prodiguaient ont pris fin au printemps, à sa brise.
Grâce à Dieu et au port des roses, brin par brin
La rudesse de Dey[3], de l'épine ont pris fin.
L'aube de l'espérance, à celui qui invoque
S'est levée à présent : la nuit noire est en loque.
La peur des nuits longues, les tracas embrumés,
Se sont évanouis grâce au frison aimé.
Je ne puis croire encor que le temps est perfide :
La guigne m'a traqué sous le règne limpide
De l'idole… Échanson que ton hanap heureux
Ne soit jamais vide, car tu es, généreux,
Tu étanches la soif…C'est vrai que tu dédaignes
Hâfez qui te rend grâce alors que son cœur saigne.

Notes

1- Il s'agit de l'absence du guide spirituel, de la séparation qu'il a imposée au poète.
2- Dans le texte on lit : « akhtar » mot qui veut dire: étoile, sort, destin. On donne le nom de « bad akhtar » à un malheureux. Par ailleurs, l'expression « akhtar nahs » signifie étoile maléfique et l'expression « akhtar sa'ad » étoile heureuse.
3- Dans le texte on lit : « La bise du mois de Dey ». Dey est le dixième mois de l'année solaire, marquant le début de l'hiver. Le vieux calendrier l'appelait « djadye ».

167

Le soleil se lève, devenant éclatant,
Et notre cœur brisé trouve un brave assistant[1],
L'idole qui n'alla ni en classe, ni même
Ne sut bien écrire, put, sans effort extrême,
Apprendre savamment à cent instituteurs
L'art de bien minauder et d'être enchanteurs.
À son parfum[2], le cœur, est prêt au sacrifice,
Comme le vent, l'amant du jasmin, du narcisse[3].
L'ami m'a fait asseoir au siège d'honneur, bref
Le gueux de la ville est à présent un chef,
Qui voudrait la Jouvence et la coupe magique
D'Eskandar[4], deviendrait le grand sultan mythique
Des cavaliers buveurs…car le sérail aimé
Redevient florissant : le sourcil bien-aimé[5]
S'est cru architecte…Nettoie donc la goutte
Du vin qui te perle sur la lèvre : elle déroute,
Mon être par envie, encourage et m'induit
À commettre un péché réprouvé et fortuit.
Tes gestes minaudiers ont l'effet de l'ivresse
Sur l'épris dont flanche la science, la sagesse.
Mes ghazals sont prisés autant que l'or, métal
Que convoitent les grands, qui leur semble vital.
Détournez-vous, amis du sentier des buvettes,
Hâfez qui l'a suivi endure des disettes[6].

Notes

1- Dans le texte il y a : « Il devient la lune de la soirée », pour dire qu'il est le clou de la fête.
2- Il s'agit du parfum de l'aimé.
3- Dans le texte on lit : « Prêts à se sacrifier pour le visage du jasmin et le regard du narcisse. »
4- Les Persans appellent « Eskandar », Alexandre le macédonien qui possédait, comme le roi mythique Djam, une coupe magique divinatoire.
5- Dans le texte on lit : « l'arc du sourcil … »
6- Rarement Hâfez conseille aux autres, notamment aux amis, de tourner le dos aux tavernes, aux « temples du vin », qu'il recommande de fréquenter en d'autres odes. C'est une manière indirecte de les mettre en garde, de les informer que la voie « tarikat » qui mène à Dieu et que suit Hâfez est semée d'écueils, de difficultés à vaincre, d'obstacles à surmonter et de grain de sable.

168

L'être s'est consumé pour que le cœur meure,
Mais en vain[1]; je m'étiole en ce désir, quel leurre!
En priant, il me dit : « Je serai, c'est certain,
Ton hôte... » Impatient, j'attendis, mais en vain.
Il fit savoir, disant : « Je hante les habiles »[2].
Or il vint, nous fraya, mais ce fut inutile.
Il bat ferme en son sein, le cœur de la palombe
Qui, voyant les lacets du filet, vole, y tombe.
Nourrissant le rêve du baiser, ivre et gris,
Ses lèvres si douces à l'éclat de rubis,
Mon cœur saigne rouge comme une coupe à boire :
Ce fut un vœu trompeur, une idée illusoire.
Ne suis pas sans raison le terroir de l'amour;
Je l'ai foulé cent fois, mais en vain, tour à tour.
Hélas! Pour atteindre le trésor de l'être,
J'ai souffert un monde de peines, mais peut-être
Coup d'épée dans l'eau...en cherchant le magot intime
J'ai, en vain mendié les cerveaux de la cime.
Hâfez a employé mille ruses subtiles
Pour dompter l'idole : oh! Efforts bien futiles.

Notes

1- Hâfez joue magistralement, dans ce « ghazal » avec les mots vains, illusoire, etc.
2- Les « habiles » sont les « rénds », les francs et bons viveurs, les finauds de la ville.

169

Je ne vois nulle part les idoles si chères :
Où sont les bien-aimés, les amis sincères?
Où sont-ils donc passés? ... L'eau de vie qui donne[1]
La jeunesse éternelle est troublée : où s'adonne
Khèzr[2]... Le sang s'écoule des fleurs à contretemps
Qu'est donc devenue la rose du printemps?
Nul ne dit que l'ami mérite notre estime :
Qu'est devenu celui qui croit au cœur intime?
Aucun rubis précieux n'est, depuis des années,
Extrait de ta mine heureuse et fortunée.
Mais que sont devenus la chaleur du soleil,
Le souffle du zéphyr, le flot au grain pareil?
Il y eut bien des rois, des épris sur la terre :
Où sont donc les épris et les foudres de guerre?
La balle[3] du succès roule sur les terrains :
Où sont les cavaliers, je ne vois pas d'humains?
Oui, cent mille roses ont fleuri et le chantre
Trille...Où sont allés les rossignols, diantre!
Il ne sied guère qu'on se pose en Vénus
Quand les traits éclatants n'éclairent tel Phébus?
Silence! Nul ne sait, ô Hâfez le mystère
Divin...Qui nous dira ce que nous veut la sphère?

Notes

1- « âbé hayât », « âbé heyvân » signifie l'eau qui donne la jeunesse éternelle.
2- Nous avons souvent eu l'occasion de parler de Khezr qui avait acquis une vie éternelle en buvant à la Fontaine de Jouvence. La longévité ne fut pas inconnue des Anciens. Avant le déluge Noé aurait vécu 990 ans. Après le déluge Abraham serait arrivé à l'âge avancé de 775 ans. Chez les Grecs Socrate aurait duré 106 ans et la sibylle d'Érythrée respiré durant mille ans selon l'affirmation de Homère. Claudia vécut 115 ans et mit au monde 25 enfants mâles et femelles. Au Moyen-Âge, Ursus, évêque de Cordoba vécut 375 ans. Dans les temps modernes, Fénelon, passa 100 ans sur la terre. Actuellement on trouve en Russie, en Iran et ailleurs des hommes et des femmes vieux de plus de 100 ans.

La durée de vie a intrigué l'homme depuis qu'il s'est interrogé sur la nature et son avenir. La « jouvence » prolongée, même éternelle a toujours retenu l'esprit humain et Hâfez ne fait pas exception à la règle lorsqu'il parle de Khezr, de l'« âbé hayât ». L'Eau de Jouvence était un élément fabuleux à laquelle on attribuait la propriété de rajeunir. Hâfez fut obsédé par l'idée de la jeunesse éternelle, de la longévité, de la nature de Khezr qui ayant bu à la Fontaine de Jeunesse acquit une vie éternelle. Il en parle des dizaines de fois dans ses « ghazals » ...Khezr est le prophète Élie (Élyas d'après la Bible). Ce dernier est mentionné dans le Coran (VI, 85) et XXXVII, 123). Il est le prophète que le syriaque appelle « Ilyâ ». Il est de même identifié à al-Khadir ou Khezr en persan. L'immortalité imputée à Élyas (Khezr) fait de ce personnage un être surnaturel, une sorte de génie tutélaire, un sauveur qui intervient dans les moments désespérés de la vie, surtout sur les mers : élément liquide.
3- Il s'agit, ici de « polo », jeu de balle qui se joue à cheval avec un maillet.

170

L'ermite solitaire, hier, au tripot,
Il dérogea aux lois et se saisit du pot
De vin…Lui qui brisait la coupe, hier, bien coupable,
Prenant une gorgée, il devint raisonnable.
L'idole de jadis, en rêve vint me voir :
Bien que vieux, je tombais amoureux, plein d'espoir.
L'assistant du mage[1] pirate de la gnose[2]
S'en allait à la suite de l'idole dispose :
Il perdit la raison…Le teint ardent des fleurs
Consuma le chantre…et les beaux traits rieurs
Du cierge brûlèrent le voile adamantin
Du papillon…Les pleurs du soir et du matin,
S'ils jaillissent du cœur, deviennent efficaces
Et la goutte[3] devient la perle qui s'enchâsse.
L'œil[4] de notre échanson fait par enchantement,
Que notre veillée se transforme en tourment.
Le foyer de Hâfez est la demeure royale
Il[5] partit m'arrachant la foi et la morale.

Notes

1- et 2- Le « moghbatché » qui est l'assistant (le khalifé) du guide spirituel représente, ici le mot « mage ».
3- Par la goutte, il faut sous-entendre la « goutte de pluie ».
4- Dans le texte original on lit le « narcisse ».
5- Le guide, le « pôle ».

171

Hier soir, du grand Assaf[1] nous parvint le message :
« Que Salomon[2], le sage a permis le breuvage ».
Convertis en mortier la poudre de notre corps
Avec les pleurs des yeux, et reconstruis, dès lors
Sur les ruines du cœur, place seigneuriale,
Un superbe palais : ta demeure royale[3].
La louange sans fin des boucles de l'aimé
Est entre mille autres un mot court, clairsemé.
Couvre donc mes défauts, ô vieux froc que profane
Le vin; ce pur des purs vient voir la courtisane.
En ce jour on compare entre elles les beautés,
Car notre astre[4] éclatant juge les qualités.
Sur le trône de Djam[5] que le ciel constelle
La fourmi est montée : ô infime parcelle!
Préserve-toi, ô cœur de l'œil astucieux,
Car ton arc[6] est tendu et pille, audacieux.
Tu es sali, Hâfez, prie donc le monarque
De t'accorder le don de relever ta marque.
La mer est son conseil : jouis, l'occasion
Passe…Et puis répare ta perte, attention!

Notes

1- 2- Assaf, ministre de Salomon, figure ici, Ghavâmod-Din Hassan le bienfaiteur de Hâfez, et ministre de Châh Chodjâ. À son avènement, ce roi autorisa l'usage du vin que la bigote Delchad Khâtoun avait interdit.
3- Ce distique est rendu par quatre vers.
4- Il s'agit du guide spirituel comparé au Soleil.
5- Le trône de Djamchid, souverain mythique de la dynastie des Paradâtha ou Pichdâdians.
6- Il faut sous-entendre l'arc de son sourcil.

172

Si ton amour fait naître une idée idyllique
En moi, ton union m'apparaît chimérique.
Je suis si absorbé par l'objet de l'union
Qu'à la fin j'aboutis à la confusion[1].
Montre-toi afin que ton éclat souverain
Fasse sur mon visage apparaître neuf grains
De rousseurs…Il n'y a ni alliés, ni alliance
Là où la pensée manque de transcendance.
Oui, de quelque côté que j'écoute et puis tends
L'oreille, c'est le bruit du conflit que j'entends.
Celui-là s'éloigne des bornes de la gloire
Qui se laisse attirer par un point illusoire.
Oui, de la tête aux pieds l'être de Hâfez[2] baigne
Dans le cours de l'amour alors que son cœur saigne.

Notes
1- Hâfez joue dans ce « ghazal » sur le mot « heyrat » qui veut dire surprise, confusion, étonnement, sursaut, illusion etc.
2- Le poète se nomme dans le dernier ou l'avant dernier distique de ses « ghazals » : ainsi le veut l'art de composer des odes, en persan.

173

Priant, je me souvins de l'arc de ton sourcil :
Je fus si remué que le « mihrâb » subtil
Rugit... N'espère pas de ma part, patience,
Cœur tout affectueux, aussi intelligence,
Car toute ma douceur, mon calme d'autrefois,
Ont été emportés par la bise aux abois[1].
Le vin est tamisé et l'oiseau est tout ivre
Dans le pré...La saison de l'amour qui délivre
Du travail, est à toi. Je vois avec plaisir
Que le monde est heureux, que les fleurs vont rosir,
Que la brise égaie. La belle mariée
Ne doit pas se plaindre : prépare la veillée,
La chambre nuptiale; oui, le jeune marié
Arrivera bientôt, le cœur ensoleillé[2].
Les douces charmeuses ont pris un air pillard;
Seulement notre idole[3] est venue sans fard,
Naturelle...parmi les arbres dont les branches
Sont lourdes, le cyprès a ses coudées franches.
Ô danseur chante-nous des poèmes de choix
De Hâfez, rappelant mes beaux jours d'autrefois.

Notes
1- Ce distique est rendu par quatre vers au lieu de deux.
2- Ce distique, comme le précédent est également rendu par quatre vers.
Il s'agit toujours de l'initiateur. L'aimé, l'ami, l'idole désigne le guide spirituel, ou l'aimé suprême qui est Dieu.

174

Bonne nouvelle, ô cœur, la brise est revenue
La huppe estafette de Sabâ[1] est venue.
Bel oiseau de l'aube, où sont tes chants davidiens[2]?
Ta rose est éclose par le vent aérien[3].
Qui saisit le parler du lis, pourra de même
Savoir pourquoi il meurt, et pourquoi il ressème.
Dieu m'a favorisé, il m'a comblé sans fin,
Car l'idole radieuse[4] est revenue enfin.
La tulipe a senti, dès l'aube, de la vigne
Le parfum délicieux car elle était le signe,
La marque infamante sur mon cœur douloureux,
Et l'onguent guérisseur de mon être fiévreux[5].
Que de pleurs j'ai versés quand cette caravane
S'éloigna, jusqu'au jour où la clochette sultane
Annonça son retour...Hâfez est devenu
Traître à sa parole, mais lui[6] est revenu[7].

Notes

1- La huppe est l'emblème de bonnes nouvelles, comme l'hirondelle est le symbole du printemps qui arrive. Quant à « Sabâ », il est l'État antéislamique de l'Arabie du Sud-Ouest, comprenant une fraction du Yémen. Selon la légende des Abyssins, la reine de Sabâ, après sa visite au roi Salomon, revint enceinte dans son État et accoucha d'un fils Ménélik.
2- « Davidien » est un néologisme pour « de David », célèbre pour ses psaumes et ses chants.
3- « Transporté par le vent aérien, le pollen germe sur le stigmate du pistil et finit par éclore la rose.
4- Dans le texte il y a « la face lunaire », c'est-à-dire radieuse et lumineuse comme celle de la lune quand elle est pleine.
5- Le distique est rendu par quatre vers au lieu de deux.
6- « Lui » désigne le guide spirituel.
7- Cette ode a été composée à la louange de Châh Mansour, lors de l'avènement de ce roi. Elle commence par les mots « bonne nouvelle! ». Châh Mansour fut le héros de l'indépendance iranienne en 1387, le vainqueur du gouverneur imposé par Teymour Lang (Tamerlan).

175

Le vent congratule le « pir »[1], cabaretier,
Car l'heure des plaisirs et du bien-être entier
Est arrivé…Et l'air est empreint d'un effluve
Messianique[2]… Le vin si généreux décuve.
Le zéphyr du printemps embrasa les fourneaux
Des tulipes[3], si bien que les boutons si beaux
Des roses suèrent, et la rose elle-même
Saisie d'émotion, mourant, se ressème.
Ouvre tes oreilles, jouis du jour passager :
Ce conseil m'est donné par l'ange messager[4],
Laisse-là le fragment pour devenir la somme,
Quand « Ahriman » se tait, c'est l'ange qui entonne[5].
Oui, j'ignore ce que le chanteur du matin[6]
Dit au lis à l'aube qui, libre et galantin,
Malgré ses dix langues, garda bien le silence,
Ne soufflant mot encor, se faisant violence.
Le parler étranger ne sied pas au festin :
Cache donc la coupe, le dévot calotin
Est là…Hâfez quitte le saint monastère
Pour le tripot tout plein d'ivresse et de mystère.

Notes

1- Le « pir », est le vieux et vénérable guide.
2- Le souffle du Messie guérit les maladies et ressuscite les morts.
3- Les tulipes sont rouges et l'ensemble des pétales de ces fleurs, leurs corolles, est comparé à un brasier incandescent.
4- Hâtef, est une entité invisible dont on entend la voix, mais qu'on ne voit pas. Elle est assimilée à l'ange messager.
5- Dans le texte il y a : « quand Ahriman » se tait c'est « Sorouche » qui parle. « Ahriman » est le principe du Mal dans la religion zoroastrienne, opposé à « Ahoura-Mazdâ » (Ormouzd), principe du bien. Le mot « Ahriman » est passé dans la langue persane et désigne le diable. « Sorouche » est l'ange annonciateur, assimilé à l'ange Gabriel.
6- Dans le texte il y a : « L'oiseau du matin », qui chante le matin.

176

À l'aube le bonheur me murmura soudain
Disant : « Lève-toi donc car ton doux souverain[1]
Est venu…Prends la coupe et regarde, tout ivre,
Pour voir ton idole comment elle s'enivre ».
Donne-moi un présent : solitaire, ton aimé
Comme la biche sauvage[2] arrive parfumé[3].
Il verse des larmes : telle l'eau sur la face
Des épris…qui gémissent sur la place.
L'oiseau du cœur souhaite encore l'arc du sourcil :
Colombe gare-toi, va fondre le péril.
Ô divin échanson perds l'ami, l'adversaire :
Celui-ci, celui-là n'ont pu nous satisfaire.
La trahison du temps en voyant le brouillard
Du printemps, pleure sur la jacinthe, sans fard.
Et la jonquille...quand le vent eut connaissance
Des conseils de Hâfez, par le chant, la romance
Du grand chantre des bois, épandant ses couleurs,
Son arôme d'ambre, vint contempler les fleurs.

Notes

1- Dans le texte il y a : « Ton doux Khosrov », souverain iranien.
2- Khotan, en chinois Ho t'ien est une ville de Chine dans un oasis arrosé par le Khotan Daria. Khotan fut visité en 1275 par Marco Polo. Les gazelles vivent en troupeau dans le désert de Khotan.
3- Dans le texte il y a la gazelle, ou le porte-musc, cervidé qui produit une substance odorante, dont on se sert dans la parfumerie.

177

Ne peut point séduire qui se montre un peu tendre,
Qui possède un miroir ne peut être Alexandre[1].
Qui campe son chapeau et s'assied imposant,
Ne sait être royal, se montrer bienfaisant.
Ne sois obséquieux pour recevoir des gages :
Car l'ami sait agir quand il paie et engage.
Je suis le serf du gueux qui fait fi du salut
Et qui tout gueux qu'il est, il a pour attribut
Le charme…La foi et la parole sont bonnes,
Comprends-le : n'importe, l'homme est dur et rançonne.
J'ai perdu mon cœur fou : j'ai compris et j'ai su
Comment l'homme se livre au mal, à son insu.
Mille points plus ténus qu'un cheveu sont ici :
Qui se rase le chef n'est pas homme affranchi.
L'aire de l'orbite de mon savoir abstrait
Vient du grain de beauté qui orne tes beaux traits.
L'orfèvre seulement connaît le prix intime
D'un joyau, d'un bijou, l'apprécie et l'estime.
Quiconque l'emporte par les traits et le port,
Soumettra le monde s'il est juste et sans tort.
Celui-là est conscient des beaux vers et des odes
De Hâfez qui connaît le charme et les méthodes
Du parler savoureux, de la langue « dari »[2],
Aux belles expressions et à l'accent fleuri.

Notes
1- La légende dit qu'Alexandre le macédonien, comme Djamchid de la dynastie mythique des « Pichdâdians » possédait un miroir magique qui lui permettait d'y voir le déroulement des évènements du présent et de l'avenir.
2- La langue « dari » fut celle que l'Iran adopta après avoir délaissé le « pahlavi ». Elle a donné naissance au persan actuel.

178

Qui devient confident reste au cœur de l'idole,
Celui qui l'ignore rejette ce symbole.
Si mon cœur se trahit ne le condamne pas,
Grâce à Dieu il sortit du songe d'ici-bas.
Les mystiques livrent leurs vêtements pour boire,
Notre froc fut le bien de la taverne…Voire
Le prévôt fait le cheykh, niant ses vices, soit :
C'est là notre histoire qu'on crie sur le toit.
Le vin que nous versa cette main cristalline,
Comme une eau amère de nos yeux dégouline.
Sauf mon cœur tout épris dès le temps éternel,
Personne n'est resté, ici, sempiternel.
Il tomba malade sous tes yeux, ô idole,
Ton regard fut bien vain, le malade s'étiole.
Rien n'égale, en douceur la voix d'amour, de miel :
Comme un beau carillon elle résonne au ciel.
J'avais un vêtement cachant mes cent carences :
Mon froc fut le gage du vin et de la danse.
La beauté de Chine contemplant tes beaux traits
Fut si éblouie que le récit, en fait
En resta tout caché, en tout lieu, dans le monde,
Entre quatre murs, les portes sur leur gonde[1].
Fou de ses frisures, Hâfez alla le voir
Pour qu'enfin il revînt : il ne put le revoir.

Notes

1- Ce distique a été rendu en quatre vers.
2- Le poète fait allusion à son « morched », son « pôle » comme disent les derviches, à savoir son guide spirituel.

179

On me dit que le temps du chagrin finira,
Ceci a bien pris fin de même que cela.
Bien que je ne compte pour rien devant l'idole,
Le concurrent aussi ne sera qu'une obole.
Comme le chambellan sabre avec le bancal[1]
Tous abandonneront le refuge royal.
À quoi bon se plaindre de qui est néfaste
Ou bien rendre grâce à ce qui nous est faste,
Comme sur le tableau de nos jours, au complet,
Il ne nous restera, ni chiffre, ni décret[2].
La devise au banquet de Djam fut la suivante :
« Du vin, car l'étoile de Djamchid est filante. »
Mets à profit, cierge, l'accès du papillon
Tout finit, le matin, au son du carillon.
Ô puissant, gagnez donc le cœur du derviche,
Car la réserve d'or, le trésor si riche[3]
Passeront…Dans le ciel en lettres d'or, on lit :
« Sauf l'acte de bonté, tout sombre, tout finit. »
Ne convoite, ô Hâfez les attraits de l'idole :
Ses torts finiront comme une faribole.

Notes

1- Bancal est un sabre à lame courte.
2- Ce distique est rendu par quatre vers.
3- Les richesses passeront, mais un acte de bonté, surtout s'il est accompli à l'égard d'un homme de bien, ne sera oublié ni par les hommes de bien, ni par les hommes, ni par Dieu.

180

Pistache[1] riante confite dans du miel,
Je te désire bien : ris pour l'amour du ciel.
Le « Toubâ »[2] ne pourra discourir sur ta taille :
Je passe là-dessus car le récit tiraille.
Si tu veux que du sang ne coule de tes yeux,
Que ton cœur soit fidèle au cœur affectueux.
Si donc tu resplendis ou bien si tu censures,
Nous ne te croyons pas, ô cheykh sans envergures.
Ne connaîtra jamais ma détresse du cœur,
L'homme qui n'est pas pris au lasso du traqueur.
Le bazar des plaisirs s'émeut…Taille ténue
Du cyprès où es-tu, pour que comme la rue[3]
Mon cœur se consume sur le feu tout brûlant
Des traits incandescents du visage affolant.
Là où notre idole daigne enfin nous sourire :
Ô pistache[4] tais-toi de grâce, assez de rire.
Ne pouvant donc laisser les Turcs minaudant,
Hâfez, ta place est à Khârazm[5] ou à Khodjand[6].

Notes

1- Les poètes orientaux comparent les lèvres de l'aimé à une pistache entrouverte confite dans du sucre ou du miel.
2- Le « toubâ » est un arbre du paradis, au port merveilleux.
3- « Espand » est la rue sauvage, plante herbacée dont on brûle les grains pour exorciser, conjurer le mauvais œil, ou pour apaiser les malades traumatisés. On jette les grains de rue sur les braises d'un brasero (mankal) pour les faire crépiter et détourner ainsi la menace, le péril, le mauvais sort.
4- Le mot pistache désigne la bouche suave de l'aimé.
5- Le Khârazm est une région d'Asie centrale, ancien État sur le cours d'Amou Daria. Il fut envahi par les Mongols au XIII siècle, et conquis par Tamerlan en 1379, enfin par les Uzbeks en 1512. Cette région est habitée par les Turcs dont la beauté est célèbre.
6- « Khodjand » ou « Kokand » est un État se trouvant dans la partie ouest de la vallée de Fergânâ, fondé par les Uzbeks, par conséquent par une race turque.

181

Dorénavant ma main, étreint le bout du pan,
Du cyprès[1] élancé qui m'intime : « Va-t'en »,
Dont la haute stature extirpe ma racine
M'arrache la souche, ensuite me domine.
Pas besoin de ton vin, de danseurs, ôte, idole
Ton voile afin que je crépite et je vole.
Semblable à la rue[2] sur le feu de tes traits,
Oui, aucun visage ne sera ton portrait,
Sauf celui que les pas de son coursier piétinent,
Je n'ai pas pu cacher mon secret : oh! Châtie et fulmine …
Ne tue pas, chasseur, mon chevreuil parfumé[3] :
Rougis de ses yeux noirs, épargne-le, l'aimé.
Je ne peux me lever du seuil de sa porte :
Comment alors puis-je baiser la cime forte
De son château fort? Hâfez reste aliéné
De sa boucle : il sied bien au fou d'être enchaîné.

Notes

1- Dans le texte de Hâfez il y a « le pan de l'habit ». L'expression : « Notre main n'atteint pas le pan de votre habit », veut dire : « Nous n'arrivons pas à vous toucher, à vous atteindre.
2- On jette des grains de la rue sauvage sur le feu pour détourner l'effet du mauvais œil.
3- Dans le texte il y a : « La gazelle noire, ou le bouquetin porte-musc mâle. »

182

Tu ne m'as pas écrit depuis longtemps, bientôt;
Quel confident trouver pour t'envoyer un mot[1]?
Ton rang est élevé, je ne pourrais l'atteindre,
À moins que, par bonté, tu ne veuilles t'astreindre.
Le vin ayant gagné la cruche de sa tour,
Il sied qu'on jouisse, que tu viennes : recours!
Le remède du cœur n'est pas rose sucrée :
Mêle quelques baisers à l'insulte avérée.
Suis dévot, sain et sauf, la rue des paillards,
Avant que ces derniers n'ouvrent leur traquenard,
Tu médis du bon vin : cite aussi ses mérites :
À cause du peuple n'abaisses pas l'élite.
Ô gueux, de ces ruines, Dieu est bien votre appui,
N'attendez pas l'aide du bétail, aujourd'hui.
Le vieux de la taverne a bien dit à l'ivrogne :
« Ne parle de ton cœur aux intrus sans vergogne »[2],
Hâfez se consume pour les traits flamboyants;
Soulage d'un regard tes pauvres larmoyants!

Notes

1- Hâfez s'adresse à un ami qui n'a pas répondu à sa lettre. La correspondance de Hâfez n'a pas encore été réunie et publiée.
2- Ne confie pas les secrets de ton cœur aux gens sans principe car ils ne les comprennent pas.

183

Hier, au petit matin, on m'ôta le déboire
Et dans cette nuit sombre on me donna à boire
De l'eau de Jouvence…Je restai ébloui,
Je bus à la coupe de ce vin inouï.
Aube de bon augure, ô nuit porte-bonheur!
On me donna alors un mandat de primeur!
Il réfléchit mes traits ce clair miroir splendide
Où je vois mon être tel qu'il paraît, candide.
Si je fus si comblé, ravi, rien d'étonnant,
J'en étais digne, eux[1] m'oignirent, m'ordinant.
L'ange[2] alors me transmit son suprême message,
Face aux injustices, m'insufflant le courage.
Toutes ces finesses illustrant mes ghazals,
Sont le fruit accordé par le souffle idéal.
Ce furent la fierté de Hâfez, ses matines,
Qui le délivrèrent des grisailles chagrines.

Notes

1- Le « eux », désigne les muses, la faveur divine, en un mot le génie littéraire. Hâfez est conscient de la mission dont il est nanti pour révolutionner la littérature persane.
2- Il s'agit de l'esprit dont on entend la voix qui reste invisible, c'est la « hâtef gheyb », l'ange chargé d'un message de la part d'un monde invisible.

184

J'ai vu hier les anges tambourinant la porte
Du tripot, pétrissant, malaxant de la sorte,
Le limon[1] de l'homme, puis le pulvérisant
Dans la coupe de vin, en la fertilisant.
Les vieux de l'enceinte du royaume céleste
Trinquèrent avec moi, ce mendiant modeste.
Le ciel bleu ne put pas accueillir le « dépôt »[2],
Le sort me désigna à ce grave propos.
Prétexte, le conflit des soixante-deux bandes :
Ne trouvant pas le vrai on créa des légendes.
Dieu merci, il y eut entre l'ami et moi
La paix…Et les soufis, en dansant plein d'émoi
Prirent du vin…Le feu n'est pas cette flamme
Qui fait rire et trembler le cierge comme une âme.
Le vrai feu est celui dont la brûlante haleine
Détruit et consume l'être de la phalène[3].
Personne, comme Hâfez, ne dévoile le vrai « moi » :
Il brosse ses « ghazals » avec un art de roi.

Notes

1- La Bible et le Coran déclarent que « Dieu forma l'homme avec le limon de la terre ». Le limon de l'homme désigne, ici la nature et l'essence humaines.
2- Dieu proposa (déclare le Coran) aux montagnes et au ciel de leur confier son « dépôt ». Ils refusèrent, mais l'homme seul s'inclina devant cette proposition divine.
3- La phalène est une espèce de papillon qui se sent irrésistiblement attirée par la flamme, ou le feu où il se brûle les ailes et meurt. Ce thème est souvent évoqué par les poètes orientaux, comme celui du rossignol et de la rose.

185

Serait-il possible qu'on fête les matois,
Que les chefs des cloîtres reprennent leurs tournois ?
Je crois bien à propos que cette pléiade[1]
Laisse-là son travail pour saisir la torsade
De l'aimé ... Le rival a quelque peu saisi
Les tifs de l'échanson : il en sera transi.
Ne vante pas aux « purs » ta vertu de colosse :
Car ce monde emmuré est fertile en entorse.
Comme ces jeunes Turcs sont cruels et troublants,
Ils décochent leurs cils tels des traits[2] flamboyants.
Danser, chanter des vers aux plaintes de la flûte
Est si suave si c'est l'aimé qui l'exécute.
Hâfez, les va-nu-pieds ignorent ta douleur,
Car ils ont renoncé au monde marteleur.

Notes
1- Dans le texte il y a : « que les amis qui les accompagnent »
2- Le poète compare les cils à des flèches qui transpercent le cœur des épris.

186

Si le vendeur de vin exauce le buveur,
Dieu absoudra son acte et sera son sauveur.
Passe donc, échanson, aux gueux si misérables,
Le hanap plein de vin, sois juste à ces minables,
Pour qu'ils ne s'ébranlent, aspirant au bonheur,
Couvrant le monde entier de maux et de malheur.
Vie sauve[1]! Au vaincu, et piteux adversaire,
S'il tient sa parole, le très pieux émissaire.
Si la peine t'arrive, ou l'entrain, ô penseur,
Ne blâme les autres, ils ont Dieu pour auteur.
Au foyer dépourvu de raison, de science,
À quoi sert donc chercher la bonne conscience?
Musicien joue-nous, car chacun doit mourir;
Qui pense autrement se trompe à en pâlir.
Nous que le mal d'amour a avinés, enfin,
Serons bien rétablis par l'entente ou le vin.
Oui Hâfez s'en alla et s'éteignit son âme :
Où donc est Jésus pour lui rendre sa flamme?

Notes

1- Dans le texte il y a : « recevra vie sauve ou l'« aman ». Ce dernier mot veut dire, en pays musulman, « octroi de la vie sauve » à un ennemi vaincu. La cérémonie de l'« aman » sur le front comportait dans l'ancien temps, le dépôt des armes devant le chef vainqueur. Aujourd'hui les belligérants suspendent les hostilités par une convention appelée « armistice » : la formule de l'« aman » est remplacée par celle de l'armistice qui émane du pouvoir législatif anéantissant les condamnations, tandis que la « grâce » accordée par le chef de l'État, supprime l'exécution de la peine. Dans l'ancien temps on exterminait ou on sacrifiait les prisonniers de guerre, mais aujourd'hui cette coutume barbare a été adoucie par les conventions internationales. Dans l'Antiquité, les prisonniers de guerre n'avaient rien à attendre de la clémence du vainqueur (exemple Vercingétorix cruellement maltraité par César, vainqueur de la Gaule). L'esclavage ou la mort étaient le sort de ces derniers. Puis les lois de la chevalerie, ou l'« aman » formulé par les pays orientaux et musulmans intervinrent pour donner plus d'humanité au traitement des vaincus. Leur libération fut possible par l'échange des prisonniers ou par la rançon. La situation des prisonniers de guerre fut réglée, par la Convention de Genève, pour la première fois, en 1864. Les officiers prisonniers furent admis à jouir d'une certaine liberté, sur la parole. La situation des prisonniers fut encore améliorée par la convention de La Haye de 1907, complétée à son tour par celle de Genève de 1925, dix ans après la Grande Guerre. L'Allemagne ne se gênant pas, durant la Seconde Guerre mondiale d'interner des millions de prisonniers dans des « stalags » ou de les utiliser dans son économie de guerre, les problèmes des prisonniers de guerre et ceux relatifs à la protection de la population civile, furent l'objet d'un nouveau règlement international, adopté par 61 nations, à Genève en 1949.

187

Consume-toi, ô cœur, cela est un honneur :
Or le vœu de minuit conjure le malheur.
Souffre comme un épris les abus de l'idole :
Un clin d'œil répare cent blessantes paroles.
De la terre au ciel tout sera dévoilé
À qui aura servi le hanap étoilé.
Le toubib de l'amour est le souffle du Messie,
Mais le mal que tu as est grave et supplicie.
Confie-toi à Dieu, mets ton cœur en émoi,
Si le rival est dur, Dieu a pitié de toi.
La chance endormie a mis mon cœur en transes :
L'oraison de l'aube mettra fin aux souffrances.
Hâfez se consume sans humer ses[1] cheveux,
Peut-être le zéphyr exaucera son vœu.

Notes

1- Tout au long du ghazal Hâfez s'adresse à lui-même. Cette sorte d'apostrophe est courante chez les poètes.
2- Hâfez qui se consume sans avoir eu l'occasion de humer et de sentir le parfum des boucles de l'aimé, espère que finalement la brise lui en apportera l'effluve. Le derviche, le mystique qui aspire à la perfection spirituelle, devra avoir en vue son modèle, son « morched », son guide spirituel, et s'efforcer de toutes ses forces de lui ressembler. C'est pourquoi Hâfez parle si chaleureusement de l'aimé, son guide et son initiateur.

188

L'importun m'accusa, moi le viveur, fou d'amour,
D'avoir tympanisé les secrets du séjour
Caché[1]...Vois ce qui plaît, et non pas ce qui choque :
Celui qui manque d'art vitupère et se moque.
Le parfum des houris s'épand au sacro-saint,
Quand le sol du tripot est de musc tout empreint.
Les faits de l'échanson ont si taché la route
De l'Islam, que laisser le vin est vain sans doute.
Oui, la clé du trésor du bonheur n'est reçue
Que par l'homme de cœur : le fait est sûr et su.
Le pâtre du désert réalisa son rêve
En servant quelques ans le vieux Jethro[2], sans trêve.
Hâfez pleure son sang quand le bon souvenir,
Au déclin, lui revient et se sent agonir.

Notes

1- Le « séjour caché » rappelle la gnose de la confrérie des derviches que les mystiques ne doivent, en aucune façon, rendre publique, ni critiquer.
2- Le pâtre désigne Moïse qui servit Jethro durant plusieurs années et épousa la fille de ce dernier, Saphora.

189

Si la fortune encor me sourit, mon aimé
Reviendra pour s'unir, ranimant l'opprimé.
Bien que mes yeux n'aient plus à verser des larmes,
Je pourrais toutefois m'immoler sans alarme.
J'ai souhaité, hier que sa lèvre de rubis
Me guérisse, priant la voix du paradis[1].
Nul n'osera parler de notre conjoncture
À moins que le zéphyr ne conte l'aventure.
J'ai lâché mon faucon pour chasser le faisan,
Je le rappellerai quand aura pris mon plan.
Point d'épris dans la ville…Il était impossible
Qu'un homme s'oublie, faisant tout son possible.
Cet homme généreux, joyeux dans le festin
Vide la coupe pleine et se dégrise mutin.
Ta foi, ou l'annonce de l'union, la perte
Du rival, des trois points l'un se réalise, certes.
Hâfez, si tu ne quittes, aujourd'hui, son haut seuil,
On foulera aux pieds ta tête en un clin d'œil.

Notes
1- Dans le texte on lit : « la voix de hâtef » qui est celle qu'on entend, alors qu'on ne voit pas celui (ici l'ange) qui la prononce. Elle ressemble aux voix que Jeanne d'Arc entendit à treize ans : voix surnaturelles de Saint Michel, de Sainte Catherine et de Sainte Marguerite.

190

Ta plume musquée si un jour, si suave,
Me rappelle elle aura libéré ton esclave.
L'envoyé de l'aimé, si digne de bonheur,
Quel mal y aurait-il s'il comblait notre cœur
D'un salut? ... Je verrai mon vœu, mon espérance
Exaucés si par toi prenait fin ma souffrance.
Dieu inspire à Khosrov-Chirine[1] la ferveur
De venir vers Farhâd par bonté, par faveur.
Il vaut mieux pour un roi une heure de justice
Que d'afficher cent ans, une piété factice.
Oui, ta mignardise m'a démoli entier
Pour reconstruire en moi un tout autre chantier.
Ta parole si pure n'a pas besoin d'éloge
L'art[2] ne peut maquiller la vénusté qu'on jauge.
Nous n'avons pas atteint notre but, à Chirâz,
Béni soit le jour où j'atteindrai le Hédjâz[3].

Notes
1- Farhâd, ingénieur au service des Sassanides, était tombé amoureux de Chirine, la favorite de Khosrov Parviz. Khosrov-Chirine est, dans ce « ghazal », un mot composé désignant le guide spirituel. Khosrov représente, ici, l'aimé, l'initiateur et le mot Chirine veut dire la douce. Il y a ici un « djénass », un mot à double sens, Chirine signifiait l'amoureuse de Farhâd et aussi la femme douce. Hâfez se compare à Farhâd criant sa douleur.
2- Dans le texte il y a « le maquilleur » que nous avons traduit par l'art maquilleur.
3- Dans le texte, il y a Bagdad, que nous avons rendu par Hédjâz tant à cause de l'exigence de la rime que de la politique.

191

Qui pourra, par bonté, nous être très fidèle
Face à tous nos forfaits nous[1] démontrer son zèle?
D'abord, au son du fifre, apporte au cœur un mot,
Puis avec la coupe deviens-moi un frérot.
L'aimé me consume sans assouvir mon être,
Mais je garde l'espoir : qu'il m'apaise, le maître.
Je lui dis n'avoir pas empoigné ses cheveux[2],
Il me dit qu'il défend de me montrer grincheux.
L'homme acariâtre portant l'habit de laine[3]
N'a pas senti encor le parfum de la chaîne
De l'amour…Parle-lui du secret du transport
Pour qu'enfin il renonce au bon sens, au confort.
Il est ardu au gueux sans signe et sans marque
D'avoir une éminente idole…Le monarque
Ne peut point associer à ses plaisirs secrets
Les viveurs du bazar, tous ces gens indiscrets[4].
Qu'importe si sa boucle, infiniment oppresse,
Celui-là ne craint pas qui use de finesse.
La troupe de chagrins reste ainsi sans rivale;
Je demande au destin son secours général
Pour que la religion-la puissance divine-
Vienne, me console, m'élève, m'endoctrine[5],
N'approche pas, Hâfez, car ses yeux sont rusés
Sa toison toute noire a des liens accusés.

Notes
1- Le mot « nous » désigne l'ensemble des mystiques, épris de l'aimé, du guide spirituel.
2- Empoigner les cheveux de quelqu'un veut dire le prendre dans ses bras.
3- Le poète fait allusion à l'habit de laine blanche que portent les derviches.
4- Ce distique a été rendu par quatre vers. De même, le distique précédent a fait l'objet de cette manière de versification.
5- Ce distique a également été rendu par quatre vers.

192

Pourquoi mon beau cyprès[1] ne prend pas le chemin
Du pré, sans voir la rose et humer le jasmin?
Oui, je me suis plaint, hier, de ses boucles…Hélas!
Dit-il, l'accroche-cœur ne m'écoute point, las !
Quand mon cœur vagabond en ses lacs et frisures
Se prit, il ne revint plus au pays, sa masure.
Devant l'arc des sourcils j'implore, mais en vain.
Il tire la corde[2] jusqu'au bout, très hautain.
Avec tout le parfum que m'apporte la brise,
Pourquoi ton passage n'embaume et ne grise
Khotan[3]…Quand le zéphyr met en plis[4] la violette
Mon cœur veut oublier l'infidèle bichette.
Le cœur refuse l'âme en espérant la voir,
L'âme ne veut le corps en rêvant au terroir.
Bien que mon corps entier, échanson, me tourmente
Qui est-ce qui vide la coupe qui fermente?
Sois juste, de grâce, car les larmes du ciel[5]
Sans les pleurs de mes yeux n'auront pas d'arc-en-ciel.
Ton clin d'œil tue Hâfez qui n'écoute personne.
Doit mourir celui qui s'oublie et s'abandonne.

Notes

1- Le beau cyprès désigne, ici le guide spirituel de Hâfez, son aimé.
2- Le sourcil arqué étant comparé à l'arc, la corde en est tirée jusqu'à l'oreille quand on s'apprête à décocher un trait.
3- Khotan a pour nom chinois « Ho-T'ien ». La région est connue pour sa production de la soie et de ses parfums.
4- L'expression persane « por chékin » veut dire, plein de plis, en ce qui regarde les cheveux…D'autre part, le mot « ahd chékin » signifie infidèle à la parole donnée…Le poète joue sur le mot « chékin » qui veut dire plis et replis et également infidèle à la parole donnée.
5- La pluie est assimilée ici, aux larmes du ciel.

193

Mes coups d'œil indiscrets étonnent les ignares :
Je suis tous mes actes : qu'on ne me contrecarre.
Le sage est le point du compas de l'être en soi,
L'amour sait qui au cercle, est surpris, aux abois[1].
La splendeur de ses traits ne charme pas ma face
Seule : lune et soleil se mirent en sa glace.
Dieu contracta notre acte[2] avec l'homme, à souhait;
Nous sommes ses sujets et ce clan ne le sait.
Nous, pauvres diables, voulons vin et ramage.
Malheur si on nie notre froc comme gage.
Atteindre le soleil la nuit : aveuglement!
Les sages en ce point sont surpris vivement.
Se vanter en amour, se plaindre de l'idole
N'est qu'une tromperie et fausse farandole.
Ce sont seuls les épris, en leur amour, à part,
Qui sont dignes ainsi de souffrir le départ[3].
Seul ton œil noir montre comment on doit s'y prendre,
Car l'ivresse et pudeur nul ne peut nous l'apprendre
Si au purgatoire le vent porte son flux
Le jugement et l'âme en seront tous confus.
Si le bigot ne voit de Hâfez la bonne vie
Peu importe! Le « div »[4] fuit celui qui envie.
En lisant le Coran, si l'assistant[5] du vieux
Sonde notre pensée, et dès lors, pour le mieux,
Il refusera les frocs, à présent comme gage
Des soufis et des pieux, leur seul accommodage.

Notes

1- Le pronom « il » désigne le sage.
2- Notre acte veut dire notre « pacte »
3- Le départ de l'aimé fait souffrir ses disciples éplorés.
4- Le mot « div » au « dev » ou encore « darvand » est le nom donné dans le mazdéisme aux génies du mal, commandés par leur chef « Ahriman » qui lutte constamment contre « Ormuzd ». le dieu du bien. Le mot « div » dérive du « zand » « daéva », démon qui correspond au « sanscrit » « déva », divinité dont découlent le latin « deus » et le français « Dieu »
5- Dans le texte, il y a « moghbatchégan », mot qui veut dire les assistants du guide spirituel, les « khalifés » du mage ou pôle des mystiques. Le « moghbatché » remplace le guide spirituel en son absence.

194

Les fleurants le jasmin ôtent par leur présence
La poussière des maux. Et si cette engeance,
Aux beaux traits de péri[1] engage le combat,
Enlèvera son calme au cœur épris qui bat.
Par le lien de l'abus si on lie les âmes
On les tue…Et si par la torsade de flamme
Toute empreinte de musc on délie les cœurs
On les ramène tous au sein de leur ampleur.
Si un seul instant on[2] nous hante et nous pratique
On ne nous quittera toute une vie en pratique.
Si on cultive un plant dans l'esprit tout vivant
On l'aura élevé, grandi à l'avenant.
Si on voit les larmes du solitaire ermite
Et si on les comprend, on aura le mérite
De pêcher des perles…On ne s'éloigne, enfin
De ceux qui méditent et prient le matin.
Les yeux rougis, ombreux riant sans épouvante,
Font choir une averse de larmes toute brûlante.
À regarder mes traits on lit tous les secrets
Occultes et cachés aux yeux des indiscrets.
On croirait facile de trouver un remède
Au mal des amoureux…Ceux qui pensent à l'aide,
Au remède à même de soulager ceux-ci,
Se voient, eux-mêmes envahis de soucis[3].
Tel Mansour on trouve la pendaison morose
En voulant dévoiler les secrets de la gnose.
De ce seuil on chasse Hâfez qu'on met dehors
Après l'avoir mandé, appelé tout d'abord.
Qui formule un bon vœu en l'enceinte farouche
Tels les pieux dédaigneux fait la petite bouche.
Si à ce mal fiévreux on cherche un élixir
On se verra encor sans recours, s'alanguir.

Notes

1- Les « paris » et les « houris » (péris et houris) sont des mots persans dérivant de l'arabe et désignant des personnes très belles qui ont le blanc et le noir des yeux très tranchés. Ce sont les fées et les sylphes des Latins. Le mot composé « pari rou » ou « pari tchehr » désigne une personne au visage ravissant. L'expression « pari peykar », désigne une personne à la taille très bien faite.

Les « houris » sont des personnes divinement belles. Le mot « pari » dérive du « zand » « païrika », génie de la cosmogonie iranienne. Les péris étaient des génies fantasques…C'est pourquoi quand Hâfez parle d'une personne au visage de péri, il souligne son caractère capricieux, dédaigneux et blessant. L'Orient en a fait des fées qui habitent dans un séjour d'empirée, se nourrissant de parfum des fleurs.
2- « On » désigne l'ensemble de la confrérie.
3- Le poète use à profusion du « djénâss » dans ce « ghazal », des mots à double sens, tel « darman » qui veut dire remède et « darman and » qui veut dire sont dans la détresse.

À partir du « ghazal » 154 on trouve dans le « Divân » de Hâfez des odes dont la texture est plus ferme, plus savante, et plus recherchée, mais dont la versification est toujours aussi coulante, aussi musicale et aussi ruisselante. Les premier « ghazals » sont primesautiers, directs et spontanés, alors que ceux qui ont été composés plus tard, sont étudiés, avec une solide charpente…Ce changement fait penser ou bien que le poète a modifié son style ou bien que les « ghazals » en question ne sont pas de lui, ont été introduits dans le « Divân » par des copistes trop zélés. Quoiqu'il en soit je les ai traduits puisqu'ils sont attribués à Hâfez.

195

Les grands rois couronnés deviennent les esclaves
De tes yeux pleins d'ivresse, et ces gens, sans entraves,
Assidus, se sentent éméchés, en buvant
Le vin de tes lèvres[1] suaves, enivrant.
À toi le doux zéphyr, à moi le flux de larmes
Nous font signes des yeux…Oui, l'attrait et le charme
Du couple d'amoureux font un corps très uni
Veillant sur les secrets, l'un par l'autre accomplis.
En voyant ses cheveux séparés en deux tresses,
Sache qu'elles sont deux cavalières traîtresses.
Effleure, tel le vent, l'iris qui geint, et vois
Comme il est passionné de ton cruel pavois.
L'Élysée[2] est à nous, va-t'en donc ô théiste,
Est digne de grâce la faute idéaliste.
Je ne suis pas le seul à célébrer l'éclat
De ton visage aussi éclatant, délicat
Que celui des roses…Car mille philomèles[3]
Te chantent, en tous lieux, en des psaumes fidèles.
Soulage-toi, ô Khezr, fortuné, sans rival,
Car moi je vais à pied et les autres à cheval.
Viens donc à la taverne, empourpre ton visage,
Ne va pas au cloître : là est le filoutage.
Que Hâfez prisonnier de tes cheveux frisés,
Y reste, car les pris en tes lacs sont prisés.

Notes

1- Le mot « rubis » désigne les lèvres vermeilles de l'aimé. Dans le texte il y a « de ton rubis ».
2- Dans le texte il y a « le paradis ».
3- Le poète joue sur le mot « Khezr » qui signifie à la fois : mille et rossignol.

196

Ceux qui changent l'humus par leur art alchimique
Peuvent-ils nous jeter un coup d'œil dynamique?
La peine qui se veut occulte vaut bien mieux
Que le médicastre poseur et prétentieux.
Peut-être le trésor invisible, céleste,
M'enverra-t-il un jour une aide manifeste.
L'aimé ne voulant pas dévoiler ses beaux traits,
Pourquoi alors chacun invente ses portraits?
Le beau ne dépendant, selon toute apparence,
Ni de la volupté, ni de la continence,
Il vaut mieux, sans doute, qu'on se dispose, enfin,
À s'en remettre au sort, à l'infini divin.
Sois donc compréhensif car pour un cœur docile
Quant aux faits de l'amour, il faut être facile.
Derrière ces voiles on ourdit tant et plus
Des complots…Écartés[1] on ourdira bien plus.
Si les plaintes du cœur résonnent dans la pierre
Ce n'est pas étrange, car en cette chaumière[2]
Même les gens de cœur se racontent entre eux
Les récits de l'amour, divers, à qui mieux mieux.
Prends du vin : cent péchés faits sous le voile candide
Valent mieux que le joug porté par les perfides.
La tunique qui sent le parfum de Joseph[3]
Les frères si jaloux l'ensanglantent derechef.
Va donc au monastère et que la confrérie
Exerce en ta faveur leur pure moinerie.
Appelle-moi à toi[4] à l'insu des jaloux,
Car le bienfait caché est encore plus doux.
Hâfez, l'union durable, à jamais, n'est loisible
Car les rois pensent moins au gueux errant paisible.

Notes

1-Par le mot « écartés », il faut sous-entendre : « une fois que les voiles seront écartés ».
2- Le mot « chaumière » fait allusion à la terre habitée.
3- Joseph, dit la Bible et le Coran, était le fils de Jacob (Yakoub) et de Rachel. Les frères de Joseph, jaloux de lui, le livrèrent à des marchands qui l'emmenèrent en Égypte. Ils avaient auparavant dépouillé la tunique multicolore de leur petit frère, et après l'avoir vendu, ils tuèrent un bouc et trempèrent la tunique dans le sang et l'envoyèrent à leur vieux père. Jacob reconnu la robe de Joseph tant à cause de ses couleurs que de son odeur.
4- Le poète s'adresse à son guide spirituel ou à Dieu.

197

Si les beaux visages minaudent de la sorte,
Les hommes pieux auront la foi déjà morte.
Partout où la branche de narcisse a fleuri[1]
Les visages de rose auront l'œil aguerri.
Jeune au port ravissant[2], jouis du temps qui passe[3]
Avant que ton beau corps ne se fane et trépasse[4].
Les épris n'ont jamais, franchement, décidé :
Ils ont fait et feront ce que tu as mandé.
Selon moi[5] est moindre qu'une petite goutte
Le récit qu'on a fait du typhon[6] qu'on redoute.
Quand l'idole entame sa danse de soufis,
Les saints applaudissent au ciel tout attendris[7].
Ma prunelle des yeux de sang est assombrie
Où tant d'injustice l'être humain a subie!
Réjouis-toi mon cœur, c'est que l'homme averti
Du secret, est heureux même s'il[8] est parti.
N'interromps, ô Hâfez, ton sanglot efficace
De minuit, pour briller très pur comme une glace.

Notes

1- Le poète joue sur le mot « narcisse » et le compare à un œil.
2- Dans le texte, il y a : « ô jeune au corps de cyprès ».
3- Dans le texte on lit : « … fais rouler la balle du polo. »
4- On lit dans l'original : « …Avant que ton corps ne devienne maillet. »
5- Dans le texte, il y a : « … devant l'œil. »
6- Le poète fait peut-être allusion au déluge de Noé.
7- Il s'agit de la danse mystique des soufis qui mène à l'extase.
8- Le poète fait comprendre que même quand le guide spirituel est parti, l'initié est heureux en l'absence de l'aimé; ce « il » désigne ce dernier.

198

Je dis : « Quand est-ce que tes lèvres et ta bouche
Me combleront? » ... Il dit d'un ton peu farouche :
« Volontiers, j'agirai, pour te faire plaisir,
Quand tu voudras bien selon ton désir »[1].
Je lui dis : « Tes lèvres exigent que je paie
La rançon d'Égypte afin que je les aie. »
Il dit : « Dans ce marché, ce négoce avisé,
Le prix est tout normal, nul se s'est cru lésé »[2].
Je dis : « Qui a atteint ce point, qui est ta bouche? »[3].
Il dit : « C'est un point[4] que seul l'érudit touche. »
Je dis : « Ne sois impie, adore seulement Dieu. »
Il me dit : « Qu'en amour on est apte à ces deux. »
Je dis : « L'air du tripot raye la peine intime. »
Il dit : « Heureux soit celui qui se déprime. »
Je lui dis que le vin et le froc ne sont pas
Prisés par la doctrine. Il me dit : « Oh ! Non pas,
Ce qu'on nous reproche est toute la doctrine
Du grand pir du tripot qui partout l'illumine »[5].
Je lui dis : « Quel profit un vieux peut-il tirer
De tes lèvres douces? » ... Lui sans désemparer
Dit qu'avec un baiser, le vieil homme débile
Redeviendra jeune, avec un corps agile.
« Quand donc mon grand seigneur permettra l'union? »
« Quand Lune et Jupiter seront en conjonction »[6].
Je lui dis que Hâfez prie pour son pinacle[7],
« Ce sont aussi, dit-il, les anges, ô miracle
Qui prient aux sept cieux pour mon bonheur parfait
Afin que je reste prospère et satisfait. »

Notes

1- Ce « ghazal » est un poète lyrique, un « épithalame », à l'occasion du mariage du grand vizir Ghavâmod-Din, Hassan, protecteur du poète.
2- Ce distique est rendu par 4 vers.
3- La bouche de l'aimé est si petite qu'elle ressemble à un point.
4- Le poète joue sur le mot « point » et tire des acceptions qu'il présente.
5- Ce distique est également rendu par 4 vers au lieu de deux.
6- La conjonction « kéran » de la Lune et de Jupiter est considérée comme faste. Par ailleurs, Jupiter désigne, ici Ghavâmod-Din et la lune la femme qu'il va épouser.
7- « Son pinacle » représente la fortune de Ghavâm.

199

Les prêcheurs exhortent quand ils sont sur la chaire
Ou bien en leur « manbar »[1]. Concernant leur affaire
Privée, loin des yeux, ces pieux, ces révérends,
Changent de conduite, se montrent différents[2].
Je suis dans l'embarras, je demande fouilleur,
Au savant du cercle pourquoi le conseilleur,
Ceux qui recommandent, le repentir, apôtres,
Se repentent très peu, beaucoup moins que les autres[3].
Sans doute ils ne croient au Dernier Jugement,
Car devant Dieu ils sont fourbes, complètement.
Dieu rabat le caquet des riches, sans entrave,
Eux qui sont si pourvus, de mulets et d'esclaves.
Gueux du monastère va au tripot trinqueur,
Où l'on vous donne une eau qui remonte le cœur.
Sa beauté infinie, en tuant ses victimes
Éprises, envoie d'autres aux cieux sublimes.
Va au tripot d'amour, ô souverain hautain,
Où l'on pétrit l'argile d'Adam avec le vin.
Un bruit sourd s'entendit à l'aube au Trône[4] suprême :
Les anges apprenaient de Hâfez les poèmes.

Notes

1- Le « manbar » est la chaire d'une mosquée.
2- Ce distique est rendu par 4 vers au lieu de deux.
3- Il en est comme du distique précédent.
4- Il s'agit du Trône de Dieu, l'empirée.

200

Sais-tu ce que disent la harpe et la lyre?
« Bois du vin en secret[1] pour qu'on ne te déchire! »
On ravale l'honneur de l'amour des épris,
On couvre les jeunes et les vieux de mépris.
On n'a pu obtenir qu'un cœur plein de souffrance,
Alors qu'on croit pouvoir en changer la substance.
On nous dit : « Silence! N'écoutez le secret
De l'amour! » ... Ô étrange interdit et décret!
Ils nous ont mis dehors, victimes de cent leurres
Sait-on bien ce qu'ils font, au fond de leur demeure[2]?
Ils alarment les vieux[3] du tripot familier :
Comme ces pieux dévots traitent le tavernier!
Avec un clignement on gagne cent domaines,
Pourquoi donc ces beautés font défaut aux aubaines?
Quelques-uns, par l'effort, trouvent l'union enfin,
Mais d'autres, en ce sens, font appel au destin.
En un mot, ne crois pas à la bonne constance
Du monde : Fabrique qui change d'allégeance.
Bois du vin, car le cheykh, Hâfez et le mufti,
Ainsi que le prévôt, sont des fourbes nantis.

Notes

1- Le poète ne conseille pas l'hypocrisie, mais seulement de ne pas s'exposer aux poursuites du prévôt et aux injures des bigots.
2- Allusion aux critiques des censeurs qui ne pratiquent pas eux-mêmes ce qu'ils recommandent aux autres.
3- Dans le texte il y a : « ...les vieux mages. »

201

Vin pur, bon échanson : deux pièges en chemin,
Que ne peut éviter même le plus malin.
Moi je suis ivre épris, aimant la bonne chère,
De réputation vile, et aussi pauvre hère…
Mille grâce à Dieu que mes bons citadins
N'ont à se reprocher péchés ou faits malins[1].
L'injustice n'est point la voie des mystiques :
Du vin, car ces dévots ne sont pas ascétiques.
Ne crois pas que les gueux de l'amour sont, ici,
Abjects et bons à rien, car ces gens sont aussi
Des rois sans ceintures[2], des monarques illustres,
Sans couronne royale et sans éclat, sans lustres[3].
Sois zélé et prudent : quand on est riche saoul
Mille greniers de blé ne valent pas un sou[4].
Prend garde car l'éclat des traits ravissants fond;
Les épris s'en iront et les soumis fuiront.
Je me sens le sujet des buveurs si honnêtes
Qui boivent un vin clair dans les coites guinguettes,
Non de ceux qui portent un habit azuré[5]
Ayant l'âme toute noire et le cœur altéré[6].
N'entre en la taverne qu'avec des politesses,
Car les pieux de son seuil sont amis des altesses.
La majesté du cœur, Hâfez, est grande. Fais
Un effort : les épris te prendront sous leur dais.

Notes

1- Ce distique est rendu par quatre vers
2- Allusion à la ceinture d'or, incrustée de pierres précieuses, symbole de la royauté, comme le sceptre.
3- Distique exprimé par quatre vers.
4- Dans le texte il y a : « …ne valent pas la moitié d'un grain d'orge. »
5- Les buveurs de lie sont chez Hâfez, les disciples de cheykh Mahmoud Attâr dont le poète suit la voie. Les derviches qui portent le froc bleu (azuré) sont les disciples du cheykh « Azrakpouch ». Ce nom propre veut dire qui porte habit bleu d'azur.
6- Ce distique est également rendu par quatre vers.

202

Se peut-il qu'on ouvre la porte du tripot,
Qu'on nous tranche le noeud[1] de l'affaire, en un mot?
Si on le[2] condamne pour la dévote niaise[3],
Réjouis-toi le cœur, on l'ouvre, sois donc aise,
Pour Dieu…On l'ouvrira par le zèle divin
Du cœur resplendissant des grands férus de vin.
Exprimez vos regrets en apprenant qu'on veille
La dépouille obscure, de ce jus de la treille,
Pour que les disciples ouvrent, arrangent leurs,
Noires boucles en deux, en signe de douleur.
Rompez donc les cordes de la harpe, à la suite
De la mort du vin pur, pour que les pieux, de suite
Laissent dégouliner de leurs cils, de leurs yeux,
Un déluge de sang, ensemble, à qui mieux mieux.
Ta ceinture, Hâfez, qu'autour des reins tu ceins
Sera prise demain pour un objet de saint.

Notes

1- Il s'agit du nœud gordien, de la difficulté à résoudre.
2- Si on condamne le tripot.
3- À cause de la simpliste et fanatique Delchad Khâtoun.

203

Depuis des années, mes vers, dans la taverne,
Étaient mis en gage pour le vin… Oui, le cerne
Et l'éclat du tripot étaient dus à l'ardeur
Des êtres assidus, aux prières du cœur[1].
Vois un peu la bonté du pir[2] de la guinguette
Quand, ivres, nous avons, depuis belle lurette,
Fait ce qu'il nous a plu; cependant à ses yeux
Nos actes ont semblé, beaux, puissants, grâce à Dieu!
Lavez avec le vin notre savoir, partant
J'ai vu que l'au-delà, en voulait au savant.
Si tu es connaisseur en beauté, sollicite
Leur « grâce »[3] aux idoles, ô mon cœur…Explicite
Ce mot a été dit, savamment, par quelqu'un
Ayant l'œil intuitif, le coup d'œil peu commun.
Comme un compas, le cœur, tourne à gauche et à droite
Au centre du cercle le point fixe miroite.
Le ménestrel jouait, exprimant ses douleurs,
Faisant verser au sage et son sang et ses pleurs.
Je fleurissais de joie au bord de l'eau qui coule
Comme une rose éclose ayant mon âme saoule,
Et au-dessus du chef l'ombre de mon aimé[4],
À la taille de guêpe[5], au port accoutumé.
Le maître au teint de rose a défendu de dire
Du mal des frocs bleus[6], pour éviter le pire.
Le cœur nu de Hâfez est sans prix à mes yeux[7]
Malgré tous ses défauts il est bon et très pieux.

Notes

1- Le distique est rendu par quatre vers.
2- Le vieux (ou le pir) de la taverne, désigne l'initiateur de Hâfez, le cheykh Mahmoud Attâr.
3- Dans le texte, il y a le mot « ân » qui veut dite la grâce, indéfinissable, le charme indicible, une suave vénusté.
4- L'aimé est, ici, le guide spirituel.
5- Dans le texte il y a « …la taille de cyprès. »
6- Le cheykh Mahmoud Attâr a interdit à ses disciples de dire du mal des derviches qui s'habillent en bleu d'azur, par esprit d'humilité et d'humanité. Le mot « azur » vient de l'arabe « lâdjévard », lapis-lazuli, appelé « pierre azuré ».
7- Aux yeux de l'aimé.

204

Je me souviens du jour où ton cœur nous choyait,
L'effet de l'amour[1] en nos traits se voyait.
Ah ! Quel beau souvenir quand ton regard, d'un ordre,
M'immolait que ta bouche avivait d'un contre-ordre.
Je me souviens, encor, de ces deux rendez-vous
Où tous deux[2] étions gris, Dieu étant avec nous.
Il me souvient du temps où tes traits de lumière[3]
Attiraient mon cœur fou vers l'onde familière.
Je me rappelle, heureux, le festin courtois, fin
Où il[4] riait tout haut de joie, pris de vin.
Heureux le souvenir où tes lèvres vermeilles[5]
Riaient, et nos lèvres produisaient des merveilles.
Je rappelle l'aimé quand pour pérégriner
Il ceignait sa ceinture…On vit se pavaner
En cortège d'or, la faucille lunaire,
Comme un beau messager, élégant luminaire.
Je me souviens du temps où je trainais mon corps
Au tripot, pris de vin : là ce qui manquait, lors,
À la bonne mosquée, aujourd'hui, intangible,
Étant, là, tangible, s'y trouvait disponible.
Heureux souvenir où la rectification,
Venant de votre part[6], a remis la gestion
Droite … Or elle a pâli les ghazals sans finesse
De Hâfez, ces perles tout pleines de promesse.

Notes

1- Dans le texte il y a : « L'effet de ton cœur ».
2- Dans le texte on lit : « Où l'idole et moi, » au lieu de « où nous deux. »
3- Dans le texte on remarque : « …Comme un cierge. »
4- Le mot « il » désigne le guide spirituel.
5- Dans le texte il y a : « …tes lèvres de rubis ».
6- Le poète s'adresse à son guide spirituel.

205

Quand la taverne aura un nom, un brin,
Nous poserons le front sur le sol du chemin
Du vieux de la taverne[1]. Or l'anneau[2] de cet être
Pendait à l'oreille. Depuis toujours, ô maître,
Nous sommes ce qu'enfin nous avons tous été,
Et nous le resterons en toute humilité[3].
Lorsque tu passeras un jour près de ma tombe
Demande une faveur à l'esprit d'outre-tombe[4] :
Elle[5] sera un lien- pour tout noble viveur-
De grand pèlerinage, un saint endroit sauveur.
Va-t'en dévot outré, car pour toi, pour moi, certes,
L'énigme est tout cachée et restera couverte.
Oui, ivre mon Turc, ivre, il partit tout radieux,
Oh! D'autres flots de sang couleront de nos yeux!
Après qu'on m'aura mis dans le dernier asile
Mon œil jusqu'au retour[6] te guettera fébrile.
Si ton seuil pour Hâfez se montre ainsi fermé
D'autres empoigneront[7] ta tresse, mon aimé.

Notes

1- Il s'agit du guide spirituel.
2- L'anneau pendu l'oreille de l'esclave marquait sa dépendance de son maître.
3- Ce distique a été rendu par quatre vers.
4- L'esprit d'outre-tombe désigne l'âme de Hâfez mort.
5- Le mot « elle » désigne la tombe de Hâfez. C'est une des prophéties du poète, car, vraiment sa tombe est devenue un lieu de pèlerinage.
6- Dans le texte il y a : « …jusqu'à la résurrection ».
7- Empoigner « la tresse de l'aimé », c'est être agréé par lui.

206

Tu nous choyais avant plus qu'à cette seconde,
Ton amour envers nous était connu du monde.
Il me souvient encor de ces deux entretiens
Durant de longues nuits avec tes traits, les tiens,
Concernant les épris, mentionnant l'assemblée,
Des amoureux nombreux, nous comprenant d'emblée.
Avant qu'on n'étendît la voûte des cieux bleus,
Je mourais charmé par l'arc voûté[1] de tes yeux,
L'amitié, cet amour, étant ferme et durable.
Tant mieux si son ombre[2] favorise l'épris :
Avons besoin de lui et lui nous est acquis.
Il est vrai que grâce, en cette vaste campagne
Emporte et maîtrise le cœur, la foi compagne;
Mais tout notre entretien avait trait au bon goût,
À la bonne conduite, à tout ce qui est doux.
À la porte du roi un gueux dit sa parole :
« Devant chaque table[3] Dieu me donnait l'obole. »
Si mon chapelet tombe en priant, oh! Pardon,
J'avais la main prise dans ta robe, échanson
Aux bras blancs… Si la nuit[4] consacrée aux prières
J'ai pris du vin, ne fais grief, ne vitupères,
Car l'idole arriva joyeuse entre deux vins,
Et la coupe était là à portée des mains.
Les odes de Hâfez, au temps d'Adam, écloses
En Éden, rehaussaient les jasmins et les roses.

Notes

1- Il s'agit de l'arc voûté des sourcils surmontant les yeux de l'aimé.
2- L'ombre veut dire, ici la protection. L'expression « bé sayéyé chomâ » veut dire « sous votre protection ».
3- Dans le texte : « …devant chaque nappe », sur laquelle les Orientaux mangent leurs repas, étendue sur le sol, et eux-mêmes assis par terre.
4- Il s'agit de « léylatol ghadre », nuit qui tombe le 21, le 23, et le 27 du mois de Ramadhan, mois de jeûne, consacrée aux prières. C'est aussi la nuit où le Coran fut révélé.

207

Oh! Quel beau souvenir j'ai gardé de l'époque
Où je vivais chez toi, seul et sans équivoque !
Ma vue s'avivait, imprégnée en ton seuil
De la poudre du sol, dès lors en un clin d'oeil[1],
Tel le lis, la rose, droite, honnête, et grâce
À mes rapports loyaux, mon vœu qui se surpasse
Interprétait sans peine, aisément et sans peur,
Ce que toi, tu avais[2] au tréfonds de ton cœur.
La raison, très forte, de sa vieille expérience
Répétait à mon cœur son cours si plein de science.
Or l'amour expliquait, clair et judicieux,
Ce qu'à cette raison semblait mystérieux.
Oh! Vraiment ici-bas, que d'exactions résident
En ce lieu plein de rets…Oh! Que de vœux candides
De besoins honnêtes se font voir en ces lieux,
Au sein de ce cercle, le long de ces milieux!
J'avais vraiment à cœur de n'être sans idole
Que faire, mon effort et du cœur bénévole
Était vain…Hier je fus à la taverne, voir
Les viveurs, ces rivaux : je n'y pus entrevoir
Que des fûts pleins de vin, mon âme étant saignante,
Les pieds dans la boue toute noire pataugeante.
À son doigt Bou Is'hak portait un bel anneau
Serti de turquoises brillantes, de belle eau.
Mais hélas son éclat[3] fut trop bref en ce monde,
Et sa belle fortune demeura inféconde!
Entends-tu, ô Hâfez, cacaber la perdrix,
Ignorant le faucon qui fond sans préavis?

Notes

1- Ce « ghazal » décrit, en termes poignants, la brièveté du pouvoir des monarques, de la vie en général et du temps que les hommes passent ensemble sur la terre.
   Dorénavant chaque fois que nous rendu par quatre vers un distique de deux vers nous ferons suivre, en un seul groupe, les quatre vers (avec leurs rimes masculines et féminines et vice versa).
2- Il s'agit du sultan Abou Is'hak Indjou qui fut soufi et ami de Hâfez.
3- Il s'agit de la brièveté du règne de Bou Is'hak.

208

Quand l'homme tout brisé t'invoque impuissant,
Si tu l'assujettis, tu seras angoissant.
Nous n'avons jamais vu en toi d'actes injustes…
Tu es égoïste, nature qui, au juste,
En ce qui nous concerne, est étranger au tronc,
N'a pas cours en la foi de notre grand patron.
Qu'il soit ébloui l'œil qui ignore l'adresse
De l'amour…Qu'il soit vil tout être sans tendresse.
Demande au gypaète[1] ses aides[2] sans pareille,
La fortune et non pas aux pies, aux corneilles.
Si je veux le secours du pourvoyeur[3] de vin,
Ne m'en veux pas : le cheykh dit qu'il manque au divin[4].
Oui sans la pureté, la Ka'ba ou la caste[5]
Ressemblent… Point de bien là où n'est pas chaste.
Hâfez, acquiers le savoir et puis l'art !
Car sans cela la cour te tiendra à l'écart.

Notes

1- Le « homâ » ou le « gypaète » a été l'aigle protecteur des Achéménides. Le « homâ » a joué un rôle prépondérant dans l'ancienne mythologie de la Perse, car cet aigle était le protecteur des empereurs, leur « totem ». L'adjectif « homâyoun » en est dérivé et signifie « auguste », « impérial ». L'expression « homâyoun », « homâyoun fâl », signifie « fortuné », « heureux ».
2- Dans le texte il y a : « …son ombre, ou son aide, sa protection. »
3- Le pourvoyeur ou le vendeur de vin désigne le guide spirituel.
4- Dans le texte il y a : « …manque au monastère. »
5- Dans le texte on lit : « le temple de l'idole au lieu de la caste. »

209

Le sort de ce blessé, par ton bras, n'allait pas
Dans le sens du destin implacable, n'est-ce pas?
Ce n'est pas ta faute de ton âme cruelle
A bien mis en branle cette trouble séquelle.
Quand je lâchai[1] le bout de tes frisons, si fiers,
Je méritais, certes, d'être mis en tes fers.
Dieu! Quelle est l'étoffe de cette si farouche
Beauté ? ... Pourquoi mon cri douloureux ne la touche?
Fatigué, je reviens au tripot, et souvent,
N'ayant vu nul homme, comme toi, au couvent.
Nulle fleur n'a fleuri comme toi, gracieuse
Dans le val... Il n'y a d'image plus précieuse
Que la tienne au monde...Je voudrais tel le vent
Effleurer ton foyer. Hélas, bien que fervent
Le fruit de mes efforts, ne fut la nuit passée
Que le soupir nocturne et la plainte poussée.
Feu du cœur en flamme, tu m'as fait bien souffrir :
Tel le cierge je brûle en moi pour agonir.
La peine de Hâfez était bien vive, idole,
Sans toi, bien connue[2] de ce monde frivole.

Notes
1- Quand Hâfez parle de « lâcher le bout des frisons » de l'aimé, il veut dire abandonner l'aimé, s'éloigner de lui. Quand il parle, au contraire d'empoigner les tresses de l'idole, de saisir les boucles de l'aimé, il veut dire par là être favorablement reçu, être admis par lui.
2- La peine était connue du monde.

210

Hier, en notre assemblée, on parlait de ta tresse,
Jusqu'au cœur de la nuit[1] on admirait sans cesse,
Tes frisons…Et le cœur, tout saignant par tes cils,
Invoquait, de nouveau, l'arc de tes beaux sourcils.
Que le vent soit béni, porteur de ton message :
À part lui personne[2] ne porte ton image.
Et le monde ignorait les méfaits de l'amour :
Ton œillade magique a mis le branle autour
Du monde…Moi j'avais la quiétude ancienne :
Le lac de ma voie fut ta tresse indienne.
 Ouvre donc ton caftan pour que s'ouvre mon cœur,
Car ma joie est bien due à ta grande douceur.
Fidèle! Visite ma dernière demeure[3],
Mourant, ce sont tes traits que je vois et effleure.

Notes

1- Jusqu'à minuit.
2- Hâfez personnifie le vent.
3- « Visite ma tombe ».

211

Il venait, hier, nonchalant, visage dévoilé[1],
Notre cœur affligé se sentant tout brûlé,
Le meurtre de l'aimé, le branle de la ville
Étaient une robe qui lui seyait servile.
La vie des épris lui était, en un sens,
La rue[2] qu'on brûle, ou bien était l'encens
Crépitant sur le feu…C'est pourquoi, sa figure,
Avait pris la couleur du feu qui transfigure.
Bien qu'il dit : « Sans pitié, je te tue », mais certes,
Je voyais qu'il m'aimait, ne voulant pas ma perte.
Le blasphème de sa tresse se détournait, vainqueur,
De la religion; et cet homme[3], sans cœur
Avait un visage comme un flambeau en flamme,
Illuminant sa voie où cheminait son âme.
Le cœur thésaurisa le sang que l'œil perdit.
Ô Dieu! Qui le perdit[4], Dieu qui le recueillit?
Qui vend l'ami au monde, n'a aucun bénéfice,
Qui trafiqua Joseph n'eut qu'un or tout factice.
Il dit[5], si bien, Hâfez : « Vends[6] ton froc sans pudeur. »,
Qui lui avait appris la connaissance du cœur?

Notes

1- Dans le texte il y a : « …visage empourpré. »
2- « sépand » ou « esfand », est la rue qu'on brûle en Iran, sur un brasero pour conjurer le « mauvais œil », pour écarter par ce moyen magique un mal occulte, pour détourner un maléfice.
3- Il s'agit de l'initiateur.
4- L'œil perdit le sang en versant des pleurs. Dans le texte on lit : « … que l'œil versa… »
5- Ce « il » désigne le guide spirituel :
6- Dans le texte il y a : « …brûle ton froc. »

212*

Je prenais une ou deux coupes, au point du jour :
Le vin, grâce aux lèvres, de l'échanson d'atour
M'enivrait...Je priais mon aimé avec force
De revenir...Hélas! Il y avait le divorce.
Partout où j'ai franchi les étapes de l'art[1],
Le salut dépendait de l'auteur de l'écart.
Passe donc sans répit, mon échanson, la coupe :
Qui ne devient ivre, dans la voie, se coupe.
Interprète[2], annonce qu'hier soir mon soleil[3]
Même en songe fut clair au milieu du sommeil.
Je crus gagner un coin de son globe oculaire
D'impatience il fronça ses sourcils lapidaires.
Si tu n'as pas acquis la complaisance du roi
Yahya[4], c'est qu'il brave le désordre et l'émoi.
Quand j'écrivais ces vers tourmentés, ces phrases,
Ô Hâfez, ma pensée perdait pied dans l'extase.

Notes
* *le manuscrit du ghazal 213 est manquant.*
1- Dans le texte il y a; « ...les étapes de la voie (tarikat) ».
2- L'interprète est le mot « ma'aber » celui qui interprète les songes.
3- Le beau soleil de Hâfez est son guide spirituel, cela va de soi.
4- « Châh Yahyâ » est le prince de Yazd qui invita Hâfez à sa Cour mais qui ne lui donna rien, alors qu'il aurait dû combler de biens le poète comme c'était l'usage quand un souverain appelait à lui un savant, un écrivain ou un uléma religieux.

214

J'ai rêvé – doux rêve- que j'avais dans la main
La coupe…Il[1] s'accomplit et il fut souverain.
Quarante ans nous avons tout souffert en ce monde,
Mais enfin notre sort fut la jarre féconde,
De deux ans…Et le musc que j'attendais, grisé,
Gisait dans la masse de ton cheveu frisé.
L'euphorie effaça le chagrin qui s'attroupe,
La chance étant sereine et le vin dans la coupe.
Au seuil du cabaret j'ai bu du sang, enfin,
Et cette buvée me venait du destin.
Quiconque ne plante l'arbre de la tendresse
Et qui ne cueille pas les fruits de la caresse,
Est semblable, en un mot, au pavot du désert
Où le vent souffle fort, au diable vauvert[2].
Je passai le matin près de ma roseraie,
Quand l'oiseau matinal gémissait dans la haie
Nous avons lu les vers de Hâfez pour le roi :
Un distique en valait plus qu'un traité, en soi,
Ce roi prompt à l'assaut devant qui le bolide
De fauve devient biche au moment intrépide.

Notes

1- « Il » désigne le rêve qui se réalisa.
2- Ce distique est rendu par quatre vers au lieu de deux.

215

Que se passait, mon Dieu, le matin au tripot,
Pour qu'on vit de ses yeux le zèle du dévot,
L'ardeur de l'échanson, la lumière du cierge,
La fougue des flammes en ce bon quartier vierge?
Le banquet de l'amour que les sons et les mots
Ne peuvent décrire, s'exprimait à grands flots
Par les chocs de tambour[1], le soupir de la diaule[2]
Le sourd rugissement et le cri qui miaule.
Les sujets qu'on traitait en ce banquet de fous
Consistaient en beaux chants de l'école et en hous[3]!
L'âme louait les airs de l'échanson, sa grâce :
Par malheur elle était dépitée, un peu lasse.
Quelle analogie! Cet œil magique et gris
Mille grands magiciens[4] en étaient tous épris!
Je lui dis : « Dépose des baisers sur mes lèvres. »
Il[5] me dit souriant : « Il faut que tu t'en sèvres. »
La source du bonheur coulera à grand flot
Car la nuit passée, la rencontre en un mot
Oui, la conjonction entre les traits lunaires
De l'aimé et la lune[6] étaient bien salutaires.
Ses lèvres[7], ô Hâfez, ton remède normal,
N'ont pas eu la faveur de remédier ton mal.

Notes

1- Dans le texte il y a : « tambourin ».
2- Dans le texte on lit : « flûte ». Le mot diaule, ou « double flûte » est employé, ici, à cause de l'exigence de la rime.
3- Le « hou » est le cri poussé par les derviches : il est la simplification de « hovallâh ta'âlâ », signifiant : « Lui, le grand Dieu! ».
4- Dans le texte on trouve : « magicien samaritain ».
5- Le pronom « il » désigne le guide spirituel.
6- Le beau visage est comparé par les poètes orientaux à la face de la pleine lune. En outre, la conjonction faste entre deux planètes est des plus salutaires et de bon augure : c'est pourquoi le poète parle de la conjonction faite entre le beau visage de l'aimé et la lune.
7- Les « lèvres » désignent, ici, celles de l'idole, en d'autres termes, de l'initiateur.

216

Notre idole avait bien changé notre demeure,
En séjour de beauté[1]; que ma tête effleure
La poudre de ses pas : et comme une péri
Son corps était sans fard, de défaut démuni.
Le cœur dit d'apaiser la ville par son parfum,
Le pauvre savait-il que son aimé, enfin
Se trouvait en voyage? Enfin seul notre maître
Savait bien mettre à nu l'énigme de mon être :
Or tant que les astres tourneront, guillerets,
Son art consistera à trahir les secrets.
Ce grand aimé, enfin, dont j'ai décrit l'image
Magnifique, poli et connu comme un sage,
M'a été arraché par le sort, sans raison :
Que faire mon bonheur dura la lunaison.
Excuse-toi, ô cœur, car tu es le derviche,
Lui, au monde du beau, était un roi très riche.
De bons moments étaient passés avec l'ami
Le reste était sans fruit, n'était bon qu'à demi.
Quel plaisir d'être au bord du ruisseau et des roses,
D'un pré émeraude, des jonquilles écloses;
Mais hélas, ce trésor, en mouvement soudain
Fut une fortune brève et sans lendemain.
Tue-toi, ô chantre[2] dont tout le cœur se brise
En voyant ta rose flirter avec la brise.
Et le trésor dont Dieu dota Hâfez, ô gain,
Est dû aux prières du soir et du matin[3].

Notes

1- Dans le texte il y a : « séjour de péri » qui désigne une fée bienfaisante.
2- Dans le texte on trouve : « ô rossignol », qui selon les poètes orientaux est épris de la rose, son aimée.
3- Les prières du soir et de l'aube sont les plus efficaces.

217

Ô musulmans, j'avais, un jour, un cœur en qui
Je m'épanchais lorsque j'avais quelques ennuis[1].
Et lorsque je tombais dans un profond abîme,
Par lui je retrouvais la rive qui ranime ;
Cœur épris de l'aimé, et ce cœur bon mentor,
Qui était le secours de tout viveur encor !
Il me fut altéré au foyer de l'idole :
Quelle demeure, Dieu, qui attache et immole !
Oui, un art sans failles exclut le désarroi.
Mais il n'y a un gueux plus démuni que moi.
À cet être affligé offrez votre clémence,
Il fut un vieux routier et tout plein d'excellence.
Lorsque l'amour m'apprit à desserrer les dents,
Mon aventure fut le sujet évident
De chaque réunion…Ne dis qu'il est un phare,
Hâfez…Nous avons vu qu'il est un vrai ignare[2].

Notes

1- Hâfez dans ce « ghazal » fait l'apologie de son cœur complaisant et franc, qui ne fait pas la bouche en cœur. Le proverbe dit : « Cœur qui soupire n'a pas ce qu'il désire », et celui de Hâfez soupire souvent, sensible, fidèle, et il ne vit que par lui.
2- Hâfez a l'intelligence du cœur qui est l'intuition, mais il se défend d'être un savant : le dernier distique le fait remarquer.

218

Celui qui, homme heureux de toute éternité,
Fut comblé de bonheur, sa coupe de clarté,
Ne restera jamais dépourvue d'idole,
Sa bonne confidente avec qui il convole[1].
Dès le jour où de vin je devins repentant
Je dis : « si la branche me donne son présent
Ce sera le regret… » Je mis donc ma carpette
De prières au dos, tel le lis sa houppette.
On eut dit la rose sur un froc de safran,
Rappelant la couleur de l'habit musulman.
Je ne peux point m'asseoir sans l'éclat de la coupe[2],
Seul à seul, car l'homme de cœur cherche le groupe
Lumineux…Invoque la coupe en souhaitant
Que le viveur ne soit sans le vin crépitant.
Notre affaire est ardue, incommode, remarque,
Qu'ici[3] l'indigence fait envie au monarque.
Si tu veux le renom, ô mon cœur, évite bien
De fréquenter aussi l'homme mauvais et de rien.
L'égoïsme, mon cher, est la preuve certaine
De bêtise humaine, de candeur qui enchaîne.
Au banquet, au printemps, poétique, amical,
Ne pas cueillir la coupe de l'aimé est très mal.
Hier, un cher dit : « Hâfez prend du vin, en cachette,
Voudrait-il qu'il[4] s'avine au sein de la guinguette?

Notes
1- Ce distique est rendu par quatre vers au lieu de deux.
2- Dans le texte, il y a : « de la lampe, au lieu de l'éclat. »
3- Dans le texte on trouve : « Dans ce pays… »
4- Le pronom « il » désigne Hâfez.

219

Maintenant que la rose a vu le jour de rien,
Ici-bas, dans la plaine, la violette aussi bien
S'est prosternée, humble, et a posé la tête
À ses pieds tout soumise, et a fléchi la crête.
Prends ta coupe de vin au sanglot et au son
Du luth, du tambourin. Baise de l'échanson
Le beau double-menton, au chant et à la plainte
De la flûte en pleur, de la harpe, sa complainte.
Ne t'assieds pas auprès de la rose sans luth :
Les jours de ta vie sont comptés et sans but.
Quand par l'éclat des fleurs, ces voûtes radieuses
S'irisent, la terre, la vie tout heureuse
Sourit… Oui, des mains de l'aimé aux beaux traits,
Au souffle de Jésus, prends du vin et d'un trait
Bois-le, et laisse-là de côté, abandonne
L'histoire des tribus 'Ad et Semoud[1]. Quand fredonne
Le monde devenu Éden, au sein des fleurs -
Lis et roses -, hélas, il n'y a nul bonheur
Éternel… Renouvelle au jardin la doctrine
Du vieux Zoroastre[2], car la tulipe avine
Le feu du roi Nemrod[3]…Fais-toi donner du vin
En souvenir d'Assaf, ministre sibyllin,
Du brillant royaume de Soleyman[4], le sage,
Emad ad-Din Mahmoud[5] au généreux message.
Plût au ciel que l'agape idoine de Hâfez
Soit pourvue de tout et fasse, ici, florès.

Notes

1- Il s'agit de deux tribus arabes de l'antiquité que Dieu fit périr à cause de leur méchanceté et de leur perfidie.
2- Zarathoustra (Zoroastre) s'appelle Zardochte en persan.
3- Nemrod est un personnage biblique (Genèse X, 8-11). Il était fils de Couch et grand chasseur devant l'Éternel. Il est connu comme roi de Babel et comme fondateur de Ninive (Neynava). Le poète veut dire, ici, que les tulipes ont par leur couleur de feu, envahi le jardin et qu'il sied qu'on y célèbre symboliquement le feu que prônent les fidèles de la religion de Zoroastre.
4- Soleyman désigne le sage Salomon, roi d'Israël (-972-9320), fils de David (Davoud) et de Bethsabée. La tradition insiste sur sa sagesse et fait même de lui un magicien (ou un mage), prince des djinns, selon la légende islamique. Il aurait appris le langage des oiseaux et l'art de voler dans les airs sur un tapis magique.
5- Mahmoud Châh Bahmani, monté sur le trône en 1378 comme souverain de Dehkan, adresse à Hâfez l'invitation à aller le voir. Il lui envoya, en même temps une somme considérable. Hâfez, semble faire ici, la louange de cette libéralité. Assaf désignerait le ministre de Mahmoud Châh qui fit parvenir à Hâfez ses frais de route en question. Hâfez a l'habitude de donner le nom d'Assaf, ministre de Salomon, à tout grand personnage généreux, magnanime et enclin à donner.

220

Mon sang du cœur coule de mes yeux sur la joue :
Qui peut dire mes maux que mon regard avoue?
J'ai caché en mon sein une âpre passion,
Si elle vole ailleurs, mon cœur en tension
La suit... Et le soleil tout jaloux fend sa robe
Lorsque ma lune[1] met son caftan qui l'englobe.
J'ai mis mon visage sur le sol du chemin
Qu'a foulé mon idole de son pied cristallin.
Et c'est juste puisque sur cette même terre
On y voit marquée sa trace passagère.
Mes larmes engendrent un torrent et tout cœur,
Même fut-il de roche, en le voyant en pleur
S'émeut...Et nous sommes, nuit et jour, en larmes :
Pourquoi donc ce torrent[2] en ce lieu nous alarme.
Hâfez va au tripot, le cœur calme et fervent,
Comme un serein soufi qui gagne son couvent.

Notes

1- Mon idole.
2- Ce torrent de larmes.

221

Quand ma main effleure la boucle de sa tresse,
Il s'impatiente, et si dans ma détresse
Je demande pardon, il s'irrite en son cœur,
En me réprimandant tout fâché et moqueur[1].
Si comme le croissant de lune il se montre
Aux pauvres malheureux, il vous cligne par contre,
Nous jette une œillade, puis soudain se voilant
Il cache sa face, me laissant pantelant.
La nuit passe en ivresse, et l'insomnie écrase.
Le jour si je me plains, il somnole et se blase.
Le chemin de l'amour a ses troubles, mon cœur,
S'y flanche celui qui y marche tapageur.
Une fois vieux, ô cœur, ne troque ta finesse
Cette transaction ne donne que tristesse[2].
Le teint noir des cheveux peut être effacé
Mais le blanc reste blanc même cent fois chassé.
La belle orgueilleuse sent boursoufler sa tête,
Mais sa coiffe est frêle et fragile sa crête.
Tu es Hâfez l'écran du chemin, lève-toi,
Heureux qui chemine librement, sans émoi.

Notes

1- Les poètes en s'adressant à eux-mêmes interpellent leur cœur. Le pronom « il » désigne le pôle.
2- Ce distique ne se trouve pas dans l'ouvrage de Ghazvini-Ghani que j'ai suivi jusqu'ici, mais dans un autre ouvrage sur Hâfez : il m'a paru plus explicite. Le distique Ghazvini-Ghani dit :
« N'échange pas la mendicité contre le seuil de l'idole même contre un empire. Qui abandonnera cette ombre pour aller au soleil brûlant? »

222

Qui de ta demeure s'en ira, te blâmant,
N'atteindra pas son but, la honte l'alarmant.
Oui, la caravane que le Très-Haut dirige
S'arrête sans soucis, repart avec prestige.
Par la clarté du chef, le pieux atteint l'ami :
Il n'atteint nulle part s'il est irréfléchi.
Exauce tes souhaits à la fin de ta vie
Avec le vin[1], l'aimé…Hélas inassouvie
Ta jeunesse passe, finit totalement
Dans la nonchalance, dans le désoeuvrement[2].
Support du cœur perdu, ô mon Dieu viens en aide :
L'étranger s'il se perd, il s'épuise et décède.
L'ordre de l'ivresse, de la pudeur, enfin,
Va vers sa fin, qui sait quel sera son destin?
Hâfez, remplit sa coupe à la source « sagesse » :
Puisse, qu'en son âme son ignorance cesse.

Notes
1- Le vin symbolise la prière et l'ascèse par lesquelles on parvient à Dieu, ou à l'idole, c'est-à-dire à l'initiateur qui dirige et règle les étapes de l'ascèse.
2- Ce distique (deux vers) est rendu comme tant d'autres par deux distiques (quatre vers) pour mieux en exprimer l'idée.

223

Jamais ton visage de mon cœur ne s'efface,
Ton souvenir, en moi reste toujours vivace.
Le portrait de ta bouche, en moi sans réconfort,
Vivra toujours malgré l'injustice du sort.
De toute éternité mon cœur, avec ta tresse,
A conclu un beau pacte : à jamais et sans cesse
Il[1] lui sera fidèle et ne saura trahir
Le pacte mis au point qui ne peut pas faiblir.
À part le lourd fardeau du chagrin qui oppresse
Mon cœur, moi, le pauvre, tout malheur et détresse,
Lui passeront un jour, mais lui[2] ne passera
Restant toujours intact et vivant avec ça.
Ton amour en mon âme a jeté sa racine,
Si même on me tue, je serai ta victime.
Si mon cœur recherche les beaux traits de l'idole
C'est qu'il est bien malade : il veut qu'on le console.
Quiconque, tel Hâfez, ne veut être perdu,
Qu'il ne cherche l'appât, ne s'en montre éperdu.

Notes
1- Le pronom « il » désigne le cœur de Hâfez.
2- « Lui » désigne l'initiateur, le guide spirituel.

224

Heureux donc le cœur que le regard ne leurre
Et évitant les seuils par réflexe, à demeure.
Je n'ai pas convoité sa douce lèvre, ô ciel!
La mouche ne peut pas se détourner du miel!
Ne dissipe la nuit de mes deux yeux toute chose
Au moyen de larmes car l'image tout rose
De ton grain de beauté s'encrera désormais
Dans mes yeux éblouis, ne s'effaçant jamais.
Ne refuse, idole, ton parfum tel le vent,
Sans lui[1] je ne pourrais vivre vieux et content.
Ô mon cœur, ne sois pas vagabond et instable,
Car avec ce défaut ta vie est peu valable.
Ne me méprise pas, moi qui suis éméché,
Oui, l'honneur de la foi ne sera entaché.
Gueux, j'envie l'idole à la splendide taille
Qui, pour qu'elle consente, il faut bien que je baille.
Toi qui es les vertus d'un monde haut placé
Pense à la constance de mon pacte énoncé.
Je ne vois un pécheur plus têtu que moi-même :
C'est pourquoi ma plume crée tant de problèmes.
N'amène pas ma huppe avec toi : sache bien
Que ce faucon royal ne chasse pas pour rien.
Donne du vin, et d'abord, passe-le à la droite[2]
De Hâfez : que le fait ne sorte de sa boîte.

Notes

1- Sans ton parfum.
2- À la main droite de Hâfez.

225

Échanson, prise donc le cyprès, la tulipe,
La rose avec les rincettes de principe[1].
Donne du vin, le pré[2] retrouve sa beauté
Bien qu'à cette époque l'artifice soit vanté[3].
Becquète du sucre, de même, t'en régale :
La perruche indienne s'achemine au Bengale,
Ce bon sucre persan, tout change, le temps court,
L'enfant, en poésie en une nuit parcourt
Tout l'espace d'un an…Vois donc ces yeux magiques
Séduisant la foule d'ascètes fatidiques.
Ne te fourvoie pas, trompé par le vieux sort[4] :
Il entre avec astuce, avec malice il sort.
Le zéphyr printanier souffle de l'Élysée :
Roi, sur les tulipes vois perler la rosée.
Ne manque pas, Hâfez, les bienfaits de la cour
Du sultan Ghyassédin : cherche-les sans détour.

Notes

1- Dans le texte il y a : « …les trois lavages », faisant allusion à l'usage selon lequel les buveurs iraniens buvaient, coup sur coup, trois coupes pleines de vin, après avoir bien mangé, soit pour digérer le repas, soit pour s'en tenir à une ancienne coutume.
2- Dans le texte il y a : « la jeune mariée de la prairie… »
3- Dans le texte il y a : « …l'art de la pourvoyeuse. »
4- Dans le texte il y a le mot « adjouz » qui veut dire « vieille femme ». Le mot signifie ici, la vie passagère, le sort aussi vieux que le monde etc.

226

Je crains que mes larmes révèlent à la ronde
Mon secret occulte, l'ébruitant dans le monde.
Grâce à la patience, on transforme en rubis
La pierre, mais comment? En souffrant le mépris.
J'irai à la taverne en pleur et portant plainte :
C'est là peut-être que prendra fin ma contrainte.
De partout j'ai lancé mes appels tels des traits,
Espérant que l'un d'eux produira ses effets.
Cher, rapporte à l'aimé mon malheur et encore
De telle manière que la brise l'ignore.
Oui, par l'alchimie de ton amour mes traits
Ont acquis la couleur jaune de l'or extrait.
Or grâce à ta faveur le sol qu'on abandonne
Devient par miracle la paillette tout jaune.
Je suis bien étonné de l'orgueil du rival[1] :
Dieu qu'il ne te plaise que le gueux soit l'égal
De l'intègre…Il faudra bien des choses louables
Pour que l'homme, être humain, soit décent, convenable
Au goût et à l'humeur de ces mortels humains
Et des gens possédant un coup d'œil souverain.
Pour ces hauts et ces bas que présente la vie,
Les créneaux des palais de l'union conclue
Des têtes sans nombre, soumises, sans orgueil,
Deviennent obscures, la poudre de son seuil.
Ô Hâfez, ses frisons, tu les as en ta poigne :
Profite, en avant, que le vent ne les empoigne.

Notes
1- Le rival est le fanatique ignorant la tolérance et que souvent Hâfez flagelle.

227

Il est dur d'apprendre au pécheur de la ville
Que tant que la ruse, l'hypocrisie vile
N'auront pas tout à fait disparu, ici-bas,
Le bigot ne peut être un croyant, en tout cas
Sois loyal, fais le bien : ne peut être humain
La brute sans art qui ne prend pas le vin.
Il faut bien que l'homme ait une pure nature
Pour pouvoir mériter la grâce et la droiture;
C'est que mille pierres ou aucun limon noir
Ne pourront devenir perle ou un sautoir.
Le Tout-Puissant fait bien ce qu'Il fait, ô mon âme
Sois heureuse…Le « div[1] » malin digne de flamme
Ne peut, par la malice, ou par le talisman,
Du jour au lendemain devenir musulman.
J'aime et j'espère car cet art honorable
Ne peut tels les autres[2] devenir altérable.
Hier, il me disait bien : « J'exauce, c'est promis
Ton cœur…Ô mon Dieu fais qu'il ne change d'avis ».
Ton bon caractère le veut et le désire[3]
Afin que notre cœur[4] ne puisse se dédire.
Si l'atome, Hâfez, n'aspire au grand sommet
L'amateur du soleil perd l'éclat tout à fait.

Notes

1- Le génie « daewa », dans l'Avesta désigne l'esprit du mal, créature d'Ahriman. Dans l'épopée iranienne Kayoumars, le premier roi mythique, combattit le « div noir ». Djamchid, fils de Tahmourès, commandait aux « divs », comme Salomon aux génies dans la légende musulmane. Foncièrement mauvais par sa nature, opposé au Créateur, un div ne peut se convertir à l'Islam qui exige la soumission totale à Dieu.
2- Tels les autres arts.
3- Dans le texte il y a : « Je le demande ».
4- Notre cœur collectif est mis pour « mon cœur à moi » qui aspire au même souhait que les autres mystiques.

228

Qu'importe si je cueille un fruit en ton jardin,
Si avec ta lampe j'éclaire mon chemin?
À l'abri, à l'ombre du cyprès conifère,
Si je m'assieds, mon Dieu, qu'est-ce ça peut faire?
Ô bague de Djamchid[1] au dessin si béni
Quel mal si l'empreinte sur mon chaton s'inscrit?
Quel mal y a-t-il si le pécheur de la ville
Se laisse subjuguer par son amour servile
Du chef de police et si moi j'ai l'amour
De l'idole amie, que m'importe en ce jour?
Ma raison a fui son foyer : si la rasade
Peut avoir cet effet ruineux d'une embuscade,
Alors, j'ai d'avance vu ce qui aura lieu
Au foyer tranquille de ma croyance en Dieu.
J'ai passé ma vie près du vin et l'idole :
Je ne sais point lequel, m'assassine et m'immole.
Le maître, en me voyant épris et amoureux
Ne dit rien…Si Hâfez le sait bien c'est heureux.

Notes

1- Le roi mythique Djamchid possédait, comme Salomon, une bague magique par laquelle il commandait aux démons.

229

La chance par la voix de l'ami reste infime,
Et ne m'informe pas sur mon secret intime.
Pour un de ses baisers je donnerai mon chef :
Il me prend bien ceci, mais ne me donne, bref,
Cela…Je m'étiole, je me vois sans issue,
S'il y en a, alors on la cache à ma vue.
Le zéphyr caresse son tif, mais le sort vil
Lui ouvre le chemin : quant à moi c'est l'exil.
Tel le compas je cours tout entier et je centre,
Mais le sort ne veut pas que je touche le centre[1].
Avec la patience on arrive à son but
Si le temps contraire, toujours bien à l'affût,
Le veut…Tu dors Hâfez pour revoir en ton rêve
Les beaux traits de l'ami, si tes sanglots font trêve.

Notes

1- Par une comparaison toute neuve, Hâfez se compare à un compas qui s'efforce d'arriver à la vérité (le centre), mais parfois des évènements imprévus, la maladie ou un contretemps, empêchent que l'ascète ou le mystique parvienne au but visé.

230

Si je prise le vin qui sent le musc eh bien,
C'est que la fausseté sent le mal païen.
Si l'univers entier m'interdit la tendresse
Je serai ce que Dieu veut, mû par sa noblesse,
Que je sois…Ne tourne le dos à la vertu
Du grand cœur libéral, car l'être humain imbu
De générosité pardonne les faiblesses,
Et passe à l'amoureux sa faute et sa mollesse[1].
Le cœur fait sa retraite en une longue oraison,
En espérant dénouer son frison.
Toi à qui Dieu fit don de beauté et de chance,
À quoi bon dans le fard chercher ta reluisance?
La prairie est douce, le ciel est bien charmant,
Le vin inaltérable…Oui, c'est bien maintenant
Qu'il nous faut seulement, réjouir à cette heure,
Notre cœur et l'âme : voilà, à la bonne heure.
L'épousée du monde[2] est belle, attention!
Car elle refuse, hautaine, l'union.
 Je lui dis gémissant : « Tu ne peux, ô ma flamme
D'un geste savoureux tranquilliser mon âme ».
Il me dit en riant, Hâfez : « Il ne plaît pas à Dieu
Que ton baiser souille mon visage en ce lieu. »

Notes
1- Ce distique est rendu par quatre vers.
2- Dans le texte il y a l'épousée « arous » du monde qui veut dire aussi bien la chance ou la malchance, la fortune ou les vicissitudes de la vie et du sort.

231

Je dis : « Pour toi je souffre! » - Lui : « Ton mal est véniel. »
Je dis : « Sois mon astre. » - Il dit : « S'il brille au ciel ».
Moi : « Apprends des épris à te montrer fidèle ».
Il dit : « Pour les beautés c'est une bagatelle ».
Je lui dis : « J'attendrai ta pensée[1] à mon tour ».
Lui : « Oh elle est nocturne, faisant un long détour ».
Je dis : « Il m'égare le parfum de ta tresse ».
Lui : « Il peut te guider dans la grande détresse ».
Moi : « Est doux le souffle du zéphyr parfumé ».
Lui : « Il est bien plus doux s'il nous vient de l'aimé ».
« Oui, l'effet de ta lèvre affaiblit, désespère ».
« Si tu te fais esclave, il te sauve et libère[2]. »
Je dis : « Quand de bon cœur la paix tu me feras? »
Lui : « Motus! En son temps cette paix tu l'auras ».
Je dis : « Vois-tu comme le temps du plaisir passe? »
Lui : « Silence, Hâfez, tout ici-bas tracasse ».

Notes

1- Les mystiques ont cru, avant les télépathes du XXe siècle, que la pensée peut être envoyée vers une autre personne par celui qui, s'exerce à la télépathie (du grec têle- loin et pathos- affection) comprend une communication qui se produirait directement entre deux « esprits », deux cerveaux dont l'un est émetteur et l'autre récepteur, et dont l'éloignement interdit toute communication par les sens usuels. La communication est extra-sensorielle. Elle s'appelle parfois : transmission de pensée.

2- L'homme est prisonnier de ses sens, de ses préjugés, de ses préventions. Or l'ascèse guidée par un « pôle », un initiateur, libère et lui rend sa liberté en le rendant plus pur et plus près de Dieu.

232

J'ai pris la décision, s'il m'est donc praticable,
D'agir de sorte que le chagrin aille au diable.
Le cœur franc refuse de hanter les rusés;
Quand le démon s'en va, l'ange entre disposé.
Être avec les seigneurs des ténèbres du monde
C'est sans doute passer la nuit la plus profonde.
Cherche la lumière du soleil argentin
Il se pourra alors que brille ton matin[1].
Jusqu'à quand, prosterné au seuil du chef barbare,
Attendras-tu qu'il sorte, enfin, avec fanfare?
Ne cesse de quêter: tu auras le trésor,
Grâce aux gens de la voie chez qui se trouve l'or.
L'honnête et la fripouille ont offert leur denrée,
Mais lequel la verra acceptée d'entrée?
Chantre[2] épris, souhaite longue vie, à la fin
S'ouvrira la rose, fleurira le jardin.
Elle n'est point étrange en ce monde illusoire
La torpeur de Hâfez, ce rêve dérisoire;
Qui fait du cabaret sa demeure, vraiment,
Restera, ici-bas, perplexe et ignorant[3].

Notes

1- Dans le texte il y a : « ...la nuit de Yalda », qui est la nuit la plus longue de l'année. C'est le solstice d'hiver qui tombe aux environs du 21 décembre, en hiver, donc tout près de la « Nativité du Christ ». Yalda, désigne d'ailleurs la naissance de Jésus qui a lieu le 25 décembre, quatre jours après la nuit la plus longue.
2- Dans le texte il y a : « ...le rossignol ».
3- Ce distique (2 vers) est rendu par deux distiques (quatre vers) pour mieux en rendre le sens intégral.

233

Je ne fais que quêter pour bien être exaucé :
Ou j'arrive à l'idole, ou je meurs repoussé.
Oh! Ouvre ma tombe, après ma mort et prime
Mon linceul tout fumant grâce à ma flamme intime.
Montre ton visage pour qu'on perde le nord,
Ouvre donc ta bouche pour que tous, dès l'abord,
Hommes et femmes, ensemble, poussent leur clameur folle,
Et s'exclamant en chœur, en contemplant l'idole[1].
À bout de souffle et las, la douleur dans le cœur,
Sans sentir tes lèvres, je m'en vais et je meurs.
Enviant sa bouche[2], je me sens tout en transe;
Quand ce vieux mendiant[3] verra venir sa chance?
On louera Hâfez, parmi les amoureux,
Quand sera prononcé son titre valeureux.

Notes

1- Ce distique est rendu par quatre vers.
2- « Sa bouche » désigne celle de l'initiateur, du pôle dont s'éprend tout derviche honnête. L'initiateur et l'initié sont deux épris : l'un est l'aimé et l'autre est celui qui aime.
3- Hâfez se désigne lui-même.

234

Lorsque l'astre, au levant, apparaît…En principe
Les traits de l'échanson se couvrent de tulipes[1].
Le bon zéphyr répand le pollen de la fleur
Sur l'organe fécond, le pistil producteur,
Des jacinthes lorsque cette partie exhale
Son parfum enivrant, le propage et l'étale[2].
Le drame de la nuit, ce départ ne peut pas
Se dire même un peu, en cent traités, n'est-ce pas?
N'attends pas un bienfait de cette arche couchée[3]
Car pour cent durs travaux elle offre une bouchée.
Par ses propres efforts on n'atteint pas le but,
Car ne peut sans mandat arriver au salut.
Et si comme Noé tu braves le déluge,
Le fléau passera, ton vœu tu te l'adjuges.
Le zéphyr tout empreint de ton chef[4]
En frôlant de Hâfez, la tombe, derechef,
Fera fleurir du sol où sa tête est couchée,
Cent mille tulipes de la sombre tranchée.

Notes
1- Le poète veut dire métaphoriquement que le visage de l'idole rougeoie quand les rayons du soleil l'éclairent.
2- Ce distique est rendu par quatre vers au lieu de deux, pour pouvoir en exprimer les méandres.
3- Dans le texte il y a : « …l'arche chavirée de Noé, le prophète. »
4- Dans le texte, il y a : « …de ta tête au lieu de ton chef ».

235

Heureux soit le moment où reviendra l'idole,
Mettant fin au chagrin de l'épris qui s'étiole.
J'ai terni mes deux yeux rêvant à mon amour,
Croyant que l'éclaireur[1] va revenir un jour.
Si mon chef ne roule sous le heurt de sa crosse,
Semblable à la balle de polo qui s'empresse-
Mais enfin que dis-je- car à quoi mon chef sied,
Si fuyant son maillet[2], ne coulisse à ses pieds.
Comme la poussière je m'étends sur sa route,
Pensant qu'il passera[3] en cet endroit, sans doute.
Le cœur qui se confie aux boucles ne croit pas
Qu'il trouvera la paix au sein de ces appâts.
Que de maux a souffert du mois de Dey, le barde[4],
Rappelant le parfum du printemps qui s'attarde.
Puis-je espérer, Hâfez, que grâce au bon destin
L'aimé me reviendra avec ses traits surfins?

Notes

1- Dans le texte il y a « cavalier » au lieu d'éclaireur.
2- La boucle de cheveux de l'aimé (l'initiateur) est comparée au maillet avec lequel, dans le jeu de polo, à cheval, le cavalier frappe la balle qui roule.
3- Le pronom « il » désigne le guide spirituel.
4- Le mois de Dey va du 22 décembre au 20 janvier. Le barde désigne, ici, le chantre, l'amoureux, et en fin de compte le rossignol.

236

Si cet être angélique approche de ma porte
Ma jeunesse d'antan me reviendra, accorte.
J'espère que mes pleurs qui coulent comme un grain
Feront jaillir l'éclair du bonheur et du gain
Éteint…Celui pour qui le bandeau[1] de ma tête
Est la poussière qu'il foule, sa conquête,
Je demande au Très-Haut qu'il revienne à ma porte,
Qu'il vienne à mon chevet et qu'il me réconforte.
J'irai à sa suite : qu'ils sachent mes très chers[2]
Si je ne reviens pas, ils le sauront, amers.
Et si je ne m'immole à ses pieds, ma substance
À quoi donc servira, perdant son importance.
Je battrai sur le toit, de joie, le tambour,
Du bonheur si je vois revenir mon amour,
Ma nouvelle lune[3]…C'est le son de la lyre,
Le cliquetis des fûts qu'on entend, à vrai dire;
Sinon, s'il distingue mes soupirs du matin
Il voudra revenir pour me voir, c'est certain.
Je souhaite revoir les beaux traits de mon roi;
Ô Hâfez, fais un vœu pour qu'il revienne à toi.

Notes

1- Dans le texte il y a : « …la couronne de ma tête. »
2- Dans le texte il y a : « …mes chers amis. »
3- Dans le texte il y a : « …le croissant de lune, » pour désigner l'aimé, le guide spirituel de Hâfez. D'autre part, le mot « safar » s'écrit avec la lettre « sine » (l'équivalent de la lettre « s »), il voudra dire « voyage ». Mais s'il s'écrit avec la lettre « sâd » (également avec le son de « s »), il désignera le deuxième mois de l'année lunaire, mois de deuil. Hâfez emploie ces paronymes dans son « ghazal » voulant dire que l'idole, son guide spirituel, revient d'un voyage ou que le mois de deuil ayant pris fin avec l'apparition de la nouvelle lune, l'idole apparaît aussi. Les paronymes, comme on le voit dans ce « ghazal, ont beaucoup d'analogie par leur prononciation.

237

Je péris et m'éteins sans t'avoir eu, amour,
Hélas! Ma fortune ne s'éveille en ce jour.
Le zéphyr a jeté en mes yeux la poussière[1]
De son seuil : ma vie devant elle est grossière.
Tant que je n'enlace son corps qui me séduit,
L'arbre de mes souhaits restera donc sans fruit.
Il vaut mieux, ô mon cœur, que soumis tu t'en ailles,
Car de toute façon ton programme déraille.
En tes frisons mon cœur a vécu un temps noir,
Ce pauvre affligé ne nourrit plus d'espoir.
En ma sincérité j'ai bien décoché mille
Traits de mes souhaits : ce fut vain et futile,
Car pas un de ces traits n'atteignit l'objectif
Et aucun de mes vœux ne fut affirmatif.
L'entretien de mon cœur s'engage avec la brise
Du matin, mais hélas! Cette nuit s'éternise.
Ma vie passe avec un vain but, sans raison :
Mais le malheur cruel de ta noire toison[2]
Persiste…Tout le cœur de Hâfez s'effarouche
De tous…qu'il reste épris, prisonnier de ta mouche!

Notes

1- La poussière du seuil de l'aimé (l'initiateur). L'amant par amour et par attachement à l'aimé devient cendre et poussière et s'annihile.
2- La noirceur des cheveux de l'aimé. Le poète qui continuera à broyer du noir, tant que la noirceur des tresses de l'aimé aura persisté.

238

Oui, le monde teignit le sourcil de la fête[1]
Avec un beau croissant de la lune, si nette.
Il faut donc comparer le croissant animé
De la fête du jeûne au sourcil de l'aimé.
S'est arquée ma taille à l'instar de la lune
En son dernier quartier…Le cintre[2] sans lacune
Du sourcil de l'aimé a été de nouveau
Peint avec la guède[3], dans cet instant si beau.
L'effluve de tes traits, au chant de l'alouette,
Aurait-il caressé la frêle pâquerette
Pour qu'elle ait déchiré son bouton superfin,
En sentant, ce matin, ton enivrant parfum?
Le jus de la vigne, le rebec ou la lyre,
Et le bois d'aloès étaient pleins de sourire
Quant à ma fleur : mon être, il était imprégné,
De l'essence de rose et de bonne amitié.
Viens que je te dise le chagrin de mon être
Or sans toi je n'ai plus ni repos ni bien-être.
Si le prix de l'union est ma vie, eh bien soit;
J'achète : le soufi se paye ce qu'il voit.
J'entrevoyais tes traits sous ta tresse d'ébène
Ma nuit comme en plein jour s'éclairerait sur la scène.
Je vais rendre l'âme, étant inassouvi,
Mon espoir est éteint, mon vœu inabouti.
Ravi par toi, Hâfez, a écrit des poèmes,
Lis-les, savoure-les, et les garde en toi-même.

Notes

1- Il s'agit de la fête de Ramadan ou de la rupture du jeûne à la fin de laquelle la lune est dans sa dernière phase, se montrant sous la forme d'un croissant (dernier quartier).
2- Dans le texte il y a : « l'arc ».
3- Dans le texte on lit « …sa robe ».

239

Heureuse nouvelle! Le vert printemps, enfin
Arrive…Il prodigue les roses et le vin.
Le chantre vocalise : « Où se trouve le flasque[1]
Du vin? » L'aède geint, la rose se démasque.
Comment goûter au fruit du paradis[2], dit-on,
Quand on n'a pas connu celui de son menton.
Ne geins pas de chagrin car qui marche en la voie
N'atteint pas le salut s'il ne veut et déploie
Des efforts…Jouis donc des traits de l'échanson
Tant que la violette n'a pas eu son buisson.
L'échanson m'a charmé l'âme avec tant de force
Que je fuis l'entretien de celui qui m'y force.
Je ne brûlerai point ce manteau[3] tout usé
Que le vendeur de vin[4] a d'un coup refusé.
Le printemps passera : justicier, sache enfin
Que la saison s'en va, mais Hâfez boit du vin.

Notes

1- Flacon plat.
2- Il s'agit du fruit défendu du paradis : la pomme. Les poètes orientaux comparent la fossette à un puits et le menton à une pomme.
3- Dans le texte on peut voir : « …ce froc ».
4- Le vieux vendeur désigne le « pir », le vieux, le guide spirituel.

240

Le nuage d'Âzar[1] dit adieu à l'espace,
La brise du « Nowrouz » souffle déjà fugace.
Il me faut de l'argent pour boire encor du vin,
Et un bon musicien pour orner le festin.
Les aimés s'exhibent, je suis fauché, devine,
L'amour pèse très lourd : bois du vin qui avine.
Le don se fait rare, ne vends pas ton honneur,
Achète rose et vin, vendant ton froc, buveur!
Peut-être la chance me sourit, car la veille,
Je priai encor quand l'aurore vermeille
Apparut…La rose souriante avec cent
Mille rires revint au jardin…À présent
Sent-elle, peut-être, dans le coin du parterre
Le parfum pénétrant d'un cœur humanitaire.
Si jamais le renom[2] au sein des bons viveurs
Est terni qu'importe : même dans le bonheur
La réputation, l'homme intègre et notoire
Pourrait tout aussi bien déshonorer sa gloire.
Qui dit de tes lèvres autant de bien que moi?
Qui vit autant que moi, le pillage sans loi
De tes tifs? ... Le roi ne s'enquiert des peines
Des pauvres de l'amour, les âmes en déveine
Ne pourront espérer avoir l'apaisement,
Renoncer à goûter ce délicieux moment.
Je ne sais qui tira cette flèche mortelle
Sur le cœur de Hâfez? Et son ode comme telle
Autant que je sache laisse dégouliner
Et larmoyer du sang de ses vers fortunés.

Notes

1- Le mois iranien d'Âzar va du 22 novembre au 21 décembre. C'est le mois où le froid commence à se faire sentir, et les feuilles jaunissent et tombent.
2- Dans le texte il y a l'expression persane : « Si le pan de l'habit » dans le sens « si la bonne réputation ». Le mot persan veut dire, le bas du vêtement, le giron. L'expression « tirer le pan de l'habit de quelqu'un » signifie « tirer sa manche », le solliciter.

241

Amis, souvenez-vous du nocturne rival,
Souvenez-vous du droit d'esclavage loyal.
Lors des griseries, gardez dans la mémoire
Les soupirs des épris par les tons du luth, voire
Les rythmes…Quand le vin reflète le visage
De l'échanson, alors, par les chants, le ramage
Évoquez les épris…Quand la chance vous tient
Souvenez-vous, heureux, de notre entretien.
Et si votre cheval un petit peu s'emballe
Remémorez alors, le vol de Bucéphale.
Et si le fidèle ne vous afflige, un temps,
Eh bien souvenez-vous de l'inconstance du temps.
Tout généreusement, hommes nobiliaires,
Rappelez-vous mon front[1], le seuil[2] du sanctuaire.

Notes

1- Hâfez fait allusion à son front poussiéreux qui touche, en s'inclinant par humilité, le seuil de l'aimé.
2- Le seuil de la porte de l'aimé est comparé par le poète à celui du sanctuaire, lieu de pèlerinage.

242

Viens donc voir arriver, tout flottant, l'étendard
De Mansour[1], le monarque, parvenir sans retard;
La bonne nouvelle de la bonne conquête
Monte jusqu'au soleil jusqu'à la lune en fête[2].
La beauté de la chance protégea le régnant,
La fin de l'équité veilla sur le plaignant.
Le ciel se réjouit puisqu'apparut la lune,
Le monde est joie, car du roi, la fortune
S'éveille…Les bandits de ce temps vivent bien
Impunis: caravane amoureuse de bien
Et de savoir, apprends que l'Homme de la voie
Va venir… Et l'aimé de l'Égypte[3] larmoie,
Mais ressort tout vainqueur du fonds du puits noir
Montant comme la lune au faîte du pouvoir.
Où est le faux soufi, cette âme irréligieuse?
Dis-lui : « Malheur à toi, Mahdi[4], à l'âme pieuse,
Arrive… » Raconte, zéphyr comme en ce lieu
L'amour me rend triste, comment mon cœur en feu
Fume…Ô roi, amoureux de tes traits, je défaille,
Loin de toi, je brûle comme le brin de paille.
Veille donc Hâfez, car on t'accueille, enfin,
Grâce aux vœux de minuit, aux leçons du matin.

Notes

1- Il s'agit du roi Mansour, le défenseur de l'indépendance persane et le vainqueur du gouverneur que Teymour Lang avait établi en 1387. Le mot « mansour » lui-même signifie le victorieux, « lachkar mansour » veut dire armée victorieuse.

2- Ce distique est rendu par quatre vers au lieu de deux.

3- Le poète fait allusion à Joseph, fils de Jacob qui, selon la Bible et le Coran, fut jeté dans un puits par ses frères jaloux de lui.

4- Mahdi (ou Sâhébé Zamân) est le 12ème Imam des Chiites qui doit apparaître à la fin des temps pour rétablir la justice, la foi et la fraternité sur la terre, récompenser les bons et châtier les méchants.

243

Qui sent ton doux parfum, apporté par la brise,
Entend de l'idole la parole promise[1].
Ô roi de vénusté[2], considère le gueux :
On connaît tant de faits[3], de roi, de loqueteux!
J'enchante et captive par le vin dont l'arôme
Sent le musc qui charme toute l'âme et l'embaume.
Or du porteur de froc, habitant du couvent,
Émane un effluve d'écart, de manquement[4].
Le mystère de Dieu que le derviche honnête
À nul ne révèle, je m'étonne, en sa quête,
Comment le tavernier[5] aussi par quel moyen,
L'a appris? ... Ô mon Dieu où est le citoyen,
Le confident ami qu'une fois, bénévole,
Le cœur en révéla l'aveu et la parole?
Il n'était pas juste que mon cœur généreux
Médise de celui qui me veut voir heureux.
Si je fus éloigné de sa bonne demeure,
Qu'importe! ... Qui a pu éprouver, à demeure,
La constance du sort?... Viens, échanson, ma gloire,
L'amour lance un appel retentissant : « L'histoire
 Qu'on raconte partout et qu'on rapporte à nous
On l'a, assurément, appris de nous tous. »
Ce n'est pas de ce jour qu'on s'avine en cachette,
Car cent fois notre « pir » nous surprit en goguette.
Ce n'est pas d'aujourd'hui que nous buvons du vin
Au son de la lyre... C'est dès le temps sans fin
Que la voûte tournante entendit le message,
Ce bruit et ces accents! ... Oui, le conseil du sage
Est, certes, opportun, il est dit pour le bien :
Heureux qui l'écoute et ensuite en fit sien.
Or Hâfez tes devoirs, ce sont tes litanies :
Ne te soucie point qui les sait, qui les nie.

Notes

1- Le parfum et l'idole représentent, dans ce « ghazal », la parole promise par l'aimé vénéré.
2- En français on dirait plutôt : reine de la beauté. En persan, tout ce qui est parfait, le meilleur, commence par le mot roi (châh). Exemple : « châh kâr », pour chef-d'œuvre, « châh beyt » pour le meilleur distique etc.
3- Dans le texte on lit : « L'oreille a ouï tant de récits...)
4- Ce distique a été rendu par 4 vers au lieu de deux.
5- Dans le texte il y a : « Le vendeur de vin... »

244

Dénouez, compagnons, les boucles de l'idole,
La nuit est bien douce, augmentez votre obole[1].
En intime entente, amis qui êtes là,
Chantez tous le verset et louangez Allah.
Le rebec et le luth proclament à voix haute :
« Écoutez en esprit le message, sans faute,
Des mystiques… Aussi, sur notre amitié
Je jure que la guigne aura de toi pitié
Si tu te confies aux faveurs sans limite
De celui qui dispose et qui tout facilite[2].
Il y a différence entre l'aimé, l'épris :
Quand l'aimé fait la moue, il faudra, c'est compris,
La subir…Le conseil du « pir » est cette phrase :
« Évitez de hanter l'homme méchant qui jase ».
Celui qui vit chez nous[3] sans amour, ni transport :
Récitez mon « fatva »[4], sur son corps : il est mort.
Si Hâfez vous demande une obole évidente
Adressez-la auprès des lèvres apaisantes.

Notes

1- Obole, ou modeste offrande.
2- Ce distique est rendu par quatre vers.
3- Dans le texte il y a : « Celui vit en notre assemblée. »
4- Le « fatva » est la décision prise par le jurisconsulte, un jugement émis par lui.

245

Perroquet[1] qui redit les secrets sans mélange :
Que jamais ton beau bec ne manque de louange!
Que ton chef reste vert[2] et ton cœur parfumé,
À jamais : quel beau trait du portrait de l'aimé!
C'est bien à mots couverts qu'avec ton adversaire
Tu romps le silence. Dieu de ce grand mystère
Enlève le voile, parle donc un instant
À découvert! …Verse de ce vin crépitant
Sur notre visage de la coupe commune!
Nous sommes assoupis, réveille-toi fortune!
Quel air le musicien a joué, magistral
Pour que dansent ensemble et l'ivre et le frugal?
Sous l'effet de l'opium que mit le chambellan
Dans le vin, le rival perdit tête et turban.
Alexandre[3] n'acquit l'élixir de Jouvence :
On ne peut l'acquérir par l'or, la violence.
Viens parler à ceux qui ahanent, coup sur coup,
Par les phrases un peu et par l'esprit, beaucoup.
L'idole de Chine de la polygamie,
Est de la religion et du cœur l'ennemie.
Ô Dieu, ô Tout-Puissant, prémunis et défends
Mon cœur et puis ma foi contre le faux penchant.
Ne dis aux ignares le secret de l'ivresse,
Ne dévoile aux fresques[4] de l'aimé sa prouesse.
Grâce à la fortune de Mansour[5] roi des rois,
Hâfez par tes ghazals tu gravis le pavois.
Il montre sa grandeur à son petit esclave,
Dieu, défends-le contre le fléau et l'entrave.

Notes

1- Le perroquet désigne l'épris qui répète les paroles de l'initiateur.
2- Le mot « vert » symbolise, en persan, la fertilité, le bonheur, la prospérité, la fortune. Par exemple, quand on parle de « Sabz bakht », on désigne une jeune fille destinée à un beau mariage. « Sabz khat » désigne un adolescent dont les duvets commencent à pousser, l'expression « djayé chomâ sabz bad », veut dire vous manquiez à nos réunions.
3- Selon la légende universalisée par Ferdowsi dans son le « Livre des Rois », Alexandre le macédonien, cherche l'eau de Jouvence qui donne la vie éternelle.
4- Le mot « fresque » désigne la peinture murale muette.
5- Le roi Mansour désigne l'héroïque défenseur de l'indépendance persane.

246

La fête bat son plein[1], les amis dans l'attente,
Languissent…Vois les traits de l'idole[2] charmante,
Échanson, en voyant le croissant[3] dans le ciel…
J'avais banni les fleurs, leur arôme essentiel,
Mais les manigances habiles de ces hommes,
À jeun, ont modifié mon attitude, en somme.
Ne prise le monde : consulte, pris de vin,
L'histoire de Djamchid, l'heureux, et le trop plein
De la coupe…Je n'ai comme comptant que l'âme :
Où le vin? Je l'immole[4] à l'aimé qui l'enflamme.
Splendide, ta fortune est bonne, te sourit,
Et la magnificence oblige les petits.
Ô Tout-Puissant, ô Dieu garde-le des atteintes
Des coups du temps adverse, aussi de ses contraintes.
Prends du vin en lisant mes vers, ça t'offrira
Un autre avantage, car la coupe, avec ça,
Brochée de pierres s'acclimate à merveille
Avec tous ces trésors royaux et sans pareille,
Si le charme est rompu, n'accuse pas le vin,
Ils rompent par le vin, le jeûne, ces becs fins.
La discrétion étant ton pardon envers l'être,
Pardonne notre cœur de peu d'aloi, ô maître.
Je crains bien que le jour du Jugement dernier
Soient tous condamnées : le chapelet familier
Du cheykh et le saint froc de l'homme pieux, insigne
Qui consomme sans peur le bon jus de la vigne.
Hâfez parti, le jeûne éloquent part aussi;
Prends du vin car enfin tout t'est perdu ici.

Notes

1-C'est la fête de l'interruption du jeûne de Ramadan.
2- Dans le texte on trouve : « du roi »
3- Les Iraniens regardent une pièce d'or ou les beaux traits d'un ami après avoir observé le croissant de la lune dans le ciel, pensant que ce geste leur portera bonheur.
4- « Je l'immole » veut dire, j'immole mon âme qui est le seul argent comptant qui me reste.

247

Zéphyr, ne manque pas de passer chez l'aimé,
D'informer ensuite cet épris opprimé[1].
Puisque tu as pleuré, fortunée et heureuse,
Rose, ne manque pas, charitable et charmeuse,
De permettre, en ce jour, ton union, enfin,
Avec ton amoureux, ce chantre du matin.
Quand tu étais croissant, j'étais ton partenaire,
Pleine lune à présent, sois donc mon luminaire.
Ce que contient ce monde est simple et discret
Prodigue aux soupirants ce si petit secret.
Et puisque tes lèvres de rubis et vermeilles
Nous sont devenues des ruches nonpareilles
De miel[2], exprime-toi, parle à ton perroquet[3],
Ne lui refuse pas ce sucre de banquet.
Tes bontés élèvent, aux nues, le poète :
Pourvois au voyageur, provision et galette,
Comme il te souhaite le bien, le succès sûr,
En retour comble-le d'argent et d'or pur.
La charge de la peine[4], le poids de la souffrance
S'effaceront, Hâfez, et tu auras l'aisance.
Quant à toi, toutefois, délivré des malheurs,
Ne cesse de gémir, n'épargne pas tes pleurs.

Notes

1- Hâfez fait allusion à lui-même.
2- Dans le texte on lit : « du sucre »
3- Le perroquet désigne, ici, le poète épris.
4- Dans le texte il y a : « La poussière de la peine ».

248

Ô brise apporte donc l'odeur de chez un tel
À moi tout sanglotant, malade et mortel.
Calme mon cœur inculte, insuffle-lui la vie,
Apporte-lui la poudre de la porte amie.
Avec le cœur ma vue est en guerre, à souhait,
De l'arc de ses sourcils, de grâce, apporte un trait.
J'ai vieilli loin de lui, dans la peine et l'épreuve
Ô coupe[1] donne-moi une jeunesse neuve.
Aux négateurs du vin offre deux ou trois
Coupes… s'ils refusent, apporte donc-les moi.
Échanson, ne remets à demain les délices
D'aujourd'hui, ou du sort apporte-moi d'office
Sa grâce[2]…Je me perds quand Hâfez, ce mortel
Dis : « Brise, apporte-moi l'odeur de chez un tel. »

Notes
1- Dans le texte il y a : « coupes de vin ».
2- Dans le texte on lit : « le sauf conduit ».

249

Brise apporte un parfum du limon de la route
De l'idole, effaçant le mal qui me déroute.
Apporte la bonne nouvelle de l'aimé,
Réchauffant mon âme d'un mot du bien aimé[1].
Dis un mot apaisant, proféré par la bouche
De l'aimé, apporte une lettre qui touche,
Au monde des secrets pour que je me parfume
L'odorat au souffle du zéphyr, que je hume
Quelque peu l'arôme, l'effluve qui console,
De l'haleine émanant du sein de mon idole[2].
Ta foi m'est garante : le chemin de l'ami
S'il manque de poussière accuse l'ennemi.
Apporte la poudre du chemin de l'aimé,
Aveuglant le rival, calmant le déprimé
Qui larmoie du sang...La candeur, la franchise
Sont le fait de ceux qui savent, avec expertise,
Exposer leur vie...Apporte-moi un mot
De cet être rusé, de cet être bigot.
Je remercie Dieu car tu es en ton centre,
Ô rossignol du pré...Apporte-moi ô chantre,
Enfermé en ta cage, quelques mots apaisants,
Concernant notre ami aux beaux traits bienfaisants.
Le palais[3] de mon cœur s'imprègne d'amertume
À force de rester sans ami...Je respire et je hume
L'haleine suave, le souffle sain et frais
Que tu as recueilli de ses lèvres...Oui jamais
Notre cœur ne verra le bienfaisant visage
Du bonheur...Échanson, donne selon usage
La coupe toute pleine...Elle est bien sans valeur
La robe de Hâfez : colore-la sans peur
De vin; ramène-le, ivre à la guinguette
À partir du jardin, ce chantre, la vedette[4].

Notes

1- Il s'agit du guide spirituel.
2- Ce distique et les trois derniers sont rendus par quatre vers.
3- Dans le texte il y a : « la voûte palatine ».
4- Le poète, ici, fait allusion à lui-même.

250

Montre-moi ta face, laisse tomber mon être,
Dis à la rafale d'emporter le bien-être
De l'épris[1]... Exposons notre vue et le cœur
Au grain; dis au torrent de noyer, en fureur
Notre entière maison... Qui humera ses[2] boucles
Sentant le musc, ô cœur, il sied que tu la boucles!
L'âme en feu surpasse l'autel du feu du Fârs,
Les yeux pleurants doublent l'onde du Tigre épars
De Bagdad...Que du pir[3], la fortune grandisse,
Que celle d'autrui meure et la mienne périsse!
Sans l'effort, dans la voie, on ne peut paraître;
Si tu veux un salaire, obéis à ton maître[4].
Oui, le jour de ma mort, un instant viens me voir :
Alors, dans la tombe de plein gré j'irai choir.
Hier soir, il me disait : « Par mes cils je te tue! »
Dieu fais-lui oublier ce cruel point de vue!
Méfie-toi, Hâfez de l'oubli de l'aimé,
Va donc crier la chose au seuil du bien-aimé.

Notes

1- L'épris est, ici, Hâfez lui-même.
2- Les boucles de l'aimé.
3- Le « pir » est le vieux de la taverne, le guide spirituel.
4- Si un mystique veut avancer dans la « voie », il devra obéir aux instructions de son pôle, son guide spirituel.

251

C'est la nuit de l'union : est finie l'abandon!
Jusqu'à l'aube je veille et je goûte mon pardon.
Ô mon cœur, dans l'amour, sois dur, dresse la taille
En la « voie »[1] on reçoit son prix si l'on travaille.
Je ne puis délaisser la voie des buveurs[2]
Si même le monde clame ses défaveurs.
Apparais, ô matin, éclaire donc mon âme,
Car la nuit de l'exil est bien noire et sans flamme.
Mon cœur meurt, je n'ai pas vu les traits de l'aimé;
Ses boucles, la douleur m'ont peiné, déprimé.
Si tu veux la constance endure ses[3] sévices,
Hâfez, tu pourras voir la fin de tes supplices.

Notes

1- La voie des mystiques.
2- Le mot « buveurs » indique les derviches honnêtes qui n'ont pas peur de paraître tels qu'ils sont, qui croient en Dieu et font le bien.
3- Les sévices de l'aimé.

252

Si j'ai longue vie je verrai de nouveau
Le tripot, ne servant que les buveurs[1]...Tout beau,
Quel bonheur! Quand j'irai sanglotant, en alarme
Asperger la porte du tripot de mes larmes!
Il n'y a en ces gens de bon sens, Créateur!
J'offrirai mon joyau à un autre acheteur[2].
Si l'aimé est parti, reniant sa parole,
Jamais je ne voudrais chercher une autre idole.
Si la roue du ciel bleu me sourit enfin,
Je t'aurai de nouveau bénissant mon destin.
Je cherche le calme, si son clin d'œil gracile,
Sa boucle enjôleuse me laissent bien tranquille.
Quel secret est le nôtre! On le clame partout,
Au son du tambourin, et de la flûte au bout
D'un tout autre bazar…Je gémis que la voûte
À toute heure blesse mon cœur et l'envoûte.
Je le dis à nouveau : n'est pas seul à pâtir
Hâfez : d'autres en l'erg sont venus s'engloutir.

Notes

1- Les « buveurs » ne désignent pas les ivrognes, mais les hommes qui croient en Dieu, maîtres de leurs sens et de leur nature humaine, pieux et qui se perfectionnent sans cesse. Or Hâfez se dit un de ces « buveurs ». Voyons quelles sont les qualités que doit posséder une telle personne, un « buveur », un « rénd »?
   a) Il doit être habile, fin, ne pas se laisser tromper par les autres.
   b) Il doit être honnête, humble, sans égoïsme.
   c) Il doit vivre loin de la cupidité qui domine les autres.
   d) Il doit vivre en paix avec ses semblables.
   e) Il ne doit pas critiquer les croyances des autres.
   f) Il ne doit pas critiquer les gouvernants et les grands en ce qui concerne leur manière de gouverner le pays.
   g) Il ne se soucie ni du passé, ni de l'avenir, mais profite de l'heure présente.
   h) Il est intègre, ami sincère et franc.
   i) Il est toujours content de sa propre situation bien qu'il sache que la vie n'offre pas de satisfaction.
   j) Il est « derviche » et peu soucieux des biens de la terre.
   k) Il s'éloigne des querelles et bannit la discorde, cherchant sans cesse à s'élever vers Dieu.
   Ce sont les qualités qu'il faut attribuer à Hâfez en tant que « rénd » franc buveur, et « âref ».
2- Le mot « joyau » désigne les « ghazals » de Hâfez.

253

Le parterre de fleurs resplendit par l'éclat
De ton beau visage…Reviens donc, est bien mat
Le printemps de nos jours privé du gai bocage
Des deux joues roses de ton si beau visage[1].
Il sied que de mes yeux une averse de pleur
Coule, et que son éclair brise toute mon ardeur.
Jouis des brefs instants où il nous est possible
De nous voir : l'avenir est bien imprévisible.
Jusqu'à quand absorber la boisson du matin,
Jusqu'à quand savourer le sommeil câlin
De l'aube? ... Attention, elle passe impassible
La vie, malgré nous, étrangère, insensible[2]!
Il passa sans jeter une œillade sur nous :
Ô cœur tu n'as rien vu de la vie, tout doux,
Qui fuit…N'importe qui ne conçoit le non-être :
Notre orbite[3] tourne autour de ta bouche, ô bon maître.
De tout côté les faits nous créent le malheur,
C'est pourquoi, débridé, chevauche l'éclaireur
De la vie…Exsangue, je vis, et ne t'étonne
Qui mettra au nombre de la vie friponne
Les jours de l'absence…Hâfez, parle et écris
C'est ce qui restera dans la masse des bris,
Comme patrimoine de ton « calame » sagace,
Et comme souvenir de la vie fugace.

Notes

1- « Le bocage des joues » est une image neuve, particulière à Hâfez.
2- Ce distique est rendu par 4 vers.
3- L'orbite est une courbe décrite par une planète autour du Soleil. Hâfez compare la bouche de l'aimé, du maître, à un astre autour duquel tourne le mystique.

254

Le doux chantre annonce sur le cyprès qui pose :
« L'œil malin soit bien loin du visage de la rose »[1].
Toi qui es, ô rose, reine de la beauté
Ne sois pas fière envers le chanteur[2] exalté.
Je ne me plains guère de ta cruelle absence :
Sans l'absence, ici-bas, point de douce présence.
Si les autres trouvent leur bonheur au plaisir,
Nous le trouvons au mal que l'aimé fait subir.
Si le dévot espère, et houri[3] et palais,
Nos palais sont le bar, nos houris l'aimé. Mais
Bois[4] aux accents du luth et ne t'attriste. En somme,
Qui te dit : « Sois sobre ». Réponds : « Dieu nous pardonne. »
Pourquoi Hâfez, gémir du fait que l'aimé fuit :
L'union suit l'absence, la lumière la nuit.

Notes

1- « L'œil malin », c'est le « mauvais œil ». Cela se dit d'une personne maléficiant son entourage par sa seule présence, sur le plan de la santé et de la chance. On rapporte que dans un certain village ceux qui rencontraient l'homme au « mauvais œil », avaient la colique en rentrant chez eux. Il existe partout de ces personnes au « mauvais œil », dans les villes et les villages, dans chaque quartier où vivent les hommes sains. Il semble, en effet, qu'un magnétisme négatif, déprimant, ou quelque autre forme de rayonnement psychique peut perturber l'équilibre d'autrui et se répercuter sur le « biologique ».

On sait que les joueurs de casino évitent certains voisinages qui les font perdre. Quant aux « jeteurs de sort » par l'œil, ils tirent leur origine du « pouvoir de l'œil », attribué aux anciens géants : pouvoir qui émanait de leur front doté d'un seul œil ayant un rayon paralysant.

Ce qui est certain est que le monde admet la présence, dans toute société, de ces hommes néfastes dont l'« œil mauvais » porte malheur. En Perse on conjure le malheur causé par le « mauvais œil » en brûlant de la rue sauvage au-dessus de la tête de celui ou de celle qui a été l'objet du « mauvais œil ».

2- Dans le texte il y a : « Le rossignol épris ».
3- Mot persan qui désigne une compagne divinement belle promise aux croyants, dans l'au-delà.
4- Dans le texte il y a : « Prends du vin ».

255

Ton fils, Joseph, vendu[1] te reviendra enfin,
À la terre promise[2], échappe à ton chagrin.
Et la hutte de pleurs sera ta roseraie
Un beau jour, sans doute, une place bien gaie.
Cœur las, tu guériras, ne t'afflige donc pas,
Cette âme anxieuse, revivra, ne t'en fais pas.
Le printemps de la vie, une fois dans la plaine,
Tu auras, ô chanteur[3] ton beau dais de verveine.
Si deux jours le destin ne sert pas ton dessein,
Il peut changer pour toi, te devenir serein.
Hé! Ne perds pas espoir, tu ignores le mystère
Du sort : sous le voile trône le ministère
Occulte…Ne sois pas triste, ô cœur, si le torrent
Renverse la base de cet être apparent.
Comme tu as Noé pour nocher du navire
Ne crains pas, je te dis, le déluge, le pire.
Si tu suis le désert vers notre Ka'ba
Ne te plains si la ronce arrête, ici, tes pas.
Bien que l'étape soit dangereuse, et lointaine
La cible…Toute voie a une fin certaine
Étant loin de l'aimé, le rival tend ses lacs,
On sait que Dieu change tout : oh! Ne t'en fais pas.
Hâfez, dans la misère et la nuit, mais théiste
Tu n'as que l'oraison, le Coran, ne sois triste.

Notes

1- Joseph, fils de Jacob, fut vendu par ses frères jaloux de lui et conduit par les marchands qui l'avaient acheté, en Égypte. Il devint ministre d'un pharaon et fit venir les Israélites auprès de lui. Dans le texte il y a : « Joseph égaré ».
Dans ce « ghazal », Hâfez s'adresse à Jacob.
2- Dans le texte il y a : « Au pays de Canaan ».
3- Dans le texte on lit : « Oiseau au chant mélodieux ».

256*

Je te donne un conseil, écoute : point d'excuse,
Ce que le bon mentor te dira, ne refuse
De l'écouter…Des traits des jeunes, profites-en
La vieillesse épie la vie, an par an.
Cherche chez les épris la longueur des deux mondes :
L'une est bien trop brève, l'autre est bien trop féconde.
Je veux un confident, doux, harpiste. Déçu,
Je lui dirai mes maux au son grave et aigu.
Je veux ne plus boire, ni commettre une faute,
Si le sort le permet, s'il n'a pas la main haute.
Comme on fit notre sort sans que nous fussions là
Si un peu il déçoit, ne crie, halte-là!
En ma coupe-tulipe[1], échanson verse à boire
Et du vin et du musc…Le grain évocatoire
De beauté de l'aimé me tient très fort à cœur,
Il s'attache à mon for intérieur…Et vainqueur,
Échanson, met l'urne débordante à sa place,
Jaloux, vois la bonté d'Assaf[2], et puis meurs et trépasse.
Pour te voir j'ai cent fois laissé la coupe[3], mais
L'art de mon échanson ne m'a laissé jamais
Un vieux vin de deux ans et un aimé, en somme
De quatorze[4] : cela tout seul me suffit, comme
Majeure et mineure[5], cajolant notre cœur
Tout brisé : informez Madjnoun, en sa douleur[6].
Ne parle pas Hâfez, dans une réjouissance,
Devant les échansons, de faire pénitence :
Échansons aux sourcils arqués et bien bandés,
À même de tuer de leurs traits décochés.

Notes
- Le Ghazal 257 est manquant dans le manuscrit.
1- Coupe en forme de tulipe
2- Assaf était le ministre du roi Salomon. Il désigne, ici, un mécène, un bienfaiteur, un roi généreux.
3- Dans le texte, il y a : la coupe à boire.
4- Il est sous-entendu : de quatorze ans.
5- Majeure et mineure : première proposition et seconde des prémisses d'un syllogisme.
6- Dans le texte : « Désolé en ses chaînes ».

258

Je rends grâce à Dieu que le sort à sa guise
Te sourit de nouveau, et qu'en toute franchise
Tu réponds à mes vœux…Les mystiques sans défaut
Ont pris leur chemin : l'épris fait fi des hauts
Et des bas…Le chagrin du compagnon intime
Vaut mieux que l'entretien du rival qui opprime.
Car le sein de l'homme animé de rancœur
Ne peut te permettre d'épancher ton bon cœur.
Bien que ta vénusté refuse la tendresse,
Je ne renonce pas à l'amour, ta caresse.
Comment te décrire ma peine, à cet égard?
Consulte mes larmes, je ne suis pas bavard.
Qu'il est grand le trouble que le sort entraîne!
Et ses yeux avinés apportent la déveine.
Mille grâces! Le festin s'anime par l'ami,
Si tu as un malheur, comme le cierge à demi
Brûle…Or le grand charme sied au brillant visage,
Sans cela il ne fait que répandre ombrage.
C'est l'éclat du trône qui a rendu brillant,
Les cheveux noirs d'Ayâz[1] par Mahmoud les touchant.
Chanter en vers Vénus ne fut pas profitable
Pour le temps que Hâfez entonna son vocable.

Notes

1- Dans la littérature persane Ayâz, un favori du sultan Mahmoud le Gaznavide, apparaît comme une figure symbolique. Dans le « Golestan » et le « Boustan » de Sa'adi on le voit comme un symbole d'amour.

Dans le « Masnavi Ma'anavi » de Djalâlod-Din Balkhi, Ayâz se fait remarquer comme le type de l'homme parfait.

Dans son « Mahmoud-o-Ayâz », Zulati a tissé un roman autour des rapports du sultan et de son éphèbe.

259

Je me sens très heureux en voyant l'ami :
Quelle grâce te rendre, ô bienfaiteur béni!
Dis au quêteur de maux : « Ne lave la poussière
Qui couvre ton visage : elle est bien nourricière,
L'alchimie exauçant l'objectif qu'on poursuit,
La terre du foyer qui comble, qui séduit ».
Ne fuis donc pas, ô cœur, les revers de la « voie »[1],
Le routier[2] ne craint pas l'écueil qui se déploie.
Si l'épris ne s'épure par le sang de son cœur
Son juge de l'amour déclare critiqueur :
« Est vaine ma prière! » … En ce lieu transitoire
Prends la coupe de vin, et au jeu péremptoire
Ne perds donc qu'à l'amour…Achète à l'apaisé[3]
Une action de grâce contre un demi-baiser :
Elle prémunira, et ton corps et ton âme,
Contre l'artifice de l'ennemi qui blâme.
Répandra des échos en Iraq, au Hédjaz,
Le charme des ghazals de Hâfez de Chirâz.

Notes

1- Il s'agit de la voie mystique, de l'ascèse dont on doit franchir difficilement les étapes.
2- Le routier désigne le mystique.
3- C'est l'homme de cœur.

260

Ô gracieuse beauté qui te flatte, marchant,
Les épris ont besoin cent fois, à chaque instant,
De tes grâces…Heureux soient son port, son allure :
On a taillé au ciel son manteau sur mesure.
Qui aspire au parfum de musc de tes frisons,
Tel le bois d'aloès, qu'il brûle en la maison
Sur le feu, endure. La brûlure de l'âme
Du papillon lui vient du cierge et de sa flamme.
Sans le feu du cierge de tes beaux traits brillants,
Mon cœur brûle et brûle, se sentant défaillant.
Le soufi à part toi qui jura ne plus boire,
Hier soir, dérogea quand il vit la porte, voire,
Le seuil de la taverne…Oui, l'effort du rival
Ne peut donc transmuer mon aloi[1] idéal
Comme on convertit l'or, si même on m'entaille
Dans la gueule ouverte des pinces ou tenailles.
Quand mon cœur ressentit l'effet des tours autour
De la Ka'ba : foyer où tu habites, amour,
La joie que donne ton gracieux sanctuaire
Me fait bien oublier le Hédjâz et sa chaire.
Pas besoin d'ablutions par mon sang, je l'ai dit,
Sans l'arc de ton sourcil[2] prier m'est interdit.
Hâfez alla vers l'urne[3] emplie, tout en danse,
Quand l'échanson, hier soir, lui eut fait confiance.

Notes

1- Titre de l'or.
2- Le poète compare la voûte arquée du mihrâb du sanctuaire au sourcil arqué de l'aimé.
3- Urne de vin.

261

Viens! pour qu'au coeur[1] éteint se rallume la flamme
Reviens! Pour qu'au cœur mort revienne encore l'âme!
Viens! Ton éloignement m'a si bien obscurci
Les yeux que l'union peut les ouvrir aussi.
Le chagrin qui, telle la rouille, couvre l'âme,
La vue de tes traits en polira la trame.
Je me tiens tant et plus, devant le grand miroir
Du cœur, mais je n'y vois que tes traits, mon espoir.
La nuit est enceinte[2], suivant le bon destin,
À la belle étoile j'attends donc ton matin!
Viens! Le chantre des bois, en faveur de Hâfez,
Dans l'espoir de l'union, chantera tout à l'aise.

Notes

1- Hâfez se désigne lui-même quand il dit : « Viens! pour qu'au cœur éteint ». Il aurait pu dire : « Viens! pour qu'à mon cœur éteint ».

2- Le proverbe persan dit : « La nuit est grosse (enceinte) d'évènements, il faut attendre l'aube pour voir ce qu'elle aura mis au monde ». Le proverbe est : « Chab abestan'ast tâ tché zâyad sahar ». Le sens du proverbe s'exprime ainsi : « Il faut attendre l'avenir pour juger des faits. »

262

Qui peut décrire, encor, l'état de ceux dont saigne
Le cœur?... Qui cherchera l'urne[1] dont le sang teigne?
Qu'ils[2] rougissent, honteux, devant les grands buveurs,
Si, ivres, derechef refleurissent ces fleurs.
Sauf Platon, amateur de l'urne qu'il adore[3],
Qui dira[4] le secret de la sagesse encore?
Qui, telle la tulipe, se fait un échanson[5],
Devra par la suite teindre avec la boisson
De sang, son visage…Mon cœur comme une rose
N'éclot si, de nouveau, il ne reçoit sa dose
De ses lèvres[6]…Le luth chanta tant de secrets[7]
Qu'il se brisa semblable à un cheveu discret.
Si Hâfez ne trépasse autour de son tonneau,
Il fera le grand tour du saint lieu, à nouveau.

Notes

1- Dans certains autres distiques on lit : « Djam », du nom du roi mythique « Djamchid », au lieu de « khom » qui veut dire urne de vin.
2- Le pronom « ils » désigne les yeux qui s'appellent « narcisse » en persan. Le poète joue, ici, sur le mot « narguès » qui signifie à la fois yeux et narcisse, la fleur.
3- Il s'agit du philosophe grec qui reçut dans sa jeunesse l'éducation des gens riches de son temps. Il fut un mondain avant sa rencontre avec Socrate, aimant boire et fréquentant les milieux aristocratiques. Le poète de Chirâz dit que le philosophe grec aimait le vin.
4- Dans le texte il y a : « qui nous dira ».
5- « Kâssé Gardân » veut dire en persan, l'être qui passe la coupe de vin aux invités, comme le fait un échanson.
6- Des lèvres du guide spirituel.
7- « Dar pardé », veut dire sous le voile, en cachette et en même temps la corde d'un instrument de musique.

263

Viens lâcher notre barque en un fleuve de vin
Et jeter le tumulte au cœur des vieux, des vains.
Mets-moi donc, échanson, dans un bac de futaille
On dit : « Fais du bien, jette à l'eau, vaille que vaille »[1].
Je me suis détourné du chemin de l'erreur,
Du quartier du bistrot et du lieu des buveurs.
Remets-moi, par bonté, et grâce à ta largesse
Sur la voie du bien, voie de la sagesse.
Apporte de ce vin musqué qui va rosir
Une coupe, jetant la flamme du désir
Au cœur de l'eau de rose…Entre deux vins, idole,
Sois bonne et apaise ce cœur sans auréole.
S'il te faut le Soleil, au milieu de la nuit,
Dévoile la fille de la vigne qui luit.
Ne laissez, à ma mort, qu'on me mette sous terre :
Portez-moi au bistrot, dans l'urne qu'on m'enterre.
Lorsque, comme Hâfez, tu seras trop souffrant
Vise tes maux[2] d'un trait de bolide filant.

Notes
1- « Fais le bien et jette un don dans le Tigre, Dieu, dans le désert, te rendra ton bienfait », est un adage persan bien connu qui veut dire : « Un bienfait n'est jamais perdu ».
2- Dans le texte il y a : « Le div (démon) des maux ».

264

Debout! Et mets de l'eau purpurine en l'écuelle,
Avant que ton crâne ne devienne une pelle[1].
Enfin, notre logis est le désert des morts[2] :
Maintenant fais crier les cieux et leurs ressorts.
L'œil mauvais[3] est bien loin des beaux traits des idoles,
Sur leurs traits jette donc des coups d'œil bénévoles.
Si à ton pied, cyprès[4], toujours vert je m'endors[5],
Jette un peu ton ombre sur ma tombe, et mon corps.
Ta tresse serpentine, opiace et matraque,
Mais tes lèvres peuvent devenir thériaque[6].
Les biens de ce monde[7] sont fragiles, peu constants,
Jette le feu du vin au fin fond de ces champs.
Je me suis purifié avec l'eau de mes pleurs :
Purifie-toi, puis regarde ce meilleur.
Qui donc voit les travers, fier et mauvais apôtre :
Dieu, fais qu'il compatisse et comprenne les autres!
Comme la fleur, Hâfez, couds-toi de son parfum
Un manteau et l'étale aux pieds du trente-et-un[8].

Notes

1- Avant que tu ne meures.
2- Dans le texte il y a : « Le désert des muets, ou le cimetière ».
3- L'œil qui jette le mauvais sort, qui porte malheur.
4- Une belle taille est comparée par les poètes, au cyprès.
5- Je suis inhumé.
6- La thériaque ou le contrepoison.
7- De cette ferme, de ces champs.
8- L'être qui s'est mis sur son trente-et-un.

265

L'envie de ta bouche est bien inassouvie,
Je n'ai pu boire ta coupe jusqu'à la lie.
Dès le début, ma foi mourut pour ta toison
Qu'est-ce qui nous rapporte, enfin, la cargaison?
Donne une gorgée de cette eau bienfaitrice :
Oui, parmi les épris[1], je suis encore novice.
À tort[2] j'ai dit un soir que ta fine toison
De Khotan[3] brûle encore mon corps de son tison.
Le soleil vit l'éclat de sa joue, en cachette,
Dès lors il traîne son ombre en ma maisonnette[4].
Mon nom fut prononcé, à tort, d'ores et déjà,
Par les amants épris…On perçoit avec ça,
Le parfum de l'âme de mon nom sympathique
Chez les hommes de cœur, chez ces êtres mystiques.
De toute éternité l'échanson nous donna
De sa lèvre vermeille, une gorgé, oui-da,
De sa coupe de vin…C'est depuis que mon âme
Est éblouie par le vin qui me pâme.
Tu as dit : « Rends l'âme pour avoir du repos ».
Je l'ai fait, mais ne suis, ni quiet, ni dispos.
Or Hâfez décrivit le pourpre de sa bouche,
La Jouvence[5] encore, coule bien de ma touche.

Notes

1- Parmi les passionnés de son amour, c'est-à-dire de l'amour du guide spirituel.
2- Le poète joue sur le mot « khattâ » qui veut dire par erreur et désigne aussi un territoire de Chine.
3- Ho-T'ien est aussi le non de l'oasis de Khotan, dans la vallée de Tarim. Marco Polo visita en 1275, ce lieu bien connu pour son parfum.
4- L'exagération est un procédé poétique très en vogue chez les écrivains orientaux. Il semble que plus l'image ou l'idée est surchargée, invraisemblable, osée, amplifiée, plus elle est prisée par les lecteurs, prise pour une belle trouvaille.
5- Dans le texte : « La Jouvence coule de mes poèmes ».

266

Mon cœur s'effarouche à tout ce qui s'insurge,
Les faux, les vaines promesses, ce qui purge,
Les fausses positions, aussi l'assassinat
Et ce qui se montre sous les couleurs grenat.
Que l'habit de piété, mille frocs d'abstinence,
Soient brûlés enfin pour la magnificence
De la chemise ouverte à la vue de ces gens,
Des êtres aux beaux traits, charmants et séduisants.
J'emporte en ma tombe ton portrait qui me touche,
Pour qu'elle s'imprègne du musc de ta mouche.
L'ange ignore, échanson, ce qu'est l'amour, ahan!
Prends du vin, verse-le sur le limon d'Adam.
Mets la coupe en ma main pour qu'à l'aube du jour
Du jugement je perde l'angoisse du retour[1].
Pitié! Je suis venu à toi[2], las plein d'ennui :
À part toi je n'ai plus, ici-bas un appui.
Viens! La voix du bistrot[3] me dit en la tribune
Hier : « Sois donc soumis, ne fuis pas la fortune »[4].
Aucun écran entre l'amoureuse et l'amant :
Tu es l'écran Hâfez, brise-le à l'instant.

Notes

1- Il s'agit de la résurrection, jour du retour à Dieu.
2- Le poète s'adresse, ici, à Dieu.
3- Dans le texte il y a « hâtef » qui désigne une personne dont en entend la voix mais qu'on ne voit pas. Il désigne également le messager qu'on ne voit pas mais dont on perçoit la voix. C'est une voix qui annonce un évènement. Ainsi, à la veille de la vocation du fondateur de l'Islam, des voix mystérieuses annoncèrent son avènement. Dans la légende de Madjnoun, le célèbre amoureux arabe, « hâtef » est l'équivalent de « monâdi », c'est-à-dire du héraut. Un texte de Mas'oudi décrit la genèse de ce phénomène psychologique : « Le propre de hâtef est, dit-il, démettre une voix audible sans avoir un corps visible. »

Par ailleurs, Jeanne d'Arc entendit pour la première fois « ses voix », sous l'arbre « aux fées » de son village. Hâfez entend cette voix de « hâtef » dans la taverne, symbole de l'ascèse mystique.

La voix de l'être invisible implique la magie de la voix. Les fées et les muses supervisaient, dit-on, le sort des êtres humains par la magie de la voix. Elle fait, de même, allusion à la magie du son, à l'influence des vibrations des ultra-sons sur l'essence de la matière. Un son trop aigu ne brise-t-il pas une coupe de cristal?

Toutes les religions ont décrit dans leur « genèse » l'œuvre du « Verbe », ou son primordial. L'initiation antique s'effectuait en fonction d'une musique magique, aujourd'hui perdue. L'importance attachée par l'ordre des derviches de Djalâl-ad-Din Balkhi à la musique « somâ » est universellement connue. Les Mayas exploitaient le son à des fins militaires : ils avaient des « tambours » émettant des ultra-sons. On connaît aussi l'histoire de Jéricho biblique (Arihâ en langue arabe) dont Josué fit tomber les murailles au vacarme des trompettes émettant des ultra-sons.

4- La fatalité, divinité personnifiant le hasard.

267

Ô zéphyr, en passant sur la rive sereine
D'Araxe[1], éteins-la, parfumant ton haleine.
Le beau foyer de Selm[2] que cent fois je l'approche,
Qu'il bruisse des longs cris des chameaux et de cloche.
Baise le palanquin[3] des chéris, dis pleurant :
« Ton départ m'étiole, justicier tolérant ».
Les mots des conseillers ressemblent, ma parole,
Au timbre du rebec…Son départ[4] me désole
Et ce que j'ai souffert, châtié et contrit,
En ce monde de pleurs est assez, me suffit.
 Réjouis-toi la nuit, prends du vin : en la lice
De l'amour, les viveurs font fi de la police[5].
L'amour n'est pas un jeu, ô cœur joue ton chef,
Avant de ne pouvoir rejouer derechef
La balle[6] du désir…Donne ton cœur au vin
Ton âme à l'idole. Oui, bien que le fin-bec
Ne se donne à personne…Oh! L'ara plein de lucre
Fait la bombe, gourmand, dans les cannes à sucre,
Quand déshéritée, la mouche, mort-la-fin,
Se frappe la tête, sans le sou et sans gain.
Si le « kalam ami » cite Hâfez, le célèbre,
À quoi bon que le roi soit prié[7], le célèbre.

Notes

1- Araxe ou Araks, désigne la rivière d'Asie, née en Turquie. Celle-ci contourne le Sarvan et sert aujourd'hui, de frontière entre la Turquie et l'U.R.S. S, puis entre l'Iran et l'Union soviétique. Elle rejoint la Koura dans l'Azerbaïdjan soviétique. La rivière draine les bassins d'Erivan et de Nakhitchevan. Le delta en est une région agricole riche, produisant du riz et du coton. À l'époque de Hâfez, la région se trouvait sous domination mongole.
2- Le poète joue sur le mot « Selm » qui désigne, en même temps, un nom propre et un nom commun, ce dernier voulant dire paix et tranquillité.
3- Le « mahmel » s'appelle « kadjâvé » en persan. C'est une sorte de cacolet recouvert, à double siège, fixé sur le dos d'un chameau pour le transport des voyageurs. J'ai moi-même usé de « kadjâvé » lors de notre fuite en 1915, de Boroudjerd dont mon père était le chef des finances, à Kermanchah dans l'attirail de Nézamol Saltaneh Mâfi.
4- Il s'agit du départ du guide spirituel, du pôle.
5- Dans le texte il y a : « Font fi du chef de la police. »
6- Il est fait allusion au jeu de polo où le joueur frappe la balle, à cheval avec son maillet. Ici le distique veut dire : « Avant de mourir ».
7- Le mot « moltamess » veut dire : « imploré, sollicité, prié ».

268

Au parterre fleuri de ce monde, une idole,
Aux joues vermeilles nous suffit…Et je vole
Vers le pré verdoyant où l'ombre du « bien fait »
Mouvant[1], très simplement, nous plaît, nous satisfait.
Je fuis donc l'entretien, du fourbe, du malin,
Et parmi tous ces grands, la grande coupe à vin
Nous suffit …On donne la céleste Élysée
Afin de couronner la démarche prisée.
Nous qui sommes loyaux, et libres de préjugés[2]
Le temple des Mages[3] nous suffit, c'est jugé.
Mets-toi au bord de l'eau, vois la vie qui passe
L'exemple nous suffit du monde qui s'efface[4].
Vois les gains de ce monde et ses pertes aussi[5],
Si ce gain, la perte ne vous suffit, ici
Cela suffit à nous…L'idole est avec nous
À quoi bon lui quêter un lieu de rendez-vous?
L'éclat de l'entretien de l'âme confidente
Nous suffit pleinement…De ta porte présente
Ne m'envoie, Dieu, aux cieux : c'est que, être chez toi
Vaut plus que l'univers, et tout l'être pour moi.
Il ne sied pas Hâfez, de pleurer sur ta chance :
L'art coulant te suffit, ton vers sans défaillance.

Notes

1- Dans le texte il y a : « cyprès mouvant », pour dire beauté ondoyante.
2- Le mot « rénd » a les deux sens indiqués dans ce distique, mais il a bien d'autres sens : tels que buveur, crâneur, homme de cœur, viril, cordial, gaillard, vaillant, sain d'esprit etc…
3- Hâfez donne à la taverne le nom de « monastère des Mages ».
4- Ce distique est passé en proverbe chez les Orientaux. Il est souvent cité pour exprimer que la vie passe et ne s'arrête jamais.
5- Dans le texte il y a : les gains et les pertes du bazar de ce monde.

269

Pour compagnon de route, ô mon cœur, la fortune
Plaisante te suffit…Et la brise opportune
Du jardin de Chirâz et de son beau verger
Te suffira, enfin, comme bon messager.
Ne quitte, ô derviche, ce foyer qui libère
Là est ton ascèse, ce coin du monastère.
Si le recoin du cœur n'est plus rongé d'ennui
Le parvis du vieux « pir »[1] sera ton seul appui.
Mets-toi à la place d'honneur[2] et bois du vin
Car cela remplace les biens et le tremplin.
Du monde…Sois coulant, adoucis ta séquelle,
Un pichet de vin rouge, une idole très belle[3]
Te suffisent…Et le sort honore l'être sot :
Tu es sage et savant, oui, ce défaut plutôt
Suffit…L'atmosphère intime, la promesse
De l'ami d'autrefois, et parmi la kermesse
De ceux qui voyagent, ou bien ont voyagé
L'estime te suffit : tu en es soulagé.
Ne t'habitue pas aux services des autres,
Car dans les deux mondes[4], le contentement et autres
Du Tout-Puissant, le don de notre souverain
Suffisent à souhait, à foison, c'est certain.
Si tu n'as plus besoin, ô Hâfez, que tu piètes :
Suffisent l'oraison de nuit, ton cours qu'on quête.

Notes

1- Pir ou « morched » est un mot persan qui désigne le chef de l'ordre des mystiques dont Hâfez est l'un des membres.
2- « Sadré madjlès » est la place d'honneur. « Sadré madjlès mastaba » est la place d'honneur sur une estrade. « Mastaba » est un mot arabe qui veut dire : banc et banquette.
3- Dans le texte il y a : « belle comme la lune »
4- Il s'agit des mondes terrestre et céleste.

270

L'amour m'a fait souffrir : ne m'en dis guère plus.
J'ai goûté le venin de l'absence, ses abus,
Ne m'en demande plus…En parcourant la terre
J'ai choisi une idole aguichante et très chère
Et des mieux moulée…J'ai tant gémi au seuil
De sa porte[1] qu'un flot a coulé de mon œil.
J'ai ouï prononcer l'autre soir, par sa bouche
Une phrase impossible à dire sans retouche.
Tu t'en mords les lèvres à me voir : c'est curieux!
J'ai mordu des lèvres vermeilles : et tant mieux!
Sans toi, en mon taudis d'indigent misérable,
J'ai tant eu de peines que c'est intolérable.
Étranger, tel Hâfez, dans l'amour, son chemin,
J'ai atteint un haut point, indicible à la fin[2].

Notes

1- Au seuil de la porte de l'aimé, du guide spirituel.
2- La fin du premier et du deuxième distique est terminée par la phrase « Ne m'en demande pas plus », « Ne m'en dis pas plus ». Il en est de même du deuxième vers des distiques suivants.

271

J'en veux tant aux tresses[1] d'ébène, que c'est fou!
Me faisant vagabond, sans famille, peu ou prou.
Aucun par constance ne nie foi et âme,
Je m'en repens, ma foi, très fort et je m'en blâme.
Pour une gorgée[2] qui ne nuit pas aux gens,
J'ai souffert tant des sots, que c'est extravagant.
Dévot, va sain et sauf, car ce jus de la treille
Vous arrache âme et foi, si bien que c'est merveille!
On dit tant de choses en ce domaine-ci :
Qui se livre au chahut[3] perd cela et ceci.
J'étais honnête et droit d'esprit : comment décrire
L'effet des yeux troublants qui donnent le délire?
Je dis au ciel tournant s'il se porte assez bien
Il dit : « J'ai tant souffert du maillet olympien[4] »
Je lui dis : « Par quel sang tu as bouclé ta tresse? »
Il dit : « Hâfez, l'histoire est bien longue et m'oppresse ».

Notes

1—Il s'agit des cheveux noirs du guide spirituel, de l'aimé.
2- Une gorgée de vin.
3- Il s'agit du chahut d'ivrogne.
4- La boucle des cheveux du guide spirituel est comparée au bout du maillet qui sert, dans le polo, à frapper la balle.

272

Reviens-moi et deviens l'ami du cœur serré[1]
Et pour ce désolé l'intime des secrets.
De ce vin qu'on livre au bistrot de tendresse
Donne deux ou trois brocs, enterrant la richesse.
De Ramadan…Brûlant ton froc soufi dévot,
Œuvre pour atteindre le sommet des dispos
Du monde…Quand l'aimé dit : « Mon cœur s'impatiente ».
Dis : « Sain et sauf, j'arrive, attends-moi, patiente ».
Le désir de sa bouche exquise fait saigner
Mon cœur…Ô riche écrin de tendresse à gagner,
Reste tendre, le même…Aussi long que la poudre
Des maux n'a pu encore enténébrer, dissoudre
Ton cœur, le flot de pleurs courra, comme un torrent,
En dirigeant vers toi son débit afférent.
Hâfez qui envies la coupe de ce monde[2]
Dis : « Comme Assaf[3] garde le rang du roi qui fonde[4] ».

Notes

1- Hâfez se désigne en disant : « deviens l'ami du cœur serré ». Il aurait pu dire : « l'ami de mon cœur serré ».
2- « La coupe de ce monde » est l'astrolabe.
3- Assaf était le ministre du roi biblique Salomon qui personnifie, ici le vizir du souverain régnant.
4- Dans le texte, on lit : « le rang du roi Djamchid qui fait allusion, dans le ghazal, au roi sur le trône.

273

Comme un bon compagnon, respecte donc ton pacte
Sois fidèle au foyer et à la rose intacte.
Ne Livre pas au vent ton frison qui émeut,
Livre-toi au chagrin, non à celui qui veut.
Et si tu veux gagner de Khezr[1] la confiance
Loin des yeux d'Iskandar[2] deviens l'eau de Jouvence[3].
Chanter des vers d'amour[4] n'est pas le fait, je crois
De tout oiseau…Sois la fleur du chantre de ces bois.
La voie du service et celle de la faiblesse,
Ô Dieu, laisse-la nous et deviens notre altesse.
Pour vaincre le lieu saint ne mets plus à la main
L'épée…Regrette le mal fait au prochain.
Tu es le point de mire en notre consistoire;
Aie une langue pure et un cœur qu'on puisse croire.
La coquetterie, la beauté sont un jeu :
Selon notre pensée…Sois l'homme rare, Dieu,
Quant à la pensée…Tais-toi Hâfez, silence,
Ne te lamente pas des torts, de l'insolence
De l'idole aimée…Qui t'a donc conseillé
De te laisser charmer par ses traits éveillés

Notes

1- « Khezr » est le nom d'un prophète dont le nom est cité dans les légendes arabes et islamiques. On raconte qu'il était le contemporain de Moïse, qu'il but de l'eau de Jouvence et acquit la vie éternelle.

2- Dans son « Charaf Nâmé », après avoir décrit l'itinéraire des expéditions d'Iskandar (Alexandre le macédonien), Nézâmi couronna son ouvrage par le thème de la vaine quête de la source de vie par le conquérant grec.

« Khezr » chercha l'eau de Jouvence et la trouva, située dans les « Zolamâts », mais Alexandre la chercha et ne put la trouver. On appelle cette eau merveilleuse « eau de Khezr » (âbé Khezr), « eau de la jeunesse éternelle » (âbé bakâ), « eau de Jouvence » (âbé hayyân).

3- Selon de nombreux auteurs européens « Jouvence », nymphe d'Italie, fut aimée par Jupiter qui l'a changé en une « fontaine » qui avait la vertu de rajeunir ceux qui s'y baignaient.

Dans le roman du Moyen-Âge, la fontaine de Jouvence, douée de la même vertu, joua un rôle prépondérant. Les chevaliers errants la cherchaient en vain, à travers les pays qu'ils traversaient.

Les auteurs orientaux, tels Ferdowsi, Nézâmi etc. montrent Alexandre cherchant, sans la trouver, cette eau de Jouvence, eau fabuleuse à laquelle on attribuait la propriété de rajeunir.

4- Dans le texte, il y a : « Chanter des psaumes d'amour ».

274

Autour de la tulipe aie la coupe[1] à la main;
Sois sans hypocrisie et grâce au fin parfum
De la rose, un moment deviens l'ami intime
Du zéphyr de l'aube qui souffle et qui ranime.
Je ne dirai pas : « Bois du vin durant l'an » :
Trois mois prends donc du vin et neuf sois musulman[2].
Quand le vieux[3], ton guide te conseille de boire,
Prends du vin et attends les effets de la gloire
De Dieu…Et si tu veux, tel Djam[4] être un voyant,
Deviens alors l'ami du pichet flamboyant.
Tel un jeune bouton[5] le sort des gens se bloque :
Deviens donc du printemps la brise qui débloque.
N'attends de nul homme qu'il soit fidèle et sûr.
Si tu ne suis ce mot, suis en ce cas au fur
Et à mesure, ici le Simorgh[6] de la fable,
Ou bien l'alchimie, cet art inimitable.
Ne sois pas l'élève, Hâfez, des étrangers,
Mais l'ami des buveurs loyaux à ménager.

Notes

1- Le calice de la tulipe est comparé à une coupe. Aussi le poète conseille-t-il de prendre la coupe de vin qui imite cette fleur.
2- Dans le texte on lit : « sois sobre… »
3- Dans le texte il y a « pir » qui veut dire « vieux » ou « guide spirituel ».
4- Djamchid dont le nom est proprement « Djam », « chid » étant un suffixe voulant dire », « brillant ». C'est le même « Yima », le « yama » de l'Inde, le premier homme. Il fut le puissant souverain capable de lire l'avenir dans sa fameuse coupe magique (l'astrolabe). Il fut le roi mythique de la dynastie de « Paradhata » ou « Pichdâdian », ces mots signifiant « ceux de l'ancienne loi. »
5- Bouton de rose.
6- Le Simorgh était un oiseau fabuleux comme en Égypte, le « Phénix ».

275

Soufi cueille une rose et ensuite abandonne
Ton manteau rapiécé… Fais donc cadeau et donne
Cette sèche piétée pour un verre de vin
Exquis et savoureux, et le colloque vain,
Toute l'extravagance, les ineptes couplets[1]
Des soufis pour la lyre, et les pieux chapelets
Ainsi que ta cape pour le jus de la treille
Et aussi pour ceux qui chérissent la bouteille,
La fausse dévotion qui choque l'échanson
À l'aimé, donne-la, au milieu du buisson,
Au zéphyr printanier…La foi, le vin vermeil,
Des très grands amoureux, et mon sang nonpareil
Donne-les pour le puits[2] du menton de l'idole.
Ô mon Dieu pardonne lors de la farandole
Des roses le péché de ton faible créé
Pour le bord du ruisseau qui s'écoule à son gré.
Ô toi qui as atteint l'objectif de ta route,
De cette mer prodigue, à moi humble, une goutte.
Et par gratitude que tes yeux purent voir
Les beaux traits des aimées, passe-nous, à savoir,
Ce tort grâce aux faveurs du Tout-Puissant et puis
Quand le roi, échanson, goute le vin du tout cuit,
Donne à Hâfez la coupe, et dis-lui qu'il veille
Et qu'il soit de garde, toute la nuit, s'éveille.

Notes
1- « Tâmat » et « Chat'h », selon l'expression des soufis, sont les propos contraires à la loi religieuse et les paroles que ces ces derniers prononcent à tort et à travers.
2- La fossette du menton est comparée par le poète à un puits.

276

Si donc le jardinier hante cinq jours la rose,
Il devra par contre, supporter ce qu'impose
L'absence, tel le chantre[1]…Ô cœur ne gémis pas
Dans le lien des frisons : chaque fois, ici-bas,
Que l'oiseau émérite a donné dans le piège,
Il lui faut patienter, éprouver le manège.
Le gaillard éprouvé fait donc fi des conseils :
Le grand secret du monde exige le réveil.
L'appui sur le savoir, la valeur, l'humanisme,
Dans la voie mystique, n'est que de l'athéisme.
L'homme s'il a, même, cent arts éblouissants
Devra bien se soumettre à Dieu, le Tout-Puissant.
Quand on a ces frisons, cette belle figure,
Le coup d'œil indiscret sera bien un parjure,
Pour qui voudra avoir les beaux traits du jasmin
Et la boucle ourlée du narcisse divin.
Il faut bien supporter les coups d'œil du narcisse[2]
Aviné si ce cœur épris a le caprice
Des boucles de cheveux…Échanson jusqu'à quand
Flotter à repasser la coupe?... Eh bien répands
Le vin puisque l'instant est aux épris…Sans cesse
Passe la coupe à la ronde et montre ta largesse.
Qui voudra s'aviner, Hâfez, sans les accords
Du rebec…L'épris gueux devra souffrir ce tort.

Notes

1- Dans le texte on lit : « Tel le rossignol ».
2- Les poètes comparant les yeux aux narcisses. Le narcisse aviné, désigne l'œil ivre et aviné.

277

L'idée du chantre[1] est que la fleur devienne
Son idole adorée, et la fleur a la sienne,
À savoir de quelle façon, à tout moment,
Minauder et poser, en tout lieu, constamment.
Ravir le cœur n'est pas tuer les amoureux,
Le maître compatit, humain et généreux,
Au sort du serviteur…Que le sang s'amoncelle
Au cœur du rubis, car, il est rendu vaisselle
De Terre dans le souk…Grâce à la fleur l'oiseau[2]
Apprit à moduler, sinon ce beau faisceau
De chants et de ghazals pourrait-il naître,
Voir le jour en son bec? ... Ô toi qui dans les aîtres
De l'idole passe, prends garde car son mur
Brise le chef de celui qui y marche trop sûr.
Le voyageur qu'un front de cent cœurs accompagne[3]
Où qu'il soit, garde-le, Dieu, comme une compagne,
Préserve-le…Bien que l'entretien du salut
Soit doux au cœur, celui de l'amour est bien plus
Doux, sache-le; soufi toi qui, gris, t'émerveille
D'avoir campé ta coiffe de travers à l'oreille
Ton turban, à vau l'eau, s'en ira tout croulant
Si tu prends un verre ou deux, ballant.
Le cœur du bon Hâfez, heureux de ta présence
Est le fruit de l'union, ne lui fais pas violence.

Notes

1- Dans le texte il y a : « l'idée du rossignol ».
2- De même il s'agit du rossignol, cet oiseau épris de la rose, selon les poètes.
3- Dans le texte on lit : « Que cent caravanes de cœurs… ».

278

Je veux du vin amer dont la force abat l'homme
Qui me fasse oublier le mal, le bruit, en somme,
Du monde, un jour...Le sort qui produit l'homme bas
N'offre pas la douceur du bien-être, ici-bas.
Apporte-nous du vin car on ne pourrait être
À l'abri du ciel et de sa ruse, peut-être.
Écarte le lasso de Bahrâm[1], prends du vin,
Je ne vois au désert ni Bahrâm, au ravin
Ni onagre[2]...Viens que dans la coupe lucide
Je montre le secret de ce monde placide,
À condition qu'aux faux tu ne montres, le cœur
De Kouroch[3]...Être bon aux derviches, pas d'erreur,
N'est pas contraire à la grandeur...Eh bien le sage
Salomon, bien que grand, écouta le message
D'une fourmi...Oui, l'art du sourcil de l'aimé
Ne se détourne pas du sein accoutumé
De Hâfez...Mais on rit quand on voit et remarque
Que son bras[4] est chétif et débile, sans marque.

Notes

1- Bahrâm V, appelé « gour » (l'onagre) parce qu'il aimait chasser ce mammifère sauvage dans le kévir (intermédiaire entre le cheval et l'âne). Il régna, comme roi sassanide de Perse, de 421 à 438 de l'ère chrétienne. Après l'intervention de l'empereur romain d'Orient, la liberté de conscience fut garantie aux Chrétiens et aux Mazdéens dans son empire (422).
2- Le mot « gour » a deux sens : onagre et tombe. On peut penser que le poète a joué sur le mot et aurait voulu dire : « Je n'ai pas vu au désert ni Bahrâm, ni la trace de sa tombe ».
3- Kouroch est le nom persan de Cyrus II le grand, fondateur de l'empire achéménide, de 550 à 530 avant l'ère chrétienne.
4- Il s'agit du bras de l'aimé.

279

Heureux soient Chirâz et sa surabondance;
Ô Dieu préserve-les de toute décadence.
Roknâbâd[1] ce cours d'eau, au débit cristallin,
Donne la jeunesse éternelle, sans fin
De Khezr…Car au milieu de Mosallâ, bourgade,
Et du site verdoyant de Djafarâbade[2],
La brise qui murmure entre eux sent, toutefois,
Le parfum de l'ambre… Viens à Chirâz, reçois
Le don de l'Esprit Saint de ses gens, quintessence,
Connue pour leur us et pour leur excellence.
Nul ne prise là-bas le doux sucre égyptien
Sans que les pâtissiers ne leur fassent, bel et bien,
Honte…Ô bonne brise de l'aimé, gai et ivre,
Quelle nouvelle as-tu, que sais-tu de son vivre?
Si ce doux jouvenceau[3] voudrait verser mon sang,
Tel le lait maternel qu'il soit licite…Tant
Que je fais un somme, ô Dieu ne me réveille,
Je passe de si doux moments quand je sommeille!
Pourquoi, Hâfez, craindrait son absence, holà!
Tu n'as pas prié Dieu quand l'aimé était là?

Notes

1- Roknâbâd est une rivière de Chirâz que Hâfez a rendue célèbre en la citant dans plusieurs de ses ghazals.
2- Mossallâ et Djafarâbâd se trouvent à proximité de Chirâz. Mossallâ est également un endroit, en dehors de la ville où les croyants se réunissent pour prier collectivement à l'occasion de certains grands anniversaires religieux.
3- Le jouvenceau désigne, ici le néophyte qui a commencé à suivre la voie des mystiques.

280

Quand le vent dénoua sa[1] tresse sentant l'ambre,
À chacun de ses nœuds je rajeunis mes membres.
Où trouver l'intime pour dire ce que sent
Mon cœur abandonné depuis qu'il[2] est absent?
Le sort fit les feuilles de la rose semblables
À tes joues : honteux il[3] les serra, minables,
Dans un bouton…[4] Tu dors : l'amour n'accoste, enfin
Au rivage. Ô mon Dieu, cette voie est sans fin.
Le rang de la Ka'ba pardonne les mystiques
Dont l'âme au grand désert a brûlé, en pratique.
En ce monde de pleurs, le puits[5] de son menton
Rappelle celui où fut enfermé, dit-on
Joseph… Je saisirai la boucle de sa tresse
Pour la donner au maître…Oui, Hâfez en détresse
Souffre des trahisons de ceux qui, en tout cas,
Se prétendent être bien ses amis, ici-bas[6].

Notes

1- Il s'agit de la tresse de l'aimé, du guide spirituel.
2- Le pronom « il » désigne également le guide.
3- « Il » désigne le sort.
4- Il s'agit du bouton de rose non éclose. C'est une excroissance d'où naissent les feuilles ou les fleurs d'un végétal. Il s'agit aussi du bourgeon qui apparaît sur la branche d'un arbre, et qui contient en germe les feuilles ou les fruits. Quand l'éclosion n'a pas encore eu lieu, les feuilles de la fleur sont repliées les unes sur les autres bien serrées.
5- La fossette du menton est comparée au puits où Joseph fut jeté par ses frères.
6- Ici-bas désigne la terre, la vallée de larmes.

281

Dieu cette fleur que tu me confias, j'abrège,
Je te la confie pour que tu la protèges
Du mauvais oeil[1] du pré…Bien qu'il soit très distant
De la fidélité, de cent lieues, pourtant,
Que l'atteinte du ciel qui tourne et qui dérive,
Épargne sa vie, son corps…Et si tu arrives
Au foyer de Salmi[2], ô brise, bien je veux
Que tu lui transmettes, de ma part, tous mes vœux.
Poliment parfume ses deux tresses d'ébène :
Ce foyer des épris est cher ne l'aliène.
Dis-lui : « Mon cœur a droit à ta fidélité,
Ainsi que tes beaux traits » …Respecte avec gaîté,
À cet égard, la boucle empreinte de l'effluve
De l'ambre…Au lieu où l'on boit le moût des cuves
Afin de célébrer ses lèvres, est vilain
Qui se croit conscient et à l'esprit tout sain.
On ne peut s'enrichir au débit de boisson,
Celui qui prend du vin doit jeter son poisson
À la mer…Qui craindra le mal de sa tendresse
Que sa tête roule devant lui et qu'il presse
Ses lèvres à son seuil…De Hâfez, les ghazals
Sont tous des chefs-d'œuvre de sagesse…Au total
Soit loué son souffle enivrant, la caresse
Charmante de ses vers, et si pleins d'allégresse.

Notes

1- Le mauvais œil qui, chargé d'effluves maléfiques négatifs, porte également malheur et cause des dommages.
2- Salmi est le nom d'une tribu arabe. Le mot désigne également un ami intime du poète.

282

Mon idole sans cœur, au lobe[1] de satin[2],
M'a frustré les loisirs, le repos, et enfin
Tout l'esprit : être aimé, svelte, digne d'éloge,
Tendre, rieur, très beau, Turc et portant la toge.
Comme une marmite, moi je bous constamment
Au feu de son amour, brûlant et véhément.
Si je suis une robe, apaisé, je la porte
Sur le corps, en mes bras…Et ceci, de la sorte,
Si elle me couvre[3], on peut être certain
Que je n'oublie pas son amour si ardent.
Ma foi, aussi mon cœur, tous les deux, il les ôte,
Épaule contre épaule, ensemble, côte à côte.
Ton remède, Hâfez, ton remède, le tien,
Sont ses lèvres, ses lèvres et c'est bien[4].

Notes

1- Il s'agit du lobe de l'oreille, prolongement tendre, arrondi et charnu du pavillon auriculaire auquel on attache les boucles d'oreilles.
2- Dans le texte il y a : « Lobe argentin ».
3- Il s'agit de la robe, du froc qui couvre le corps du mystique.
4- Ce délicieux ghazal, délicat et vif, presque badin à cause de la répétition de certains mots, ressemble à une autre ode de Hâfez, aussi pétillante et qui sera traduite en son temps.

283

La voix du bon « hâtef »[1], occulte, m'annonça
La nouvelle, à l'aube, que le règne du Châh
Chodjâ[2], le généreux reprend…Mets-toi à boire
Le bon vin des braves…Serait-ce donc l'histoire
Des penseurs qui marchent, solitaires, isolés,
Mille mots à la bouche coite…Aux chants coulés
De la lyre disons donc bien toute l'histoire,
Qu'on voulant la taire, justement la bouilloire
Du sein bout…Le vin bu en craignant le prévôt
Prenez-le en face de l'aimé et à flot
À pleines coupes. Or l'autre soir, sur l'épaule
On portait en triomphe un imam qui bricole
Son tapis de prière…Ô cœur vers ton salut
Je te guiderai…Ne sois pas bout-à-bout,
Fier de ta corruption, aussi du cagotisme,
Évite l'imposture et le pharisaïsme.
L'éclat est rayonnant de la voix du grand roi :
Si tu veux ses faveurs épure bien ton « moi ».
Ne cherche à chanter, sans cesse, que sa gloire,
L'oreille de son âme est confidente, voire
Des messagers divins…Le bien de leur État
Seuls connaissent les rois…Hâfez, en ton état,
Tu n'es qu'un mendiant, esseulé, solitaire :
Tu feras bien alors d'être coi, de te taire.

Notes

1- Nous avons déjà signalé que « hâtef » est l'ange dont la voix transmet le message prophétique, annonçant le futur. Il est constant qu'on entend la voix mais qu'on ne voit pas le personnage qui parle.
C'est un « hâtef » qui annonça la mort du prophète de l'Islam. En arabe moderne, le mot « hâtef » est adopté pour traduire « téléphone ».

2- Hâfez a dédié divers poèmes « kacidés », à Châh Chodja dont il chante la gloire, la tolérance et la générosité. Le poète y parle du domaine de Salomon (région du Fârs), du « palais zard » (jaune), glorifiant Châh Chodjâ et faisant allusion aux combats qui eurent lieu entre ce souverain et son frère Châh Mahmoud en 1363 et 1368, au carrefour de la route allant d'Ispahan à Chirâz. Châh Mahmoud était le gouverneur d'Ispahan.

284

L'ange occulte me dit, l'autre soir, dans un coin
Du tripot : « Prends du vin, ne t'en voudra point
La bonté du Très-Haut, ne t'en fera pas faute
La bonne nouvelle de Sa grandeur, si haute,
Que t'apporte l'ange[1]...Trimbale donc au bouge
Ton savoir imprécis afin que le vin rouge
Le précise...Bien que ne se fait par l'effort
L'union, mais ô coeur[2] efforce-toi bien fort,
Tant que tu le pourras...Oui, la faveur divine
Est plus grande que nos fautes : ce point culmine
Un mystère profond que tu ne peux percer :
En ce cas, silence pas un mot à placer!
Mon oreille et l'anneau[3] des frisons de l'idole,
Ma face[4] et la terre qu'elle foule, symbole
Du barman...Le culot de Hâfez n'est en soi
Si grand pour qu'il ne soit pardonné par le roi[5].
Châh Chodjâ décide des points de la doctrine,
L'ange fait obéir son ordre qui fulmine.
Maître du firmament, fais-lui donc bon accueil,
Et éloigne de lui l'effet du mauvais œil.

Notes

1- Dans le texte on trouve « sorouch » qui désigne l'ange.
2- Hâfez s'adresse à son cœur comme s'il s'était adressé à lui-même.
3- Les esclaves, dans l'antiquité, portaient un anneau à l'oreille comme signe d'asservissement. Le poète compare la boucle des cheveux de l'idole à un anneau d'esclavage qu'il voudrait porter à l'oreille en signe de servitude et de soumission. Il est bien entendu que l'idole désignée ici est le guide spirituel.
4- Un sujet, pour marquer sa soumission et son respect au seigneur dont il dépend, se prosterne et touche du front la terre, quand ce dernier, avec son équipage, vient à passer.
5- Il s'agit du Châh Chôdja dont le vizir Ghavâmod-Din fut le mécène de Hâfez.

285

Sous le règne du roi[1] qui fait grâce et pardonne
Et qui ferme les yeux, Hâfez fou de bonbonne,
Est devenu l'ami de la coupe et du vin.
Le soufi retiré du cloître, sac à vin,
S'assit au pied du fût, quand il vit la police
Portant à l'épaule la cruche sans sévices.
Je m'enquis du cadi[2], et de son charabia
Auprès de ce vendeur de vin-ratafia.
Il me dit : « On ne peut révéler cette chose;
Et bien que des nôtres, tiens donc ta langue close,
Sois prudent et discret et aussi réservé,
Livre-toi au bon jus de la treille »… Oui, ohé!
Échanson, le printemps revient, montre mon âme,
Ta face car mon sang est tout bouillant, tout flamme,
C'est l'amour, la jeunesse ainsi que le besoin,
Le printemps…Excuse, passe l'éponge avec soin
Sur mes fautes…Jusqu'à quand, comme le brûlant cierge
Tu effiles la langue…Un papillon converge
Vers son but, y arrive…Ô mon aimé profond
Réduis-toi au silence…Ô souverain ton fond
Et ta forme, les tiens, nulle vue n'a encore,
Ne les a constatés, nulle oreille n'a dores
Et déjà entendus…Persévère tant qu'il faut
Afin que le froc bleu, accepte, le si haut,
Ta jeune fortune du vieux dôme céleste
Tout couvert de haillons, et vieilli et modeste[3].

Notes

1- Il s'agit sans doute de Châh Chodjâ, souverain intéressé au sort de Hâfez.
2- Le cadi est un magistrat musulman qui remplit des fonctions civiles juridiques et religieuses.
3- Accepter le froc est une expression mystique qui signifie « remplacer le guide ». Le poète dit : « Reste tant que le ciel vieilli soit anéanti et que ta jeune fortune le remplace ».

286

Hier soir, en cachette, me dit l'expert plaideur :
« On ne peut te cacher le secret du vendeur
De vin[1]...Ne sois donc pas exigeant car ce monde
Se montre rigoureux à l'homme qui trop sonde.
On me donne une coupe dont la vertu
Fit danser dans le ciel Vénus, au dépourvu,
Tout en pinçant gaiement la harpe dans la voie,
Répondant on me dit : « bois du vin avec joie! »
Les lèvres rieuses et le cœur saignant,
Passe donc la coupe...Et si tu es plaignant
Et blessé résonne tout semblable à la lyre
Car si tu l'ignores le secret se retire.
L'oreille étrangère[2] n'est pas apte à entendre
Le message de l'ange...Écoute pour comprendre,
Mon conseil, ne te laisse atteindre par le mal
Je t'ai dit un secret, si tu peux, c'est légal,
Garde-le...En amour, il est vrai qu'on conseille :
Là seulement servent et les yeux et l'oreille.
Auprès des sagaces ne t'exalte, voilà
Parle donc posément, docte, ou bien ferme-la.
Ô échanson, du vin, car de Hâfez l'audace
Est sue par l'Assaf[3] fortuné[4] et sagace,
Qui fait grâce aux actes, te passe les délits,
Qui ne tient pas rigueur des fautes et dédits.

Notes

1- Le vendeur de vin, le tavernier, désigne le guide spirituel.
2- L'oreille « étrangère » au point de vue religieux.
3- Ghavâmod-Din Mohammad, ministre de Châh Chodjâ est comparé par le poète à Assaf, ministre du roi Salomon.
4- « Kéran » est la conjonction faste de deux étoiles, de deux planètes portant bonheur. Celui qui bénéficie d'une telle conjonction « kéran » est déclaré fortuné, favorisé par le sort.

287

Tes aspects sont gracieux et tes formes charmantes,
Mon cœur à ses mines, agréables, plaisantes
Se plaît... Et ton être délicat, et tout frais,
Est pareil au pétale, et comme le cyprès
Des champs élyséens, est tout à fait semblable
À ta taille de guêpe exquise et impeccable.
Ta mignardise est douce et tes traits sont radieux,
Tes yeux et tes sourcils sont beaux, tes pas gracieux.
Ma roseraie intime[1] est pour toi toute pleine
De dessins et aussi de peintures sereines.
L'odorat de mon cœur est rempli du parfum
De tes belles tresses qui sentent le jasmin.
Le chemin de l'amour, barré par le déluge[2],
Je me contente alors de chercher ton refuge.
Je rends grâce à mes yeux, car bien que mal en point,
Je pourrais me guérir en te mirant de loin[3].
Aspire au Sahara, bien que plein de menace,
Hâfez s'y engage tout épris de ta face.

Notes
1- Dans le texte il y a : « la roseraie de ma pensée ».
2- Dans la voie de l'amour, barrée par le torrent (le déluge) et rendant l'union impossible avec l'idole, le mystique doit se contenter de contempler celle-ci, de loin.
3- Il s'agit du guide spirituel.

288

Au bord de l'eau qui coule et à l'ombre d'un saule,
Avec un chant lyrique, un ami bénévole,
Une douce idole et un tel échanson
Aux joues de satin[1], aux gestes sans façon,
Ô toi dont la vie prise le prix de l'heure,
Que ton plaisir soit bon et ta vie meilleure.
Quiconque a un amour de l'idole, en son cœur,
Un plaisant souvenir, dis-lui avec douceur :
« Brûle donc la rue[2], son affaire à merveille
Va bien et prospère » …Ma veine qui s'éveille
Je l'embellis avec un atour de penser
Tout neuf et inédit : le temps peut me passer
En ses tours et retours, une âme bien aimée
Avenante et belle…Comme à l'accoutumée
La nuit vient, profite-en et réjouis ton cœur
Le clair de lune enchante et le champ plein d'odeur
De tulipes est bon…Et les yeux pleins d'ivresse
De l'échanson disaient : « Gare au vin qui ne laisse
De produire un effet sur l'esprit, la raison,
Et dégrise de même, donnant la pamoison[3].
Tu as perdu ton temps, Hâfez, viens au bistrot
Où les gars[4] t'apprendront à vivre comme il faut.

Notes

1- Dans le texte il y a : « Les joues de roses ».
2- On brûle la rue sauvage devant quelqu'un pour éloigner de lui le sort néfaste, la déveine, le mauvais œil.
3- Quatre distiques ont été rendus, dans la traduction de ce ghazal, chacun quatre vers au lieu de deux.
4- Dans le texte il y a : « Les hommes gais, joviaux, prisant les facéties et les lazzis (changoul). Ce mot désigne les mystiques qui vivent dans un monastère; la taverne, le cabaret, le débit de boissons désignent à leur tour, métaphoriquement, chez Hâfez, le couvent, le cloître, le monastère.

289

Est un parfait ensemble, un bienfait, le visage
Aussi beau que l'astre[1]. S'il n'a pas l'avantage
De l'amour, de la foi, ô Dieu, ô Tout-Puissant,
Accorde donc le lui…Mon amour[2], tout enfant,
Est aussi très ardent…Si un jour il me tue
La loi religieuse passe son crime et le mue.
Il vaut mieux que je mette, en garde, tout mon cœur
Qui n'a vu ni du mal, ni du bien du vainqueur
Qui n'en a fait aucun…Sentent le lait, ses lèvres
Savoureuses, bien que ses deux yeux pleins de fièvre
Laissent couler le sang…J'ai une idole, moi
Jeune de quatorze ans, agile, douce quoi,
Dont la quatorzième lune est au fond de l'âme,
Bien soumise qui traîne un joug d'esclave, dame!
Je cherche cette fleur de mon cœur récemment
Éclose…Ô Tout-Puissant où donc en ce moment
A-t-elle disparu pour qu'enfin je ne puisse
La voir même une fois…Quand l'âme inspiratrice[3]
Brise ainsi notre être : bientôt dominatrice,
Elle pourra faire ce qu'elle veut du roi
Lui dicter sa maîtrise, lui imposer sa loi…
Je donnerai ma vie afin que la parure[4]
Trouve au cœur de Hâfez une loge bien pure.

Notes

1- Dans le texte : « Aussi beau que la lune ».
2- Dans le texte : « Le bienaimé, l'amant ».
3- Dans le texte : « l'aimé ».
4- Dans le texte : « Cette perle » au lieu de parure.

290

Mon cœur s'effarouche, derviche, je ne sais
Ce gibier fou comment le prendre, par quel biais.
Je tremble comme un saule[1] pour ma foi, et j'ai l'âme
Prise par un impie, aux sourcils arqués, dame!
La pensée voit grand, la mer immense, hélas!
Quelle force a ce point[2] qui fait des embarras.
Qu'il est taquin le cil de la fine prunelle
Qui porte la rosée au bout d'une lamelle.
Des manches des toubibs s'égouttent mille sangs
S'ils[3] s'occupent d'un cœur blessé de but en blanc.
J'irai à la taverne, en pleurant et morose
Car j'ai honte vraiment du fruit, peu de chose,
De ma vie…Non, ni la vie, ni l'État
De Khezr ou d'Iskandar ne restent en état.
Ne te querelle pas pour ce que, ô derviche
Tu penses être meilleur ou bien fruste et postiche.
Ne peut toucher sa taille, Hâfez, ce gueux, ce clown,
S'il n'apporte un trésor comme celui de Karoun[4].

Notes

1- En français on dirait plutôt : « Trembler comme une feuille », mais en persan on préfère dire : « trembler comme un saule , dont les feuilles tremblent, étant sous-entendu ».
2- 2- Dans le texte il y a : « cette goutte ».
3- Le pronom « ils » désigne les médecins.
4- Karoun est un personnage biblique et coranique dont les richesses sont colossales. Il est cité, trois fois, dans le Coran. Pour expliquer ses immenses richesses on a fait de lui l'un des fondateurs de l'alchimie. Certains auteurs précisent que la révélation de l'alchimie fut faite par Dieu à Moïse et à Aaron et que celui qui opérait en leur nom était justement Karoun.

Karoun correspond, à vrai dire, à Coré de la Bible…Mécontent de ce que le sacerdoce ait été réservé à la descendance d'Aaron, il se révolta contre Moïse.

Selon Tabari, Karoun était primitivement orfèvre. Les poètes et écrivains orientaux comparent à Karoun un homme très riche, comme d'ailleurs les écrivains et poètes européens comparent à Crésus, un richissime.

291

Nous avons éprouvé notre chance en la ville
Nous devons nous tenir à l'écart et tranquilles.
J'ai tant mordu les doigts[1] et gémi, endeuillé,
Que comme une rose mon corps s'est effeuillé.
Cette bienvenue vint hier soir, d'un bocage[2] :
« La fleur a tapissé d'oreilles[3] son branchage ».
Ô cœur sois donc content, cette idole[4] sans cœur
C'est ma chance ! – s'assied avec un air moqueur.
Si tu veux que le sort t'épargne ses rudesses,
Ses infidélités, épargne ce qui blesse
En toi, ce qui est dur à ceux qui sont présents...
À cause de son absence, aujourd'hui, il est temps,
Et à cause du feu qui dévore mon cœur,
Que je brûle ce que, j'ai comme faucheur
Récolté...Ô Hâfez si ta chance rayonne
Djamchid aussi n'a pas abandonné le trône.

Notes

1- Dans le texte il y a : « j'ai tant mordu les mains ».
2- On lit dans le texte : « Cette bienvenue m'arriva, hier soir de la part d'un rossignol ».
3- Les fleurs qui couvrent une branche sont comparées à autant d'oreilles ouvertes (écloses) pour écouter. La « personnification » des objets inanimés est fréquente chez Hâfez. C'est une figure littéraire qui consiste à faire d'un être inerte ou d'une pure abstraction, un personnage réel, doué de sentiments et de vie.
4- L'idole désigne, ici, le guide spirituel. Hâfez ne parle jamais de femmes dans ses gazals. Quand il décrit les jouvenceaux, il veut dire les jeunes néophytes qui ont commencé leur vie mystique.

292

Par l'apparat, le luxe et l'éclat de Chodjâ[1],
Je jure que je n'ai de querelle, ici-bas,
Avec qui que ce soit pour avoir l'opulence
Et les biens…J'ai le vin familier, pas de chance!
Apporte-moi du vin qu'on prend dans le bistrot :
Le sac-à-vin arrive, ne fais plus le dévot!
Grand Dieu! Trempez mon froc dans le jus de la treille,
L'affaire sent mauvais et il sied qu'on s'éveille.
Voyez donc comme il va, dansant au son du luth
Celui qui du « soma »[2] fut écarté, exclu.
Un regard aux épris, car en la circonstance
Je suis le serf soumis, tu es, en l'occurrence,
Le roi obéi[3]…et nous tendons au bienfait
D'une gorgée de ta coupe de vin, mais
Nous ne pouvons oser et encor faire un geste
Capable de faire de nous des immodestes.
Que Dieu ne sépare le front pieux, et voilà,
De Hâfez de la poudre de la cour[4] de Chodjâ.

Notes

1- Il s'agit de Châh Chodjâ, souverain indulgent et généreux.
2- Hâfez fait, ici, allusion à la danse sacrée (somâ) de certains mystiques notamment de ceux qui suivent la « voie » de Djalaled Din Balkhi où la musique et la danse rythmée conduisent ceux qui s'y livrent à l'extase.
3- Il s'agit encore de Châh Chodjâ.
4- Le peuple et la cour se prosternent en présence du roi, touchant du front le sol s'étendant devant le trône, en signe de soumission. Hâfez a fait de ce roi dans plusieurs de ses ghazals un souverain tolérant, magnifique et le cœur sur la main.

293

Lorsque de bon matin du palais du levant[1]
Le disque solaire[2] se fait voir et répand
Ses rayons en tout lieu, tirant de la besace[3]
De l'horizon une glace afin qu'il y place
Et y réfléchisse les faces de l'univers
De mille manières, sous des aspects divers.
Dans la gaie maison[4] de Djamchid, le céleste
Séjour, fait entendre le jeu franc et leste
D'un orgue et ensuite danser au firmament sans fin
Vénus, belle étoile, l'étoile du matin.
Que la harpe proclame : « Où celui qui renie? »
Que la coupe s'exclame : « Où celui qui dénie? »
Vois l'état des choses, prends la coupe, sois gai
Rien ne change ici-bas, toujours les mêmes faits.
Le frison de l'idole est plein de liens, de ruse :
Épris[5] pas de chicane en ce point qui abuse.
Souhaite pour le roi[6] longue vie si jamais
Tu veux le bien du monde : oui, son être désormais
Est un trésor de dons, tout rempli de clémence,
Nous faisant profiter de sa munificence.
Modèle de grâce sans fin, clarté des yeux,
Espoir, somme de science et d'action sous les cieux,
Âme de l'univers, certes c'est bien, ici-bas
Notre grand souverain, le roi Châh Chodjâ.

Notes

1- Le lecteur européen sera certainement surpris par l'étrangeté de l'expression qui, dans le ghazal est ainsi formulée : « Lorsque, de bon matin, des lieux solitaires du palais de l'innovation... » que nous avons traduit tout simplement par : « ...du palais du levant Hâfez n'est certes pas un surréaliste, et pour cause, mais il a parfois de ces traits fulgurants qui annoncent le surréalisme européen du XXe siècle.
2- Dans le texte il y a : « le cierge de l'orient ».
3- Dans le texte on lit « ...tirant de la poche... ».
4- La gaie maison désigne la vie terrestre et ses plaisirs.
5- Dans certains manuscrits, et les plus anciens, on voit le mot « épris » au lieu du mot (homme pieux).
6- Dans le texte il y a : « Khosrov », nom de plusieurs rois sassanides dont les plus célèbres sont Kosrov 1er Anouchiravan (ou plus exactement « anouchéravan » (à l'âme heureuse) et Khosrov Abharvaz, grécisé en Khosrov Parviz.

294

Fidèle à ton amour, je suis semblable au cierge[1],
Aux gens pieux qui veillent. À ce titre j'émerge
Au secteur de ceux qui se vouent, font des frais,
Au quartier des prisons où l'on ne dort jamais.
Jour et nuit le sommeil fuit mes yeux fous d'alarmes,
Pleurant tant ton départ, laissant couler mes larmes
De cierge…Le tissu de mon long pas à pas
Est coupé par le fil[2] du chagrin que tu m'as
Octroyé. Je brûle par le feu de ton âme
Comme un cierge allumé…Mes larmes, et leur flamme
Vermeille, si elles ne sont chaudes d'espoir
Comment aux gens peuvent-elles faire voir,
Leur mystère intime? Voilà se trouvant entre
L'eau et le feu, ce cœur aspire à toi, son centre,
Gémissant et blessé et versant à torrent
Des larmes tout semblable à un cierge fervent.
Dans la nuit de l'absence dis-moi par une note
Que tu m'aimes, sinon je brûle et ballotte
Emporté par la peine, un monde tout entier
Semblable à un cierge…Sans ton port si altier
Qui orne le monde mon séjour devient la nuit;
Par ton amour parfait, cierge je me réduis.
Le mont de ma patience[3] en la paume de ta peine,
Devenu tout tendre comme la cire vaine,
Je passe entre le feu et l'eau de ton amour
Comme un cierge allumé qui brûle tour à tour.
Jusqu'à ta rencontre mon souffle, comme une aube,
Survit, montre-moi mon aimé[4] afin qu'épris et probe
Je te voue ma vie. Honore-moi un soir[5]
De ta présence, idole, afin que le nichoir
Par ta visite, de Hâfez, soit éclairé, et vierge,
Comme s'il se trouvait sous les rayons du cierge[6].

Notes

1- Le cierge est le symbole de la constance en amour, du sacrifice et de la fidélité à l'être aimé (qui est le guide spirituel) et à l'aimé absolu (qui est Dieu).
2- Dans le texte on trouve : « Par les ciseaux du chagrin ».
3- Encore une expression à la persane : « le mont de la patience » pour le fond de la patience.
4- Il s'agit du guide spirituel
5- Dans le texte on trouve : « Hâfez sent en sa tête ».
6- L'imagination de Hâfez joue magistralement sur le mot « cierge ». Elle emploie les expressions courante, telles que brûler un cierge, allumer un cierge, et on découvre d'autres, originales et heureuses, qui sont entrées dans la langue.

295

Attiré, à l'aube, par le parfum des roses[1]
J'accédais, un instant, au jardin, et morose
Je voulus tel le chantre[2] affolé, soupirant
Remédier au chagrin troublant mon cœur aimant.
J'admirais la splendeur de la rose écarlate
Dont l'éclat, dans la nuit, comme une lampe éclate.
Elle était si fière de ses traits, sa jouvence,
Que du cœur du chantre, elle avait pris distances
Mille fois…Le narcisse implorait de dépit
Et le pavot était marqué de cent délits.
Le lis montre sa langue, un moyen de reproche,
L'anémone a ouvert la bouche qui décoche
Ses traits[3]…L'un, tel l'ivrogne, a la cruche à la main
L'autre, tel l'échanson aviné et mondain
Tient la coupe…Jouis des jeux, de la jeunesse
Comme tu profites des roses, des caresses.
Oui, Hâfez n'est guère un héraut puéril
Un messager aussi, sans objectif subtil.

Notes

1- Dans le texte il y a : « …par le parfum de la roseraie ».
2- Dans le texte on lit : « …tel le rossignol ».
3- En turc et en langue mongole le mot « ayâgh » veut dire « délateur ».

296

Si la chance sourit, je le touche prôneur,
Si je le tiens tant mieux, s'il me tient quel honneur !
N'a joui ce bon cœur des égards de personne,
Bien que la parole, parle de moi, chansonne.
Je n'ai guère reçu de l'arc de ton sourcil
Le bienfait attendu : oh! Par ce souhait vil,
J'ai perdu ma vie…Quand le sourcil du frère[1]
Me sera-t-il le gant[2], aussi l'auxiliaire
De ma pensée? Mais nul avec cet engin[3]
N'a touché d'un trait le but même d'un brin.
Jusqu'à quand devrai-je câliner la tendresse
Des idoles sans cœur?... Ne songent à l'adresse
De leur vieux père ces enfants forlignés.
Je pense seulement, à un coin, résigné,
L'assistant du pôle[4] tire des doux clins
D'œil, au refrain du luth, au son des tambourins.
Poseurs sont les dévots, pédants et suffisants,
Est féru de pouvoir le prévôt…Complaisant
Verse-moi donc du vin…Vois le dévot pervers[5]
De la ville avalant son morceau de travers
Que la croupière soit forte et bien résistante
De la bête qui fourrage…Si séance tenante
Ô Hâfez tu marches, loyal, sur le chemin
Le gardien de Nadjaf[6] t'aura tendu la main.

Notes

1- Dans le texte il y a : « …le sourcil de l'ami ».
2- Il s'agit, ici du gant avec lequel se protège la main celui qui tire à l'arc. Les duellistes, de même, mettaient des gants avant d'engager le combat. L'originalité de ce vers consiste dans la « personnification » de la pensée qui peut atteindre son but comme le trait que tire l'archer.
3- Le mage désigne le pôle, le guide spirituel. L'enfant du mage désigne son assistant capable de remplacer le maître quand celui-ci est absent. « Morched », (guide spirituel) désigne de même le pôle et son assistant est désigné par le mot « batché-morched », (enfant du pôle).
4- Dans le texte on lit : « …sa bouchée ».
5- Dans le texte on trouve : « … le veilleur de nuit ».
6- Nadjaf (ou Nedjef) est une ville sainte de l'Iraq, située dans la province de Karbalâ. Cette dernière ville abrite la sépulture d'un grand nombre de musulmans chiites, dont plusieurs sont Iraniens. Nadjaf est un centre de pèlerinage des croyants musulmans.

297

La langue du calame[1] est inapte à dire
Le secret de l'exil : elle aurait su décrire
La séparation[2]...Hélas espérant
L'union, cette vie a pris, cependant
Non le temps du non-être...Et la tête, toute fière,
Que je levais au ciel plein d'orgueil, singulière,
Quand je l'eus posée sur le seuil des loyaux
J'eus la désunion comme fruit, et j'eus beau
Déployer mes ailes dans l'air de l'alliance,
L'oiseau du cœur tomba dans le nid de l'absence.
Que faire maintenant : la barque de l'espoir
Tombe dans le remous, par la proue, musoir,
N'ayant guère le vent en poupe. Peu s'en fallut
Que le beau navire de mes jours, but-à-but,
Sombrât dans la vague de l'ardent enthousiasme,
Sur la mer sans borne, sans fin du spasme
De l'exil...Je le tue[3] s'il tombe entre mes mains :
Le jour de l'absence est bien noir et vilain.
Ami de mon être, de ma nuit toute noire
Près du feu de l'exil, guérisseur du déboire[4],
Comment donc demander l'étreinte, de tout cœur,
Quand mon corps est miné par le sort tout vainqueur?
Et mon cœur est souffrant de la cruelle absence
Par le feu de l'ardeur et la brûlure intense.
Je sue sang et eau dans mon éloignement,
Quand le ciel vit mon chef dans le lieu véhément,
De l'amour; il lia le cou de ma patience[5]
Par le lien terrible et la corde de l'absence.

Notes

1- La langue du calame désigne la pointe du calame. Le calame, lui-même est un roseau dons les Anciens taillaient le bout (comme les calligraphes d'aujourd'hui) pour écrire.
2- Le poète joue sur le mot « farâk » qui veut dire séparation, exil, désunion, absence, éloignement, non-être, déboire, termes qui retiennent l'attention par la souffrance qu'ils causent à l'épris.
3- Je tue l'exil.
4- Dans le texte il y a « kéran » qui veut dire conjonction de deux planètes porte-bonheur et fastes comme celle de Jupiter et de Vénus, ou de deux planètes porte-malheur et néfastes, comme celle de Saturne et de Mars.
5- Encore une locution persane, « le cou de la patience », pour dire ma patience est à bout.

298

Position stable, vin limpide bien pur,
Ami compatissant, s'ils te sont toujours sûrs :
Il te faudrait alors savoir heureux et dire :
« À la bonne heure! » ...Oui, le monde, à vrai dire,
L'affaire du monde est ainsi rien de rien;
J'ai mille fois compris ce problème ancien.
Ô douleur, ô regret! je n'ai pas su, minime
Que le bonheur suprême est l'ami, est l'intime!
Va vers un bon abri, profite de ton temps,
Les brigands de tes jours trament leur guet-apens!
Renoncer aux lèvres[1] de son idole aimée
Est l'action que l'esprit n'a jamais confirmée.
Si ta mince taille ne s'effile[2], en tout cas,
Comme moi, suis tranquille et je ne m'en fais pas.
La douceur qu'il y a au fonde de la fossette
Du puits de ton menton[3] n'en toucheront l'assiette
Cent mille pensées profondes...Si mes larmes
Trouvent un teint d'agate[4], pas de cris, pas d'alarmes,
Car le sceau de ta bouche ressemble à l'agate!
Tout en riant, il dit d'une voix délicate :
« Ô Hâfez, suis l'esclave de ton si grand talent,
Oh! L'enfant du servant expertise maintenant ».

Notes

1- Dans le texte il y a : « Renoncer à ton rubis », les lèvres écarlates étant comparées à cette pierre précieuse.
2- Le poète veut dire « que si le milieu de la taille de l'aimée s'amenuise et devient autant maigre que moi... ».
3- Dans le texte on lit : « Dans le puits de ton menton », les poètes orientaux comparant la fossette du menton à un puits.
4- Le poète dit que si ses larmes trouvent la couleur de sang...

299

Lorsque tu prends du vin verse au sol une goutte,
Qu'importe si ton mal profite sur la route
À autrui…Profite de tout ce que tu as,
Mange bien, néanmoins ne le regrette pas,
Car éternellement frappe et blesse le sort
Avec son épée qui octroie la mort.
De la poudre, ô cyprès[1] affable, que tu foules
Je lèverai le chef le jour où s'écroule
La vie…Quel enfer, quel paradis au ciel?
Quel Adam, ici-bas, péris matériel?
Dans la voie de tous c'est un grand sacrilège
Que d'être abstinent, d'observer ses manèges.
L'ingénieur du ciel[2] a barré le chemin
Du couvent à six sens de son art sibyllin…
Pour qu'il n'y ait de voie en la voûte abyssale;
Le bluff de la fille de la treille vitale
Pourvoie la raison…Qu'il ne soit sans chemin,
Jusqu'à la fin des temps, le monde du bon vin.
Tu as franchi, Hâfez, le chemin du vin mûr
Que le vœu de ton cœur seconde le cœur pur.

Notes

1- Hâfez s'adresse à son « pôle ».
2- Il s'agit du grand architecte, de Dieu.

300*

Si mille adversaires décident mon trépas
Avec toi, comme ami je n'ai plus peur du bras
De l'ennemi…L'espoir de ta forte alliance
Me préserve, sinon à chaque instant l'absence
Me fera trépasser…Si l'air ne fait sentir
Son parfum à petit souffle, pour fleurir
À petit pas comme la rose dans sa crise
J'échancrerai bien sûr, mon collet de chemise[1].
Je m'endors, ton image, imprimée en mes yeux.
Oh! Mon cœur patiente loin de toi, de son mieux.
Je préfère tes coups au baume d'un tout autre.
Si tu me fais prendre, toi mon aimable apôtre
Du fiel, je le préfère, franchement, à coup sûr
À son contrepoison que fera boire pur.
Mon être est, pour toujours, tué par son alfange :
Il s'est donc purifié pour joindre ta phalange.
Ne tourne pas bride; si tu veux me frapper
Par le glaive je vais protéger et draper
Ma tête de tes mains, car je n'ai, moi fidèle,
De rondache de guerre attaché à ma selle.
Comment donc le coup d'œil te saisira vraiment?
Chacun selon sa science aura incessamment
Une vue de toi…Aux yeux de tout le monde
Hâfez sera très cher…En ton seuil il fonde
Toute son espérance et qui, par pauvreté,
Il pose le visage à ton sol, exalté.

Notes
- *Voir les explications dans l'annexe.*
1- L'échancrure de la chemise est comparée à l'éclosion du bouton de rose, comme s'il déchirait ses pétales.

Addenda

Dafar 1
(Ghazals 1-30)

Les difficultés que présentent l'intelligence des « Ghazals » de Hâfez sont si sérieuses, que nous manquions, encore aujourd'hui, d'une traduction homogène, en vers ou en prose, de cette œuvre poétique.

Elles proviennent tant de la complexité grammaticale des vers que de la pensée, souvent indéterminée, du poète. Il faudrait y ajouter l'emploi continu de métaphores où, la bouche et la fossette du menton sont prises pour la pistache et le puits. D'autre part, le calembour qui jouit d'une extrême faveur dans la poésie persane, abonde dans les odes de Hâfez : il accroît l'équivoque, amplifiant, au même degré, la difficulté de l'interprétation. Celle-ci devient encore moins aisée du fait du mysticisme de Hâfez. Ce mysticisme, qui ne ressemble en rien à celui de l'Europe, n'offre pas de limites propres, de sorte qu'on ne peut distinguer où il commence et où il finit. Les mystiques de l'Iran, dont Hâfez, partent de l'amour terrestre pour atteindre l'Amour divin. Ainsi, quand le poète de Chirâz parle de l'Aimée aux cheveux musqués, il s'adresse tout aussi bien à l'Aimé son «Ghotbe », le Guide spirituel, et par induction, à l'Aimé Absolu, Dieu. Le visible et l'invisible se confondent ainsi dans une vaste vision du poète où les « Aimés » se manifestent sous des visages différemment lumineux. Ceux qui prennent, donc, Hâfez pour un poète cynique, ne chantant que le vin et la femme, se trompent grossièrement dans leur ignorance de l'opération mystique orientale.

Hâfez voit la vie telle qu'elle est, un peu même embellie par l'imagination, avec ses beautés, ses côtés sublimes et ses licences. Sa philosophie est saine, franche et réaliste, l'inclinant vers la tolérance religieuse et le poussant à jouir, « la coupe à la main », des belles choses qu'offrent l'art et l'existence.

Elle l'incite donc à se cabrer devant le clergé qu'il accuse de rigorisme et à aimer autant que ses frères en religion, les guèbres et les chrétiens. Pour cristalliser son mysticisme humain et loyal, le poète choisit des termes sensibles dont il nous faudra saisir la clef, à défaut de laquelle il sera difficile d'interpréter justement sa pensée. Par exemple, Hâfez emploie le mot « vin » pour dire l'amour divin et le mot « ivresse » pour exprimer l'extase mystique. De même le « sourire de l'Aimé », figure une révélation faite au poète.

Les multiples éditions des « Ghazals » de Hâfez ne correspondent par les unes et les autres, ni en qualité, ni en quantité.

Les copistes et les éditeurs auraient surchargé les « Ghazals » de vers dont la facture et l'esprit imitent ceux de Hâfez. D'où la nécessité de distinguer entre ce qui est original et ce qui ne l'est pas. Pour arriver à un élagage, ou, pour ainsi dire à une épuration de l'œuvre de Hâfez, il faudrait établir une collation des différents recueils, en partant de l'époque la plus proche de celle où vivait le poète, en passant par d'autres intermédiaires pour arriver à l'époque contemporaine. D'une telle confrontation, il résultera que les exemplaires du 9ème siècle de l'hégire (époque la plus proche de l'auteur) ne dépassent pas les 400 « Ghazals », quelques-uns présentant même un nombre d'odes inférieur : 300.

Le manuscrit de séyed Abdol Rahim Khalkhâli qui a vu le jour en 827 de l'hégire, c'est-à-dire 35 ans après le décès de Hâfez (1424 de l'ère chrétienne), contient 496 ou 495 ghazals, si l'on supprime une ode répétée. Aux 10ème et 11ème siècles de l'hégire, les odes augmentent sensiblement de nombre et celles-ci de distiques. Au fur et à mesure qu'on s'éloigne de l'époque de Hâfez, le nombre des ghazals croît, s'élevant progressivement à 560 et 600 odes.

Cette progression semble, néanmoins, se ralentir au début du 12ème siècle de l'hégire, car c'est à partir de cette époque que la fièvre des ajoutés et des additions tombe pour disparaître complètement, à telle enseigne que les manuscrits de cette époque ne diffèrent pas, outre mesure, des exemplaires de la nôtre.

Un bref aperçu donnera une idée approximative des différences existant entre les manuscrits de l'œuvre de Hâfez aux différentes époques.

L'exemplaire manuscrit de Khalkhâli, paru en 827 de l'hégire (1423 de l'ère chrétienne), contient 495 gazals.

L'exemplaire manuscrit appartenant à la Bibliothèque de la Faculté de Théologie de Téhéran (Mosquée Sépahsalar), paru en 917 de l'hégire, (1511), réunit 517 ghazals.

Celui de la Bibliothèque Nationale de Téhéran, paru au 11ème siècle comprend 538 ghazals. L'exemplaire imprimé en caractère « nasta'aligh», paru en 1256 de l'hégire (1840), renferme 573 ghazals. L'exemplaire imprimé à Tabriz, en 1268, (1851), représente 591 ghazals et celui de Bombay, paru en 1322 de l'année lunaire, (1904), offre 597 ghazals.

Il semble, d'autre part, que la fureur des additions ait repris de nos jours. Certaines éditions contiennent en effet plus de 800 odes, c'est-à-dire un « enrichissement » de presque 300 ghazals que le poète de Chirâz n'a jamais écrits.

Pour bien saisir le fond de la pensée de Hâfez et interpréter posément le sens de ses expressions, il faut se mettre au courant du vocabulaire lyrique et mystique qu'il a l'habitude d'employer : comprenant ses symboles, ses comparaisons souvent étranges, ses rapprochements inattendus, des allégories, des images frappantes, des métaphores audacieuses. L'arsenal de Hâfez est inépuisable à ce point de vue.

Il use de jeux de mots et de « djénass » qui ne sont que des calembours. Ces « djénass » sont des plus difficiles à traduire : si le même mot a deux sens en persan dans un certain « ghazal », il n'en est pas de même en français, pour la traduction.

Chacune des expressions et des métaphores de Hâfez a un sens allégorique, symbolique en quelque sorte parabolique. Le « vin » désigne l'amour divin ou platonique. L'« ivresse » que produit le vin c'est le ravissement, l'extase, l'exaltation de l'âme sous l'effet de la griserie spirituelle.

Le visage de l'aimé est comparé à la face ronde de la pleine lune (badr), ses joues à deux roses. Ses yeux sont semblables à deux narcisses (comparaison incompatible). Cependant la bouche de l'aimé (guide spirituel) est comparée à un bouton de rose ou à une pistache éclose enrobée de sucre. Ses lèvres sont assimilées à deux rubis écarlates ou à du sucre candi (âb nabât).

À quoi est assimilé l'accroche-cœur de l'aimé? Au maillet du joueur de polo, à cheval, qui taquine et fait rouler le cœur de l'amoureux ou la tête de l'épris (l'initié), comme le ferait le cavalier quand il joue au polo faisant rouler la balle sur le terrain.

Passons aux boucles de cheveux, à la torsade de l'aimé. Ils sont mis en parallèle à des chaînes destinées à lier les amoureux, à des pièges tendus pour capturer le gibier (en l'occurrence le mystique épris).

Et le grain de beauté à l'indienne (héndou)? Il est comparé à l'appât qu'on amorce dans le piège pour attirer l'épris.

Parlons de la fossette du menton : elle est comparée au puits où Joseph fut jeté par ses frères jaloux ou bien au traquenard où donne le gibier.

À quoi ressemblent les « yeux rougis par les pleurs »? À des grenades ou des pavots rouges.(la comparaison est certes exagérée et employée contre toute vraisemblance).

Hâfez, l'amoureux mystique, se compare lui-même à « une perruche friande de sucre »; le sucre représente, bien entendu, les lèvres de l'aimé.

L'épris mystique est identifié au « papillon » attiré, invinciblement par la clarté du cierge ou de la lampe allumés, et qui se brûle les ailes à la flamme autour de laquelle il tourne irrésistiblement.

Les « allégés debout sur le rivage » symbolisent les initiés mystiques que l'ascèse a purifiés.

Le « derviche » est un croyant pieux et humble.

Hâfez fait souvent allusion aux personnages historiques, bibliques et coraniques ou mythiques, à des traditions et à des légendes dont on doit connaître le récit.

« Joseph » (Youssef), fils de Jacob (Ya'aghoub) et de Rachel, vendu par ses frères jaloux à des marchands, qui l'amènent en Égypte pour le vendre.

« Zoleykhâ » est l'épouse de Putiphar, maître de Joseph. Elle tombe amoureuse de Joseph et tente de le séduire. Devant le refus formel de celui-ci, elle l'accuse d'avoir voulu attenter à sa vertu, et le fait jeter en prison.

« Moïse » (Moussa) qui a la vision du buisson ardent sur l'Horeb (Sinaï), qui guide les Israélites à travers le désert, qui transforme son bâton en serpent et qui change la couleur de sa main brune ou hâlée, en couleur blanche.

« Jésus » (Issa) est un prophète à qui Dieu a octroyé le don de faire des miracles, de guérir les malades, de rendre la vue aux aveugles, de ressusciter les morts.

« Salomon » est le fils et successeur de David, roi d'Israël de 790 à 951 avant l'ère chrétienne. Sa sagesse est restée proverbiale en Orient. Le Coran et la Bible ainsi que les Évangiles en parlent. La Reine de Sabâ, appelée « Belghéyce », l'une des souveraines de cet ancien pays nommé « Chwa » en syriaque, alla visiter Salomon, attirée par le renom de la sagesse de ce roi.

« Khezr », contemporain de Moïse, acquit la vie éternelle en prenant de l'eau de Jouvence.

Hâfez parle élogieusement d'Abou Is'hâk, de sa générosité. Le poète eut sous ce brillant règne un des plus fermes protecteurs de sa vie : le vizir Hâdji Kavâmod-Din qui fonda pour Hâfez un collège où il enseigna le Coran. Hâdji Kavam mourut le 11 avril 1353, au moment où son roi perdait son royaume. Cette année-là Mobârezod-Din ben Mozaffar enlevait Chirâz à Abou Ishâk Indjou. Mobârezod-Din régna sous la tutelle de sa femme, Delchad Khâtoun qui fit fermer les tavernes et édicta des peines des plus dures contre ceux qui useraient du vin. Hâfez fait allusion, dans ses ghazals, à cet évènement.

Le fils de Mobârezod-Din, Châh Chodjâ, était au contraire un grand buveur. Il fit ouvrir les « temples du vin ».

Hâfez fait allusion à bien d'autres personnages qu'il nomme dans ses odes, les uns bienveillants et généreux envers lui, d'autres mal disposés et hostiles même.

Le mot « ghazal » est arabe mais il est passé en persan, en turc, en ourdou et s'est revêtu des caractéristiques propres à ces langues. Du Xème aux XIIIème siècles, le « ghazal » acquit son expression mystique et devint classique : c'est alors qu'il passa à un style symbolique raffiné. Sa'di et Hâfez sont, à cette époque, les auteurs de « ghazals » les plus connus.

Chez Hâfez l'objet du « ghazal » est le « ma'achouk » (l'aimé, l'amant), qui se confond parfois chez lui avec le « ma'ahboub », (l'adoré, l'aimé divin, Dieu) ou encore avec l'initiateur spirituel et aussi avec le « mamdouh » (le loué, l'exalté), objet traditionnel de la « kacida ».

Hâfez fait souvent intervenir, dans ses odes, la « rose » et le « rossignol ». Le rossignol symbolise l'amant éploré et insatisfait et la rose l'objet adulé parfois dédaigneux. Ce motif est le plus fréquent et le plus estimé de la poésie lyrique de l'Iran et surtout dans les odes de Hâfez. C'est ce poète qui décrit les jérémiades, les lamentations et les sanglots de cet oiseau épris :

« Un rossignol tenait en son bec un pétale de rose,
Et poussait des gémissements plaintifs,
Tout en le tenant en son bec. »

La « rose » est la beauté consciente d'elle-même. Elle raille le rossignol, le taquine, le persifle parfois, ridiculise son amour, se montre quelquefois pleine de dédain envers son amant. Cependant, en dépit de sa beauté merveilleuse, elle se fane et meurt dès qu'elle s'épanouit… Telle est la cause essentielle et double de la douleur du rossignol épris : la mort précoce de la rose et le refus de celle-ci de s'unir à lui.

Comme la prière de l'aube possède une valeur particulière, aussi les lamentations du rossignol se font-elles entendre au point du jour, semblable à la prière aubale.

Il y a encore un autre personnage qui entre en scène dans les « ghazals » de Hâfez : c'est « sabâ », écrit avec la lettre « sine » et qui veut dire « zéphyr », « brise printanière », souffle rafraîchissant d'un « vent doux », considéré comme le bon messager. Bien d'autres poètes avant Hâfez avaient déjà usé de cette image. Le zéphyr est également symbolisé par un oiseau, la « huppe », la bonne messagère, dont l'orthographe du mot « sabâ », (écrit avec la lettre « sâd »),le mot désigne l'oiseau du pays de « Sabâ » dont la reine « Belgheyce » envoya une huppe, en messager, au roi Salomon.

Il existe dans les poèmes de Hâfez une comparaison forcée : il s'agit d'une taille élancée et belle, d'un port noble et olympien, comparé à un « cyprès » (sarv). En tout cas, la comparaison est surprenante pour un lecteur européen.

Un autre personnage apparaît dans les « ghazals » : c'est le marchand de vin, le « mogh », le mot désigne le « tavernier », dans les « ghazals » de Hâfez. Bien plus, la crosse de polo (jeu équestre très prisé des Iraniens), avec sa courbure, désigne le « zolf », la chevelure, la boucle longue et noire comme la nuit, et la lune (comme déjà dit), n'est autre que le visage rond et brillant de l'aimé. Or le jeune « mage » (moghbatché) qui est certes l'assistant de l'initiateur du poète, possède la face ronde et gracieuse de la lune (de la pleine lune cela va sans dire). En la voilant par espièglerie avec sa boucle noire en forme de crosse de polo, il fait rouler comme la balle, la tête du poète. Ces images bien que très prisées des lecteurs iraniens semblent toutefois un peu affectées aux occidentaux.

Toutes ces images les unes surchargées, les autres étranges mais frappantes, quelques-unes précieuses, quelques autres invraisemblables, mais saisissantes et lumineuses, s'entremêlent, accentuant encore plus les difficultés de la traduction des « ghazals » et l'interprétation des phrases.

Notons une anecdote présumée, conjecturée qui aurait mis en face l'un de l'autre Tamerlan (Teymour Lang 1336-1405) conquérant tartare qui ravagea l'Iran et l'Asie de Delhi à Bagdad, et Hâfez (1320-1389). Il faudrait peut-être placer cette rencontre en 1387, lors de la première entrée de Tamerlan à Chirâz. Le poète avait en effet chanté dans son troisième « ghazal » :

« Si ce Turc de Chirâz captive notre cœur,
  Je ferai don à son grain de beauté,
  Les villes de Samarkand et de Boukhara… »

Ayant fait comparaître devant lui le poète si « généreux », le conquérant aurait tonné :

« Aurais-je mis à sac mille pays pour embellir mes capitales de Samarkand et Boukhara pour que toi, va-nu-pieds, tu en fasses don au grain de beauté d'un Turc de Chirâz? »

« C'est justement à cause de cette libéralité que je suis réduit à cette misère que tu vois ».

Admirant la présence d'esprit de Hâfez, Tamerlan lui aurait fait un riche présent et des habits magnifiques.

Comme le dit si bien un proverbe italien : « Se non è vero, è bene trovato », ce qui veut dire : « si cela n'est pas vrai, du moins c'est bien trouvé. »

Il existe d'autres anecdotes qu'on attribue à la vie pourtant tranquille du poète de Chirâz.

Nous avons remarqué que la recherche est poussée chez Hâfez dans les mots et aussi dans les phrases. Les antithèses, les plus inattendues abondent dans les « ghazals » et les calembours (djénass) qui sont très prisés des lecteurs. Tout est métaphore dans les odes du poète de Chirâz où les images s'entrecroisent, étranges mais belles, fascinant l'esprit par leur invraisemblance.

En terminant, je dirai deux mots de la vénération qu'ont les Iraniens, citadins ou paysans, jeunes ou vieux, lettrés ou illettrés, pour l'Oracle de Chirâz.

Ce sentiment respectueux pour Hâfez, est tellement vif et profond que le peuple a pris dès l'époque la plus reculée l'habitude de consulter le poète comme on consultait jadis l'oracle de Delphes. La langue populaire persane a donné au poète des dénominations expressives, notamment l'épithète de « khadjeh qui parle la langue de l'invisible ». On consulte, aujourd'hui Hâfez pour connaître l'issue des moindres décisions. La divination par « Hâfez » est courante de nos jours : elle est pratiquée par toutes les classes de la population. On place le recueil fermé dans la main gauche, et avant de l'ouvrir avec l'index de la main droite, on invoque Hâfez, en murmurant « Ô Kadjeh Hâfez de Chirâz… Tu connais les secrets de tous les cœurs, dis-moi ce qui m'attend… ».

On ouvre alors le livre et on commence la lecture du premier « ghazal », par la droite. Un distique de l'ode explique le vœu formulé par le consultant : il est censé représenter la réponse du poète à la question posée intimement. On continue en lisant le ghazal suivant qui « témoigne » en faveur du premier.

De grandes personnalités européennes et orientales ont invoqué Hâfez et ont été frappées par les réponses qu'il a données. Le poète mystique indou. Rabindranath Tagore, qui à son passage à Chirâz visita le tombeau de Hâfez, fit ouvrir le volumineux manuscrit qui s'y trouve et l'oracle lui répondit par un ghazal qui traduisait de façon étrange la pensée du visiteur.

J'ose espérer que ce travail trouvera l'accueil chaleureux du public, ami de l'Oracle de Chirâz, aussi bien que de la classe érudite.

Daftar 2
(Ghazals 31-60)

Les romanciers et les poètes populaires sont lus par toutes les classes de la population, et Hâfez est peut-être le plus populaire des poètes iraniens car il exprime en vers d'une grande harmonie musicale, faciles à sentir, les sentiments de son peuple, non seulement de Chirâz mais aussi de tous les citoyens de la Perse. Il a su mettre en vers l'âme des Iraniens, définir leurs perceptions et leurs émotions.

Nous savons que ce poète s'appelait Khâdjeh Chamsod-Din Mohammad et avait choisi le pseudonyme de Hâfez, c'est-à-dire « celui qui connaît le Coran par cœur » (il pouvait le réciter de mémoire, aussi bien du commencement à la fin que de la fin au début), sa souvenance étant extraordinaire.

Il fit de brillantes études en arabe et en théologie, science qu'il enseigna dans une « madrassa » spécialement fondée pour lui par le grand vizir Hadji Ghavâmod-Din[1].

Hâfez ne fut connu comme poète lyrique et mystique qu'en 1368, année où il rassembla ses poèmes et les réunit sous la forme d'un « Divân ».

Hâfez a merveilleusement perfectionné le « ghazal » (ou ode), une des formes de la poésie persane consacrée à l'expression de la souffrance et de l'amour mystique qui fait éprouver selon que l'épris est séparé de l'objet aimé ou lui est uni. Ce moule métrique de l' « arouz » (ghazal) a été utilisé pour exprimer les sentiments lyriques et quelquefois mystiques (c'est le cas de Hâfez.)

Le poète parle dans ses « ghazals » des plaisirs, de la nature, du mystère qui entoure le destin de l'homme et de l'amour, mais en les sublimant, en leur donnant un sens transcendant. L'harmonie musicale, les images saisissantes, les idées profondes exprimées simplement, forment la trame des poèmes du chantre de Chirâz.

Parmi les écrivains occidentaux, Goethe admirait en Hâfez la simplicité de son langage, le rythme inimitable et l'harmonie coulante. Les orientalistes ont quelque peu hésité à donner un sens précis aux mots quand ils ont voulu les interpréter. Ils se sont demandé s'il fallait prendre au pied de la lettre les mots « vin », « amant », « idole », « échanson », « cabaret » et bien d'autres termes employés, ou voir en eux une signification symbolique, ésotérique et mystique? La seconde hypothèse est plus acceptable; elle est plus admise par les Iraniens d'abord, par les orientalistes ensuite, d'autant plus que Hâfez, homme intègre et poète honnête, n'a fait qu'enseigner la théologie, la morale et la jurisprudence islamique, se présentant comme un modèle d'homme vertueux. Musulman jusque dans l'âme, Hâfez place, dans ses « ghazals », des accords élevés de vrai croyant.

1- Il mourut en 1353 lorsque son souverain Abou Is'hâk Indjou fut détrôné par l'ambitieux Mobarezod-Din Mozaffar.

Daftar 3
(Ghazals 61-90)
« Tes vers sont beaux Hâfez : Ils valent des myriades
De perles sur lesquelles le ciel verse les Pléiades ».

Le lecteur qui n'a pas eu une certaine connaissance de l'astronomie et ne connaît pas le groupe d'étoiles appelé « Pléiades » ne pourra pas saisir la beauté de ces astres dont l'ensemble ressemble à un collier de joyaux étincelants. Hâfez qui a compris de quelle splendeur sont animés les « Pléiades » les a décrites dans ses « ghazals ». Représentez-vous que le ciel déverse ces joyaux célestes sur les vers de Hâfez comme une poignée immense de gemmes brillants. Hâfez pense aux Pléiades et les faits revivre dans ses odes. J. Supervielle (1884-1960) dira plus tard de chacune de ces étoiles :
« Mais l'étoile se dit : Je tremble au bout d'un fil. Si nul ne pense à moi je cesse d'exister... ». Or, Hâfez, pensait à ces brillantes étoiles et a dit :
« Tes ghazals, ô Hâfez, perles par myriades, constellent le ciel bleu au milieu des Pléiades ».

Les « Pléiades » forment un groupe, d'une grande richesse d'étoiles dans la constellation du Taureau (Sovr). L'étoile principale de cette constellation, bien visible à l'œil est la brillante « Alcyon ».

Quand dans l'antiquité les astronomes parlaient des positions du soleil et des phases de la lune, ils divisaient le ciel en 28 parties. La langue arabe a donné des noms aux phases de la lune qui sont au nombre de 28.

De même on donnait au mouvement du Soleil au cours de l'année solaire 12 positions; ils commençaient au Bélier et finissaient aux Poissons : c'étaient et ce sont encore les douze signes du zodiaque. Pour plus de détails nous dirons que la Lune décrit, en 28 jours, autour de la terre, une orbite elliptique assez excentrique, mouvement réglé par la loi des aires...

La phase de la lune est un changement d'aspect qui se produit pour nous, dans la partie éclairée de la Lune.

La nouvelle Lune : ou phase de la Lune dans laquelle la Terre se trouve placée entre le Soleil et la Lune et nous offre une face obscure.

La pleine Lune : ou phase de la lune dans laquelle la terre se trouve placée entre le Soleil et la Lune et où celle-ci nous montre sa face éclairée entière.

Quand le soleil, c'est-à-dire l'astre central lumineux du monde que nous habitons et autour duquel gravitent les « planètes » (sétaréha), tourne sur lui-même en 25 jours environ, autour d'un axe incliné de 7°11', sur l'écliptique. Il traverse en une année de 365 jours et un quart, la zone elliptique du ciel, subdivisée en 12 constellations d'étendues irrégulières. Les signes du zodiaque ont reçu les noms des constellations dans lesquels ils étaient en coïncidence, il y a environ 2.000 ans.

Les positions du Soleil, au nombre de douze, et les phases de la Lune, au nombre de 28, font un total de 40 étapes qu'on appelle en arabe : « manâzélol Ghamar va Chamse ».

On lit dans le Coran (Sourate Ya sin) les versets 37-40 qui décrivent les phases de la Lune : « Voici pour eux un Signe; la nuit dont nous dépouillons le jour...Le soleil chemine vers son lieu de séjour habituel...La lune à laquelle nous avons fixé des phases jusqu'à ce qu'elle devienne semblable à la palme desséchée. Le soleil ne peut rattraper la Lune, ni la nuit devancer le jour. Chacun d'eux vogue dans son orbite... ».

Tout ce que nous venons de dire sur les mouvements du Soleil et de la Lune était connu de Hâfez car l'un de ses « ghazals » y a fait clairement allusion. Dans une de ses odes il parle du mouvement particulier de l'astre du jour, et à la reine de la nuit :
« Ô Dieu fais parvenir à Khotan une gazelle,
Et fais donc arriver à l'Éden ma très belle.
Le Soleil et la lune arrivent aux lunaisons,
Fais, ô Dieu parvenir ma mie à la maison. »

Hâfez supplie, ici le Très-Haut de faire parvenir chez elle, saine et sauve, son idole, comme il fait parvenir exactement le Soleil et la Lune à leurs propres stations. C'est dans le même « ghazal » que le poète parle de la brillante étoile des poètes yéménites que les anciens Iraniens appelaient « Tichtrieh ». Il l'a décrit comme une étincelante étoile du ciel et a souligné son scintillement dans ses « ghazals » :
« Dieu mène au Yémen mon étoile brillante,
Le regard plein de sang et sa lèvre riante. »

Les poètes ont souvent fait allusion à l'étoile yéménite à cause de son éclat pendant la nuit. Hâfez la nomme parfois dans ses odes avec des sens aussi intéressants que différents les uns des autres. Il faut rappeler, ici que chaque métier avait son astre propre; les musiciens avaient Vénus, les savants « Jupiter », les guerriers « Mars », les poètes « Mercure » etc.

Il est probable que l'étoile yéménite ait été « Mercure », planète la plus rapprochée du Soleil qui peut être aperçue jusqu'à une faible hauteur au-dessus de l'horizon, précédant le Soleil à son lever en le suivant à son coucher de 2 heures 15 minutes au maximum.

Hâfez était-il vraiment astronome? Il ne l'était pas dans la vraie acception du mot, mais en tout cas il s'était intéressé à cette science du ciel. Il cherchait ses images, ses comparaisons aussi bien dans la nature et sur la Terre que dans le ciel.

L'astronomie est la plus ancienne des sciences. Née des besoins quotidiens, elle est restée liée aux croyances religieuses. Les anciens, tels que Chinois et Égyptiens, se bornaient à l'observation des phénomènes célestes visibles à l'œil nu.

Le grand astronome de l'Antiquité fut Hipparque (IIIe s. avant l'ère chrétienne). Son œuvre fut divulguée par son successeur éloigné Ptolémée (IIe s. avant l'ère chrétienne) dont la version arabe ou « Almageste » (de l'Arabe « al » qui est un article, et du grec « megistes », signifiant très grand,) le fit connaître au moyen-âge européen.

« Almageste » est un traité d'astronomie composé par Ptolémée sous le règne d'Antonin le Pieux et résume les connaissances mathématiques de l'Antiquité. Il contient un catalogue de 1028 étoiles, des recherches pour calculer la distance du Soleil et de la Lune.

Hâfez a dû connaître la version arabe de l'« Almageste », à telle enseigne que ses connaissances astronomiques devaient être simplement descriptives : il se limitait à la description des astres, des étoiles observées, sans entrer dans le détail des théories mathématiques, physiques ou astronomiques.

Il s'est intéressé vivement à la Lune à laquelle il compare la face de son aimé (guide spirituel). Il était frappé par les lunaisons, les phases lunaires. Il admirait le soleil qui prodigue la vie, la lumière zodiacale et son importance dans le système solaire. Il observait, durant la nuit, les planètes qui gravitent autour du Soleil. Il s'intéressait à l'espace cosmique avec ses météores, aux étoiles dont il appréciait l'éclat, aux constellations, à la Voie Lactée qui n'est que l'apparence physique de la galaxie dans laquelle vogue notre système solaire.

Hâfez prenait de l'intérêt pour l'astronomie comme tant d'autres poètes avant et après lui. Citons, entre autres, Khâghâni (vers 1199 de l'ère chrétienne) déclare dans son « Tohfatol Arakeyn » (Un présent des deux Iraqs) :

« Il est temps que les coursiers des astres jettent leurs fers … »

Nommons aussi Attâr qui écrit dans son « Asrâr Nâmeh » : « Il (le derviche) se senti charmé par la vue du ciel au mouvement circulaire…Seigneur, le toit de ta prison est si beau qu'on croirait se trouver devant la galerie des peintures de la Chine…Qui peut savoir dans quel but ces milliers de soleils d'or tournent… »

Djâmi rapporte dans son « Sebhatol Ahrâr » (Le rosaire des Justes) au sujet de la fiancée d'un homme, tombée malade : « Sur la lune de son visage il resta des étoiles éclipsées, le disque du soleil de sa figure fut mis en pièces… »

Djâmi encore décrit dans son « Youssof-ou-Zoleykhâ » : « Contemple la danse de ces porteurs de tuniques azurées qui jettent sur le monde leur manteau de lumière. Nuit et jour dans leur marche circulaire, ils cheminent, tous, harmonieusement vers leur destination… ». On pourrait citer d'autres poètes connus qui ont été émerveillés par la vue éblouissante de la voûte céleste. En général le poète ne manque jamais d'admirer le ciel étoilé; parmi les poètes étrangers citons Lamartine qui a décrit les mouvements des étoiles dans son roman en vers « Jocelyn ».

Revenant à Hâfez qui parle souvent du Soleil, des autres astres en général, des constellations; nous rappellerons que le poète de Chirâz s'est intéressé aux figures de la « Grande » et « Petite Ours ». La Grande Ours est reconnaissable dans le ciel par sept étoiles dont la disposition représente grossièrement la forme d'un chariot avec un timon, ou encore le profil d'une casserole munie de sa queue. Quatre étoiles limitent le contour de la caisse du chariot ou profilent la partie principale de la casserole. Trois étoiles tracent la queue de l'ustensile ou le timon du véhicule. Deux autres s'appellent les « gardes ». Le profil de la casserole tourne, toujours, autour de l'étoile polaire.

Toutes ces étoiles qui sont désignées par leur nom arabe sont de magnitude 2. Cette constellation contient, en outre, une importante galaxie (kahkachân en persan) et une nébuleuse planétaire.

Frappé par la splendeur de cette constellation, Hâfez qui avait l'habitude d'admirer par les nuits pures, couché sur sa terrasse, le scintillement de la voûte céleste, devait murmurer intérieurement les noms des belles étoiles et les assimiler aux visages aimés.

Il était attiré par cette figure d'étoiles appelée « Petite Ours ». La polaire en est toute voisine (elle tourne l'extrémité de la figure).

L'« Iliade » de Homère nous apprend que l'une de ses deux constellations figurait sur le fameux bouclier de Vulcain (dieu du feu et du travail des métaux).Ces deux constellations ont reçu un grand nombre de dénominations. Les Latins ont appelé la « Grande Ours » : septem triones (les sept bœufs) d'où le mot « septentrion » ou « vélix » pace qu'elle tourne autour du pôle. Les Chrétiens l'ont nommée « Chariot de David », les Arabes « Dob Akbar ». Le nom de Calliste que les Grecs lui appliquèrent veut dire « la toute belle », nom ayant appartenu à une nymphe.

Quant à la « petite Ours », elle est appelée par les Arabes « Dob Asghar », par les Latins « Aractos Minor », par les Phéniciens « Phénice » : ces derniers avaient appris par Thalès (mathématicien et philosophe grec de l'école ionienne né vers la fin du VIIe s, et le début du VIe avant l'ère chrétienne), à reconnaître cette brillante constellation.

Les sept étoiles de la « Petite Ours » sont caractéristiques : l'une est la « Polaire » et une autre la « Farghdan ». Toute les deux se trouvent toujours, placées l'une au-dessus de l'autre. Quand la « Polaire » est en haut, la « Farghdan » est en bas et vice-versa. Ceci montre qu'il y a une seule étoile qui puisse se placer au-dessus » de la « Polaire » : la « Farghdan ». C'est pourquoi les poètes s'imaginaient que la position de cette dernière était supérieure à celle de la « Polaire » et disaient, par extension qu'une personne qui est haut placée est arrivée à la « farghdan ». L'expression « ta farghdan », veut dire à l'infini, au-dessus de toute conception, très élevé etc.

Mais Hâfez imagine une position encore plus élevée et dit que les pieds du trône de l'aimé reposent sur la « farghdan ». Nous avons du poète de Chirâz ces distiques :
« Celui qui est monté au faite de la gloire,
Sur l'étoile « farghdan » s'appuie péremptoire,
Et le ciel regarde son grand coursier courir
Sur la Voie Lactée, heureux de l'applaudir. »

Comme nous le savons, la Voie Lactée est cette vaste nébulosité qui paraît cheminer tout autour du ciel comme une sorte de ceinture; elle s'appelle aussi la « Voie de la Mecque ». En fait, elle n'est que l'apparence que prend la « galaxie », la nôtre, pour un observateur se trouvant à l'intérieur du monde solaire. Les idées poétiques des anciens représentaient cette trainée blanchâtre, laiteuse, et irrégulière, tantôt tourmentée, tantôt lumineuse, à des gouttes de lait répandues dans le ciel par Junon (épouse de Jupiter, fille de Saturne), allaitant Hercule enfant.

Nous allons reproduire le poème de Hâfez où le poète fait la louange du Châh Abou Is'hâk Indjou qui régna dans le Fârs en 742 de l'hégire (1341), déjà connu, sous le règne de ce roi qui gouvernait Ispahan. Il était le fils d'un ancien gouverneur du Fârs sous les Mongols Ghâzân.
On a de Hâfez ces vers décrivant le ciel :
« À l'aube la brise s'anime et parfume,
Le pré laisse courir l'air sur l'herbe qui fume…
Quand le roi du ciel (le Soleil) lève un pavois éblouissant
Il prend le monde avec les traits du jour naissant.
En dépit de l'« Aigle » (constellation) aux grandes ailes d'or
Il a construit son nid dans le sombre décor (l'espace).
Quand le coursier du ciel (le Soleil) jette l'œil sur la coupe,
Il enflamme l'Orient tout comme une étoupe.
Parfois quand il arrive au pôle céleste, ah!
Il foule aux pieds le front de l'étoile Kochah[1].

Il tire l'épée, le sang monte à la Lune,
Ses flèches jusqu'à Tir[2] arrivent une à une.
Tes esclaves, ici, peuvent en t'invoquant
Arriver aux Gémeaux[3] par ton pouvoir marquant.
Mercure dit bravo, mille fois en sa sphère,
Lorsque tu décides de bouleverser la Terre.
Les ennemis jaloux te surveillent pâlots
Tes lances (tes rayons) jours et nuits pointent leurs javelots.
Celui qui est monté au faite de la gloire
Sur l'étoile « Farghdan » s'appuie péremptoire.
Et le ciel regarde ton beau cheval courir
Sur la Voie Lactée heureux de t'applaudir.

Notes

1- L'une des étoiles de la « petite Ours ». Elle est aussi nommée « Farghdan » ou « Kochah ». Elle est située à l'extrémité du « Petit Chariot », opposée à la « Polaire », dans le prolongement de la queue de la constellation.

2- Tir ou Otârod désigne Mercure.

3- Les « Gémeaux », (Djovzâ ou Tov'aman) sont représentés par deux enfants qui se donnent l'accolade selon la voussure du portail central de Vézelay (département de l'Yonne, en France). En latin « Gémini ». les Gémeaux font partie de la constellation zodiacale caractérisée par ses deux principales étoiles, très brillantes et voisines, « Castor » et « Pollux ». L'alignement de ces deux étoiles est parallèle à la Voie Lactée qui vient border la partie sud de la constellation : Cette dernière dessine les contours presque réguliers d'un rectangle vers Orion, d'une part, et la « Grande Ours » d'autre part.

Les « Gémeaux » sont le troisième signe du Zodiaque qui correspondait, au temps d'Hipparque, avec la constellation de ce nom. De nos jours, par suite de la précession des équinoxes, la constellation des « Gémeaux » coïncide entièrement avec le signe du « Cancer » (Saratân), où entre le Soleil au levant au Solstice d'été.

Daftar 4
(Gazals 91-120)

On possède peu d'indications sur le portrait physique, intellectuel et moral de Hâfez. Dernièrement le « Centre de Distribution livresque TAHÉRI », (3ᵉ édition corrigée par Hassan Nourfari) a publié le « Divân » (recueil de poésies) de Hâfez portant sur la couverture le portrait du poète : on y remarque un bel homme, dans la force de l'âge, avec de longs cheveux bruns tombant sur les épaules, une barbe, des sourcils arqués, un nez droit, tenant un volume dans la main droite (son Divân sans doute ou le Coran), tendant la main gauche, paume ouverte, vers un grand nombre d'auditeurs, les uns coiffés et les autres pas, comme s'il leur prodiguait son enseignement. Il est vêtu d'une robe rose recouverte d'un manteau blanc et d'un pantalon de la même couleur. Il est visiblement chaussé d'une sorte de babouche (pâpouch) à pointe recourbée.

À part cela, parmi les riches peintures iraniennes du poète que possèdent les musées et les bibliothèques de l'Iran et des pays étrangers, il en est une qui se trouve au British Museum (musée de Londres créé en 1753 et riche en objets antiques), représentant Hâfez et le souverain de l'époque (Abou Is'hâk Indjou), assis tous deux par terre à l'orientale, conversant ensemble.

Le chantre de Chirâz porte dans la peinture en question une robe blanche ayant les pieds nus. Il tient sur son genou un livre fermé, de la main gauche. Il est nu-tête et porte de longs cheveux. Il a un collier de barbe, de fines moustaches, de noirs sourcils allongés, de grands yeux expressifs. Sa taille semble un peu voûtée comme celle des gens ayant une haute stature. Il affirme dans son LXXIe « ghazal » (71), que Hadji Ghavâmod-Din Hassan ayant fait don à notre poète mystique d'un manteau d'honneur, le vêtement parut court. Ce dernier ayant la taille haute, aurait fait cette malicieuse remarque :
« Notre marque d'honneur est de l'ordre inférieur… »

Nous savons par un de ses « ghazals » qu'il perdit un fils le 24 décembre 1362 : cette ode, d'une poignante mélancolie est la 134 (133) ème. Il dit entre autres :
« Ô douleur! C'est par ton mauvais œil qui s'impose,
 Que mon croissant si beau dans la tombe repose! »

Cette ode est une élégie composée par Hâfez à l'occasion de la mort de son fils. Ce détail montre que le poète enseignant et méthodique, est aussi sentimental et humain.

L'œuvre de Hâfez lyrique et mystique, est à la fois ésotérique et morale, astronomique même jusqu'à un certain point. Intellectuellement parlant, on croit en lisant Hâfez, dans l'original, avoir à faire à un poète épicurien : il ne chante dans ses « ghazals » que l'amour, le vin, la nature, les lèvres de carmin, la taille de cyprès (élancée), les roses dont le rossignol est amoureux, les prairies verdoyantes, le ciel de turquoise etc. Il nous conseille de profiter des « cinq » jours que le destin nous a alloués…Rappelons que Hâfez comme Sa'di de Chirâz, cite souvent les chiffres « cinq » ou cinquante, auxquels il semble donner de l'importance.

En dépit de tous ces détails qui dépeignent Hâfez comme un poète épicurien, on découvre cependant en lui une qualité peu connue à cette époque, même pas rappelée par les écrivains tels que Khayyam, Horace et Épicure, à savoir la tolérance. Ce qu'il prêche par ailleurs, par-dessus tout c'est l'amour de Dieu et

des humains (échk), qui nous relève et qui fait de nous des hommes de Dieu. Or cet amour n'est pas égoïste, selon le sens humain, mais total et exclusif dans lequel l'épris ne voit que le visage resplendissant de l'aimé, le guide spirituel, ou l'auréole éblouissante de Dieu. Hâfez déclare que l'épris devra tout abandonner dans le monde par amour pour l'aimé : biens, réputation, richesses, pouvoir, lauriers, honneur et surtout la vanité, mot qu'emploie l'Ecclésiaste (1-2) pour déplorer le vide des choses d'ici-bas :
« Vanité des vanités, tout est vanité »

Le soufi ne vise qu'à un seul objectif: s'unir à l'aimé et s'anéantir en lui. Les symboles les plus populaires de l'anéantissement du derviche sont : bougie qui consume les ailes du papillon par sa flamme, le rossignol qui gémit jusqu'à l'aube, amoureusement, en présence de la rose, enfin le cierge qui brûle et décroit silencieusement. Cet aimé peut représenter l'initiateur spirituel et mystique, le Vrai Absolu ou Dieu.

L'homme, l'Adam nouveau, est celui qui, à force d'oubli de soi-même, de soumission à Dieu, de renoncement, d'esprit de sacrifice et d'amour est parvenu à se débarrasser des illusions de ce monde passager en épurant progressivement l'âme et le corps.

L'homme est un pèlerin: il pousse son ascèse, va de l'avant dans la voie des mystiques en suivant les préceptes de son guide, appelé « pôle » (ou Ghotb) d'un terme piquant et expressif. Il arrivera, dans un délai plus ou moins long et abrupt- selon son caractère propre- à la beauté impérissable et merveilleuse qui auréole l'aimé absolu : Dieu.

Cette immense tolérance qui semblait une nouveauté au quatorzième siècle, largesse d'esprit peu usitée à cette époque lointaine, vu le rigorisme du siècle, cette magnifique ouverture, cette profonde et inimitable bienveillance envers les hommes à quelque peuple ou à quelque race qu'ils appartiennent, expliquent l'attitude indulgente du poète pour les Zoroastriens, les Chrétiens, les Juifs et enfin pour tous les peuples non encore islamisés. C'est que les mystiques voient dans toutes les doctrines, religieuses ou philosophiques, la même grande vérité : l'Unicité. La fraternité des hommes issus d'Adam, père de l'humanité, est proclamée par eux.

Ne voit-on pas au frontispice du Palais de l'O.N.U. (Société des Nations Unies) ce distique de Sa'di de Chirâz :
« Les êtres humains sont, tous, les membres d'un corps,
Dieu les créa, ainsi d'un seul fond, tout d'abord. »

Par ses affirmations en faveur des fidèles des autres religions qu'il considère, à raison, comme ses frères en humanité, par les idées de tolérance qu'il s'efforce de divulguer dans ses odes, par son attitude cinglante envers les hypocrites et les tartuffes, Hâfez a obtenu ses titres de noblesse, une place à part, dans le panthéon des hommes de grand cœur et d'âme profonde.

Daftar 5
(Ghazals 121-150)

Les traductions de Hâfez sont nombreuses mais, semble-t-il, insuffisantes, incomplètes, parfois infidèles, nécessairement à l'original, quand on pense à l'aphorisme italien : traduttore, traditore qui laisse entendre que tout traducteur est un traître, étant donné que toute traduction est fatalement infidèle et trahit la pensée, le style, le charme de l'auteur. Elles perdent ainsi leur musicalité, si le texte original en a, et leur coloris.

Le « Divân » de Hâfez a été recueilli et publié en manuscrit par un de ses élèves, Mohammad Gol Andam (qui a la taille d'une rose) quelques trente années après la mort du maître, survenue vers 1389...Par ailleurs, le texte de Hâfez établi par le bosniaque Soudi fut imprimé à Alexandrie en 1834, puis à Constantinople (aujourd'hui Istanbul) et à Vienne en 1858. De, même, on compte en 1826 une édition indienne, à Calcutta...

Avant les dates susmentionnées on peut aussi citer la traduction latine de Meninski, en 1680 et celles qui parurent en allemand en 1812, par Wahl, en anglais en 1792 (une sorte de sélection, en vers, des « ghazals ») par sir William Jones. Une autre sélection des poèmes de Hâfez eut lieu en anglais également par Miss Gertrude Lawthian, en français par sir Jones. On voit que les Anglais se sont intéressés aux poèmes lyriques et mystiques du poète de Chirâz plus que les autres peuples. On commença à s'intéresser à l'œuvre poétique de Hâfez, notamment en Europe, au XVIIIe siècle, et cet intérêt devint en Iran plus vivace en 1920 et 1940, une époque où les écrivains et les chercheurs iraniens eurent conscience de la grandeur de leur poète de Chirâz. Les recueils les plus sûrs ont paru, comme on l'a déjà rappelé, trente ans après la mort du poète : ils contiennent presque 500 « ghazals », alors que ceux qui parurent plus tard, présentent plus de 600, les copistes ayant ajouté au nombre connu des odes celles qui ont paru sous le nom de Hâfez, sans pourtant être de lui.

Daftar 6
(Ghazals 151-180)

Hâfez est avant tout, un poète lyrique et mystique. Quelques quatrains qui se trouvent placés à la fin du « Divân », mis à part, ce poète n'a composé que des « ghazals » qu'il a, d'ailleurs, extraordinairement, perfectionnés.

Le « ghazal » est un instrument de la poésie lyrique persane et d'autres langues orientales où foisonnent les symboles, les images, les comparaisons (tachbihât), les périphrases (estéârât) et les jeux de mots (djénâss). Les deux hémistiches riment ensemble contrairement aux « beyt » (distiques) suivants. Le dernier distique ou « magta », rappelle le nom ou le pseudonyme (takhalosss) du poète qui exprime des sentiments en deux vers, laisse vaguer son imagination lyrique en contemplation devant la nature, l'amour divin ou terrestre, le vin symbole de l'extase, le printemps (renouveau de l'âme), Dieu (force créatrice et intelligente de l'univers).

Dans le « ghazal » les distiques semblent indépendants les uns des autres, mais cependant un « lien » non exprimé, tacite, les relie : l'effort pour le trouver devrait être fait par le lecteur attentif. Une idée générale d'ailleurs les groupe, ce qui permet au lecteur de deviner ce « lien » après réflexion. Mais ce « lien » laisse aux yeux non avertis un « vide » apparent, sans doute, entre les distiques. Les vers ont un rythme et une rime uniforme.

Qu'est-ce que la poésie? C'est l'art de faire des vers par opposition à la prose. C'est l'art d'évoquer les sensations, les émotions par le moyen des sons, des rythmes, des rimes, l'harmonieuse suggestion des voyelles et des consonnes (euphonie). Nous avons dit que la poésie est l'art de faire des vers, mais Chénier remarque judicieusement que « l'art ne fait que des vers, le cœur seul est poète », laissant entendre que l'émotion est la source de toute vraie poésie. Il ne faut pas confondre « versification » et « poésie ». « Le vrai poète est celui qui remue l'âme et l'attendrit », dit Voltaire. On peut dire, en un sens, que Hâfez est un vrai poète car ses « ghazals » font vibrer les cordes du cœur, touchent l'âme et la remuent, plaisent intimement à l'oreille par leurs rythmes sans heurt, s'adressent à l'esprit le laissant parfois abasourdi par leur fantastique envol, impressionnent l'odorat par leur subtil parfum, caressent les yeux avec la description de la nature…

Il y avait autrefois, à Chirâz, un boulanger (Châter Abbâs) qui déclamait des poésies de son cru, spontanément, de façon primesautière, alors qu'il était illettré. Il pouvait poétiser comme on respire l'air.

Il y a souvent des gens étranges dont les paroles n'ont pas de sens logique mais qui plaisent. On a bien dit que la poésie ressemble à la magie : il faut la contempler bien qu'elle soit irréelle. Elle est pareille au murmure de l'eau qui coule, qui plaît mais qui n'a pas de sens. Que dit le murmure? Rien et tout, il caresse l'oreille et il lui plaît. Hâfez aussi a de ces vers impénétrables auxquels on ne comprend rien, mais qui ne choquent pas l'oreille, plaisent au lecteur. En voici un exemple :

« À l'aube, lorsque de l'abri du palais
De l'innovation, l'astre de l'Orient parut… »

Ces vers coulants que veulent-ils dire? Il va sans dire qu'il s'agit du lever du Soleil, mais quel est le sens du premier vers, à quoi rime le palais de l'innovation?

En dépit des distiques nébuleux qui sont rares, Hâfez présente des « ghazals » d'une rare beauté, uniques, primesautiers, profonds et typiques qu'il ne suffit pas seulement de réciter par cœur, mais de les lire tant leur magie ensorcelle, tant leur fond et leur forme sonnent agréablement à l'oreille et à l'esprit.

Hâfez dit de lui-même :
« Je suis l'aide-mage, et mes « ghazals », ô ciel,
Laissent choir leur douceur, et du sucre et du miel. »

En lisant Hâfez le terme qu'on rencontre le plus souvent est le mot « échk » (l'amour) le « libido » auquel Freud fait allusion et par lequel il explique l'énergie fondamentale de l'être humain, expression de l'instinct de vie. Hâfez se fait connaître, se dévoile déjà dans le premier distique de son premier « ghazal », en proclamant :
« L'amour simple d'abord, à présent se complique ».

Freud, six siècles après Hâfez, a découvert que toutes nos difficultés, tous nos problèmes, tous nos ennuis découlent de l'amour, souvent inassouvi et refoulé.

Les « ghazals » les plus célèbres de Hâfez sont ceux qui nous entretiennent de ces difficultés, les expliquant, les disséquant en deux coups d'expression. Hâfez nous parle de nos peines, compatit à nos maux, touche du doigt nos difficultés en les faisant jaillir de l'« inconscient » pour les rétablir dans la réalité vivante. Il nous fouille l'« inconscient », nous guérit comme un psychanalyste en trouvant une solution à nos appréhensions, à nos angoisses, à notre névrose. On raconte qu'un désespéré, un homme qui venait de perdre d'un coup toute sa fortune eut l'idée d'ouvrir le « Divân » de Hâfez. Il lut du premier coup :
« Dans cette nuit noire je suis perdu, mon cœur :
Sors d'un point des nues, mon astre de bonheur. »
En lisant ces vers, il sentit sa détresse s'évanouir et que celui qu'on appelait « lessanol gheyb », le chantre de Chirâz, l'avait réconforté, soutenu et exhorté à la lutte pour la vie, en le galvanisant.

Comme Freud Hâfez définit ainsi le « libido » :
« C'est un foyer intime d'où découle l'amour,
Dont les traits essentiels ne sont jusqu'à ce jour,
Ni les lèvres pourpres, ni l'éclat du visage… »
Il définit, en ces termes, que le problème de l'amour n'est point du domaine de notre savoir : on ne peut le résoudre avec ce vain moyen.

Hâfez montre comment on peut rappeler à partir de l'« inconscient » nos souvenirs refoulés, les paroles oubliées, presque effacées de l'écran du « conscient » par l'emploi du « vin », du « jus de la treille », qui développe comme le ferait un photographe, une pellicule sensible, faisant apparaître à l'aide d'un révélateur l'image latente.

Presque six siècles avant Sigmund Freud, psychiatre autrichien (1856-1939), Hâfez, poète lyrique iranien qui vécut au quatrième siècle (v.1326- v.1389) découvrit l'« inconscient », cet ensemble de processus dynamiques qui agissent sur la conduite apparente, mais échappent à la conscience. Il annonça, magistralement au monde sa découverte comme le fit Archimède, en clamant son « eurêka », loi de la pesanteur spécifique des corps, en déclarant :
« En mon cœur tout lassé je ne sais qui gîte,
Je me tais, mais c'est lui qui gémit et s'agite ».

Daftar 7
(Ghazals 181-210)

Le roman de Victor Hugo « L'Homme qui Rit », est une œuvre hallucinante qui projette des éclairs que l'on peut appeler « surréalistes ».

Hâfez aussi a des fulgurations surréalistes, de ces images saisissantes que les poètes, les peintres et les musiciens de XXe siècle ressusciteront sous le nom de mouvement surréaliste.

Le distique de Hâfez :
« En mon cœur tout lassé je ne sais qui gîte,
Je me tais, mais c'est lui qui gémit et s'agite... », annonce déjà six cents ans à l'avance, Freud qui inventera l'« inconscient » dont les surréalistes useront abondamment.

L'image saisissante qui montre le Christ dansant de joie dans le ciel en écoutant les odes de Hâfez, fait partie du patrimoine surréaliste :

Le quatrain de Hâfez qui dit :
« Vu ma peine, ce soir, je ne peux fermer l'œil...
Si tu ne le crois pas envoie ta pensée,
Pour voir que sans toi je ne peux m'assoupir. »

Il y a dans ces vers la révélation de la télépathie puisque le poète dit « envoie ta pensée ». Il y aussi l'effet du rêve, le vagabondage de l'esprit que les surréalistes priseront en 1924, après la Grande Guerre.

QU'EST-CE QUE LE SURRÉALISME?

Breton, le fondateur du surréalisme au XXe siècle, voulant définir le caractère et l'esprit surréaliste, a déclaré que Goya était déjà surréaliste avant l'heure, au même titre que Lautréamont. À vrai dire, le surréalisme n'est pas une essence définissable : c'est l'ensemble des pensées, des productions, des prises de position de ceux qui ont collaboré au mouvement dont Breton fut l'inspirateur. De même Hâfez, en un siècle de rigorisme sut échapper à l'emprise d'une idéologie et d'un style jusqu'alors dominants, prendre une position personnelle nouvelle tant au point de vue intellectuel que littéraire, exprimant des pensées saisissantes par leur nouveauté, produisant une œuvre éternellement vivante que ne se sont pas lassées les générations ultérieures de lire, d'admirer et d'imiter.

Il est manifeste que l'œuvre surréaliste ne se réduit pas à celle de Breton : les poèmes d'Éluard, de Desnos, les tableaux de Max Ernst, certaines toiles de Dali, appartiennent au surréalisme. De même, l'œuvre de Hâfez a été imitée, poursuivie par de nombreux poètes, sans jamais, d'ailleurs, pouvoir l'égaler.

Le surréalisme a mis en jeu une conception générale de l'homme considéré en lui-même et dans son rapport avec le monde et la société. Ainsi Hâfez fait du surréalisme quand il écrit :
« Le bien-être des deux mondes se résume en ces mots :
Sois humain aux amis, doux envers l'ennemi. »

Il prophétise le surréalisme quand il déclare :
« Comme le sort fut dicté hors de notre présence,
Ne te plains donc pas s'il n'est pas à ton goût. »

Hâfez fait du surréalisme quand il écrit :
« Prise le vin et la danse, ne cherche pas le secret
De l'univers : nul, par la raison, ne l'a résolu. »

Humour et poésie seront considérés par les surréalistes comme un instrument par lequel l'esprit affirme son indépendance, se libère du déterminisme qui enserre comme un étau la vie de l'humanité. Ainsi Hâfez se prononce contre la conjonction faste ou néfaste des planètes, contre le cours implacable du sort qui semble nous diriger malgré nous.

Concernant la beauté, le surréalisme prise celle qui accompagne la vie, celle qui nous transforme. Ce qu'il cherche c'est la beauté bouleversante. Exactement, Hâfez prône une telle beauté. Il célèbre dès le début de son œuvre jusqu'à sa fin, l'amour qui nous élève, qui anime le cœur d'une force nouvelle, qui épure l'âme comme le creuset qui épure l'or. Par cet aphorisme il prône l'amour éternel :
« Ne peut jamais mourir celui dont le cœur est vivant par l'amour :
Ainsi est assurée notre pérennité, à la face du monde. »

Hâfez étant lui-même conscient de la mission littéraire et spirituelle dont « on » l'avait chargé. Ce « on » désignait les muses, l'inspiration divine.

Dans un distique célèbre, il déclare :
« Dans la nuit, vers l'aube on me chargea d'un mandat nouveau,
Et dans les ténèbres on me fit prendre de l'eau de Jouvence. »

Certes, Hâfez ne pouvait prévoir que l'effort du génie littéraire produirait un jour dans un lointain avenir, un mouvement surréaliste, mais il savait parfaitement qu'un nouveau mandat lui avait été donné afin de créer un mouvement littéraire éternel et inimitable…

Nous avons souligné que Hâfez célèbre l'amour dans le premier distique de son premier « ghazal » et dans le dernier distique de sa dernière ode.

Pour commencer ses poèmes, il déclare :
« Alerte, l'échanson, sert le vin et réplique,
L'amour simple d'abord à présent se complique. »

Pour finir, il rappelle en son Divân, ce conseil dans un dernier distique :
« Chaque oiseau vient au pré mu par un chant d'amour.
Le rossignol y vient, charmé par les chants de Hâfez. »

Daftar 8
(Ghazals 211-240)

Pour comprendre et traduire Hâfez, pour saisir sa pensée, compliquée parfois, il faut chercher à savoir comment il a écrit, à connaître sa manière particulière de s'exprimer. Buffon a dit que « le style est l'homme même ». Or pour connaître le caractère de Hâfez, l'homme qu'il était, il faudra connaître aussi son style, sa sensibilité particulière à l'égard du langage. Le style de Hâfez, coulant, lyrique, plein d'images neuves, musicales et inimitables est celui du cœur et de la nature. On connaît qu'une ode, « ghazal », est de Hâfez rien qu'en observant le style dans lequel elle a été écrite.

Hâfez emploie plusieurs procédés poétiques pour s'exprimer :
- a) le symbole et l'allusion,
- b) le calembour, ou le « djénâss »,
- c) la périphrase,
- d) l'enjambement, mais rarement,
- e) la recherche des mots et des phrases musicaux,
- f) les références historiques, bibliques et coraniques,
- g) divers autres procédés tels que la personnification et l'antithèse, que nous mentionnerons au fur et à mesure de notre traduction.

Pour exprimer l'amour, Hâfez emploie le mot vin. Pour traduire l' « extase » il emploie le mot ivresse. Quand il fait allusion à l'espérance de l'union, Hâfez se sert du symbole qui est « le parfum des boucles de l'aimé (son guide spirituel ». La face de l'aimé est la pleine lune chez Hâfez. Son front est Vénus « Zohreh », ses joues sont des roses, ses yeux des « narcisses », sa bouche un « bouton de rose, ou une « pistache entrouverte », ses lèvres des « rubis » ou du « sucre », sa taille élancée, un « cyprès ». L'accroche-cœur de l'aimé est symbolisé par le maillet crochu pour jouer au polo, ses boucles de cheveux par des chaînes à lier les épris ou les fous, ou par un piège pour attraper les oiseaux (les amants éplorés). Le grain de beauté représente, dans le style du poète de Chirâz, l'appât qu'on met dans le piège, la fossette du menton, le puits ou le fossé dans lequel tombe l'épris; la tête de l'amant mystique est chez Hâfez une boule dont on se sert au jeu de polo, ses yeux rougis sont des grenades, sa nature est un perroquet gourmand. Le zéphyr est un messager qui apporte des nouvelles de l'aimé ou qui lui porte le salut des épris (derviches). Les « allégés » symbolisent ceux qui suivent la voie (tarikat) et qui se sont dépouillés des faux-brillants du monde. Les soufis sont, en général, représentés par les religieux fanatiques, le « derviche » par le religieux démuni.

Les références de Hâfez sont de l'ordre mythique ou historique, biblique ou coranique, poétique ou populaire. Hâfez fait allusion à Moïse rencontrant Dieu dans le buisson ardent du mont Sinaï, ou transformant son bâton en serpent. Il parle de Jésus au souffle guérisseur, de Karoun (le Crésus des Arabes), de Noé et de son arche, de Joseph et de Zoleykhâ (femme de Putiphar), de Salomon (Soleyman), voyageant dans les airs et parlant la langue des oiseaux, d'Assaf, ministre du roi sage, d'Alexandre et de Darius, de Djamchid, roi mythique, de la boule de cristal de Djam, de Leylâ et de Madjnoun (deux célèbres amoureux arabes), de Farhâd et de Chirine (deux épris tragiques), de Kavamod-Din, le protecteur de Hâfez, de Châh Chodjâ qui restaure les tavernes interdites par Mobârezod-Din à l'instigation de sa femme Delchâd Khâtoun.

Hâfez use des jeux de mots, de calembours, de « djénass », dans ses ghazals et provoque l'admiration de ses lecteurs persans. Il joue sur l'homonyme « Khattâ » qui a deux sens, celui de faute et péché, et celui d'une ville dans le Turkestan chinois. Il emploie de même le nom propre Farrokh qui veut aussi dire « heureux ». Il se sert de même du mot « gharib » qui veut dire étranger et en même temps étrange.

À une époque où régnait le rigorisme religieux, où les dirigeants exilaient ou condamnaient à mort les dissidents ou jugés tels, Hâfez se montra tolérant envers les Juifs, les Zoroastriens et les Chrétiens. Il déclara dans une de ses odes que partout on peut prier Dieu, que ce soit dans une mosquée ou dans une synagogue, dans une chambre close ou dans une vallée. Il parle avec sympathie de ces « frères », fustigeant la malhonnêteté de ses compatriotes, qui méprisaient les Juifs et les Chrétiens bien qu'ils fussent scriptaires.

La périphrase est fréquente chez Hâfez. Il cite la « fille du raisin », « dokhtar raz » pour annoncer le « jus de la treille ». La périphrase « esté'âré » consiste à exprimer en plusieurs mots ce que l'on aurait pu dire en un seul. Ainsi, on parle par périphrase quand on dit « les perles du matin » pour désigner la « rosée », la « déesse de la beauté » pour dire « Vénus », la « saison des fleurs » pour dire le printemps, la « voûte azurée » pour dire le ciel, l' « astre du jour » pour le soleil, « l'épris de la rose » pour le « rossignol ».

La phrase de Hâfez coule de source. La musicalité de ses distiques (beyts) est étonnante, qu'ils aient un caractère descriptif ou philosophique. Cette musicalité inspire des vers d'une suave simplicité, facile à retenir. Comme les symbolistes du XIXe siècle, Hâfez demande la musicalité des vers au rythme et à l'harmonie. C'est pourquoi l'on peut commenter par la musique (le piano, le violon ou la flûte), les ghazals de Hâfez empreints déjà d'une musicalité verbale. Le musicalisme, dans les beaux-arts, est une tendance artistique selon laquelle la musique peut être traduite par la peinture ou la poésie (et vice versa), la modulation par l'effet produit sur l'oreille d'un vers bien frappé ou par l'accord harmonieux des notes. Les vers de Hâfez étant de la musique on en peut donc les commenter par la musique (le piano par exemple). C'est ce qu'a fait le traducteur de Hâfez. Pendant une année il a composé des morceaux de musique pour le piano sur différents ghazals de Hâfez et les a exécutés lui-même à Radio-Téhéran. Ces morceaux traduisaient par les notes le sens intrinsèque des odes et la musicalité interne des vers.

Voltaire a dit : « De la musique avant toute chose », pour faire allusion à l'art poétique cherchant, avant toute chose, à traduire par les procédés musicaux les mouvements les plus fugitifs de la vie intérieure. La poésie empreinte de musicalité plaît à l'oreille, au cœur et à l'esprit.

Pour traduire en vers les « ghazals » de Hâfez, le traducteur s'est vu obligé, parfois, de se servir de certaines « licences », afin d'arriver à ses fins. Comme il ne pourrait rendre en français le mot à double sens, il a dû user d'un renvoi pour expliquer, en marge, les deux sens.

Quand le distique exprimait une idée compliquée, le traducteur a eu recours à quatre vers (deux distiques) au lieu de deux pour rendre l'idée entière, avec ses détours et ses détails.

On peut remarquer dans certains vers traduits en vers alexandrins des mots anodins tels que « si », « très », « bien », « beau » etc. pour respecter la règle de

12 pieds. Quand dans un hémistiche, il n'y a que 5 pieds le traducteur a eu recours à un « si » dans le sens de « tellement », par exemple pour avoir 6 pieds, avant ou après la césure. Il va sans dire que cette licence est ordinaire et faisable quand le sens du vers n'est pas modifié par l'empli de « si ».

Lorsque le sens commence dans un vers et finit dans une partie du vers suivant, quand un groupe syntaxique amorcé dans un hémistiche ne trouve son développement que dans l'hémistiche suivant, il y a un « enjambement ». Hugo a souvent employé l'enjambement dans ses vers. De même, on le trouve chez Homère et les poètes stylistes de l'époque alexandrine. Paul Valéry en a aussi usé. On tire parfois de l'enjambement d'heureux effets d'harmonie imitative.

Daftar 9
(Ghazals 241-270)

Hâfez a toujours fourni une admirable matière aux chercheurs, à étudier, à traduire en prose ou en vers.

Les admirateurs iraniens du chantre de Chirâz sont très nombreux et des plus qualifiés. Les uns consultent Hâfez comme les anciens consultaient l'oracle de Delphes par la bouche de la Pythie, les autres le lisent, s'en délectent, l'étudient, le commentent.

Un murmure admiratif se fait entendre dans les réunions où l'on prononce son nom. L'admiration actuelle pour Hâfez est générale, et peut-on dire, universelle, notamment après que L'U.N.E.S.C.O. eut décidé de célébrer le six-centenaire du décès de ce grand poète lyrique qui a porté le « ghazal » à sa perfection.

On apprécie et l'on prise tout dans Hâfez: ses symboles, ses traits de lumière, ses images étranges, sa musique harmonieuse, ses prévisions, ses trouvailles, le cyclorama qu'il décrit et met sous les yeux.

Les Iraniens, surtout contemporains, marquent leur enthousiasme pour Hâfez à cause des beautés de ses vers qui coulent de source.

Le grand poète de Tabriz, Séyed Mohammad Behdjati, « Chahriar » de son nom de plume, qui vient de décéder à Téhéran, nous laissant un merveilleux « Divân », déclare :
« Tous les dons que j'ai, je les dois au souffle de Hâfez... ».

Il était bien placé, ce poète de Tabriz, pour comprendre et goûter le lyrisme et le symbolisme de Hâfez, lui-même étant un poète lyrique et symboliste. Il a affirmé que Hâfez, au point de vue de l'art et de la syntaxe, des significations symbolistes, a parfait le vers persan.

On demanda à « Allameh » Ghazvini, commentateur de Hâfez, quel grand poète iranien était digne, selon lui, d'avoir une statue dans le pays, il répondit :
« Le seul poète dont les vers renferment des beautés concrètes et spirituelles, qui présente tous les charmes imaginables de la parole, tous les attraits de l'éloquence, toutes sortes d'inspirations sublimes, est certes, Hâfez de Chirâz, qui a su exprimer dans un langage harmonieux des vérités éternelles et qui brille avec éclat, dans le ciel comme un météore ».

Le professeur Saïd Nafici, ancien élève du collège Saint-Louis de Téhéran, chercheur infatigable, qui élut domicile en France à la fin de sa carrière, parle ainsi de ses rapports spirituels avec le poète de Chirâz :
« La séduction qu'ont exercée sur moi les beautés poétiques, angéliques, pour ainsi dire, et les accents familiaux des « ghazals » de Hâfez, date depuis des années ».

Mirza Mohammad, grand poète iranien auquel Mozaffar ad-Din Châh donna le titre de « Malek oh-Choarâ » (ou prince des poètes), qui s'est signalé par ses « ghazals », ses « kassidés » et ses « dobeytis », qui forma des hommes célèbres tels que le Dr Moïne, le Dr Khanlari, le Dr. Safâ, le Dr Khatibi, et bien d'autres personnalités, loue et admire le style de Hâfez, dans son « Histoire de l'Évolution du Persan », bien qu'il eût opté, lui-même, pour le style « Khorassani ».

Daftar 10
(Ghazals 271-300)

Nous avons déjà signalé que Hâfez n'était pas un astronome, à proprement parler, mais possédait de vastes connaissances sur l'astronomie, ne croyait nullement à l'astrologie, aux horoscopes, aux phénomènes fastes et néfastes. Il n'avait pas acquis son savoir astronomique dans les livres scientifiques de son époque comme Wells, écrivain anglais de récit d'imagination, comme Jules Vernes, auteur français qui créa le roman scientifique, Hâfez dit par intuition et par anticipation d'intéressantes découvertes touchant le ciel, la Terre, le Soleil et les astres. Il scruta la galaxie (comme alors sous le nom de la Voie Lactée) et glissa ses observations dans ses « ghazals » : fait dont on n'a pas tenu compte jusqu'à ce jour.

On a écrit que le savant italien qui prétendit, en 1610, que la terre est ronde et tourne autour d'elle-même en 24 heures et autour du soleil en 365 jours, est Galilée, dénoncé pour cette raison comme hérétique par l'Inquisition.

Cependant d'autres chercheurs avaient, bien avant Galilée exposé une telle hypothèse. Par exemple 250 ans avant l'astronome italien, le poète de Chirâz a fait allusion, dans ses poèmes, à la rondeur et aux mouvements de la Terre. Rappelons que certains astronomes iraniens avant Hâfez et Galilée avaient publié des informations sur la rotondité de la Terre, tels Abou Reyhan Birouni qui, en 975, calcula le rayon du globe terrestre et en donna la formule exacte. Mais malheureusement sa découverte fut vite oubliée. Citons un autre savant, Abdol Djalil Sandjari qui affirmait que non seulement la terre se meut dans l'espace, mais qu'elle n'est pas seulement ronde, ayant à peu près la forme d'une pastèque.

Ces savants exprimaient leurs idées en prose, en arabe ou en persan, mais le seul poète qui affirmait dans ses odes, en persan, la rotondité de la Terre, sa translation et son évolution fut certes Hâfez, affirmation considérée à cette époque lointaine comme un blasphème puisqu'on croyait que la terre était plate et que le Soleil tournait autour d'elle.

Dans un de ses « ghazals », Hâfez déclare : « Si nous avons foi en la toute-puissance de Dieu, nous devons admettre que ce centre du monde (la Terre) que nous avons cru immobile, n'est pas stable, mais au contraire se meut et tourne ».

À la fin de l'ode, Hâfez dit que du fait de cette rotondité et de ces mouvements, résultent les changements des saisons, l'évolution des mois et de l'année, l'arrivée de l'automne et du printemps. Il dit :

« Grâce aux tours que la terre effectue en son temps,
   Suivent les mois, les ans, l'automne et le printemps ».

Daftar 11
(Ghazals 300-)

Le mot « djâm » (coupe) à laquelle Hâfez fait allusion dans ses odes et qu'il désigne parfois par « djâm-djam » (coupe de Djamchid) et aussi par « djâm djahân Nemâ » (coupe qui montre le monde) était un globe ou un instrument dans lequel le souverain mythique de l'Iran antique, dit la légende, pouvait voir l'univers et lire même l'avenir. Quel était cet instrument? C'était une sorte de coupe portant gravées à l'intérieur et à l'extérieur de ses parois des lignes et des dessins et des signes que les savants avaient minutieusement calculés. En arabe, on connaît ces signes et ces lignes « al mokanterâts » ou lignes sahmi que les Européens nommèrent « paraboles ».

Abou Reyhan Birouni, en 1448, et Khâdjeh Nassir ad-Din Toussi, en 1274 de l'ère chrétienne, portèrent à leur perfection le calcul de ces lignes. On peut dire qu'il s'agissait, là, d'un appareil à calculer auquel on peut donner à juste titre le nom d'astrolabe.

L'ensemble des dessins et des lignes de l'astrolabe « chekl al-kata'a », les lignes gravées sur la paroi de l'astrolabe (ou Djâm Djam) avaient plusieurs caractéristiques astronomiques. Cet instrument servait à observer les astres et à déterminer les latitudes et les longitudes. Son invention est à tort attribuée à Hipparque (IIe siècle avant l'ère chrétienne), car l'astrolabe était connu et utilisé, bien avant cet astronome grec, par les Mèdes, le Chaldéen etc. Il se composait de deux ou plusieurs cercles ayant un centre commun, inclinés les uns sur les autres de manière à permettre à l'astronome à observer, en même temps, dans les différents cercles de la sphère : si par exemple, ces cercles étaient à angle droit, l'instrument donnait à la fois la longitude et la latitude, ou l'ascension droite de la déclinaison de l'astre. Sous cette forme l'instrument était appelé « astrolabe armillaire ». Ptolémée les réduisit à une surface plane « djâmé mossatahé », appelée « planisphère ». Depuis l'invention des instruments d'optique, l'astrolabe d'Hipparque tomba en désuétude. L'astrolabe à prisme, appareil mis au point en 1900 par Claude et Driencourt, puis amélioré par Danjon en 1955, sert à déterminer l'heure et la latitude par l'observation des passages d'étoiles à la hauteur de 60° degrés.

Le nouvel astrolabe de Danjon, grâce à d'importants perfectionnements peut être considéré comme le type de l'instrument d'observatoire destiné à la fois aux déterminations journalières d'heures servant à la définition du temps universel (T.U.), temps civil du méridien d'origine et aux déterminations continues de la latitude dont les fluctuations permettent de fixer les positions légèrement variables de l'axe de rotation par rapport au corps terrestre.

Ferdowsi parle souvent dans son « Châh Nâmeh » de l'utilité et de la nature de l'astrolabe. Il faut chercher à voir ce que l'auteur du « Livre des Rois » a voulu dire quand il évoque « djâm djahân nâmâ» (la coupe où l'on voit le monde) ou bien « djâm djamchidi » (la coupe djamchidienne), ou encore « djâmé saghâri » (la coupe à boire).

Rappelons que la plupart des vizirs, des commandants d'armée, des chefs de tribu, des conseillers du gouvernement des Mèdes, de l'Élam, des Achéménides, et des savants préislamiques possédaient des connaissances plus ou moins approfondies sur la science astronomique.

Les « sept contrées », (le monde) dont parle Ferdowsi sont également évoquées par Hâfez qui dit :
« Oh! Ne blâme pas Chirâz, son eau de Roknabâd,
 Car ces deux sont pareils à la mouche qui pare
 Le visage lointain des sept pays du monde. »

Ferdowsi rappelle que Key Khosrov, roi mythique de l'Iran, examinant son astrolabe, y remarqua les noms des sept villes gravées sur les parois de cet instrument. De même, il saisit par son astrolabe la qualité et la quantité des corps célestes dessinés à partir de « Hout » (poisson, signe du zodiaque), jusqu'à « Hamal » (bélier, également signe du zodiaque). Son attention fut alors attirée par la position de Keyvan (Saturne), Hormoz (Jupiter), Bahrâm (Mars) Chir (cinquième constellation du zodiaque, ou Lion), Otârod (Mercure) pour percer le mystère de l'avenir.

Hâfez fait allusion au fait que l'astrolabe était confectionné avec une argile spéciale. Il dit :
« Il y a bien longtemps que tu nous rends perplexes,
 Et laisses sans nouvelles tes amis sincères.
 La facture de la coupe est d'une autre matière
 Tu en demandes l'argile aux potiers ordinaires. »

Il est curieux de constater que Hâfez donne une précieuse information disant que pour fabriquer un astrolabe il faut utiliser une argile pure, sans pareille, spécialement pétrie à cet effet.

Durant des millénaires précédant l'Hégire et l'ère chrétienne, la coupe qui fait voir l'univers (djâmé djahân némâ), en d'autres termes l'astrolabe, était utilisé pour effectuer des calculs astronomiques : cet instrument s'est transformé peu à peu, s'est perfectionné et a pris le nom scientifique de « télescope électronique » d'une puissance de grossissement extraordinaire.

Dans un autre de ses « ghazals », Hâfez fait allusion à la puissance de la vue pour examiner les dessins et les signes de la coupe de Djam, et dit dans le début (matla) d'une de ses odes :
« Tu peux saisir les secrets de la coupe de Djam
  Si tu fais de la poudre du bistrot ton khôl. »

Pour renforcer la puissance de la vue, Hâfez recommande d'utiliser le collyre (sormé). Il rappelle que pour discerner les secrets de l'astrolabe, il faut aguerrir les yeux avec le khôl.

Il déclare ailleurs :
« On retire le voile de la terre jusqu'aux cieux
 Devant quiconque rend service à la coupe qui montre le monde ».

Le poète veut faire entendre que lorsque le savant aura combiné ses recherches avec l'astrolabe, il saisira le secret du monde astronomique.

301*

Tu as avec sa lèvre, ô cœur blessé, noué
De l'amitié[1] et as droit, bien sûr, dévoué
À son intimité…Observe-le[2], j'abrège.
Quant à moi je m'en vais, et que Dieu te protège.
Tu es un beau joyau et dans le ciel qu'on craint
Ta louange se fait dans les appels des saints.
Si tu doutes de moi, de ma foi, bien retouche :
Nul ne connaît l'aloi que la pierre de touche.
Tu m'avais affirmé que tu t'avinerais
Et que dans cet état, tu me donnerais
Deux baisers…Le délai est échu, l'occurrence
Est passée, et nous n'avons pas eu la dispense
D'un bécot, ni de deux…Ouvre ta bouche et ris[3]
D'un ton doux tel le miel. Ne cache ton rubis[4]
Et ne fais pas douter les bonnes gens : or dénoue
Tes lèvres…En outre, je briserai la roue
Du ciel, si elle va contre mon but, mon gré;
Non je ne plierai devant elle, affalé.
Et puisque sur Hâfez tu ne mets pas ta charge,
Rival, accentue d'un ou deux pas ta marge.

Notes

1- L'expression manger du pain et du sel avec quelqu'un c'est devenir son ami intime. Le droit du sel désigne le droit que donne l'amitié sincère.
2- Observe ce droit.
3- La « pistache rieuse » présente une coque entrouverte qui facilite l'extraction de l'amande. Les poètes comparent la bouche entrouverte à une pistache rieuse.
4- Le rubis, désigne les lèvres rouges

* Le professeur Faramarzi licingoff dans les années 1990 a sérieusement envisagé de terminer le travail qu'il avait commencé près d'un demi-siècle auparavant, mais la maladie l'a empêché d'atteindre ses objectifs.
Sa maîtrise de deux langues, le persan et le français (langue maternelle) a abouti à un Hâfez en français en vers alexandrin qui reste certainement unique dans l'histoire contemporaine.

304

Ô maître du monde, lustre de la doctrine,
Roi[1] parfait, Yahya ibn Mozaffar qui fascine,
Et savant, et juste. Ton règne de l'Islam
Est un abri certain, ici. Tu es l'imam
Du cœur et de l'âme. Il faut qu'on t'obéisse
Par amour et savoir. Tes dons et tes délices
Remplissent la terre…De toute éternité
Un grain[2] de ta plume retomba, ouaté,
Sur les traits lunaires[3], résolvant les problèmes.
Lorsque le soleil vit ce beau grain noir, même
Il se dit maugréant : « Oh! J'aurais tant aimé
Être cette lune[4]… En ton festin famé
Le ciel danse[5] et danse : prolonge ton brio,
Prends du vin et fais don au monde…Le lasso[6]
De ta boucle encercle le cou du misérable.
L'univers est tout plein de justice admirable.
Sois satisfait, content : car l'injuste, ici-bas
N'atteindra pas son but, voyant sonner son glas.
La largesse du roi[7] répartit la richesse :
Ne te soucie Hâfez du destin qui oppresse.

Notes

1- Dans le texte il y a « Khosrov », dans le sens du roi.
2- Il s'agit d'un grain de beauté.
3- Dans le texte il y a : « sur la face de la lune », ce satellite de la terre étant comparé à un être de grande beauté.
4- La lune représente une grande beauté
5- Il s'agit ici de deux danses : l'une ordinaire et l'autre sacrée appelée « somâ ».
6- La boucle de cheveux de l'idole est comparée à un lasso.
7- Il semble qu'il s'agit de Mobârezod-Din ibn Mozaffar qui s'empara de Kerman, en 1340, de Chirâz en 1353 et d'Ispahan, en 1357. Il régna quatre ans : Hâfez fait sa louange dans ce « ghazal ».

305

Dans la saison des fleurs, je fus honteux, confus[1]
De cesser de boire. Que nul de ses abus
Ne soit humilié…Or notre sauvegarde
Est le fort du chemin, de ce fait je me garde
D'être confus de l'idole[2], en aucune façon :
Qu'elle ne soit froissée, en son doux abandon.
Poser des questions nous déplaît et nous pèse,
Répondre aux questions nous frustre de notre aise.
Nous sommes bien penauds aux yeux des vieux routiers
Que les pleurs[3] de nos yeux aient coulé, entiers,
La nuit passée…Il sied qu'on marche, tête basse
Car on se sent tout confus devant cet œil qui chasse.
Tu es meilleur que l'astre et je rends grâce à Dieu
De n'être pas confus devant toi, en ce lieu.
Le voile ténébreux couvre l'eau de Jouvence :
Entendant, consterné, et en cette occurrence,
Les poèmes de Hâfez, et aussi ses beaux vers
Sa parole soulante et ses talents divers.

Notes

1- Ce « ghazal » emploie une rime unique qui est « khédjel », voulant dire : honteux, confus, penaud, humilié etc. Cette rime vient à la fin des deux vers du premier distique, puis à la fin des deuxièmes vers des distiques suivants.
2- Dans le texte il y a : l'idole et l'échanson.
3- Dans le texte on lit : le sang de nos yeux.

306

Si j'ai l'occasion d'arriver à ton gîte,
Mon union splendide aura un tour licite.
Ils m'ont ensorcelé tes deux yeux délicieux,
Ils m'ont tout enchaîné, enduits de « khol »[2], ces yeux.
Devant ta demeure, à moi pauvre, quelle porte
Me permettra jamais que j'entre, que je sorte.
Où aller, que faire, à qui tendre la main?
L'injustice du sort m'a rendu triste et vain.
Moi, au cœur tout brisé, j'aurai l'âme assouvie,
Lorsque ton épée m'aura ôté la vie.
Ton chagrin ne trouva aucun cœur plus brisé
Que le mien pour giter en ce lieu chiffonné.
Ton amour a poli et mon cœur et mon âme
De sorte que la rouille du sort ne les entame.
Quel délit ai-je fait envers toi, ô vainqueur,
Pour que tu refuses ma sujétion, ô cœur?
Familiarise-toi, Hâfez, avec la transe
De l'amour et tais-toi…Garde bien le silence,
Ne divulgue guère devant les gens sans cœur
Les secrets de l'amour, devant le critiqueur.

Notes

1- Dans le texte il y a : « ces deux narcisses », ces fleurs étant comparées à des yeux.
2- Le « khol » est le collyre dont les femmes enduisent les yeux pour les embellir.

357

Je vois en la taverne[1] une clarté divine;
C'est étrange! Que vois-je en un lieu où s'avine
L'homme... Ne bluffe, roi du grand « hadj »[2] devant moi,
Tu vois l'édifice[3], moi j'y vois Dieu, mon roi.
Je voudrais dénouer le tif[4] accapareur :
Quelle vaine idée : Je vois bien mon erreur!
Le pincement du cœur, les larmes amicales,
Les appels du matin, les plaintes vespérales,
Je considère, moi ces cadeaux envoyés
Comme des dons royaux que tu m'as octroyés.
Chaque jour je trace une différente image,
En mon cerveau subtil, de ton si beau visage.
Mais à qui dire enfin, ce que sur cet écran
Je vois de si brillant, de si beau sur ce plan!
Personne encore n'a vu comme musc de Chine
Et celui de Khotan ce que, tout en sourdine,
La brise et le zéphyr m'apportent sur leurs ailes :
Parfum mystérieux, effluve d'asphodèles.
Ne blâme pas ami si Hâfez est bizarre
Car il est, vous dis-je, un compagnon bien rare.

Notes
1- Il s'agit du monastère des mystiques que Hâfez appelle : taverne des mages.
2- Le « hadj » est le pèlerinage annuel des musulmans à la Mecque.
3- Le bâtiment de la Ka'ba, sans y voir Dieu.
4- Dénouer la toison de l'idole.

Correspondance entre Ghazals de l'Édition Persane de Ghazvini

Et l'Édition française du Professeur Licingoff

مطابقت غزل‌های نسخهٔ فارسی **محمّد قزوینی و قاسم غنی**، ۱۳۳۰، و نسخهٔ فرانسوی دیوان **حافظ فرامرزی**

شمارهٔ غزل	Distiques Français	صفحهٔ فارسی	مطلع غزل
			فهرست غزلیّات نسخهٔ قزوینی
			حرف الف ۱۲ غزل
۳	3 Si ce Turc de Chiraz me séduit, ce jour	۳	اگر آن ترک شیرازی به دست آرد دل ما را
۱	1 Échanson alerte, sers le vin et réplique	۲	الا یا ایّها السّاقی ادر کأساً وناولها
۱۲	12 Ta splendeur fait briller la face du soleil	۱۰	ای فروغ ماه حسن از روی رخشان شما
۶	6 Qui peut dire au sultan ma timide requête	۶	به ملا زمان سلطان که رساند این دعا را
۵	5 Je me sens défaillir : au secours, gens de cœur	۵	دل می‌رود ز دستم صاحبدلان خدا را
۱۰	10 Du temple à la taverne, hier s'en fut notre Maître :	۸	دوش از مسجد سوی میخانه آمد پیر ما
۹	9 L'éclat du renouveau pare le paysage	۷	رونق عهد شباب است دگر بستان را
۸	8 Remplis donc, échanson, notre coupe de vin	۷	ساقی برخیز و در ده جام را
۱۱	11 Fais rutiler de vin notre coupe, échanson	۹	ساقی به نور باده برافروز جام ما
۴	4 Tendrement, dis ô brise, à la douce gazelle	۴	صبا به لطف بگو آن غزال رعنا را
۲	2 De votre bienséance à nous ivres, c'est loin!	۳	صلاح کار کجا و من خراب کجا
۷	7 Viens soufi, notre coupe est un miroir liquide	۶	صوفی بیا که آینه صافی‌ست جام را
			حرف ب ۲ غزل
۱۴	14 Je dis : « Roi des beautés, pitié pour l'étranger. »	۱۱	گفتم ای سلطان خوبان رحم کن بر این غریب
۱۳	13 L'aube pointe et fait fuir les nuages multiples	۱۱	می‌دمد صبح و کلّه بسته سحاب
			حرف ت ۸۱ غزل
		۴۲	آن پیک نامور که رسید از دیار دوست
۶۰	60 Le glorieux courrier, venu de chez l'aimé	۵۷	آن ترک پری‌چهره که دوش از بر ما رفت
۸۷	87 Ta grâce jointe encor à tes traits, champion	۴۰	آن سیه‌چرده که شیرینی عالم با اوست
۵۷	57 Notre beau brun qui donne au monde sa douceur	۲۲	آن شب قدری که گویند اهل خلوت امشب است
۳۱	31 C'est ce soir que les pieux nomment « Nuit du Destin »	۳۰	اگرچه باده فرح‌بخش و باد گل‌بیز است
۴۱	41 Certes, le vin égaye et le vent sent la rose	۴۵	الم‌نشرح عرض هنر پیش یار برادری است
۶۴	64 Certes, devant l'Idole, il est fort indécent	۲۹	الملّه‌الله که در میکده باز است
۴۰	40 Grâce à Dieu, la taverne est ouverte,	۱۲	ای شاهد قدسی که کشد بند نقابت
۱۵	15 Qui t'ôtera le voile, ô séraphique ami	۴۳	ای غایب از نظر به خدا می‌سپارمت
۹۱	91 Je te confie à Dieu, loin des yeux mon amour	۶۴	چه لطف بود که ناگاه رشحهٔ قلمت
۱۹	19 Ô brise matinale où se trouve la tente	۱۴	ای نسیم سحر آرامگه یار کجاست
۹۰	90 Ô huppe zéphyrienne en Sabâ je t'envoie	۶۲	ای هدهد صبا به سبا می‌فرستمت
۳۹	39 Mon jardin ne veut point de cyprès	۲۸	باغ مرا چه حاجت سرو و صنوبر است
۲۸	28 Sur ton âme, khadjeh, et nos rapports anciens	۲۱	به جان خواجه و حقّ قدیم و عهد درست
۵۰	50 Mon cœur s'est pris aux rets de tes frisons, mon âme	۳۶	به دام زلف تو دل مبتلای خویشتن است
۳۵	35 Cesse tes cris, prêcheur, réintègre ton gîte	۲۵	برو به کار خود ای واعظ این چه فریاد است
۴۷	47 L'homme qui sait trouver la taverne et sa voie	۳۳	به کوی میکده هر سالکی که راه دانست
۷۷	77 Un chantre béquetait un pétale de fleur	۵۴	بلبلی برگ گلی خوش‌رنگ در منقار داشت
۶۶	66 Pleure donc rossignol, ô mon ami parfait	۴۶	بنال بلبل اگر با منت سر یاری است
۳۷	37 Le palais de nos vœux a les bases fragiles	۲۷	بیا که قصر امل سخت سست‌بنیاد است
۳۸	38 Sans ta face mon jour s'enténèbre et se voile	۲۷	بی مهر رخت روز مرا نور نمانده‌ست
۳۶	36 Lorsque tes longs cheveux se donnent à la brise	۲۶	تا سر زلف تو در دست نسیم افتاده‌ست
۷۶	76 Je n'ai pour tout abri que le seuil de ta porte	۵۳	جز آستان توام در جهان پناهی نیست
۲۲	22 En entendant parler l'homme de sentiment	۱۷	چو بشنوی سخن اهل دل مگو که خطاست
۹۳	93 Le bout de votre plume, ô bonheur! Quelle chance	۶۴	چه لطف بود که ناگاه رشحهٔ قلمت
۷۴	74 L'œuvre de l'univers n'est pas ce que l'on pense	۵۲	حاصل کارگه کون و مکان این همه نیست
۴۲	42 Te confier mon cœur en toute intimité	۳۰	حال دل با تو گفتنم هوس است
۸۷	87 Ta grâce jointe encor à tes traits, champion	۴۰	حسنت به اتّفاق ملاحت جهان گرفت
۳۲	32 Dieu qui marqua les traits de tes sourcils, idole	۲۳	خدا چو صورت ابروی دلگشای تو بست
۳۳	33 Qui rêve dans le val dédaigne la montagne	۲۴	خلوت گزیده را به تماشا چه حاجت است
۵۵	55 Ta boucle tend un piège à l'impie, au fidèle	۳۹	خم زلف تو دام کفر و دین است
۱۶	16 L'arc de ton gai sourcil, choisit son objectif	۱۳	خمی که ابروی شوخ تو در کمان انداخت
۷۵	75 Ce regard langoureux et notre pamoison	۵۳	خواب آن نرگس فتّان تو بی چیزی نیست
۶۵	65 J'aime tant le printemps, les roses, le mot tendre	۴۵	خوشتر ز عیش و صحبت و باغ و بهار چیست
۲۳	23 L'image de tes traits partout nous accompagne	۱۸	خیال روی تو در هر طریق همره ماست
۵۹	59 Je fonde mon espoir en cet ami si bon	۴۲	دارم امید عاطفتی از جناب دوست
۲۷	27 Mon Aimée vient d'entrer au couvent, coupe en main	۲۰	در دیر مغان آمد یارم قدحی در دست
۴۵	45 Dans le siècle présent, l'ami pur, sans travers	۳۲	در این زمانه رفیقی که خالی از خلل است

۵۶	56 Son amour transcendant a pour foyer mon cœur	۴۰	دل سراپردهٔ محبّت اوست
۲۱	21 M'ayant ôté la foi, la belle idole blâme	۱۶	دل دنیم شد و دلبر به ملامت برخاست
۷۸	78 As-tu su quel projet rumine notre Idole	۵۴	دیدی که یار جز سر جور و ستم نداشت
۷۲	72 Le chemin de l'amour n'aboutit à nul port	۵۰	راهی است راه عشق که هیچش کناره نیست
۳۴	34 Le foyer de mes yeux dont les clartés sont tiennes	۲۵	رواق منظر چشم من آشیانهٔ توست
۵۲	52 Depuis longtemps l'amour de l'Idole est ma loi	۳۷	روزگاری است که سودای بتان دین من است
۲۰	20 Le grand jeûne a pris fin, la fête arrive, ô joie	۱۶	روزه یک سو شد و عید آمد و دل‌ها برخاست
۷۳	73 Tes beaux traits lumineux, éclairent l'œil vulgaire	۵۱	روشن از پرتو رویت نظری نیست که نیست
۴۹	49 Le jardin de l'Éden c'est le coin du derviche	۳۵	روضهٔ خلد برین خلوت درویشان است
۶۳	63 Nul n'a vu ton visage et mille amants sont là	۴۴	روی تو کس ندید و هزارت رقیب هست
۹۴	94 Mes « mercis » à l'ami ignorent le faux-jour	۶۵	زان یار دلنوازم شکری است با شکایت
۷۱	71 Le pieux superficiel ignore notre sort	۵۰	زاهد ظاهرپرست از حال ما آگاه نیست
۵۴	54 A force de pleurer, mes yeux sont pleins de sang	۳۸	ز گریه مردم چشم نشسته در خون نشست
۲۶	26 Les cheveux tout épars et le visage humide	۲۰	زلف آشفته و خوی کرده و خندان لب و مست
۳۰	30 Ton frison par un fil enchaîna mille cœurs	۲۲	زلف هزار دل به یکی تار مو ببست
۱۸	18 Echanson, soit heureuse : elle arrive à la fête	۱۴	ساقی آمدن عید مبارک بادت
۸۴	84 Échanson apporte du vin le mois de jeûne	۵۸	ساقی بیار باده که ماه صیام رفت
۸۶	86 Échanson approche, l'ami ôte son voile	۵۹	ساقی بیا که یار ز رخ پرده بر گرفت
۵۸	58 Nous courbons notre front sur le seuil de l'élu	۴۱	سر ارادت ما و آستان حضرت دوست
۱۷	17 Ô cœur, loin de l'Amante, à petit feu je brûle	۱۴	سینه از آتش دل در غم جانانه بسوخت
۸۵	85 Sans nous laisser goûter au nectar de sa bouche	۵۹	شربتی از لب لعلش نچشیدیم و برفت
۲۵	25 Le rossignol s'éprend de la rose écarlate	۱۹	شکفته شد گل حمرا و گشت بلبل مست
۸۸	88 Le vieux de Canaan a dit un mot sensible	۶۱	شنیدم سخنی خوش که پیر کنعان گفت
۶۱	61 Zéphyr si tu passes au pays de l'idole	۴۳	صبا اگر گذری افتد به کشور دوست
۸۱	81 Le chantre, dit ainsi, le matin, à la rose	۵۶	صبحدم مرغ چمن با گل نوخاسته گفت
۴۳	43 Ton parterre de fleurs met en train et dispose	۳۱	صحن بستان ذوق‌بخش و صحبت یاران خوش است
۴۸	48 Grâce au vin, le sufi sait des secrets intimes	۳۴	صوفی از پرتو می راز نهانی داند
۸۰	80 Grâce aux buveurs, dévot, à l'âme sainte et haute	۵۴	عیب رندان مکن ای زاهد پاکیزه سرشت
۶۹	69 Tout homme se voit pris par ses nattes : ces lacs	۴۸	کس نیست که افتادهٔ آن زلف دوتا نیست
۴۴	44 Holà, la rose exhibe une coupe éclatante	۳۱	کنون که بر کف گل جام بادهٔ صاف است
۷۹	79 J'entends souffler, déjà, le vent du paradis	۵۵	کنون که می‌دمد از بوستان نسیم بهشت
۸۳	83 Si ta noire chevelure a commis une faute	۵۷	گر ز دست زلف مشکینت خطایی رفت رفت
۴۶	46 J'ai la rose en mes bras, la coupe à ma portée	۳۲	گل در بر و می در کف و معشوق به کام است
۵۱	51 Rubis désaltéré de sang tout affamé	۳۶	لعل سیراب به خون تشنه لب یار من است
۲۹	29 Ivre de ton image, à quoi nous sert le vin	۲۱	ما ز یاران چه بی‌پروای شراب است
۶۸	68 Mon Amour est parti depuis une semaine	۴۷	ماه این هفته برون رفت و به چشمم سالی است
۹۵	95 L'odeur de tes frisons m'enivre constamment	۶۶	مدام مست می‌دارد و نسیم جعد گیسویت
۶۲	62 Donne-moi son message, ô courrier, mon sauveur	۴۴	مرحبا ای پیک مشتاقان بده پیغام دوست
۷۰	70 Le regard amoureux ne voit que ton visage	۴۹	مردم دیدهٔ ما جز به رخت ناظر نیست
۲۴	24 N'attends pas de l'ivrogne, œuvre, ferveur, droiture	۱۸	مطلب طاعت و پیمان صلاح از من مست
۵۳	53 Le coin du cabaret est mon saint monastère	۳۸	منم که گوشهٔ میخانه خانقاه من است
۹۲	92 Mon émir ta démarche est celle des seigneurs	۶۴	میر من خوش می‌روی کاندر سر و پا می‌رمت
۶۷	67 De quel foyer jaillit la flamme qui affole	۴۷	یا رب این شمع دل‌افروز کاشانهٔ کیست
۸۹	89 Ciel, fais en sorte que l'idole saine et sauve	۶۲	یا رب سببی ساز که یارم به سلامت
			حرف ث ۱ غزل
۹۶	96 Notre mal n'a guère de remède, au secours	۶۶	درد ما را نیست درمان الغیاث
			حرف ج ۱ غزل
۹۷	97 Tu es la couronne des belles : c'est l'usage	۶۷	تویی که بر سر خوبان کشوری چون تاج
			حرف ح ۱ غزل
۹۸	98 Si selon ta doctrine il est bon de répandre	۶۸	اگر به مذهب تو خون عاشق است مباح
			حرف خ ۱ غزل
۹۹	99 Mon cœur en l'entourage épars de Farrokh	۶۸	دل من در هوای روی فرخ
			حرف د ۱۴۵ غزل
۱۹۶	196 Ceux qui changent l'humus par leur art alchimique	۱۳۲	آنان که خاک را به نظر کیمیا کنند
۱۱۸	118 Celui qui tient en main une coupe de vin	۸۰	آن کس که به دست جام دارد
۱۲۴	124 Celui dont les boucles déferlent, sentent bon	۸۴	آن که از سنبل او غالیه تابی دارد
۱۱۲	112 Celui qui prodigua à tes traits le carmin	۷۷	آن که رخسار تو را رنگ گل و نسرین داد
۱۹۱	191 Qui pourra, par bonté, nous être très fidèle	۱۲۹	آن کیست کز روی کرم با ما وفاداری کند
۲۱۶	216 Notre idole avait bien changé notre demeure	۱۴۶	آن یار کزو خانهٔ ما جای پری بود
۲۴۰	240 Le nuage d'Âzar dit adieu à l'espace	۱۶۲	ابر آذاری برآمد باد نوروزی وزید
۲۲۰	220 Mon sang du cœur coule de mes yeux sur la joue	۱۴۹	از دیده خون دل همه بر روی ما رود
۲۲۲	222 Qui de ta demeure s'en ira, te blâment	۱۵۰	از سر کوی تو هرکو به ملامت برود
۲۳۶	236 Si cet être angélique approche de ma porte	۱۵۹	اگر آن طایر قدسی ز درم بازآید
۲۳۰	230 Si je prise le vin qui sent le musc eh bien	۱۵۵	اگر به بادهٔ مشکین دلم کشد شاید
۱۵۵	155 Si je le suis encore, l'émeute se déchaîne	۱۰۶	اگر روم ز پیش فتنه‌ها برانگیزد

۱۲۹	129 Si le vin ne chasse le spleen de notre cœur	۸۸	اگر نه باده غم دل ز یاد ما ببرد
۱۸۰	180 Pistache riante confite dans du miel	۱۲۲	ای پستهٔ تو خنده زده در حدیث قند
۱۳۲	132 Avec le vin l'« aref » fit ses ablutions	۹۰	به آب روشن می عارفی طهارت کرد
۱۲۰	120 Mon idole qui est belle, comme la rose	۸۱	بتّی دارم که گرد گل ز سنبل سایبان دارد
۱۵۶	156 Nul n'égale l'aimé par l'éclat arbitraire	۱۰۶	به حسن و خلق و وفا کس به یار ما نرسد
۲۲۹	229 La chance par la voix de l'ami reste infime	۱۵۵	بخت از دهان دوست نشانم نمی‌دهد
۲۳۲	232 J'ai pris la décision, s'il m'est donc praticable	۱۵۷	بر سر آنم که گر ز دست برآید
۱۴۳	143 Celui-là peut sonder la coupe de Djamchid	۹۷	به سرّ جام جم آنگه نظر توانی کرد
۱۸۱	181 Dorénavant ma main, étreint le bout de pan	۱۲۳	بعد از این دست من و دامن آن سرو بلند
۲۱۵	215 Que se passait, mon Dieu, le matin au tripot	۱۴۶	به کوی میکده یارب سحر چه مشغله بود
۱۳۴	134 Le chantre s'immola pour posséder la rose	۹۱	بلبلی خون دلی خورد و گلی حاصل کرد
۱۱۳	113 La violette, hier soir dit à la rose, si belle	۷۷	بنفشه دوش به گل گفت و خوش نشانی داد
۲۰۲	202 Se peut-il qu'on ouvre la porte du tripot	۱۳۷	بود آیا که در میکده‌ها بگشایند
۲۴۳	243 Qui sent ton doux parfum, apporté par la brise	۱۶۴	بوی خوش تو هر که ز باد صبا شنید
۱۳۱	131 Le Turc du ciel rafle le repos des jeûneurs	۸۹	بیا که ترک فلک خوان روزه غارت کرد
۲۴۲	242 Viens donc voir arriver, tout flottant, l'étendard	۱۶۳	بیا که رایت منصور پادشاه رسید
۱۱۰	110 Mon vieux cœur rappelle son amour de jeunesse	۷۵	پیرانه سرم عشق جوانی به سر افتاد
۲۰۶	206 Tu nous choyais avant plus qu'à cette seconde	۱۴۰	پیش از اینت بیش از این اندیشهٔ عشّاق بود
۲۰۵	205 Quand la taverne aura un nom, un brin	۱۳۹	تا ز میخانه و می نام و نشان خواهد بود
۲۲۶	226 Je crains que mes larmes révèlent à la ronde	۱۵۳	ترسم که اشک در غم ما پرده‌در شود
۱۰۶	106 Que ton corps n'ait besoin de nuls soins des docteurs	۷۲	تنت به ناز طبیبان نیازمند مباد
۱۲۶	126 Quand l'aimé est sans traits, l'âme est faible : et voilà	۸۶	جان بی جمال جانان میل جهان ندارد
۱۰۴	104 Ta beauté attire, comme un astre, les yeux	۷۱	جمالت آفتاب هر نظر را
۲۳۸	238 Oui, le monde teignit le sourcil de la fête	۱۶۰	جهان برابروی عید از هلال وسمه کشید
۲۳۴	234 Lorsque l'astre, au levant, apparaît…En principe	۱۵۸	چو آفتاب می از مشرق پیاله برآید
۱۳۵	135 Tel le vent je vole vers l'abri de l'aimé	۹۲	چو باد عزم سر کوی یار خواهم کرد
۲۲۱	221 Quand ma main effleure la boucle de sa tresse	۱۵۰	چو دست بر سر زلفش زنم بتاب رود
۱۴۵	145 Je ne sais quelle ivresse a saisi mon cœur vain	۹۸	چه مستی است ندانم که رو به ما آورد
۱۸۲	182 Tu n'as pas écrit depuis longtemps, bientôt	۱۲۳	حسب حالی ننوشتی و شد ایّامی چند
۱۰۷	107 Que ta grande beauté nous tienne sous son charme	۷۳	حسن تو همیشه در فزون بود
۲۰۸	208 Quand l'homme tout brisé t'invoque impuissant	۱۴۱	خستگان را چو طلب باشد و قوّت نبود
۱۰۸	108 Ô Khosrov, que le ciel soit la boule à ton mail	۷۴	خسروا گوی فلک در خم چوگان تو باد
۲۲۴	224 Heureux donc le cœur que le regard ne leurre	۱۵۱	خوش دلی کاو مدام از پی نظر نرود
۱۶۲	162 Bienvenue à la rose, et rien n'est plus divin	۱۱۰	خوش آمد گل و زان خوشتر نباشد
۱۶۰	160 Il est bien agréable le lieu de privilège	۱۰۹	خوشتر خلوت اگر یار هم ما باشد
۲۰۰	200 Sais-tu ce que disent la harpe et la lyre	۱۳۵	دانی که چنگ و عود چه تقریر می‌کنند
۱۵۲	152 De toute éternité ta beauté féconde	۱۰۳	در ازل پرتو حسنت ز تجلّی دم زد
۲۱۸	218 Celui qui, homme heureux de toute éternité	۱۴۸	در ازل هر کو به فیض دولت ارزانی بود
۱۱۵	115 Plante, mon bon ami, l'arbre de l'amitié	۷۸	درخت دوستی بنشان که کام دل به بار آرد
۱۹۳	193 Mes coups d'œil indiscrets méritent les ignares	۱۳۰	در نظربازی ما بی‌خبران حیرانند
۱۷۳	173 Priant, je me souvins de l'arc de ton sourcil	۱۱۷	در نماز خم ابروی تو با یاد آمد
۲۳۳	233 Je ne fais que quêter pour bien être exaucé	۱۵۷	دست از طلب ندارم تا کام من برآید
۱۳۶	136 On ne peut point toucher ta double cadenette	۹۲	دست در حلقهٔ آن زلف دوتا نتوان کرد
۱۸۷	187 Consume-toi, ô cœur, cela est un ferment	۱۲۶	دلا بسوز که سوز تو کارها بکند
۱۳۷	137 Il rafla tout mon cœur, puis cacha son visage	۹۳	دل از من برد و روی از من نهان کرد
۱۳۹	139 Le bien aimé partit, sans rien dire aux amants	۹۴	دلبر برفت و دلشدگان را خبر نکرد
۱۱۷	117 Entourant ta face, nous sommes loin du pré	۷۹	دل ما به دور رویت ز چمن فراغ دارد
۱۴۹	149 Mon cœur ne désire que l'amour des traits fins	۱۰۱	دلم جز مهر مهرویان طریقی برنمی‌گیرد
۱۱۹	119 Le cœur d'or qui voit Dieu, qui possède la coupe	۸۱	دلی که غیب‌نمای است و جام جم دارد
۱۵۱	151 Puisqu'on souffre, ici-bas, à qui sert ce bas monde	۱۰۳	دمی با غم بسرکردن جهان یکسر نمی‌ارزد
۱۴۱	141 La fille de la vigne, amis, s'est dévoilée	۹۵	دوشینه دختر رز توبه ز مستوری کرد
۱۰۲	102 Hier dans la soirée, le zéphyr m'a remis	۷۰	دوش آگهی ز یار سفرکرده داد باد
۱۷۱	171 Hier soir, du grand Assaf nous parvint le message	۱۱۶	دوش از جناب آصف پیک بشارت آمد
۲۱۰	210 Hier en notre assemblée, on parlait de ta tresse	۱۴۲	دوش در حلقهٔ ما قصّهٔ گیسوی تو بود
۱۸۴	184 J'ai vu hier les anges tambourinant la porte	۱۲۴	دوش دیدم که ملا یک در میخانه می‌زدند
۲۱۱	211 Il venait, hier, nonchalant, visage dévoilé	۱۴۳	دوش می‌آمد و رخساره برافروخته بود
۱۸۳	183 Hier, au petit matin, on m'ôta de déboire	۱۲۴	دوش وقت سحر از غصّه نجاتم دادند
۱۰۰	100 Le vieux tavernier dit « prends du vin,	۶۹	دمی پیر می‌فروش که ذکرش به خیر باد
۲۱۴	214 J'ai rêvé – doux rêve- que j'avais dans la main	۱۴۵	دیدم به خواب خوش که به دستم پیاله بود
۱۰۹	109 Depuis longtemps l'Aimé, m'a laissé sans message	۷۴	دیری است که دلدار پیامی نفرستاد
۱۵۴	154 Choisis-toi un rôle qu'on puisse t'assigner	۱۰۵	راهی بزن که آهی بر ساز آن توان زد
۲۳۹	239 Heureuse nouvelle! Le vert printemps, enfin	۱۶۱	رسید مژده که آمد بهار و سبزه دمید
۱۷۹	179 On me dit que le temps du chagrin finira	۱۲۱	رسید مژده که ایّام غم نخواهد ماند
۱۳۸	138 J'attendis sur la route : il ne vint pas me voir	۹۴	رو بر رهش نهادم و بر من نگذر نکرد

۱۰۳	103 Qu'il est doux le rappel des beaux jours où, unis	۷۱	روز وصل دوستداران یاد باد
۱۶۶	166 La séparation, son absence ont pris fin	۱۱۲	روز هجران و شب فرقت یار آخر شد
۱۲۷	127 La lune n'a guère l'éclat de ton visage	۸۶	روشنی طلعت تو ماه ندارد
۱۷۰	170 L'ermite solitaire, hier, au tripot	۱۱۵	زاهد خلوت‌نشین دوش به میخانه شد
۲۳۵	235 Heureux soit le moment où reviendra l'idole	۱۵۹	زهی خجسته زمانی که یار باز آید
۱۵۰	150 Quand le bel échanson passe, la coupe emplie	۱۰۲	ساقی ار باده از این دست به جام اندازد
۲۲۵	225 Échanson, prise donc le cyprès, la tulipe	۱۵۲	ساقی حدیث سرو و گل و لاله می‌رود
۲۰۳	203 Depuis des années, mes vers, dans la taverne	۱۳۸	سال‌ها دفتر ما در گرو صهبا بود
۱۴۲	142 Depuis longtemps déjà, mon cœur ascétique	۹۶	سال‌ها دل طلب جام جم از ما می‌کرد
۱۶۷	167 Le soleil se lève, devenant éclatant	۱۱۳	ستاره‌ای بدرخشید و ماه مجلس شد
۱۳۰	130 Le chantre a confié, à l'aurore, au zéphyr	۸۹	سحر بلبل حکایت با صبا کرد
۱۵۳	153 Quand, au petit matin, se mettant en campagne	۱۰۴	سحر چون خسرو خاور علم بر کوهساران زد
۱۷۶	176 À l'aube le bonheur me murmura soudain	۱۱۹	سحرم دولت بیدار به بالین آمد
۱۹۲	192 Pourquoi mon beau cyprès ne prend pas le chemin	۱۲۹	سرو چمن من چرا میل چمن نمی‌کند
۱۹۴	194 Les fleurants le jasmin ôtent par leur présence	۱۳۱	سمن‌بویان غبار غم چو بنشینند بنشانند
۱۲۵	125 N'est pas beaux qui le veut avec ces noirs cheveux	۸۵	شاهد آن نیست که مویی و میانی دارد
۱۹۷	197. Si les beaux visages minaudent de la sorte	۱۳۳	شاهدان گر دلبری زین‌سان کنند
۲۰۱	201 Vin pur, bon échanson : deux pièges en chemin	۱۳۶	شراب بی‌غش و ساقی خوش دو دام رهند
۱۰۱	101 Le vin, la ripaille? C'est une chose bonne	۶۹	شراب و عیش نهان چیست کار بی‌بنیاد
۱۷۵	175 Le vent congratule le « pir », cabaretier	۱۱۸	صبا به تهنیت پیر می‌فروش آمد
۱۴۶	146 La brise m'apporta le parfum de l'aimé	۹۹	صبا وقت سحر بویی ز زلف یار می‌آورد
۱۰۵	105 Si donc le soufi boit avec mesure, soit	۷۲	صوفی ار باده به اندازه خورد نوشش باد
۱۳۳	133 Le soufi mit sa nasse et usa d'artifice	۹۰	صوفی نهاد دام و در حقه باز کرد
۱۸۹	189 Si la fortune encor me sourit, mon aimé	۱۲۷	طایر دولت اگر باز گذاری بکند
۱۷۲	172 Si ton amour fait naître une idée idyllique	۱۱۷	عشق تو نهال باز حیرت آمد
۱۱۱	111 Quand ton beau visage brille dans le miroir	۷۵	عکس روی تو چو در آینه جام افتاد
۱۹۵	195 Les grands rois couronnés deviennent tes esclaves	۱۳۲	غلام نرگس مست تو تاجدارانند
۲۰۹	209 Le sort de ce blessé, par ton bras, n'allait pas	۱۴۲	قتل این خسته به شمشیر تو تقدیر نبود
۱۱۶	116 Celui qui contemple les beaux yeux de l'aimé	۷۹	کسی که حسن و خط دوست در نظر دارد
۱۹۰	190 Ta plume musquée est un jour, si suave	۱۲۷	کلک مشکین تو روزی که ز ما یاد کند
۲۱۹	219 Maintenant que la rose a vu le jour de rien	۱۴۸	کنون که در چمن آمد گل از عدم به وجود
۱۶۱	161 Celui-là est poète dont le cœur est artiste	۱۰۹	کسی شعر تر انگیزد خاطر که حزین باشد
۱۶۸	168 L'être s'est consumé pour que le cœur meure	۱۱۴	گداخت جان که شود کار دل تمام و نشد
۲۲۷	227 Il est dur d'apprendre au pécheur de la ville	۱۵۴	گرچه بر واعظ شهر این سخن آسان نشود
۲۲۸	228 Qu'importe si je cueille un fruit en ton jardin	۱۵۴	گر من ز باغ تو یک میوه می‌چینم چه شود
۱۸۶	186 Le vendeur de vin exauce le buveur	۱۲۶	گر می‌فروش حاجت رندان روا کند
۲۳۱	231 Je dis : « Pour toi je souffre! » - Lui :«Ton mal est véniel	۱۵۶	گفتم غم تو دارم گفتا غمت سرآید
۱۹۸	198 Je dis : « Quand est-ce que tes lèvres et ta bouche	۱۳۴	گفتم کی دهان و لبت کامران کنند
۱۶۳	163 La rose sans les traits de l'aimé est morose	۱۱۰	گل بی رخ یار خوش نباشد
۲۱۳	213	۱۴۴	گوهر مخزن اسرار همان است که بود
۱۸۸	188 L'importun m'accusa, moi le viveur, fou d'amour	۱۲۷	مرا به رندی و عشق آن فضول عیب کند
۱۶۵	165 Le rayon des yeux noirs s'enracine en ma tête	۱۱۲	مرا چشمت ز سر بیرون نخواهد شد
۱۷۴	174 Bonne nouvelle, ô cœur, la brise est revenue	۱۱۸	مژده ای دل که دگر باد صبا بازآمد
۲۱۷	217 Ô musulmans, j'avais, un jour, un cœur en qui	۱۴۷	مسلمانان مرا وقتی دلی بود
۱۲۳	123 Musiciens l'amour a de merveilleux accords		مطرب عشق عجب ساز و نوایی دارد
۲۴۱	241 Amis, souvenez-vous du nocturne rival	۱۶۳	معاشران ز حریف شبانه یاد آرید
۲۴۴	244 Dénouez, compagnons, les boucles de l'idole	۱۶۵	معاشران گره از زلف یار باز کنید
۱۵۸	158 Moi abjurer le vin? En voilà une histoire	۱۰۷	من و انکار شراب این چه حکایت باشد
۱۴۷	147 La brise de l'aube, hier, m'apporta l'assurance	۱۰۰	نسیم باد صبا دوشم آگهی داد
۱۶۴	164 Le souffle du zéphyr embaume le logis	۱۱۱	نفس باد صبا مشک‌فشان خواهد شد
۲۳۷	237 Je péris et m'éteins sans t'avoir eu, amour	۱۶۰	نفس برآمد و کام از تو بر نمی‌آید
۱۵۹	159 Les pièces du soufi ne sont guère sans blâme	۱۰۸	نقد صوفی نه همه صافی بی‌غش باشد
۱۸۵	185 Serait-il possible qu'on fête les matois	۱۲۵	نهادم آید آیا که عیاری گیرد
۱۷۷	177 Ne peut point séduire qui se montre un peu tendre	۱۲۰	نه هر که چهره برافروخت دلبری داند
۱۲۸	128 Je ne trouve, en la ville, une idole qui charme	۸۷	نیست در شهر نگاری که دل ما ببرد
۱۹۹	199 Les prêcheurs exhortent quand ils sont sur la chaire	۱۳۵	واعظان کین جلوه در محراب و منبر می‌کنند
۱۲۱	121 Celui qui estime le monde et ses amants	۸۲	هر آن کو خاطر مجموع و یار نازنین دارد
۱۲۲	122 Quiconque a des égards envers les hommes pieux	۸۳	هر آن که جانب اهل خدا نگه دارد
۱۵۷	157 Oui, celui qui s'éprend de ta beauté, préfère	۱۰۷	هر که را با خط سبزت سر سودا باشد
۱۷۸	178 Qui devient confident reste au cœur de l'idole	۱۲۰	هرکه شد محرم دل در حرم یار بماند
۲۲۳	223 Jamais ton visage de mon cœur ne s'efface	۱۵۱	هرگزم نقش تو از لوح دل و جان نرود
۱۱۴	114 L'oiseau du paradis donnera dans nos rets	۷۷	همای اوج سعادت به دام ما افتد
۱۴۴	144 Souviens-toi de celui qui s'en fut, ô mon cœur	۹۸	یاد باد آن که ز ما وقت سفر یاد نکرد
۲۰۷	207 Oh! Quel beau souvenir j'ai gardé de l'époque	۱۴۰	یاد باد آن که سر کوی توأم منزل بود
۲۰۴	204 Je me souviens du jour où nous choyait	۱۳۸	یاد باد آن که نهانت نظری با ما بود
۱۴۸	148 Lorsque mon idole prend dans sa main la coupe	۱۰۰	یارم چو قدح به دست گیرد
۱۶۹	169 Je ne vois nulle part les idoles si chères	۱۱۴	یاری اندر کس نمی‌بینم یاران را چه شد
۲۱۲	212 Je prenais une ou deux coupes, au point du jour	۱۴۳	یک دو جامم سحر گر اتفاق افتاده بود
			حرف ز ۱۳ غزل

361

۲۴۵	245 Perroquet qui redit les secrets sans mélange		۱۶۵	الا ای طوطی گویای اسرار
۲۵۳	253 Le parterre de fleurs resplendit par l'éclat		۱۷۱	ای خرّم از فروغ رخت لالهزار عمر
۲۴۹	249 Brise apporte un parfum du limon de la route		۱۶۸	ای صبا نکهتی از خاک ره یار بیار
۲۴۸	248 Ô brise apporte donc l'odeur de chez un tel		۱۶۸	ای صبا نکهتی از کوی فلانی به من آر
۲۵۴	254 Le doux chantre annonce sur le cyprès qui pose		۱۷۲	دیگر ز شاخ سرو سهی بلبل صبور
۲۵۷	257 ...		۱۷۴	روی بنما و مرا گو که ز جان دل برگیر
۲۵۰	250 Montre-moi ta face, laisse tomber mon être		۱۶۹	روی بنما و وجود خودم ز یاد ببر
۲۵۱	251 C'est la nuit de l'union : est finie l'abandon		۱۷۰	شب وصل است و طی شد نامهٔ هجر
۲۴۷	247 Zéphyr, ne manque pas de passer chez l'aimé		۱۶۷	صبا منزل جانان گذر دریغ مدار
۲۴۶	246 La fête est bon plein, les amis dans l'attente		۱۶۶	عید است و آخر گل و یاران در انتظار
۲۵۲	252 Si j'ai longue vie je verrai de nouveau		۱۷۰	گر بود عمر به میخانه رسم بار دگر
۲۵۶	256 Je te donne un conseil, écoute : point d'excuse		۱۷۳	نصیحتی کنمت بشنو و بهانه مگیر
۲۵۵	255 Ton fils, Joseph, vendu te reviendra enfin		۱۷۲	یوسف گم گشته باز آید به کنعان غم مخور
				حرف ز ۹ غزل
۲۶۰	260 Ô gracieuse beauté qui te flattes, marchant		۱۷۶	ای سرونِ ناز حسن که خوش میروی به ناز
۲۶۵	265 L'envie de ta bouche est bien inassouvie		۱۷۹	بر نیامد از تمنای لبت کامم هنوز
۲۶۳	263 Viens lâcher notre barque en un fleuve de vin		۱۷۸	بیا و کشتی ما را در شط شراب انداز
۲۶۲	262 Qui peut décrire, encor, l'état de ceux dont saigne		۱۷۷	حال خونین دلان که گوید باز
۲۶۴	264 Debout! Et mets de l'eau purpurine en l'écuelle		۱۷۹	خیز و در کاسهٔ زر آب بنفشه انداز
۲۶۱	261 Viens, pour qu'au cœur éteint se rallume la flamme		۱۷۷	در آکه ز دل خسته توان در آب باز
۲۶۶	266 Mon cœur s'effarouche à tout ce qui s'insurge		۱۸۰	دلم رمیده لولی وشی است شور انگیز
۲۵۹	259 Je me sens très heureux en voyant l'ami		۱۷۶	منم که دیده به دیدار دوست کردم باز
۲۵۸	258 Je rends grâce à Dieu que le sort à sa guise		۱۷۵	هزار شکر که دیدم به کام خویشت باز
				حرف س ۵ غزل
۲۶۷	267 Ô zéphyr, en passant sur la rive sereine		۱۸۱	ای صبا گر بگذری بر ساحل رود ارس
۲۷۱	271 J'en veux tant aux tresses d'ébène, que c'est fou!		۱۸۳	دارم از زلف سیاهش گله چندان که مپرس
۲۷۰	270 L'amour m'a fait souffrir : ne m'en dis guère plus		۱۸۳	درد عشقی کشیدهام که مپرس
۲۶۹	269 Pour compagnon de route, ô mon cœur, la fortune		۱۸۲	دلا رفیق سفر بخت نیکخواهت بس
۲۶۸	268 Au parterre fleuri de ce monde, une idole		۱۸۲	گلعذاری ز گلستان جهان ما را بس
				حرف ش ۲۰ غزل
۲۷۳	273 Comme un bon compagnon, respecte donc ton pacte		۱۸۵	اگر رفیق شفیقی درست پیمان باش
۲۸۷	287 Tes aspects sont gracieux et tes formes charmantes		۱۹۴	ای همه شکل تو مطبوع و همه جای تو خوش
۲۷۲	272 Reviens-moi et deviens l'ami du cœur serré		۱۸۴	بازآی و دل تنگ مرا مونس جان باش
۲۷۶	276 Si donc le jardinier hante cinq jours la rose		۱۸۷	باغبان گر پنج روزی صحبت گل بایدش
۲۸۲	282 Mon idole sans cœur, au lobe de satin		۱۹۱	ببرد از من قرار و طاقت و هوش
۲۷۴	274 Autour de la tulipe aie la coupe à la main		۱۸۵	به دور لاله قدح گیر و بیریا میباش
۲۸۰	280 Quand le vent dénoua sa tresse sentant l'ambre		۱۸۹	چو برشکست صبا زلف عنبرافشانش
۲۷۹	279 Heureux soient Chirâz et sa surabondance		۱۸۹	خوشا شیراز و وضع بیمثالش
۲۸۶	286 Sous le règne du roi qui fait grâce et pardonne		۱۹۳	در عهد پادشاه خطابخش جرمپوش
۲۹۰	290 Mon cœur s'effarouche, derviche, ne sais		۱۹۶	دلم رمیده شد و غافلم من درویش
۲۸۶	286 Hier soir, en cachette, me dit l'expert plaideur		۱۹۳	دوش با من گفت کاردانی تیز هوش
۲۸۴	284 L'ange occulte me dit, l'autre soir, dans un coin		۱۹۱	سحر ز هاتف غیبم رسید مژده به گوش
۲۷۸	278 Je veux du vin encor et fort de prince abat l'homme		۱۸۸	شراب تلخ میخواهم که مردافکن بود زورش
۲۷۶	276 Si donc le jardinier hante cinq jours la rose		۱۸۶	صوفی گلی بچین و مرقّع به خار بخش
۲۷۷	277 L'idée du chantre est la fleur devienne		۱۸۷	فکر بلبل همه آن است که گل شد یارش
۲۸۸	288 Au bord de l'eau qui coule et à l'ombre d'un saule		۱۹۵	کنار آب و پای بید و طبع شعر و یاری خوش
۲۹۱	291 Nous avons éprouvé notre chance en la ville		۱۹۷	ما آزموده‌ایم در این شهر بخت خویش
۲۸۹	289 Est un parfait ensemble, un bienfait, le visage		۱۹۵	مجمع خوبی و لطف است عذار چو مهش
۲۸۶	286 L'ange occulte me dit, l'autre soir, dans un coin		۱۹۲	هاتفی از گوشهٔ میخانه دوش
۲۸۱	281 Dieu cette fleur que tu me confias, j'abrège		۱۹۰	یا رب این نوگل خندان که سپردی به منش
				حرف ع ۳ غزل
۲۹۳	293 Lorsque de bon matin du palais du levant		۱۹۸	بامدادان که ز خلوتگاه کاخ ابداع
۲۹۴	294 Fidèle à ton amour, je suis semblable au cierge		۱۹۹	در وفای عشق تو مشهور خوبانم چو شمع
۲۹۲	292 Par l'apparat, le luxe et l'éclat de Chodjâ		۱۹۸	قسم به حشمت و جاه و جلال شاه شجاع
				حرف غ ۱ غزل
۲۹۵	295 Attiré, à l'aube, par le parfum des roses		۲۰۰	سحر به بوی گلستان دمی شدم در باغ
				حرف ف ۱ غزل
۲۹۶	296 Si la chance sourit, je le touche prôneur		۲۰۱	طالع اگر مدد دهد دامنش آورم به کف
				حرف ق ۲ غزل
۲۹۸	298 La langue du calame est inapte à dire		۲۰۱	زبان خامه ندارد سر بیان فراق
۲۹۷	297 Position stable, vin limpide bien pur		۲۰۲	مقام امن و می بی‌غش و رفیق شفیق
				حرف ک ۳ غزل
۲۹۹	299 Lorsque tu prends du vin verse au sol une goutte		۲۰۳	اگر شراب خوری جرعه‌ای فشان بر خاک
۳۰۱	301 Tu as avec sa lèvre, ô cœur blessé, noué		۲۰۴	ای دل ریش مرا با لبت حقّ نمک

۳۰۰	300 Si mille adversaires décident mon trépas		۲۰۴	هزار دشمنم ار میکنند قصد هلاک
				حرف ل ۳ غزل
۳۰۶	306 Si j'ai l'occasion d'arriver à ton gîte		۲۰۸	اگر به کوی تو باشد مرا مجال وصول
۳۰۵	305 Dans la saison des fleurs, je fus honteux, confus		۲۰۷	به وقت گل شدم از توبه شراب
۳۰۴	304 Ô maître du monde, lustre de la doctrine		۲۰۷	دارای جهان نصرت دین خسرو کامل

Table des Ghazals Français

La numérotation de gauche des Ghazals français correspond à celle de l'édition Ghazvini
(B. F. Licingoff)

1 Échanson alerte, sers le vin et réplique	الا یا ایّها السّاقی ادر کاساً وناولها
2 De votre bienséance à nous ivres, c'est loin!	صلاح کار کجا و من خراب کجا
3 Si ce Turc de Chirâz me séduit, ce jour-	اگر آن ترک شیرازی به دست آرد دل ما را
4 Tendrement, dis ô brise, à la douce gazelle	صبا به لطف بگو آن غزال رعنا را
5 Je me sens défaillir : au secours, gens de cœur+	دل می‌رود ز دستم صاحبدلان خدا را
6 Qui peut dire au sultan ma timide requête?	ای فروغ ماه حسن از روی رخشان شما
7 Viens soufi, notre coupe est un miroir liquide	صوفی بیا که آینه صافیست جام را
8 Remplis donc, échanson, notre coupe de vin!	ساقیا برخیز و درده جام را
9 L'éclat du renouveau pare le paysage,	رونق عهد شباب است دگر بستان را
10 Du temple à la taverne, hier s'en fut notre Maître :	دوش از مسجد سوی میخانه آمد پیر ما
11 Fais rutiler de vin notre coupe, échanson,	ساقی به نور باده برافروز جام ما
12 Ta splendeur fait briller la face du soleil,	به ملا ایّ زمان سلطان که رساند این دعا را
13 L'aube pointe et fait fuir les nuages multiples :	می‌دمد صبح و کلّه بسته سحاب
14 Je dis : « Roi des beautés, pitié pour l'étranger. »	گفتم ای سلطان خوبان رحم کن بر این غریب
15 Qui t'ôtera le voile, ô séraphique ami,	ای شاهد قدسی که کشد بند نقابت
16 L'arc de ton gai sourcil, choisit son objectif :	خمی که ابروی شوخ تو در کمان انداخت
17 Ô cœur, loin de l'Amante, à petit feu je brûle	سینه از آتش دل در غم جانانه بسوخت
18 Échanson, soit heureuse : elle arrive la fête	ساقیا آمدن عید مبارک بادت
19 Ô brise matinale où se trouve la tente	ای نسیم سحر آرامگه یار کجاست
20 Le grand jeûne a pris fin, la Fête arrive, ô joie	روزه یکسو شد و عید آمد و دل‌ها برخاست
21 M'ayant ôté la foi, la belle idole blâme,	دل دونیم شد و دلیر به ملامت برخاست
22 En entendant parler l'homme de sentiment,	چو بشنوی سخن اهل دل مگو که خطاست
23 L'image de tes traits partout nous accompagne,	خیال روی تو در هر طریق همره ماست
24 N'attends pas de l'ivrogne, œuvre, ferveur, droiture :	مطلب طاعت و پیمان صلاح از من مست
25 Le rossignol s'éprend de la rose écarlate :	شکفته شد گل حمرا و گشت بلبل مست
26 Les cheveux tout épars et le visage humide	زلف‌آشفته و خوی‌کرده و خندان‌لب و مست
27 Mon Aimé vient d'entrer au couvent, coupe en main,	در دیر مغان آمد یارم قدحی در دست
28 Sur ton âme, khadjeh, mes rapports anciens,	به جان خواجه و حقّ قدیم و عهد درست
29 Ivre de ton image, à quoi nous sert le vin,	ما را ز خیال تو چه پروای شراب است
30 Ton frison par un fil enchaîna mille cœurs,	زلف هزاردل به یکی تار مو ببست
31 C'est ce soir que les pieux nomment « Nuit du Destin »	آن شب قدری که گویند اهل خلوت امشب است
32 Dieu qui marqua les traits de tes sourcils, idole,	خدا چو صورت ابروی دلگشای تو بست
33 Qui rêve dans le val dédaigne la montagne	خلوت‌گزیده را به تماشا چه حاجت است
34 Le foyer de mes yeux dont les clartés sont tiennes	رواق منظر چشم من آشیانه توست
35 Cesse tes cris, prêcheur, réintègre ton gîte :	برو به کار خود ای واعظ این چه فریاد است
36 Lorsque tes longs cheveux se donnent à la brise	تا سر زلف تو در دست نسیم افتادست
37 Le palais de nos vœux a les bases fragiles :	بیا که قصر امل سخت سست‌بنیادست
38 Sans ta face mon jour s'enténèbre et se voile,	بی‌مهر رخت روز مرا نور نماندست
39 Mon jardin ne veut point de cyprès ni de pin	باغ مرا چه حاجت سرو و صنوبر است
40 Grâce à Dieu, la taverne est ouverte, aujourd'hui	المنّة لله که در میکده باز است
41 Certes, le vin égaye et le vent sent la rose	اگرچه باده فرح‌بخش و باد گل‌بیزست

42 Te confier mon cœur en toute intimité	حال دل با تو گفتنم هوس است
43 Ton parterre de fleurs met en train et dispose	صحن بستان ذوق‌بخش و صحبت یاران خوش است
44 Holà, la rose exhibe une coupe éclatante,	کنون که بر کف گل جام باده صاف است
45 Dans le siècle présent, l'ami pur, sans travers,	در این زمانه رفیقی که خالی از خلل است
46 J'ai la rose en mes bras, la coupe à ma portée	گل در بر و می در کف و معشوق به کام است
47 L'homme qui sait trouver la taverne et sa voie	به کوی میکده هر سالکی که ره دانست
48 Grâce au vin, le soufi sait des secrets intimes	صوفی از پرتو می راز نهانی دانست

49 Le jardin de l'Éden c'est le coin du derviche	روضهٔ خلد برین خلوت درویشان است
50 Mon cœur s'est pris aux rets de tes frisons, mon âme	به دام زلف تو دل مبتلای خویشتن است
51 Rubis désaltéré de sang tout affamé,	لعل سیراب به خون‌تشنه لب یار من است
52 Depuis longtemps l'amour de l'Idole est ma loi	روزگاریست که سودای بتان دین من است
53 Le coin du cabaret est mon saint monastère	منم که گوشهٔ میخانه خانقاه من است
54 À force de pleurer, mes yeux sont pleins de sang	ز گریه مردم چشمم نشسته در خون است
55 Ta boucle tend un piège à l'impie, au fidèle	خم زلف تو دام کفر و دین است
56 Son amour transcendant a pour foyer mon cœur	دل سراپردهٔ محبّت اوست
57 Notre beau brun qui donne au monde sa douceur	آن سیه‌چرده که شیرین‌عالم با اوست
58 Nous courbons notre front sur le seuil de l'élu	سر ارادت ما و آستان حضرت دوست
59 Je fonde mon espoir en cet ami si bon	دارم امید عاطفتی از جناب دوست
60 Le glorieux courrier, venu de chez l'aimé	آن پیک نامور که رسید از دیار دوست
61 Zéphyr si tu passes au pays de l'idole	صبا اگر گذری افتدت به کشور دوست
62 Donne-moi son message, ô courrier, mon sauveur	مرحبا ای پیک مشتاقان بده پیغام دوست
63 Nul n'a vu ton visage et mille amants sont là	روی تو کس ندید و هزارت رقیب هست
64 Certes, devant l'Idole, il est fort indécent	اگر چه عرض هنر پیش یار بی‌ادبی‌ست
65 J'aime tant le printemps, les roses, le mot tendre	خوش‌تر ز عیش و صحبت و باغ و بهار چیست
66 Pleure donc rossignol, ô mon ami parfait	بنال بلبل اگر با منت سر یاریست
67 De quel foyer jaillit la flamme qui affole	یا رب این شمع دل‌فروز کاشانهٔ کیست
68 Mon Amour est parti depuis une semaine	ماهم این هفته برون رفت و به چشمم سالی است
69 Tout homme se voit pris par ses nattes : ces lacs	کس نیست که افتادهٔ آن زلف دوتا نیست
70 Le regard amoureux ne voit que ton visage	مردم دیدهٔ ما جز به رخت ناظر نیست
71 Le pieux superficiel ignore notre sort	زاهد ظاهرپرست از حال ما آگاه نیست
72 Le chemin de l'amour n'aboutit à nul port	راهی است راه عشق که هیچش کناره نیست
73 Tes beaux traits lumineux, éclairent l'œil vulgaire	روشن از پرتو رویت نظری نیست که نیست
74 L'œuvre de l'univers n'est pas ce que l'on pense	حاصل کارگه کون و مکان این همه نیست
75 Ce regard langoureux et notre pamoison	خواب آن نرگس فتّان تو بی چیزی نیست
76 Je n'ai pour tout abri que le seuil de ta porte	جز آستان توأم در جهان پناهی نیست
77 Un chantre béquetait un pétale de fleur	بلبلی برگ گلی خوش رنگ در منقار داشت

78 As-tu su quel projet rumine notre Idole	دیدی که یار جز سر جور و ستم نداشت
79 J'entends souffler, déjà, le vent du paradis :	کنون که می‌دمد از بوستان نسیم بهشت
80 Grâce aux buveurs, dévot, à l'âme sainte et haute	عیب رندان مکن ای زاهد پاکیزه‌سرشت
81 Le chantre, dit ainsi, le matin, à la rose :	صبحدم مرغ چمن با گل نوخاسته گفت

82 Quel tort nous reproche-t-il pour rentrer à Khattâ	آن ترک پری‌چهره که دوش از بر ما رفت
83 Si ta noire chevelure[1] a commis une faute	گر زدست زلف مشکینت خطایی رفت رفت
84 Échanson apporte du vin le mois de jeûne	ساقی بیار باده که ماه صیام رفت
85 Sans nous laisser goûter au nectar de sa bouche	شربتی از لب لعلش نچشیدیم و برفت
86 Échanson approche, l'ami ôte son voile,	ساقی بیا که یار ز رخ پرده برگرفت

87 Ta grâce jointe encor à tes traits, champion	حسنت به‌اتّفاق ملاحت جهان گرفت
88 Le vieux de Canaan a dit un mot sensible	شنیده‌ام سخنی خوش که پیر کنعان گفت
89 Ciel, fais en sorte que l'idole saine et sauve	یارب سببی ساز که یارم به سلامت
90 Ô huppe zéphyrienne en Sabâ je t'envoie	ای هدهد صبا به سبا می‌فرستمت
91 Je te confie à Dieu, loin des yeux mon amour	ای غایب از نظر به خدا می‌سپارمت
92 Mon émir ta démarche est celle des seigneurs	میر من خوش می‌روی کاندر سر و پا می‌رمت
93 Le bout de votre plume, ô bonheur! Quelle chance	چه لطف بود که ناگاه رشحهٔ قلمت
94 Mes « mercis » à l'ami ignorent le faux-jour	زان یار دلنوازم شکریست با شکایت
95 L'odeur de tes frisons m'enivre constamment	مدامم مست می‌دارد و نسیم جعد گیسویست
96 Notre mal n'a guère de remède, au secours	درد ما را نیست درمان الغیاث
97 Tu es la couronne des belles : c'est l'usage	تویی که بر سر خوبان کشوری چون تاج
98 Si selon ta doctrine il est bon de répandre	اگر به مذهب تو خون عاشق مباح
99 Mon cœur en l'entourage épars de Farrokh	دل من در هوای روی فرّخ
100 Hier le vieux tavernier dit : « Prends du vin,	دمی پیر می‌فروش که ذکرش بخیر باد
101 Le vin, la ripaille? C'est une chose bonne	شراب و عیش نهان چیست کار بی‌بنیاد
102 Hier dans la soirée, le zéphyr m'a remis	دوش آگهی ز یار سفرکرده داد باد
103 Qu'il est doux le rappel des beaux jours où, unis	روز وصل دوستداران یاد باد
104 Ta beauté attire, comme un astre, les yeux	جمالت آفتاب هر نظر باد
105 Si donc le soufi boit avec mesure, soit	صوفی از باده به‌اندازه خورد نوش باد
106 Que ton corps n'ait besoin de nuls soins des docteurs	تنت به ناز طبیبان نیازمند مباد
107 Que ta grande beauté nous tienne sous son charme	حسب حالی ننوشتی و شد ایّامی چند
108 Ô Khosrov, que le ciel soit la boule à ton mail	خسروا گوی فلک در خم چوگان تو باد
109 Depuis longtemps l'Aimé, m'a laissé sans message	دیری است که دلدار پیامی نفرستاد
110 Mon vieux cœur rappelle son amour de jeunesse	پیرانه‌سرم عشق جوانی به سر افتاد
111 Quand ton beau visage brille dans le miroir	عکس روی تو چو در آینهٔ جام افتاد
112 Celui qui prodigua à tes traits le carmin	آن که رخسار تو را رنگ گل و نسرین داد
113 La violette, hier soir dit à la rose, si belle	بنفشه دوش به گل گفت و خوش نشانی داد
114 L'oiseau du paradis donnera dans nos rets	همای اوج سعادت به دام ما افتد
115 Plante, mon bon ami, l'arbre de l'amitié	درخت دوستی بنشان که کام دل به بار آرد
116 Celui qui contemple les beaux yeux de l'aimé	کسی که حسن و خط دوست در نظر دارد
117 Entourant ta face, nous sommes loin du pré	دل ما به دور رویت ز چمن فراغ دارد
118 Celui qui tient en main une coupe de vin	آن کس که به دست جام دارد
119 Le cœur d'or qui voit Dieu, qui possède la coupe	دلی که غیب‌نمای است و جام جم دارد
120 Mon idole qui est belle, comme la rose	بتی دارم که گرد گل ز سنبل سایبان دارد
121 Celui qui estime le monde et ses amants	هر آن کو خاطر مجموع و یار نازنین دارد
122 Quiconque a des égards envers les hommes pieux	هر آن که جانب اهل خدا نگه دارد
123 Musiciens l'amour a de merveilleux accords	مطرب عشق عجب ساز و نوایی دارد
124 Celui dont les boucles déferlent, sentent bon	آن که از سنبل او غالیه تابی دارد
125 N'est pas beau qui le veut avec ses noirs cheveux	شاهد آن نیست که موئی و میانی دارد
126 Quand l'aimé est sans traits, l'âme est faible : et voilà	جان بی‌جمال جانان میل جهان ندارد
127 La lune n'a guère l'éclat de ton visage	روشنی طلعت تو ماه ندارد
128 Je ne trouve, en la ville, une idole qui charme	نیست در شهر نگاری که دل ما ببرد
129 Si le vin ne chasse le spleen de notre cœur	اگر نه باده غم دل ز یاد ما ببرد
130 Le chantre a confié, à l'aurore, au zéphyr	سحر بلبل حکایت با صبا کرد
131 Le Turc du ciel rafle le repos des jeûneurs	بیا که ترک فلک خوان روزه غارت کرد
132 Avec le vin l'« aref » fit ses ablutions	به آب روشن می عارفی طهارت کرد
133 Le soufi mit sa nasse et usa d'artifice	صوفی نهاد دام و سر حقّه باز کرد
134 Le chantre s'immola pour posséder la rose	بلبلی خون دلی خورد و گلی حاصل کرد
135 Tel le vent je vole vers l'abri de l'aimé	چو باد عزم سر کوی یار خواهم کرد

136 On ne peut point toucher ta double cadenette	دست در حلقهٔ آن زلف دوتا نتوان کرد
137 Il rafla tout mon cœur, puis cacha son visage	دل از من برد و روی از من نهان کرد
138 J'attendis sur la route : il ne vint pas me voir	رو بر رهش نهادم و بر من گذر نکرد
139 Le bien aimé partit, sans rien dire aux amants	دلبر برفت و دلشدگان را خبر نکرد
140 As-tu su, ô mon cœur, quel mal l'aimé m'a fait	دیدی ای دل که غم عشق دگربار چه کرد
141 La fille de la vigne, amis, s'est dévoilée	دوستان دختر رز توبه ز مستور می‌کرد
142 Depuis longtemps déjà, mon cœur ascétique	سال‌ها دل طلب جام جم از ما می‌کرد
143 Celui-là peut sonder la coupe de Djamchid	به سرّ جام جم آنگه نظر توانی کرد
144 Souviens-toi de celui qui s'en fut, ô mon cœur	یاد باد آنکه ز ما وقت سفر یاد نکرد
145 Je ne sais quelle ivresse a saisi mon cœur vain	چه مستی است ندانم که رو به ما آورد
146 La brise m'apporta le parfum de l'aimé	صبا وقت سحر بویی ز زلف یار می‌آورد
147 La brise de l'aube, hier, m'apporta l'assurance	نسیم باد صبا دوشم آگهی آورد
148 Lorsque mon idole prend dans sa main la coupe	یارم چو قدح به دست گیرد
149 Mon cœur ne désire que l'amour des traits fins	دلم جز مهر مه‌رویان طریقی برنمی‌گیرد
150 Quand le bel échanson passe, la coupe emplie	ساقی ار باده از این دست به جام اندازد
151 Puisqu'on souffre, ici-bas, à qui sert ce bas monde?	دمی با غم بسر بردن جهان یکسر نمی‌ارزد
152 De toute éternité ta beauté féconde	در ازل پرتو حسنت ز تجلّی دم زد
153 Quand, au petit matin, se mettant en campagne	سحر چون خسرو خاور علم بر کوهساران زد
154 Choisis-toi un rôle qu'on puisse t'assigner	راهی بزن که آهی بر ساز آن توان زد
155 Si je le suis encore, l'émeute se déchaîne	اگر روم ز پیش فتنه‌ها برانگیزد
156 Nul n'égale l'aimé par l'éclat arbitraire	به حسن و خلق و وفا کس به یار ما نرسد
157 Oui, celui qui s'éprend de ta beauté, préfère	هر که را با خط سبزت سر سودا باشد
158 Moi abjurer le vin? En voilà une histoire	من و انکار شراب این چه حکایت باشد
159 Les pièces du soufi ne sont guère sans blâme	نقد صوفی نه همه صافی بی‌غش باشد
160 Il est bien agréable le lieu de privilège	خوش است خلوت اگر یار با من باشد
161 Celui-là est poète dont le cœur est artiste	کی شعر تر انگیزد خاطر که حزین باشد
162 Bienvenue à la rose, et rien n'est plus divin	خوش آمد گل و زان خوشتر نباشد
163 La rose sans les traits de l'aimé est morose	گل بی رخ یار خوش نباشد
164 Le souffle du zéphyr embaume le logis	نفس باد صبا مشکفشان خواهد شد
165 Le rayon des yeux noirs s'enracine en ma tête	مرا مهر سیه‌چشمان ز سر بیرون نخواهد شد
166 La séparation, son absence ont pris fin	روز هجران و شب فرقت یار آخر شد
167 Le soleil se lève, devenant éclatant	ستاره‌ای بدرخشید و ماه مجلس شد
168 L'être s'est consumé pour que le cœur meure	گداخت جان که شود کار دل تمام و نشد
169 Je ne vois nulle part les idoles si chères	یاری اندر کس نمی‌بینیم یاران را چه شد
170 L'ermite solitaire, hier, au tripot	زاهد خلوت‌نشین دوش به میخانه شد
171 Hier soir, du grand Assaf nous parvint le message	دوش از جناب آصف پیک بشارت آمد
172 Si ton amour fait naître une idée idyllique	عشق تو نهال حیرت آمد
173 Priant, je me souvins de l'arc de ton sourcil	در نمازم خم ابروی تو یاد آمد
174 Bonne nouvelle, ô cœur, la brise est revenue	مژده ای دل که دگر باد صبا بازآمد
175 Le vent congratule le « pir », cabaretier	صبا به تهنیت پیر می‌فروش آمد
176 À l'aube le bonheur me murmura soudain	سحرم دولت بیدار به بالین آمد
177 Ne peut point séduire qui se montre un peu tendre	نه هرکه چهره برافروخت دلبری داند
178 Qui devient confident reste au cœur de l'idole	هرکه شد محرم دل در حرم یار بماند
179 On me dit que le temps du chagrin finira	رسید مژده که ایّام غم نخواهد ماند
180 Pistache riante confite dans le miel	ای پستهٔ تو خنده زده بر حدیث قند
181 Dorénavant ma main, étreint le bout du pan	بعد از این دست من و دامن آن سرو بلند
182 Tu n'as pas écrit depuis longtemps, bientôt	حسب‌حالی ننوشتی و شد ایّامی چند
183 Hier, au petit matin, on m'ôta le déboire	دوش وقت سحر از غصّه نجاتم دادند

184	J'ai vu hier les anges tambourinant la porte	دوش دیدم که ملایک در میخانه زدند
185	Serait-il possible qu'on fête les matois	نقدها را وارد که آیا عیاری گیرند
186	Si le vendeur de vin exauce le buveur	گر میفروش حاجت رندان روا کند
187	Consume-toi, ô cœur, cela est un honneur	دلا بسوز که سوز تو کارها بکند
188	L'importun m'accusa, moi le viveur, fou d'amour	مرا به رندی و عشق آن فضول عیب کند
189	Si la fortune encor me sourit, mon aimé	طایر دولت اگر باز گذاری بکند
190	Ta plume musquée si un jour, si suave	کلک مشکین تو روزی که ز ما یاد کند
191	Qui pourra, par bonté, nous être très fidèle	آن کیست کز روی کرم با ما وفاداری کند
192	Pourquoi mon beau cyprès ne prend pas le chemin	سرو چمان من چرا میل چمن نمیکند
193	Mes coups d'œil indiscrets étonnent les ignares	در نظربازی ما بیخبران حیرانند
194	Les fleurants le jasmin ôtent par leur présence	سمنبویان غبار غم چو بنشینند بنشانند
195	Les grands rois couronnés deviennent les esclaves	غلام نرگس مست تو تاجدارانند
196	Ceux qui changent l'humus par leur art alchimique	آنان که خاک را با نظر کیمیا کنند
197	Si les beaux visages minaudent de la sorte	شاهدان گر دلبری زین سان کنند
198	Je dis : « Quand est-ce que tes lèvres et ta bouche	گفتم کیم دهان و لبت کامران کنند
199	Les prêcheurs exhortent quand ils sont sur la chaire	واعظان کاین جلوه در محراب و منبر میکنند
200	Sais-tu ce que disent la harpe et la lyre	دانی که چنگ و عود چه تقریر میکنند
201	Vin pur, bon échanson : deux pièges en chemin	شراب بیغش و ساقی خوش دو دام رهند
202	Se peut-il qu'on ouvre la porte du tripot	بود آیا که در میکدهها بگشایند
203	Depuis des années, mes vers, dans la taverne	سالها دفتر ما در گرو صهبا بود
204	Je me souviens du jour où ton cœur nous choyait	یاد باد آن که نهانت نظری با ما بود
205	Quand la taverne aura un nom, un brin	تا ز میخانه و می نام و نشان خواهد بود
206	Tu nous choyais avant plus qu'à cette seconde	پیش ازین بیش از این اندیشهٔ عشاق بود
207	Oh! Quel beau souvenir j'ai gardé de l'époque	یاد باد آن که سر کوی توام منزل بود
208	Quand l'homme tout brisé t'invoque impuissant	خستگان را چو طلب باشد و قوت نبود
209	Le sort de ce blessé, par ton bras, n'allait pas	قتل این خسته به شمشیر تو تقدیر نبود
210	Hier, on notre assemblée, on parlait de ta tresse	دوش در حلقهٔ ما قصهٔ گیسوی تو بود
211	Il venait, hier, nonchalant, visage dévoilé	دوش میآمد و رخساره برافروخته بود
212	Je prenais une ou deux coupes, au point du jour	یکدو جامم دی سحرگه اتفاق افتاده بود
213	----	
214	J'ai rêvé – doux rêve- que j'avais dans la main	دیدم به خواب خوش که به دستم پیاله بود
215	Que se passait, mon Dieu, le matin au tripot	به کوی میکده یا رب سحر چه مشغله بود
216	Notre idole avait bien changé notre demeure	آن یار کزو خانه ما جای پری بود
217	Ô musulmans, j'avais, un jour, un cœur en qui	مسلمانان مرا وقتی دلی بود
218	Celui qui, homme heureux de toute éternité	در ازل هرکو به فیض دولت ارزانی بود
219	Maintenant que la rose a vu le jour de rien	کنون که در چمن آمد گل از عدم بهوجود
220	Mon sang du cœur coule de mes yeux sur la joue	از دیده خون دل همه بر روی ما رود
221	Quand ma main effleure la boucle de sa tresse	چو دست بر سر زلفش زنم بهتاب رود
222	Qui de ta demeure s'en ira, te blâmant	از سر کوی تو هرکو به ملالت برود
223	Jamais ton visage de mon cœur ne s'efface	هرگزم نقش تو از لوح دل و جان نرود
224	Heureux donc le cœur que le regard ne leurre	خوشا دلی که مدام از پی نظر نرود
225	Échanson, prise donc le cyprès, la tulipe	ساقی حدیث سرو و گل و لاله میرود
226	Je crains que mes larmes révèlent à la ronde	ترسم که اشک در غم ما پردهدر شود
227	Il est dur d'apprendre au pécheur de la ville	گرچه بر واعظ شهر این سخن آسان نشود
228	Qu'importe si je cueille un fruit en ton jardin	گر من از باغ تو یک میوه بچینم چه شود
229	La chance par la voix de l'ami reste infime	بخت از دهان دوست نشانم نمیدهد
230	Si je prise le vin qui sent le musc eh bien	اگر به بادهٔ مشکین دلم کشد شاید
231	Je dis : « Pour toi je souffre! » - Lui : « Ton mal est véniel. »	گفتم غم تو دارم گفتاغمت سراید
232	J'ai pris la décision, s'il m'est donc praticable	بر سر آنم که گر ز دست برآید
233	Je ne fais que quêter pour bien être exaucé	دست از طلب ندارم تا کام من برآید
234	Lorsque l'astre, au levant, apparaît…En principe	چو آفتاب می از مشرق پیاله برآید

235 Heureux soit le moment où reviendra l'idole	زهی خجسته زمانی که یار بازآید
236 Si cet être angélique approche de ma porte	اگر آن طایر قدسی ز درم بازآید
237 Je péris et m'éteins sans t'avoir eu, amour	نفس برآمد و کام از تو برنمی‌آید
238 Oui, le monde teignit le sourcil de la fête	جهان بر ابروی عید از هلال وسمه کشید
239 Heureuse nouvelle! Le vert printemps, enfin	رسید مژده که آمد بهار و سبزه دمید
240 Le nuage d'Âzar dit adieu à l'espace	ابر آذاری برآمد باد نوروزی وزید
241 Amis, souvenez-vous du nocturne rival	معاشران ز حریف شبانه یاد آرید
242 Viens donc voir arriver, tout flottant, l'étendard	بیا که رایت منصور پادشاه رسید
243 Qui sent ton doux parfum, apporté par la brise	بوی خوش تو هر که ز باد صبا شنید
244 Dénouez, compagnons, les boucles de l'idole	معاشران گره از زلف یار باز کنید
245 Perroquet qui redit les secrets sans mélange	الا ای طوطی گویای اسرار
246 La fête bat son plein, les amis dans l'attente	عیدست و آخر گل و یاران در انتظار
247 Zéphyr, ne manque pas de passer chez l'aimé	صبا ز منزل جانان گذر دریغ مدار
248 Ô brise apporte donc l'odeur de chez un tel	ای صبا نکهتی از کوی فلانی به من آر
249 Brise apporte un parfum du limon de la route	ای صبا نکهتی از خاک ره یار بیار
250 Montre-moi ta face, laisse tomber mon être	روی بنمای و وجود خودم از یاد ببر
251 C'est la nuit de l'union : est finie l'abandon	شب وصل است و طی شد نامهٔ هجر
252 Si j'ai longue vie je verrai de nouvea	گر بود عمر به میخانه رسم بار دگر
253 Le parterre de fleurs resplendit par l'éclat	ای خرّم از فروغ رخت لاله‌زار عمر
254 Le doux chantre annonce sur le cyprès qui pose	دیگر ز شاخ سروسهی بلبل صبور
255 Ton fils, Joseph, vendu te reviendra enfin	یوسف گمگشته بازآید به کنعان غم مخور
256 Je te donne un conseil, écoute : point d'excuse	نصیحتی کنمت بشنو و بهانه مگیر
257….	
258 Je rends grâce à Dieu que le sort à sa guise	هزار شکر که دیدم به کام خویشت باز
259 Je me sens très heureux en voyant l'ami	منم که دیده به دیدار دوست کردم باز
260 Ô gracieuse beauté qui te flattes, marchant	ای سروناز حسن که خوش می‌روی به ناز
261 Viens! pour qu'au cœur éteint se rallume la flamme	درآ که در دل خسته توان درآید باز
262 Qui peut décrire, encor, l'état de ceux dont saigne	حال خونین‌دلان که گوید باز
263 Viens lâcher notre barque en un fleuve de vin	بیا و کشتی ما را در شط شراب انداز
264 Debout! Et mets de l'eau purpurine en l'écuelle	خیز و در کاسهٔ زر آب طربناک انداز
265 L'envie de ta bouche est bien inassouvie	برنیامد از تمنّای لبت کامم هنوز
266 Mon cœur s'effarouche à tout ce qui s'insurge	دل رمیدهٔ لولی‌وشی است شورانگیز
267 Ô zéphyr, en passant sur la rive sereine	ای صبا گر بگذری بر ساحل رود ارس
268 Au parterre fleuri de ce monde, une idole	گلعذاری ز گلستان جهان ما را بس
269 Pour compagnon de route, ô mon cœur, la fortune	دلا رفیق سفر بخت نیک‌خواهت بس
270 L'amour m'a fait souffrir : ne m'en dis guère plus	درد عشقی کشیده‌ام که مپرس
271 J'en veux tant aux tresses d'ébène, que c'est fou!	دارم از زلف سیاهش گله چندان که مپرس

272 Reviens-moi et deviens l'ami du cœur serré	بازآی و دل تنگ مرا مونس جان باش
273 Comme un bon compagnon, respecte donc ton pacte	اگر رفیق شفیقی درست پیمان باش
274 Autour de la tulipe aie la coupe à la main	بدور لاله قدح گیر و بی‌ریا می‌باش
275 Soufi cueille une rose et ensuite abandonne	صوفی گلی بچین و مرقع به خار بخش
276 Si donc le jardinier hante cinq jours la rose	باغبان گر پنج‌روزی صحبت گل بایدش
277 L'idée du chantre est que la fleur devienne	فکر بلبل همه آنست که گل شد یارش
278 Je veux du vin amer dont la force abat l'homme	شراب تلخ می‌خواهم که مردافکن بود زورش
279 Heureux soient Chirâz et sa surabondance	خوشا شیراز و وضع بی‌مثالش
280 Quand le vent dénoua sa tresse sentant l'ambre	چو برشکست صبا زلف عنبرافشانش
281 Dieu cette fleur que tu me confias, j'abrège	یا رب این نوگل خندان که به منش
282 Mon idole sans cœur, au lobe de satin	ببرد از من قرار و طاقت و هوش
283 La voix du bon « hâtef », occulte, m'annonça	سحر ز هاتف غیبم رسید مژده به گوش
284 L'ange occulte me dit, l'autre soir, dans un coin	هاتفی از گوشهٔ میخانه دوش
285 Sous le règne du roil qui fait grâce et pardonne	در عهد پادشاه خطابخش جرم‌پوش
286 Hier soir, en cachette, me dit l'expert plaideur	دوش با من گفت پنهان کاردانی تیزهوش
287 Tes aspects sont gracieux et tes formes charmantes	ای همه شکل تو مطبوع و همه جای تو خوش
288 Au bord de l'eau qui coule et à l'ombre d'un saule	کنار آب و پای بید و طبع شعر و یاری خوش
289 Est un parfait ensemble, un bienfait, le visage	مجمع خوبی و لطف است عذار چو مهش
290 Mon cœur s'effarouche, derviche, je ne sais	دلم رمیده شد و غافلم من درویش
291 Nous avons éprouvé notre chance en la ville	ما آزموده‌ایم در این شهر بخت خویش
292 Par l'apparat, le luxe et l'éclat de Chodjâ	قسم به حشمت و جاه‌وجلال شاه‌شجاع
293 Lorsque de bon matin du palais du levant	بامدادان که ز خلوتگه کاخ ابداع
294 Fidèle à ton amour, je suis semblable au cierge	در وفای عشق تو مشهور خوبانم چو شمع
295 Attiré, à l'aube, par le parfum des roses	سحر به بوی گلستان دمی شدم در باغ
296 Si la chance sourit, je le touche prôneur	طالع اگر مدد دهد دامنش آورم به کف
297 La langue du calame est inapte à dire	زبان خامه ندارد سر بیان فراق
298 Position stable, vin limpide bien pur	مقام امن و می بی‌غش و رفیق شفیق
299 Lorsque tu prends du vin verse au sol une goutte	گر شراب خوری جرعه‌ای فشان بر خاک
300 Si mille adversaires décident mon trépas	هزار دشمنم ار می‌کنند قصد هلاک
301 Tu as avec sa lèvre, ô cœur blessé, noué	ای دل ریش مرا با لب تو حقّ نمک
302 ….	
303 …	
304 Ô maître du monde, lustre de la doctrine	دارای جهان نصرت دین خسرو کامل
305 Dans la saison des fleurs, je fus honteux, confus	به‌وقت گل شدم از توبهٔ شراب خجل
306 Si j'ai l'occasion d'arriver à ton gîte	اگر به کوی تو باشد مرا مجال وصول

Table de Ghazals persans d'après l'édition Ghazvini

فهرست غزلیّات نسخهٔ قزوینی

شماره غزل	شمارهٔ صفحهٔ فارسی	مطلع غزل
		حرف الف ۱۲ غزل
۳	۳	اگر آن ترک شیرازی به دست آرد دل ما را
۱	۲	الا یا ایّها الساقی ادر کاساً وناولها
۱۲	۶	به ملّا زمان سلطان که رساند این دعا را
۶	۱۰	ای فروغ ماه حسن از روی رخشان شما
۵	۵	دل می‌رود ز دستم صاحب‌دلان خدا را
۱۰	۸	دوش از مسجد سوی میخانه آمد پیر ما
۹	۷	رونق عهد شباب است دگر بستان را
۸	۷	ساقیا برخیز و درده جام را
۱۱	۹	ساقی به نور باده برافروز جام ما
۴	۴	صبا به لطف بگو آن غزال رعنا را
۲	۳	صلاح کار کجا و من خراب کجا
۷	۶	صوفی بیا که آینه صافی است جام را
		حرف ت ۸۱ غزل
۱۴	۱۱	گفتم ای سلطان خوبان رحم کن بر این غریب
۱۳	۱۱	می‌دمد صبح و کلّه بسته سحاب
۶۰	۴۲	آن پیک نامور که رسید از دیار دوست
۸۲	۵۷	آن ترک پری‌چهره که دوش از بر ما رفت
۵۷	۴۰	آن سیه‌چرده که شیرین‌عالم با اوست
۳۱	۲۲	آن شب قدری که گویند اهل خلوت امشب است
۴۱	۳۰	اگرچه باده فرح‌بخش و باد گل‌بیز است
۶۴	۴۵	اگر چه عرض هنر پیش یار بی‌ادبی است
۴۰	۲۹	المنّة لله که در میکده باز است
۱۵	۱۲	ای شاهد قدسی که کشد بند نقابت
۹۱	۶۳	ای غایب از نظر به خدا می‌سپارمت
۱۹	۱۵	ای نسیم سحر آرامگه یار کجاست
۹۰	۶۲	ای هدهد صبا به سبا می‌فرستمت
۳۹	۲۸	باغ مرا چه حاجت سرو و صنوبر است
۲۸	۲۱	به جان خواجه و حقّ قدیم و عهد درست
۵۰	۳۶	به دام زلف تو دل مبتلای خویشتن است
۳۵	۲۵	برو به کار خود ای واعظ این چه فریاد است
۴۷	۳۳	به کوی میکده هر سالکی که ره دانست
۷۷	۵۴	بلبلی برگ گلی خوش رنگ در منقار داشت
۶۶	۴۶	بنال بلبل اگر با منت سر یاری‌ست
۳۷	۲۷	بیا که قصر امل سخت سست بنیادست
۳۸	۲۷	بی مهر رخت روز مرا نور نماندست

		۳۶	۲۶	تا سر زلف تو در دست نسیم افتادست
		۷۶	۵۳	جز آستان توام در جهان پناهی نیست
		۲۲	۱۷	چو بشنوی سخن اهل دل مگو که خطاست
		۹۳	۶۴	چه لطف بود که ناگاه رشحه قلمت
		۷۴	۵۲	حاصل کارگه کون و مکان این همه نیست
		۴۲	۳۰	حال دل با تو گفتنم هوس است
		۸۷	۶۰	حسنت به‌اتّفاق ملاحت جهان گرفت
		۳۲	۲۳	خدا چو صورت ابروی دلگشای تو بست
		۳۳	۲۴	
		۵۵	۳۹	خم زلف تو دام کفر و دین است
		۱۶	۱۳	خمی که ابروی شوخ تو در کمان انداخت
		۷۵	۵۳	خواب آن نرگس فتّان تو بی چیزی نیست
		۶۵	۴۵	خوشتر ز عیش و صحبت و باغ و بهار چیست
		۲۳	۱۸	خیال روی تو در هر طریق همره ماست
		۵۹	۴۲	دارم امید عاطفتی از جناب دوست
		۲۷	۲۰	در دیر مغان آمد یارم قدحی در دست
		۴۵	۳۲	در این زمانه رفیقی که خالی از خلل است
		۵۶	۴۰	دل سراپردهٔ محبّت اوست
		۲۱	۱۶	دل دونیم شد و دلبر به ملامت برخاست
		۷۸	۵۴	دیدی که یار جز سر جور و ستم نداشت
		۷۲	۵۰	راهی است راه عشق که هیچش کناره نیست
		۳۴	۲۵	رواق منظر چشم من آشیانهٔ توست
		۵۲	۳۷	روزگاریست که سودای بتان دین من است
		۲۰	۱۶	روزه یک سو شد و عید آمد و دل‌ها برخاست
		۷۳	۵۱	روشن از پرتو رویت نظری نیست که نیست
		۴۹	۳۵	روضهٔ خلد برین خلوت درویشان است
		۶۳	۴۴	روی تو کس ندید و هزارت رقیب هست
		۹۴	۶۵	ز ان یار دلنوازم شکریست با شکایت
		۷۱	۵۰	زاهد ظاهرپرست از حال ما آگاه نیست
		۵۴	۳۸	ز گریه مردم چشمم نشسته در خون است
		۲۶	۲۰	زلف‌آشفته و خوی‌کرده و خندان‌لب و مست
		۳۰	۲۲	زلفت هزاردل به یکی تار مو ببست
		۱۸	۱۴	ساقیا آمدن عید مبارک بادت
		۸۴	۵۸	ساقی بیار باده که ماه صیام رفت
		۸۶	۵۹	ساقی بیا که یار ز رخ پرده برگرفت
		۵۸	۴۱	سر ارادت ما و آستان حضرت دوست
		۱۷	۱۴	سینه از آتش دل در غم جانانه بسوخت
		۸۵	۵۹	شربتی از لب لعلش نچشیدیم و برفت
		۲۵	۱۹	
		۸۸	۶۱	شنیده‌ام سخنی خوش که پیر کنعان گفت
		۶۱	۴۳	صبا اگر گذری افتدت به کشور دوست
		۸۱	۵۶	صبحدم مرغ چمن با گل نوخاسته گفت
		۴۳	۳۱	صحن بستان ذوق‌بخش و صحبت یاران خوش است
		۴۸	۳۴	صوفی از پرتو می راز نهانی دانست
		۸۰	۵۶	عیب رندان مکن ای زاهد پاکیزه‌سرشت
		۶۹	۴۸	کس نیست که افتادهٔ آن زلف دوتا نیست

	۴۴	۳۱	کنون که بر کف گل جام باده صاف است
	۷۹	۵۵	کنون که می‌دمد از بوستان نسیم بهشت
	۸۳	۵۷	گر زدست زلف مشکینت خطایی رفت رفت
	۴۶	۳۲	گل در بر و می در کف و معشوق به کام است
	۵۱	۳۶	لعل سیراب به خون‌تشنه لب یار من است
	۲۹	۲۱	ما را از خیال تو چه پروای شراب است
	۶۸	۴۷	ماهم این هفته برون رفت و به چشمم سالی است
	۹۵	۶۶	مدامم مست می‌دارد و نسیم جعد گیسوست
	۶۲	۴۴	مرحبا ای پیک مشتاقان بده پیغام دوست
	۷۰	۴۹	مردم دیدهٔ ما جز به رخت ناظر نیست
	۲۴	۱۸	۲
	۵۳	۳۸	منم که گوشهٔ میخانه خانقاه من است
	۹۲	۶۳	میر من خوش می‌روی کاندر سروپا می‌رمت
	۴۷	۴۷	یا رب این شمع دل‌فروز کاشانهٔ کیست
	۸۹	۶۲	یارب سببی ساز که یارم به سلامت
			حرف ث ۱ غزل
	۹۶	۶۶	درد ما را نیست درمان الغیاث
			حرف ج ۱ غزل
	۹۷	۶۷	تویی که بر سر خوبان کشوری چون تاج
			حرف ح ۱ غزل
	۹۸	۶۸	اگر به مذهب تو خون عاشق است مباح
			حرف خ ۱ غزل
	۹۹	۶۸	دل من در هوای روی فرّخ
			حرف د ۱۴۵ غزل
	۱۹۶	۱۳۲	آنان که خاک را به نظر کیمیا کنند
	۱۱۸	۸۰	آن کس که به دست جام دارد
	۱۲۴	۸۴	آن که از سنبل او غالیه تابی دارد
	۱۱۲	۷۶	آن که رخسار تو را رنگ گل و نسرین داد
	۱۹۱	۱۲۹	آن کیست کز روی کرم با ما وفاداری کند
	۲۱۶	۱۴۶	آن یار کزو خانهٔ ما جای پری بود
	۲۴۰	۱۶۲	ابر آذاری برآمد باد نوروزی وزید
	۲۲۰	۱۴۹	از دیده خون دل همه بر روی ما رود
	۲۲۲	۱۵۰	از سر کوی تو هر کو به ملامت برود
	۲۳۶	۱۵۹	اگر آن طایر قدسی ز درم باز آید
۲۳۰		۱۵۵	اگر به بادهٔ مشکین دلم کشد شاید
۱۵۵		۱۰۶	اگر روم ز پی‌اش فتنه‌ها برانگیزد
۱۲۹		۸۸	اگر نه باده غم دل ز یاد ما ببرد
۱۸۰		۱۲۲	ای پستهٔ تو خنده زده بر حدیث قند
۱۳۲		۹۰	به آب روشن می عارفی طهارت کرد
۱۲۰		۸۱	بتی دارم که گرد گل ز سنبل سایه‌بان دارد
۱۵۶		۱۰۶	به حسن و خلق و وفا کس به یار ما نرسد
۲۲۹		۱۵۵	بخت از دهان دوست نشانم نمی‌دهد
۲۳۲		۱۵۷	بر سر آنم که گر ز دست بر آید
۱۴۳		۹۷	به سرّ جام جم آنگه نظر توانی کرد
۱۸۱		۱۲۳	بعد از این دست من و دامن آن سرو بلند

		به کوی میکده یا رب سحر چه مشغله بود	۱۴۶	۲۱۵
		بلبلی خون دلی خورد و گلی حاصل کرد	۹۱	۱۳۴
		بنفشه دوش به گل گفت و خوش نشانی داد	۷۷	۱۱۳
		بود آیا که در میکده‌ها بگشایند	۱۳۷	۲۰۲
		بوی خوش تو هر که ز باد صبا شنید	۱۶۴	۲۴۳
		بیا که ترک فلک خوان روزه غارت کرد	۸۹	۱۳۱
		بیا که رایت منصور پادشاه رسید	۱۶۳	۲۴۲
		پیرانه‌سرم عشق جوانی به سر افتاد	۷۵	۱۱۰
		پیش از اینت بیش از این اندیشهٔ عشّاق بود	۱۴۰	۲۰۴
		تا ز میخانه و می نام و نشان خواهد بود	۱۳۹	۲۰۵
		ترسم که اشک در غم ما پرده در شود	۱۵۳	۲۲۶
		تنت به ناز طبیبان نیازمند مباد	۷۲	۱۰۶
		جان بی‌جمال جانان میل جهان ندارد	۸۶	۱۲۶
		جمالت آفتاب هر نظر باد	۷۱	۱۰۴
		جهان بر ابروی عید از هلال وسمه کشید	۱۶۰	۲۳۸
		چو آفتاب می از مشرق پیاله برآید	۱۵۸	۲۳۴
		چو باد عزم سر کوی یار خواهم کرد	۹۲	۱۳۵
		چو دست بر سر زلفش زنم به تاب رود	۱۵۰	۲۲۱
		چه مستی است ندانم که رو به ما آورد	۹۸	۱۴۵
		حسب حالی ننوشتی و شد ایّامی چند	۱۲۳	۱۸۲
		حسن تو همیشه در فزون باد	۷۳	۱۰۷
		خستگان را چو طلب باشد و قوّت نبود	۱۴۱	۲۰۸
		خسروا گوی فلک در خم چوگان تو باد	۷۴	۱۰۸
		خوشا دلی که مدام از پی نظر نرود	۱۵۱	۲۲۴
		خوش آمد گل و زان خوشتر نباشد	۱۱۰	۱۶۲
		خوشت خلوت اگر یار من باشد	۱۰۹	۱۶۰
		دانی که چنگ و عود چه تقریر می‌کنند	۱۳۵	۲۰۰
		در ازل پرتو حسنت ز تجلّی دم زد	۱۰۳	۱۵۲
		در ازل هر کو به فیض دولت ارزانی بود	۱۴۸	۲۱۸
		درخت دوستی بنشان که کام دل به بار آرد	۷۸	۱۱۵
		در نظر بازی ما بی‌خبران حیرانند	۱۳۰	۱۹۳
		در نمازم خم ابروی تو با یاد آمد	۱۱۷	۱۷۳
		دست از طلب ندارم تا کام من برآید	۱۵۷	۲۳۳
		دست در حلقهٔ آن زلف دوتا نتوان کرد	۹۲	۱۳۶
		دلا بسوز که سوز تو کارها بکند	۱۲۶	۱۸۷
		دل از من برد و روی از من نهان کرد	۹۳	۱۳۷
		دلبر برفت و دلشدگان را خبر نکرد	۹۴	۱۳۹
		دل ما به‌دور رویت ز چمن فراغ دارد	۷۹	۱۱۷
		دلم جز مهر رویان طریقی برنمی‌گیرد	۱۰۱	۱۴۹
		دلی که غیب‌نمای است و جام جم دارد	۸۱	۱۱۹
		دمی با غم به‌سربردن جهان یکسر نمی‌ارزد	۱۰۳	۱۵۱
		دوستان دختر رز توبه ز مستور می‌کرد	۹۵	۱۴۱
		دوش آگهی ز یار سفرکرده داد باد	۷۰	۱۰۲
		دوش از جناب آصف پیک بشارت آمد	۱۱۶	۱۷۱

		دوش در حلقهٔ ما قصّهٔ گیسوی تو بود	۱۴۲	۲۱۰
		دوش دیدم که ملایک در میخانه زدند	۱۲۴	۱۸۴
		دوش می‌آمد و رخساره برافروخته بود	۱۴۳	۲۱۱
		دوش وقت سحر از غصّه نجاتم دادند	۱۲۴	۱۸۳
		دمی پیر می‌فروش که ذکرش به‌خیر باد	۶۹	۱۰۰
		دیدم به خواب خوش که به دستم پیاله بود	۱۴۵	۲۱۴
		دیدی ای دل که غم عشق دگر بار چه کرد	۹۵	۱۴۰
		دیری است که دلدار پیامی نفرستاد	۷۴	۱۰۹
		راهی بزن که آهی بر ساز آن توان زد	۱۰۵	۱۵۴
		رسید مژده که آمد بهار و سبزه دمید	۱۶۱	۲۳۹
		رسید مژده که ایّام غم نخواهد ماند	۱۲۱	۱۷۹
		رو بر رهش نهادم و بر من گذر نکرد	۹۴	۱۳۸
		روز وصل دوست‌داران یاد باد	۷۱	۱۰۳
		روز هجران و شب فرقت یار آخر شد	۱۱۲	۱۶۶
		روشنی طلعت تو ماه ندارد	۸۶	۱۲۷
		زاهد خلوت‌نشین دوش به میخانه شد	۱۱۵	۱۷۰
		زهی خجسته زمانی که یار باز آید	۱۵۹	۲۳۵
		ساقی ار باده از این دست به جام اندازد	۱۰۲	۱۵۰
		ساقی حدیث سرو و گل و لاله می‌رود	۱۵۲	۲۲۵
		سال‌ها دفتر ما در گرو صهبا بود	۱۳۸	۲۰۳
		سال‌ها دل طلب جام جم از ما می‌کرد	۹۶	۱۴۲
		ستاره‌ای بدرخشید و ماه مجلس شد	۱۱۳	۱۶۷
		سحر بلبل حکایت با صبا کرد	۸۹	۱۳۰
		سحر چون خسرو خاور علم بر کوهساران زد	۱۰۴	۱۵۳
		سحرم دولت بیدار به بالین آمد	۱۱۹	۱۷۶
		سرو چمان من چرا میل چمن نمی‌کند	۱۲۹	۱۹۲
		سمن‌بویان غبار غم چو بنشینند بنشانند	۱۳۱	۱۹۴
		شاهد آن نیست که مویی و میانی دارد	۸۵	۱۲۵
		شاهدان گر دلبری زین‌سان کنند	۱۳۳	۱۹۷
		شراب بی‌غش و ساقی خوش دو دام رهند	۱۳۶	۲۰۱
		شراب و عیش نهان چیست کار بی‌بنیاد	۶۹	۱۰۱
		صبا به تهنیت پیر می‌فروش آمد	۱۱۸	۱۷۵
		صبا وقت سحر بویی ز زلف یار می‌آورد	۹۹	۱۴۶
		صوفی ار باده به‌اندازه خورد نوش باد	۷۲	۱۰۵
		صوفی نهاد دام و سر حقّه باز کرد	۹۰	۱۳۳
		طایر دولت اگر باز گذاری بکند	۱۲۷	۱۸۹
		عشق تو نهال حیرت آمد	۱۱۷	۱۷۲
		عکس روی تو چو در آینهٔ جام افتاد	۷۵	۱۱۱
		غلام نرگس مست تو تاجدارانند	۱۳۲	۱۹۵
		قتل این خسته به شمشیر تو تقدیر نبود	۱۴۲	۲۰۹
		کسی که حسن و خط دوست در نظر دارد	۷۹	۱۱۶
		کلک مشکین تو روزی که ز ما یاد کند	۱۲۷	۱۹۰
		کنون که در چمن آمد گل از عدم به وجود	۱۴۸	۲۱۹
		کی شعر تر انگیزد خاطر که حزین باشد	۱۰۹	۱۶۱
		گداخت جان که شود کار دل تمام و نشد	۱۱۴	۱۶۸
		گرچه بر واعظ این سخن آسان نشود	۱۵۴	۲۲۷

	۲۲۸	۱۵۴	گر من از باغ تو یک میوه بچینم چه شود
	۱۸۶	۱۲۶	گر میفروش حاجت رندان روا کند
	۲۳۱	۱۵۶	گفتم غم تو دارم گفتا غمت سر آید
	۱۹۸	۱۳۴	گفتم کیم دهان و لبت کامران کنند
	۱۶۳	۱۱۱	گل بیرخ یار خوش نباشد
		۱۴۴	گوهر مخزن اسرار همان است که بود
	۱۸۸	۱۲۷	مرا به رندی و عشق آن فضول عیب کند
	۱۶۵	۱۱۲	مرا مهر سیه چشمان ز سر بیرون نخواهد شد
	۱۷۴	۱۱۸	مژده ای دل که دگر باد صبا باز آمد
	۲۱۷	۱۴۷	مسلمانان مرا وقتی دلی بود
	۱۲۳	۸۴	مطرب عشق عجب ساز و نوایی دارد
	۲۴۱	۱۶۳	معاشران ز حریف شبانه یاد آرید
	۲۴۴	۱۶۵	معاشران گره از زلف یار باز کنید
	۱۵۸	۱۰۷	من و انکار شراب این چه حکایت باشد
	۱۴۷	۱۰۰	نسیم باد صبا دوشم آگهی آورد
	۱۶۴	۱۱۱	نفس باد صبا مشکفشان خواهد شد
	۲۳۷	۱۶۰	نفس برآمد و کام از تو بر نمی‌آید
	۱۵۹	۱۰۸	نقد صوفی نه همه صافی بی‌غش باشد
	۱۸۵	۱۲۵	نقدها را بود آیا که عیاری گیرند
	۱۷۷	۱۲۰	نه هر که چهره بر افروخت دلبری داند
	۱۲۸	۸۷	نیست در شهر نگاری که دل ما ببرد
	۱۹۹	۱۳۵	واعظان کین جلوه در محراب و منبر می‌کنند
	۱۲۱	۸۲	هر آن کو خاطر مجموع و یار نازنین دارد
	۱۲۲	۸۳	هر آن که جانب اهل خدا نگه دارد
	۱۵۷	۱۰۷	هر که را با خط سبزت سر سودا باشد
	۱۷۸	۱۲۰	هر که شد محرم دل در حرم یار بماند
	۲۲۳	۱۵۱	هرگز نقش تو از لوح دل و جان نرود
	۱۱۴	۷۷	همای اوج سعادت به دام ما افتد
	۱۴۴	۹۸	یاد باد آنکه ز ما وقت سفر یاد نکرد
	۲۰۷	۱۴۰	یاد باد آن که سر کوی توأم منزل بود
	۲۰۴	۱۳۸	یاد باد آن که نهانت نظری با ما بود
	۱۴۸	۱۰۰	یارم چو قدح به دست گیرد
	۱۶۹	۱۱۴	یاری اندر کس نمی‌بینم یاران را چه شد
	۲۱۲	۱۴۳	یک‌دو جامم دی سحرگه اتفاق افتاده بود
			حرف ر ۱۳ غزل
	۲۴۵	۱۶۵	الا ای طوطی گویای اسرار
	۲۵۴	۱۷۱	ای خرّم از فروغ رخت لاله‌زار عمر
	۲۴۹	۱۶۸	ای صبا نکهتی از خاک ره یار بیار
	۲۴۸	۱۶۸	ای صبا نکهتی از کوی فلانی به من آر
	۲۵۴	۱۷۲	دیگر ز شاخ سروسهی بلبل صبور
	۲۵۷	۱۷۴	روی بنما و مرا گو که ز جان دل برگیر
	۲۵۰	۱۶۹	روی بنما و وجود خودم از یاد ببر
	۲۵۱	۱۷۰	شب وصل است و طی شد نامهٔ هجر
	۲۴۷	۱۶۷	صبا ز منزل جانان گذر دریغ مدار
	۲۴۶	۱۶۶	عید است و آخر گل و یاران در انتظار

	۲۵۲	۱۷۰	گر بود عمر به میخانه رسم بار دگر
	۲۵۶	۱۷۳	نصیحتی کنمت بشنو و بهانه مگیر
	۲۵۵	۱۷۲	یوسف گمگشته بازآید به کنعان غم مخور
			حرف ز ۹ غزل
	۲۶۰	۱۷۶	ای سروناز حسن که خوش می‌روی به ناز
	۲۶۵	۱۷۹	برنیامد از تمنای لبت کامم هنوز
	۲۶۳	۱۷۸	بیا و کشتی ما را در شط شراب انداز
	۲۶۲	۱۷۷	حال خونین‌دلان که گوید باز
	۲۶۴	۱۷۹	خیز و در کاسهٔ زر آب طربناک انداز
	۲۶۱	۱۷۷	درآ که در دل خسته توان درآید باز
	۲۶۶	۱۸۰	دلم رمیدهٔ لولی‌وشی است شورانگیز
	۲۵۹	۱۷۶	منم که دیده به دیدار دوست کردم باز
	۲۵۸	۱۷۵	هزار شکر که دیدم به کام خویشت باز
			حرف س ۵ غزل
	۲۶۷	۱۸۱	ای صبا گر بگذری بر ساحل رود ارس
	۲۷۱	۱۸۳	دارم از زلف سیاهش گله چندان که مپرس
	۲۷۰	۱۸۳	درد عشقی کشیده‌ام که مپرس
	۲۶۹	۱۸۲	دلا رفیق سفر بخت نیک‌خواهت بس
	۲۶۸	۱۸۲	گلعذاری ز گلستان جهان ما را بس
			حرف ش ۲۰ غزل
	۲۷۳	۱۸۵	اگر رفیق شفیقی درست پیمان باش
	۲۸۷	۱۹۴	ای همه شکل تو مطبوع و همه جای تو خوش
	۲۷۲	۱۸۴	بازآی و دل تنگ مرا مونس جان باش
	۲۷۶	۱۸۷	باغبان گر پنج روزی صحبت گل بایدش
	۲۸۲	۱۹۱	ببرد از من قرار و طاقت و هوش
	۲۷۴	۱۸۵	بمدور لاله قدح گیر و بی‌ریا می‌باش
	۲۸۰	۱۸۹	چو برشکست صبا زلف عنبرافشانش
	۲۷۹	۱۸۹	خوشا شیراز و وضع بی‌مثالش
	۲۸۶	۱۹۳	در عهد پادشاه خطابخش جرم‌پوش
	۲۹۰	۱۹۶	دلم رمیده شد و غافلم من درویش
	۲۸۶	۱۹۳	دوش با من گفت پنهان کاردانی تیزهوش
	۲۸۴	۱۹۱	سحر ز هاتف غیبم رسید مژده به گوش
	۲۷۸	۱۸۸	شراب تلخ می‌خواهم که مردافکن بود زورش
	۲۷۶	۱۸۶	صوفی گلی بچین و مرقّع به خار بخش
	۲۷۷	۱۸۷	فکر بلبل همه آن است که گل شَد یارش
	۲۸۸	۱۹۵	کنار آب و پای بید و طبع شعر و یاری خوش
	۲۹۱	۱۹۷	ما آزموده‌ایم در این شهر بخت خویش
	۲۸۹	۱۹۵	مجمع خوبی و لطف است عذار چو مهش
	۲۸۶	۱۹۲	هاتفی از گوشه میخانه دوش
	۲۸۱	۱۹۰	یا رب این نوگل خندان که سپردی به منش
			حرف ع ۳ غزل
	۲۹۳	۱۹۸	بامدادان که ز خلوتگه کاخ ابداع
	۲۹۴	۱۹۹	در وفای عشق تو مشهور خوبانم چو شمع
	۲۹۲	۱۹۸	قسم به حشمت و جاه و جلال شاهشجاع
			حرف غ ۱ غزل
	۲۹۵	۲۰۰	سحر به بوی گلستان دمی شدم در باغ

			حرف ف 1 غزل
	۲۹۶	۲۰۱	طالع اگر مدد دهد دامنش آورم به کف
			حرف ک ۳ غزل
	۲۹۹	۲۰۳	اگر شراب خوری جرعه‌ای فشان بر خاک
	۳۰۱	۲۰۴	ای دل ریش مرا با لب تو حقّ نمک
	۳۰۰	۲۰۴	هزار دشمنم ار می‌کنند قصد هلاک
			حرف ل ۷ غزل
	۳۰۶	۲۰۸	اگر به کوی تو باشد مرا مجال وصول
	۳۰۸	۲۰۹	ای رخت خلد و لعلت سلسبیل
	۳۰۵	۲۰۷	به وقت گل شدم از توبۀ شراب خجل
	۳۰۲	۲۰۵	خوش‌خبر باشی ای نسیم شمال
	۳۰۴	۲۰۷	**دارای جهان نصرت دین خسرو کامل**
	۳۰۳	۲۰۶	شممت روح وداد و شمت برق وصال
	۳۰۷	۲۰۹	هر نکته که گفتم در وصف آن شمایل
			حرف م ۷۳ غزل
	۳۶۱	۲۴۸	آنکه پامال جفا کرد چو خاک راهم
	۳۸۰	۲۶۲	بارها گفته‌ام و بار دگر می‌گویم
	۳۱۳	۲۱۳	بازآی ساقیا که هواخواه خدمتم
	۳۳۱	۲۲۷	به تیغم گر کشد دستش نگیرم
	۳۱۲	۲۱۲	بشری اذ السّلامة حلّت بذی سلم
	۳۵۰	۲۴۰	به عزم توبه سحر گفتم استخاره کنم
	۳۱۵	۲۱۴	به‌غیر از آنکه بشد دین و دانش از دستم
	۳۷۲	۲۵۶	بگذار تا ز شارع میخانه بگذریم
	۳۵۴	۲۴۳	به مژگان سیه کردی هزاران رخنه در دینم
	۳۷۴	۲۵۸	بیا تا گل برافشانیم و می در ساغر اندازیم
	۳۴۵	۲۳۷	بی‌تو ای سرو روان با گل و گلشن چه کنم
	۳۳۰	۲۲۶	تو همچو صبحی و من شمع خلوت سحرم
	۳۲۹	۲۲۴	جوزا سحر نهاد حمایل برابرم
	۳۳۷	۲۳۱	چرا نه در پی عزم دیار خود باشم
	۳۴۳	۲۳۵	چل سال بیش رفت که من لاف می‌زنم
	۳۵۱	۲۴۱	حاشا که من به موسم گل ترک می‌کنم
	۳۵۵	۲۴۴	حالیا مصلحت وقت در آن می‌بینم
	۳۴۲	۲۳۵	حجاب چهرۀ جان می‌شود غبار تنم
	۳۵۹	۲۴۶	خرّم آن روز کزین منزل ویران بروم
	۳۳۹	۲۳۳ ۳۳۹	خیال روی تو چون بگذرد به گلشن چشم
	۳۲۲	۲۱۹	خیال نقش تو در کارگاه دیده کشیدم
	۳۶۸	۲۵۴	خیز تا از در میخانه گشادی طلبیم
	۳۷۳	۲۵۷	خیز تا خرقۀ صوفی به خرابات بریم
	۳۳۵	۲۳۰ ۳۳۵	در خرابات مغان گر گذر افتد بازم
	۳۵۷	۲۴۵	در خرابات مغان نور خدا می‌بینم
	۳۶۳	۲۵۰	دردم از یار است و درمان نیز هم
	۳۲۶	۲۲۲	در نهانخانۀ عشرت صنمی خوش دارم

378

دوستان وقت گل آن که به عشرت کوشیم	۲۵۹	۳۷۶
دوش بیماری چشم تو ببرد از دستم	۲۱۳	۳۱۴
دوش سودای رخش گفتم ز سر بیرون کنم	۲۴۰	۳۴۹
دیدار شد میسّر و بوس و کنار هم	۲۴۹	۳۶۲
دیده دریا کنم و صبر به صحرا افکنم	۲۳۹	۳۴۸
دیشب به سیل اشک ره خواب می‌زدم	۲۱۸	۳۲۰
روزگاری شد که در میخانه خدمت می‌کنم	۲۴۲	۳۵۲
ز دست کوته خود زیر بارم	۲۲۰	۳۲۳
زلف بر باد مده تا ندهی بر بادم	۲۱۵	۳۱۶
سال‌ها پیروی مذهب رندان کردم	۲۱۷	۳۱۹
سرم خوش است و به بانگ بلند می‌گویم	۲۶۱	۳۷۹
صلاح از ما چه می‌جویی که مستان را صلا گفتیم	۲۵۵	۳۷۰
صنما با غم عشق تو چه تدبیر کنم	۲۳۸	۳۴۷
صوفی بیا که خرقهٔ سالوس برکشیم	۲۵۹	۳۷۵
عاشق روی جوانی خوش و نوخاسته‌ام	۲۱۲	۳۱۱
عشق بازیّ و جوانیّ و شراب لعل فام	۲۱۰	۳۰۹
عمریست تا به راه غمت رو نهاده‌ایم	۲۵۱	۳۶۵
عمریست تا من در طلب هر روز گامی می‌زنم	۲۳۶	۳۴۴
غم زمانه که هیچش کران نمی‌بینم	۲۴۶	۳۵۸
فاش می‌گویم و از گفتهٔ خود دلشادم	۲۱۶	۳۱۷
فتوی پیرمغان دارم و قولی است قدیم	۲۵۳	۳۶۷
گر از این منزل ویران به سوی خانه روم	۲۴۷	۳۶۰
گرچه افتاد ز زلفش گرهی در کارم	۲۲۱	۳۲۴
گرچه ما بندگان پادشهیم	۲۶۳	۳۸۱
گر دست دهد خاک کف پای نگارم	۲۲۲	۳۲۵
گر دست رسد در سر زلفین تو بازم	۲۲۹	۳۳۴
گر از دست برخیزد که با دلدار بنشینم	۲۴۴	۳۵۶
گر من از سرزنش مدّعیان اندیشم	۲۳۴	۳۴۱
ما بدین در نه پی حشمت و جاه آمده‌ایم	۲۵۲	۳۶۶
ما بی‌غمان مست دل از دست داده‌ایم	۲۵۱	۳۶۴
ما درس سحر در ره میخانه نهادیم	۲۵۶	۳۷۱
ما ز یاران چشم یاری داشتیم	۲۵۵	۳۶۹
ما شبی دست برآریم و دعایی بکنیم	۲۶۰	۳۷۷
ما نگوییم بد و میل به ناحق نکنیم	۲۶۱	۳۷۸
مرا عهدی است با جانان که تا جان در بدن دارم	۲۲۳	۳۲۷
مرا می‌بینی و هر دم ز یادت می‌کنی دردم	۲۱۶	۳۱۸
مرحبا طایر فرخپی فرخنده‌پیام	۲۱۱	۳۱۰
مزن بر دل ز نوک غمزه تیرم	۲۲۸	۳۳۲
مژدهٔ وصل تو کو کز سر جان برخیزم	۲۳۱	۳۳۶
من ترک عشق شاهد و ساغر نمی‌کنم	۲۴۲	۳۵۳
من دوستدار روی خوش و موی دلکشم	۲۳۲	۳۳۸
من که از آتش دل چون می در خم جوشم	۲۳۳	۳۴۰
من که باشم که بر آن خاطر عاطر گذرم	۲۲۴	۳۲۸
من نه آن رندم که ترک شاهد و ساغر کنم	۲۳۷	۳۴۶
نماز شام‌غریبان چو گریه آغازم	۲۲۸	۳۳۳

۳۲۱	۲۱۹	هرچند پیر و خسته‌دل و ناتوان شدم
حرف ن ۲۳ غزل		
۳۹۰	۲۶۸	افسر سلطان گل پیدا شد از طرف چمن
۳۹۴	۲۷۱	ای روی ماه‌منظر تو نوبهار حسن
۳۹۸	۲۷۵	ای نور چشم من سخنی هست گوش کن
۴۰۰	۲۷۶	بالابلند عشوه‌گر نقش‌باز من
۳۸۸	۲۶۷	بهار و گل طرب‌انگیزگشت و توبه‌شکن
۳۸۳	۲۶۴	چندان که گفتم غم با طبیبان
۳۸۹	۲۶۸	چو گل هر دم به بویت جامه در تن
۴۰۱	۲۷۷	چون شوم خاک رهش دامن بیفشاند ز من
۳۸۶	۲۶۶	خدا را کم‌نشین با خرقه‌پوشان
۳۹۱	۲۶۹	خوشتر از فکر می و جام چه خواهد بودن
۳۹۲	۲۷۰	دانی که چیست دولت دیدار یار دیدن
۳۹۷	۲۷۳	ز در درآ و شبستان ما منوّر کن
۳۸۷	۲۶۶	شاه شمشادقدان خسرو شیرین‌دهنان
۴۰۳	۲۷۸	شراب لعل کش و روی مه‌جبینان بین
۳۹۶	۲۷۳	صبح است ساقیا قدحی پر شراب کن
۳۸۲	۲۶۳	فاتحه چو آمدی بر سر خسته بخوان
۳۹۹	۲۷۵	کرشمه کن و بازار ساحری بشکن
۳۹۵	۲۷۲	گلبرگ را ز سنبل مشکین نقاب کن
۳۹۲	۲۷۱	منم که شهره شهرم به عشق ورزیدن
۳۸۴	۲۶۵	می‌سوزم از فراغت روی از جفا بگردان
۴۰۴	۲۷۹	میفکن بر صف رندان نظری بهتر ازین
۴۰۲	۲۷۷	نکتهٔ دلکش بگویم خال آن مه‌رو ببین
۳۸۵	۲۶۵	یارب آن آهوی مشکین به ختن بازرسان
حرف و ۱۱ غزل		
۴۰۸	۲۸۲	ای آفتاب آینه‌دار جمال تو
۴۱۵	۲۸۶	ای پیک راستان خبر یار ما بگو
۴۰۹	۲۸۲	ای خون‌بهای نافهٔ چین خاک راه تو
۴۱۰	۲۸۳	ای قبای پادشاهی راست بر بالای تو
۴۰۵	۲۸۰	به جان پیر خرابات و حقّ صحبت او
۴۱۱	۲۸۴	تاب بنفشه می‌دهد طرّهٔ مشک‌سای تو
۴۱۳	۲۸۵	خط عذار یار که بگرفت ماه ازو
۴۰۶	۲۸۰	گفتا برون شدی به تماشای ماه نو
۴۱۴	۲۸۶	گلبن عیش می‌دمد ساقی گلعذار کو
۴۱۲	۲۸۵	مرا چشمی است خون‌افشان ز چشم آن کمان‌ابرو
۴۰۷	۲۸۱	مزرع سبز فلک دیدم و داس مه نو
حرف ه ۱۳ غزل		
۴۲۶	۲۹۵	از خون دل نوشتم نزدیک دوست نامه
۴۲۴	۲۹۴	از من جدا مشو که توأم نوردیده
۴۲۲	۲۹۲	ای که با سلسلهٔ زلف دراز آمده‌ای
۴۲۷	۲۹۶	چراغ روی تو را شمع گشت پروانه
۴۱۶	۲۸۷	خنک نسیم معنبر شمامهٔ دلخواه
۴۲۵	۲۹۴	دامن‌کشان همی شد در شرب زر کشیده
۴۲۱	۲۹۱	در سرای مغان رفته بود و آب زده
۴۲۳	۲۹۳	دوش رفتم به در میکده خواب‌آلوده

سحرگاهان که مخمور شبانه	۲۹۷	۴۲۸	
عیشم مدام است از لعل دلخواه	۲۸۸	۴۱۷	
گر تیغ بارد در کوی آن ماه	۲۸۹	۴۱۸	
ناگهان پرده برانداخته یعنی چه	۲۹۰	۴۲۰	
وصال او ز عمر جاودان به	۲۹۰	۴۱۹	
حرف ی ۶۷ غزل			
آن غالیه‌خط گر سوی ما نامه نوشتی	۳۰۳	۴۳۶	
اتت روائح رندالحمی و زاد غرامی	۳۲۹	۴۶۹	
احمدالله علی معدلةالسلطان	۳۳۳	۴۷۲	
ای بی‌خبر بکوش که صاحب خبر شوی	۳۴۶	۴۸۷	
ای پادشه خوبان داد از غم تنهایی	351	۴۹۳	
ای در رخ تو پیدا انوار پادشاهی	۳۴۷	۴۸۹	
ای دل آن دم که خراب از می گلگون باشی	۳۲۱	۴۵۸	
ای دل به کوی عشق گذاری نمی‌کنی	۳۴۱	۴۸۲	
ای دل گر از آن چاه زنخدان بدرآیی	۳۵۲	۴۹۴	
ای دل مباش یک دم خالی ز عشق و مستی	۳۰۲	۴۳۴	
ای قصّهٔ بهشت ز کویت حکایتی	۳۰۴	۴۳۷	
ای که بر ماه از رخ مشکین نقاب انداختی	۳۰۱	۴۳۳	
ای که دایم به خویش مغروری	۳۱۶	۴۵۳	
ای که در کشتن ما هیچ مدارا نکنی	۳۴۰	۴۸۰	
ای که در کوی خرابات مقامی داری	۳۱۲	۴۴۸	
ای که مهجوری عشاق روا می‌داری	۳۱۳	۴۴۹	
این خرقه که من دارم در رهن شراب اولی	۳۲۷	۴۶۶	
با مدّعی مگویید اسرار عشق و مستی	۳۰۲	۴۳۵	
به جان او که گرم دسترس به جان بودی	۳۰۸	۴۴۲	
به چشم کرده‌ام ابروی ماه سیمایی	۳۴۹	۴۹۱	
بشنو این نکته که خود را ز غم آزرده کنی	۳۴۰	۴۸۱	
به صوت بلبل و قمری اگر ننوشتی می	۲۹۸	۴۳۰	
بگرفت کار حسنت چون عشق من کمالی	۳۲۶	۴۶۴	
بلبل ز شاخ سرو به گلبانگ پهلوی	۳۴۵	۴۸۶	
بیا با ما مَورز این کینه‌داری	۳۱۲	۴۴۷	
تو را که هرچه مرا دست در جهان داری	۳۱۰	۴۴۵	
تو مگر بر لب آبی به هوس بنشینی	۳۴۳	۴۸۴	
چه بودی ار دل آن ماه مهربان بودی	۳۰۷	۴۴۱	
چو سرو اگر بخرامی دمی به گلزاری	۳۰۹	۴۴۳	
خوش کرد یاوری فلکت روز داوری	۳۱۴	۴۵۱	
در همه دیر مغان نیست چو من شیدایی	۳۴۹	۴۹۰	

381

	۴۷۷	۳۳۸	دو یار زیرک و از بادهٔ کهن دومنی
	۴۳۹	۳۰۶	دیدم به خواب دوش که ماهی برآمدی
	۴۶۵	۳۲۷	رفتم به باغ صبحدمی تا چنم گلی
	۴۵۰	۳۱۳	روزگاری است که ما را نگران می‌داری
	۴۶۷	۳۲۸	زان می عشق کز او پخته شود هر خامی
	۴۷۱	۳۳۲	ز دلبرم که رساند نوازش قلمی
	۴۵۴	۳۱۷	ز کوی یار می‌آید نسیم باد نوروزی
	۴۵۱	۳۲۱	این خوشرقم که بر گل رخسار می‌کشی
	۴۸۴	۳۴۴	ساقیا سایهٔ ابراست و بهار و لب جوی
	۴۲۹	۲۹۷	ساقی بیا که شد قدح لاله پر ز می
	۴۳۸	۳۰۴	سبت سلمی بصدغیها فؤادی
	۴۴۰	۳۰۶	سحر با باد می‌گفتم حدیث آرزومندی
	۴۸۳	۳۴۲	سحرگه ره‌روی در سرزمینی
	۴۸۸	۳۴۶	سحرم هاتف میخانه به دولت‌خواهی
	۴۶۳	۳۲۵	سلام‌الله ما کر اللیالی
	۴۹۲	۳۵۱	سلامی چو بوی خوش آشنایی
	۴۶۰	۳۲۲	سلیمی منذ حلّت بالعراق
	۴۷۰	۳۳۱	سینه مالامال دردست ای دریغا مرهمی
	۴۴۴	۳۰۹	شهری است پرظریفان وز هرطرف نگاری
	۴۴۶	۳۱۱	صبا تونکهت آن زلف مشکبو داری
	۴۷۹	۳۳۹	صبح است و ژاله می‌چکد از ابر بهمنی
	۴۵۲	۳۱۵	طفیل هستی عشقند آدمی و پری
	۴۵۵	۳۱۸	عمر بگذشت به بی‌حاصلی و بوالهوسی
	۴۶۱	۳۲۳	کتبت قصّه شوقی و مدمعی باکی
	۴۶۸	۳۲۹	که برد به نزد شاهان ز من گدا پیامی
	۴۷۵	۳۳۷	گفتند خلایق که تویی یوسف ثانی
	۴۳۱	۲۹۹	لبش می‌بوسم و در می‌کشم می
	۴۳۲	۳۰۰	مخمور جام عشقم ساقی بده شرابی
	۴۹۵	۳۵۳	می خواه و گل افشان کن از دهر چه می‌جویی
	۴۷۶	۳۳۷	نسیم صبح سعادت بدان نشان که تو دانی
	۴۵۶	۳۱۹	نوبهار است در آن کوش که خوشدل باشی

نوش کن جام شراب یکمنی	۳۳۹	۴۷۸
وقت را غنیمت دان آنقدر که بتوانی	۳۳۴	۴۷۳
هزار جهد بکردم که یار من باشی	۳۱۹	۴۵۷
هواخواه توأم جانا و می‌دانم که می‌دانی	۳۳۶	۴۷۴
یا مبسماً یحا کی درجاً من‌اللالی	۳۲۴	۴۶۲

Correspondance entre Caractères Persans utilisés par l'auteur et les Caractères Latins[*].

Le professeur Faramarzi a appelé tous les trente ghazals un Daftar (دفتر). Ce livre contient donc 10 « Daftars », le « Daftar 11 » ne contient que quelques odes éparses. L'auteur a estimé qu'il était nécessaire de donner des explications sur les termes techniques et les noms propres dans chaque Daftar. Nous considérons ces onze Daftars en tant que l'index des noms propres et les termes techniques. La raison pour laquelle nous n'avons pas jugé indispensable de préparer un index séparé pour le Divân.

g	گ	' e ye	ع
l	ل	a I ā	ا ١
m	م	b	ب
n	ن	p	پ
ou o va u	و	t	ت
t	ة	s th	ث
h	ه		
		J dj	ج
I y	ى	tch	چ
		h	ح
		kh kha khw	خ
		d	د
		z	ذ
		r	ر
		z	ز
		zh	ژ
		s	س
		ch	ش
		s	ص
		z	ض
		t	ط
		z	ظ
		' a	ع
		gh	غ
		f	ف
		k, gh, q	ق
		k	ك

نظام آوایی فارسی:
o = ضمّه   e = کسره   a = فتحه

* Les transcriptions sont très approximatives et loin d'être considérées exactes ou scientifiques. (Note de l'éditeur)

Réminiscences
du
Passé

Nazar Agha (1827- 1912, Père Lachaise) ministre plénipotentiaire de Perse en France (circa 1900)

Najafizadeh.org (Copyrighted)

Colonel Faramarz Khan Licingoff (circa 1900)

Najafizadeh.org (Copyrighted)

Marie, épouse du Colonel Faramarz Khan Licingoff (circa 1920)
Najafizadeh.org (Copyrighted, signed by Severgin)

B. F. Licingoff (1906-1992), fils du colonel Faramarz Khan Licingoff
Najafizadeh.org (circa 1950, Copyrighted)

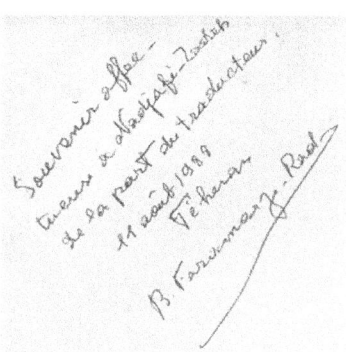

Manuscrit de l'auteur d'un ghazal de Hâfez

Dédicace du Professeur Faramarzi Licingoff à Monsieur Hossein Najafizadeh, Njafizadeh.org (Copyrighted) (1988)

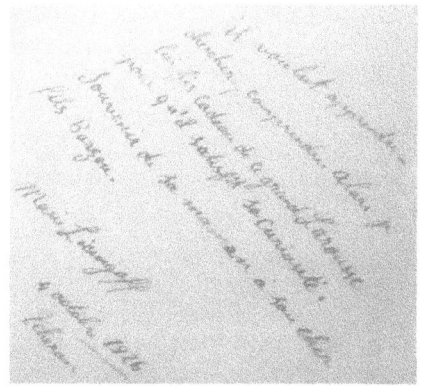

Marie, mère de l'auteur fait cadeau Le Nouveau Larousse Illustré (7 Volumes, édition 1897) à son fils Borzou qui avait alors 20 ans (1926) Najafizadeh.org (Copyrighted)

Dédicace de l'auteur à son épouse

Dédicace à sa fille aînée Chahine Faramarzi (Najafizadeh)

Dédicace de l'auteur à ses parents

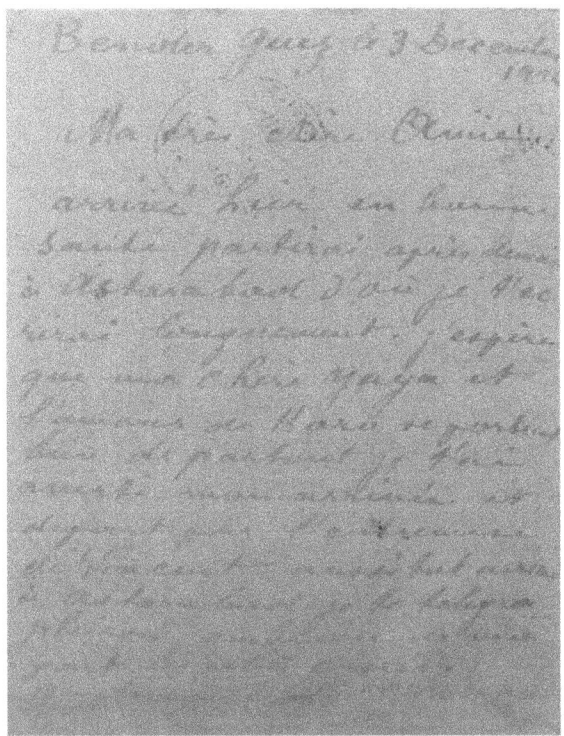

Une lettre du Colonel Faramarz Khan (Décembre 1914), à son épouse

Table des Matières
Hâfez
L'ORACLE DE CHIRÂZ

Sur l'auteur B. F. Liicngoff	5
Préface à l'édition 1961 par B. F. Licingoff	9
Préface à l'édition 1961 par Dr. P. Natel Khanlari	13
Hafiz, l'époque	13
Hafiz, l'homme	13
Hafiz, la traduction	15
Préface de B. F. L icingoff (édition actuelle)	17
Ghazals de Hâfez غزلیّات حافظ	**25**
Ghazal 1	27
Ghazal 2 …	28
Ghazal 300*	324
Addenda	**325**
Daftar 1 (1-30)	327
Daftar 2 (31-60)	333
Daftar 3 (61-90)	334
Daftar 4 (91-120)	339
Daftar 5 (121 -150)	341
Daftar 6 (151-180)	342
Daftar 7 (181-210)	344
Daftar 8 (211-240)	346
Daftar 9 (241-270)	349
Daftar 10 (271-300)	350
Daftar 11 (300-)	351
Ghazal 301	353
Ghazal 304	355
Ghazal 305	
Ghazal 306	356
Ghazal 357	357
1- Correspondance entre Ghazals de l'Édition Persane de Ghazvini Et l'Édition Française du Professeur Licingoff	358
2- Table des Ghazals Français : La numérotation de gauche des Ghazals français correspond à celle de l'édition Ghazvini (B. F. Licingoff)	364
3- Table de Ghazals persans d'après l'édition Ghazvini	371
Correspondance entre Caractères Persans utilisés par l'auteur et les caractères latins.	
	384
Réminiscence du Passé	**385**
Nazar Agha, Colonel Faramarz Khan, Marie, B. F. Licingoff, et autres	389 …..

www.ingramcontent.com/pod-product-compliance
Lightning Source LLC
Chambersburg PA
CBHW041438300426
44114CB00026B/2921